에듀윌과 함께 시작하면,
당신도 합격할 수 있습니다!

오랜 직장 생활을 마감하며 찾아온 앞날에 대한 막연한 두려움
에듀윌만 믿고 공부해 합격의 길에 올라선 50대 은퇴자

출산한지 얼마 안돼 독박 육아를 하며 시작한 도전!
새벽 2~3시까지 공부해 8개월 만에 동차 합격한 아기엄마

만년 가구기사 보조로 5년 넘게 일하다, 달리는 차 안에서도
포기하지 않고 공부해 이제는 새로운 일을 찾게 된 합격생

누구나 합격할 수 있습니다.
시작하겠다는 '다짐' 하나면 충분합니다.

마지막 페이지를 덮으면,

에듀윌과 함께
공인중개사 합격이 시작됩니다.

KB215613

eduwill

15년간 베스트셀러 1위
에듀윌 공인중개사 교재

탄탄한 이론 학습! 기초입문서/기본서/핵심요약집

기초입문서(2종)

기본서(6종)

1차 핵심요약집+기출팩(1종)

출제경향 파악, 실전 엿보기! 단원별/회차별 기출문제집

단원별 기출문제집(6종)

회차별 기출문제집(2종)

다양한 문제로 합격점수 완성! 기출응용 예상문제집/실전모의고사

기출응용 예상문제집(6종)

실전모의고사(2종)

합격을 위한 비법 대공개! 합격서&부교재

이영방 합격서
부동산학개론

심정욱 합격서
민법 및 민사특별법

임선정 합격서
공인중개사법령 및 중개실무

김민석 합격서
부동산공시법

한영규 합격서
부동산세법

오시훈 합격서
부동산공법

신대운 합격서
쉬운민법

심정욱 핵심체크 OX
민법 및 민사특별법

오시훈 키워드 암기장
부동산공법

핵심 테마를 빠르게 공략하는 단기서

이영방 합격패스 계산문제
부동산학개론

심정욱 합격패스 암기노트
민법 및 민사특별법

임선정 그림 암기법
공인중개사법령 및 중개실무

김민석 테마별 한쪽정리
부동산공시법

오시훈 테마별 비교정리
부동산공법

시험 전, 이론&문제 한 권으로 완벽 정리! 필살키

이영방 필살키

심정욱 필살키

임선정 필살키

오시훈 필살키

김민석 필살키

한영규 필살키

신대운 필살키

더 많은
공인중개사 교재

* 해당 교재의 이미지는 변경될 수 있습니다.

eduwill

공인중개사, 에듀윌을 선택해야 하는 이유

9년간 아무도 깨지 못한 기록
합격자 수 1위

합격을 위한 최강 라인업
1타 교수진

공인중개사

합격만 해도 연 최대 300만원 지급
성공 DREAM 지원금

업계 최대 규모의 전국구 네트워크
동문회

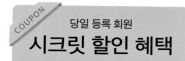

합격자 수 1위 에듀윌
7만 건이 넘는 후기

고○희 합격생

부알못, 육아맘도 딱 1년 만에 합격했어요.

저는 부동산에 관심이 전혀 없는 '부알못'이었는데, 부동산에 관심이 많은 남편의 권유로 공부를 시작했습니다. 남편 지인들이 에듀윌을 통해 많이 합격했고, '합격자 수 1위'라는 광고가 좋아 에듀윌을 선택하게 되었습니다. 교수님들이 커리큘럼대로만 하면 된다고 해서 믿고 따라갔는데 정말 반복 학습이 되더라고요. 아이 둘을 키우다 보니 낮에는 시간을 낼 수 없어서 밤에만 공부하는 게 쉽지 않아 포기하고 싶을 때도 있었지만 '에듀윌 지식인'을 통해 합격하신 선배님들과 함께 공부하는 동기들의 위로가 큰 힘이 되었습니다.

이○용 합격생

군복무 중에 에듀윌 커리큘럼만 믿고 공부해 합격

에듀윌이 합격자가 많기도 하고, 교수님이 많아 제가 원하는 강의를 고를 수 있는 점이 좋았습니다. 또, 커리큘럼이 잘 짜여 있어서 잘 따라만 가면 공부를 잘 할 수 있을 것 같아 에듀윌을 선택했습니다. 에듀윌의 커리큘럼대로 꾸준히 따라갔던 게 저만의 합격 비결인 것 같습니다.

안○원 합격생

5개월 만에 동차 합격, 낸 돈 그대로 돌려받았죠!

저는 야쿠르트 프레시매니저를 하다 60세에 도전하여 합격했습니다. 심화 과정부터 시작하다 보니 기본이 부족했는데, 교수님들이 하라는 대로 기본 과정과 책을 더 보면서 정리하며 따라갔던 게 주효했던 것 같습니다. 합격 후 100만 원 가까이 되는 큰 돈을 환급받아 남편이 주택관리사 공부를 한다고 해서 뒷받침해 줄 생각입니다. 저는 소공(소속 공인중개사)으로 활동을 하고 싶은 포부가 있어 최대 규모의 에듀윌 동문회 활동도 기대가 됩니다.

다음 합격의 주인공은 당신입니다!

더 많은
합격 비법

시작하는 방법은
말을 멈추고
즉시 행동하는 것이다.

– 월트 디즈니(Walt Disney)

+ 합격할 때까지 책임지는 개정법령 원스톱 서비스!

법령 개정이 잦은 공인중개사 시험. 일일이 찾아보지 마세요!
에듀윌에서는 필요한 개정법령만을 빠르게! 한번에! 제공해 드립니다.

| 에듀윌 도서몰 접속 (book.eduwill.net) | ▶ | 우측 정오표 아이콘 클릭 | ▶ | 카테고리 공인중개사 설정 후 교재 검색 | 개정법령 확인하기 |

2025

에듀윌 공인중개사

실전모의고사

1차 부동산학개론 | 민법 및 민사특별법

왜 실전모의고사를 풀어 봐야 할까요?

과목별 시간 배분, 마킹에 소요되는 시간 등 실전에서 발생할 수 있는 사항을 미리 경험해 볼 수 있어 좋았습니다.

합격생 A

시간을 정해놓고 모의고사 푸는 연습을 한 결과, 본 시험 날 문제에 대한 두려움이 없었어요. 다양한 문제를 많이 풀어 보면서 낯설고 지엽적인 문제에 대한 대비를 하면 합격할 수 있어요.

합격생 B

같은 내용이더라도 교수님마다 다른 식으로 표현하는 여러 유형의 지문을 연습해 보는 것이 좋습니다.

합격생 C

실전모의고사에서 틀렸던 문제를 오답노트에 정리 후 시험장에서 한 번 더 봤더니 그 문제가 떡하니 답으로 나왔습니다. 에듀윌 실전모의고사 꼭 풀어보세요!

합격생 D

"실제 시험과 가장 유사한 모의고사로 시험 전 최종 리허설 끝내기!"

에듀윌이 만들면
실전모의고사도 특별합니다!

명불허전 베스트셀러 1위*

많은 선택으로 입증된 교재!
합격을 위한 노하우가 그대로!

* YES24 수험서 자격증 공인중개사 모의고사 베스트셀러 1위
 (1차: 2024년 11월 월별 베스트 / 2차: 2025년 1월 4주 주별 베스트)

에듀윌 공인중개사 전체 교수진 참여

에듀윌 공인중개사 전체 교수진의
전략이 담긴 문제로 실전 완벽 대비!

실전에 가까운 퀄리티 높은 문제

실제 시험과 유사한 난이도 및 구성으로
시험 전, 합격을 위해 꼭 필요한 문제만 학습!

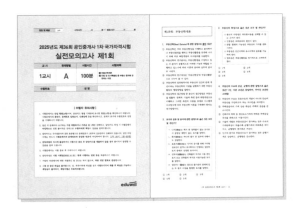

정확하고 상세한 해설

약점을 파악 및 보완하고
빈출개념까지 한번 더 체크!

이 책의 구성

실제 시험과 유사한 모의고사

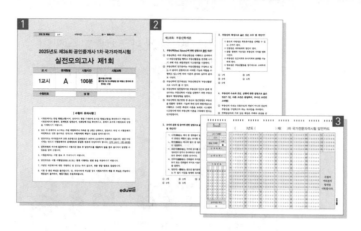

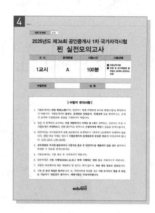

1 교시별 실제 표지, 시작 및 종료시간 수록

2 실제 시험지와 동일하게 옆으로 넘기면서 실전 대비

3 국가전문자격시험 OMR카드와 동일한 OMR카드 수록

4 실제 시험지와 동일한 사이즈의
'찐 실전모의고사'로 실전 감각 UP!

취약한 개념을 정복할 수 있는 해설

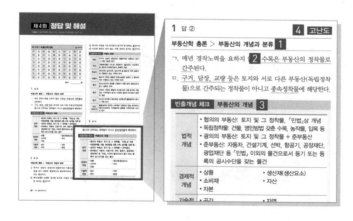

1 보충학습이 가능하도록 기본서 파트명, 챕터명 수록

2 정답과 직결되는 핵심 문장에 밑줄 표시

3 핵심적인 개념을 짚고 넘어갈 수 있도록 '빈출개념 체크'
수록

4 오답률이 높은 문제는 더욱 꼼꼼히 학습할 수 있도록
'고난도' 표시

특별제공

자동채점 & 성적분석 서비스

* 문제편 각 회차 최하단 QR코드를 통해
접속할 수 있습니다.
* 2025.12.31.까지 이용할 수 있으며, 스
마트폰에 최적화되어 있습니다.

실전모의고사 오답노트 (PDF)

* 경로: 에듀윌 도서몰 → 도서자료실 →
부가학습자료 → 카테고리 '공인
중개사' 설정 → 실전모의고사
검색

차례

에듀윌 1초 합격예측
자동채점&성적분석 활용방법

1. 자동채점&성적분석 서비스

STEP 1 QR코드 스캔

① 문제를 다 푼다.
② 문제편 각 회차 최하단에 있는 QR코드를 스캔한다.
③ 에듀윌 회원 로그인!!

STEP 2 모바일 OMR 답안 입력

① 회차 확인 후 '응시하기' 클릭
② 모바일 OMR에 답안 입력
③ 답안 제출하면 자동으로 채점!

STEP 3 채점결과&성적분석 확인

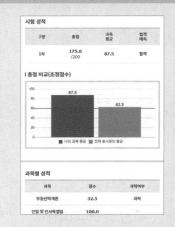

① 성적분석 화면에서 나의 점수, 합격예측, 과락 여부, 다른 수험생과의 비교(백분위, 전체 응시생의 평균 점수 등) 데이터를 확인한다.
② 영역별 정답률을 통해서 취약점까지 파악!

2. 회차별 성적 체크표

자동채점&성적분석에서 확인한 내용이나, 직접 채점한 점수를 아래 표에 한꺼번에 정리해 보세요.
회차별 성적을 한눈에 비교하고, 취약한 과목 및 회차 중심으로 복습하세요!

부동산학개론

회차	제1회	제2회	제3회	제4회	제5회	제6회	부록(찐)
점수							

민법 및 민사특별법

회차	제1회	제2회	제3회	제4회	제5회	제6회	부록(찐)
점수							

2025년도 제36회 공인중개사 1차 국가자격시험
실전모의고사 제1회

교 시	문제형별	시험시간	시험과목
1교시	**A**	**100분**	**1** 부동산학개론 **2** 민법 및 민사특별법 중 부동산 중개에 관련되는 규정

수험번호		성 명	

[수험자 유의사항]

1. 시험문제지는 **단일 형별(A형)**이며, 답안카드 형별 기재란에 표시된 형별(A형)을 확인하시기 바랍니다. 시험문제지의 **총면수, 문제번호 일련순서, 인쇄상태** 등을 확인하시고, 문제지 표지에 수험번호와 성명을 기재하시기 바랍니다.

2. 답은 각 문제마다 요구하는 **가장 적합하거나 가까운 답 1개**만 선택하고, 답안카드 작성 시 시험문제지 **마킹착오**로 인한 불이익은 전적으로 **수험자에게 책임**이 있음을 알려드립니다.

3. 답안카드는 국가전문자격 공통 표준형으로 문제번호가 1번부터 125번까지 인쇄되어 있습니다. 답안 마킹 시에는 반드시 **시험문제지의 문제번호와 동일한 번호**에 마킹하여야 합니다. (1차 1교시 : 1번~80번)

4. **감독위원의 지시에 불응하거나 시험시간 종료 후 답안카드를 제출하지 않을 경우** 불이익이 발생할 수 있음을 알려 드립니다.

5. 시험문제지는 시험 종료 후 가져가시기 바랍니다.

6. 답안작성은 **시험 시행일(2025.10.25.) 현재 시행되는 법령** 등을 적용하시기 바랍니다.

7. 가답안 의견제시에 대한 개별회신 및 공고는 하지 않으며, **최종 정답 발표로 갈음**합니다.

8. 시험 중 **중간 퇴실은 불가**합니다. 단, 부득이하게 퇴실할 경우 **시험포기각서 제출 후 퇴실은 가능**하나 **재입실이 불가**하며, **해당시험은 무효처리됩니다.**

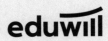

1. 부동산학(Real Estate)에 관한 설명으로 틀린 것은?

① 부동산학은 여러 부동산현상을 이해하고 분석하거나 부동산결정을 행하고 부동산활동을 전개해 나가기 위해 주로 복합개념의 사고원리를 사용한다.

② 부동산학의 연구분야는 부동산환경을 구성하고 있는 각 분야가 공통적으로 어떠한 기능과 역할을 수행하고 있느냐에 따라 이론적 분야와 실무적 분야로 나뉜다.

③ 부동산학의 연구대상은 '부동산현상'과 '부동산활동'으로 나누어 볼 수 있다.

④ 부동산학의 일반원칙이란 부동산과 인간의 관계 개선이라는 부동산학의 이념을 실현하기 위한 부동산활동의 행동방향을 말한다.

⑤ 부동산학의 접근방법 중 분산식 접근방법은 부동산을 법률적·경제적·기술적 측면 등의 복합개념으로 이해하고 그러한 측면의 이론을 토대로 시스템적 사고방식에 따라 부동산학 이론을 구축해야 한다는 연구방법이다.

2. 토지의 분류 및 용어에 관한 설명으로 옳은 것은 모두 몇 개인가?

> ㄱ. 나지(裸地)는 택지 중 정착물이 없는 토지로서 공법상 제한이 없는 토지를 말한다.
> ㄴ. 획지(劃地)는 하나의 필지 중 일부에 대해서도 성립한다.
> ㄷ. 표본지(標本地)는 지가의 공시를 위해 가치형성요인이 같거나 유사하다고 인정되는 일단의 토지 중에서 선정한 토지이다.
> ㄹ. 건부지(建敷地)는 건축물의 부지로 이용 중인 토지 또는 건축물의 부지로 이용가능한 토지를 말한다.
> ㅁ. 일단지(一團地)는 용도상 불가분의 관계에 있는 두 필지 이상을 합병한 토지를 말한다.

① 1개   ② 2개   ③ 3개
④ 4개   ⑤ 5개

3. 부동산의 특성으로 옳은 것은 모두 몇 개인가?

> ○ 용도의 다양성은 최유효이용을 선택할 수 있는 근거가 된다.
> ○ 인접성은 외부효과의 원인이 된다.
> ○ 분할·합병의 가능성은 부동산의 가치를 변화시킨다.
> ○ 부동성은 인근지역과 유사지역의 분류를 가능하게 한다.
> ○ 영속성은 부동산활동을 장기적으로 고려하게 한다.

① 1개   ② 2개
③ 3개   ④ 4개
⑤ 5개

4. 부동산의 수요와 공급, 균형에 관한 설명으로 옳은 것은? (단, 다른 조건은 동일하며, 주어진 조건만 고려함)

① 부동산의 수요는 유효수요의 개념이 아니라 단순히 부동산을 구입하고자 하는 의사만을 의미한다.

② 주택공급자의 가격 상승 예상은 주택의 공급을 감소시킨다.

③ 건축비의 하락 등 생산요소가격의 하락은 주택공급곡선을 좌측으로 이동시킨다.

④ 기술의 개발로 부동산공급이 증가하는 경우 수요의 가격탄력성이 작을수록 균형가격의 하락폭은 작아지고, 균형량의 증가폭은 커진다.

⑤ 인구의 증가로 부동산수요가 증가하는 경우 균형가격은 상승하고, 균형량은 감소한다.

5. A지역 아파트시장의 수요함수는 일정한데, 공급함수는 다음 조건과 같이 변화하였다. 이 아파트시장이 단기에서 장기로 변화할 때 아파트시장의 균형가격(ㄱ)과 균형거래량(ㄴ)의 변화는? (단, P는 가격이고 Q는 수급량이며, 가격과 수량의 단위는 무시하고, 다른 조건은 일정하다고 가정함)

> ○ 단기공급함수: $Q_S = 300$
> ○ 장기공급함수: $Q_S = P + 250$
> ○ 장단기 수요함수: $Q_D = 400 - \dfrac{1}{2}P$

	ㄱ	ㄴ
①	50 하락	50 증가
②	50 하락	100 증가
③	100 하락	50 증가
④	100 하락	100 증가
⑤	100 하락	150 증가

6. 수요와 공급의 가격탄력성에 따른 수요와 공급의 변화에 관한 설명으로 옳은 것은? (단, 다른 조건은 불변이라고 가정함)

① 공급이 가격에 대해 탄력적일수록 수요가 증가하면 균형가격은 크게 상승하고 균형거래량은 작게 감소한다.

② 수요가 가격에 대해 비탄력적일수록 공급이 증가하면 균형가격은 변하지 않고 균형거래량만 증가한다.

③ 공급이 가격에 대해 비탄력적일수록 수요가 감소하면 균형가격은 작게 하락하고 균형거래량은 크게 감소한다.

④ 공급이 가격에 대해 완전비탄력적인 경우, 수요가 증가하면 균형가격만 상승하고 균형거래량은 변하지 않는다.

⑤ 수요가 가격에 대해 완전탄력적인 경우, 공급이 증가하면 균형가격만 하락하고 균형거래량은 변하지 않는다.

7. 아파트 가격이 5% 상승함에 따라 아파트의 수요량 7% 감소, 아파트의 공급량 4% 증가, 연립주택의 수요량이 3% 증가하는 경우, 아파트 공급의 가격탄력성(A), 아파트와 연립주택의 관계(B)는? (단, 수요의 가격탄력성은 절댓값이며, 다른 조건은 일정하다고 가정함)

	A	B
①	탄력적	보완재
②	탄력적	대체재
③	비탄력적	대체재
④	비탄력적	보완재
⑤	단위탄력적	대체재

8. A주택시장과 B주택시장의 함수조건이 다음과 같다. 거미집이론에 의한 두 시장의 모형 형태는? (단, X축은 수량, Y축은 가격, 각각의 시장에 대한 P는 가격, Q_d는 수요량, Q_s는 공급량, 다른 조건은 동일함)

> ○ A주택시장: $Q_d = 500 - 3P$,
> $Q_S = -20 + 5P$
> ○ B주택시장: $Q_d = 100 - P$,
> $Q_S = -5 + \dfrac{1}{2}P$

① A: 수렴형, B: 수렴형
② A: 수렴형, B: 발산형
③ A: 수렴형, B: 순환형
④ A: 발산형, B: 수렴형
⑤ A: 발산형, B: 발산형

9. 부동산시장에 관한 설명으로 틀린 것은?

① 상품의 동일성이 없다.
② 완전경쟁시장이다.
③ 진입장벽이 존재한다.
④ 일물일가의 법칙이 적용되지 않는다.
⑤ 정보가 완전히 공개되어 있지 못하다.

10. 부동산시장의 특성에 관한 설명으로 옳은 것은?

① 부동산시장은 인접성으로 인해 일정지역에 국한되는 국지성의 특성을 가지며, 해당 지역 또는 주변지역의 사회적·경제적·행정적 요인의 변화에 크게 영향을 받는다.

② 부동산은 매매기간의 장기성으로 인해 부동산가격이 불합리하게 형성되는 주요 원인으로 작용하고, 부동산 내의 정보수집을 어렵게 하며, 정보탐색비용이 들게 한다.

③ 부동산의 개별성과 부동성으로 인해 부동산상품의 표준화가 불가능하여 대량생산이 곤란하며, 일물일가의 법칙이 적용되지 않게 한다.

④ 부동산에는 법적 제한이 많아도 시장은 완전한 시장이 된다.

⑤ 부동산시장은 자금의 유용성과 거리가 멀다.

11. 주택의 여과과정(filtering process)이론과 주거분리에 관한 설명으로 틀린 것은?

① 주택의 하향여과는 상위소득계층이 사용하던 기존 주택이 하위소득계층의 사용으로 전환되는 것을 말한다.

② 주거분리는 도시 전체뿐만 아니라 지리적으로 인접한 근린지역에서도 발생할 수 있다.

③ 고소득층 주거지역으로 저소득층이 들어오게 되어 하향여과과정이 계속되면, 고소득층 주거지역은 점차 저소득층 주거지역으로 바뀔 것이다.

④ 건축비용이 주택착공량에 따라 일정하다고 하면, 일정 수준 이하의 주택량은 장기적으로 불변이다.

⑤ 건축비용이 주택착공량에 따라 증가한다고 하면, 일정 수준 이상의 전체 주택량은 원래 수준보다 장기적으로 감소한다.

12. 효율적 시장에 관한 설명으로 틀린 것은?

① 약성 효율적 시장은 역사적 정보가 모두 반영되는 시장이며, 세 가지 효율적 시장의 유형 중에서 시장의 정보 효율성이 가장 낮은 시장이다.

② 약성 효율적 시장에서는 기술적 분석을 통하여 정상이윤을 얻을 수 있다.

③ 약성이나 준강성 효율적 시장에서 공표되지 않은 우수한 정보를 획득한다고 하더라도 그 정보의 가치와 정보의 비용이 같다면 초과이윤을 얻기는 어렵다.

④ 준강성 효율적 시장은 현재의 부동산가격이 과거의 부동산가격과 거래량에 관한 정보뿐만 아니라 이미 일반에게 공개된 모든 정보를 신속하고 정확하게 반영하는 시장이다.

⑤ 현재의 부동산가격이 투자자들에게 공개된 정보뿐만 아니라 공표되지 않은 정보까지도 신속하고 정확하게 반영하는 완벽한 시장을 강성 효율적 시장이라 하며, 강성 효율적 시장에서는 어떠한 이윤도 얻을 수 없다.

13. 도시공간구조이론에 관한 설명으로 옳은 것을 모두 고른 것은?

> ㄱ. 선형이론에 따르면 주택지불능력이 낮을수록 고용기회가 많은 도심지역과 접근성이 양호한 지역에 주거입지를 선정하는 경향이 있다.
> ㄴ. 동심원이론은 도시의 공간구조형성을 침입, 경쟁, 천이 등의 과정으로 설명하였다.
> ㄷ. 다차원이론에서는 상호편익을 가져다주는 활동(들)의 집적지향성(집적이익)을 다핵입지 발생 요인 중 하나로 본다.
> ㄹ. 다핵심이론에 따르면 하나의 중심이 아니라 몇 개의 분리된 중심이 점진적으로 통합됨에 따라 전체적으로 도시공간구조가 형성된다.
> ㅁ. 선형이론에 따르면 중심지에서 멀어질수록 지대 및 인구밀도가 낮아진다.

① ㄱ, ㄴ   ② ㄱ, ㄷ
③ ㄴ, ㄹ   ④ ㄷ, ㄹ
⑤ ㄴ, ㄷ, ㅁ

14. 부동산정책의 공적 개입 필요성에 관한 설명으로 **틀린** 것은?

① 부동산시장은 불완전정보, 공급의 비탄력성으로 인한 수요·공급 시차로 인하여 시장실패가 나타날 수 있다.

② 정부는 토지를 경제적·효율적으로 이용하고 공공복리의 증진을 도모하기 위하여 용도지역제를 활용하고 있다.

③ 정부는 주민의 편의를 위해 공공재인 도로, 공원 등의 도시계획시설을 공급하고 있다.

④ 공공재는 시장기구에 맡겨둘 경우 경합성과 배제성으로 인하여 무임승차(free ride)현상이 발생할 수 있다.

⑤ 정부가 부동산시장에 개입하는 논리에는 부(−)의 외부효과 방지와 공공재 공급 등이 있다.

15. 분양가상한제에 관한 설명으로 **틀린** 것은? (다만, 단기적으로 다른 조건은 일정하다고 가정함)

① 분양가상한제의 목적은 주택가격을 안정시키고 무주택자의 신규주택 구입부담을 경감시키기 위해서이다.

② 주택법령상 분양가상한제 적용주택의 분양가격은 택지비와 건축비로 구성된다.

③ 주택법령상 분양가상한제 적용주택 및 그 주택의 입주자로 선정된 지위에 대하여 전매를 제한할 수 있다.

④ 도시형 생활주택은 분양가상한제를 적용하지 않는다.

⑤ 분양가상한제로 인해 분양주택에 대한 프리미엄이 형성되면 분양권을 불법으로 전매하는 등의 현상이 나타날 수 있으므로 분양주택의 전매제한을 완화해야 한다.

16. 저소득층에게 임대료의 일부를 보조하는 임대료보조정책에 관한 설명으로 **틀린** 것은?

① 저소득층에게 임대료를 보조할 경우 주택소비량은 증가하지만 다른 재화의 소비량도 증가한다.

② 저소득층의 실질소득을 증가시키는 효과를 갖는다.

③ 다른 조건이 같을 경우 임대주택의 공급을 감소시킨다.

④ 임대료보조를 받기 전보다 임차인의 효용을 더 증가시킨다.

⑤ 임차인에게 보조금을 지급하는 방식은 임대주택 공급자에게 보조금을 지급하는 방식보다 임차인의 주거지 선택의 자유를 보장하는 장점이 있다.

17. 정부가 어떤 임대용 부동산의 임대인에게 재산세를 부과하면 어떤 효과가 나타나는가? (단, 임대용 부동산의 수요곡선과 공급곡선은 각각 수요법칙과 공급법칙을 충족하는 일반적인 경우라고 가정함)

① 수요량은 감소하고, 임대료는 하락한다.

② 수요량은 증가하고, 임대료는 하락한다.

③ 재산세를 임대인이 전부 부담하여 임대료를 상승시킨다.

④ 재산세의 일부만 임대인이 부담하고, 임대료는 재산세 부과액보다 적게 상승한다.

⑤ 재산세의 일부를 임차인이 부담하고, 임대료는 재산세 부과액보다 많이 상승한다.

18. 부동산투자에 있어 위험과 위험분석에 관한 설명으로 틀린 것은?

① 위험회피형 투자자라고 할지라도 피할 수 없는 위험이나 대가가 주어지는 위험은 감수할 수 있다.

② 부담하는 위험이 크면 투자자의 요구수익률이 커지는데, 위험과 수익의 이와 같은 관계를 위험−수익의 상쇄관계(risk-return trade-off)라고 한다.

③ 투자자는 요구수익률을 결정하는 데 있어 감수해야 할 위험의 정도에 따라 위험할증률을 더한다.

④ 산출된 기대수익률의 하향 조정을 통해 투자의사결정을 보수적으로 함으로써 위험관리를 할 수 있다.

⑤ 위험회피형 투자자 중 보수적인 투자자는 공격적인 투자자에 비해 위험이 높더라도 기대수익률이 높은 투자안을 선호한다.

19. 포트폴리오의 위험과 수익에 관한 설명으로 옳은 것은?

① 포트폴리오의 기대수익률은 포트폴리오를 구성하는 개별자산의 기대수익률과 구성비율(weights)에 의해서 결정된다.

② 비체계적 위험(nonsystematic risk)이란 시장의 전반적인 상황과 관련이 있는 위험으로 분산투자를 하여도 제거할 수 없는 위험을 말한다.

③ 부동산투자의 위험에는 피할 수 있는 위험과 피할 수 없는 위험이 있는데, 전자는 체계적 위험이고, 후자는 비체계적 위험이다.

④ 상관계수가 0의 값을 갖는 경우를 제외하면, 구성자산의 수를 많이 하여 포트폴리오를 구성한다면 비체계적 위험은 감소될 수 있다.

⑤ 최적 포트폴리오는 효율적 프론티어와 투자자의 무차별곡선이 교차하는 점에서 결정된다.

20. 甲은 부동산자금을 마련하기 위하여 2025년 1월 1일 현재, 2년 동안 매년 연말 1,000만원을 불입하는 투자상품에 가입했다. 투자상품의 이자율이 연 10%라면, 이 상품의 현재가치는? (단, 천원 단위 이하는 절사함)

① 1,467만원   ② 1,623만원

③ 1,735만원   ④ 1,847만원

⑤ 2,032만원

21. 투자시점 현재 1,000만원이 투입된 어느 부동산투자안의 타당성을 분석한 결과 다음과 같은 현금흐름이 예상된다면, 단순회수기간법으로 자본회수기간을 구하면? (단, 현금흐름은 기간 중에는 균등하게 발생한다고 가정함)

연도	현재	1년	2년	3년	4년	5년	6년
현금흐름 (단위: 만원)	−1,000	200	400	300	400	300	200

① 3년   ② 3년 3개월

③ 3년 6개월   ④ 4년

⑤ 4년 3개월

22. 부동산투자를 결정하는 경우에 해당하는 것은 모두 몇 개인가?

> ㄱ. 요구수익률이 10%일 때, 매년 2,000만원 확정 순수익이 영구히 기대되는 토지의 시장가치가 1억 5,000만원인 경우
>
> ㄴ. 요구수익률이 10%, 사업기간이 1년인 투자안의 지분투자액이 1억 5,000만원일 때, 투자안의 현금유입이 2억 2,000만원인 경우
>
> ㄷ. 무위험률이 4%, 위험할증률이 3%, 예상인플레이율이 1%인 경우, 투자안의 내부수익률이 10%인 경우
>
> ㄹ. 투자안의 수익성지수가 0.85인 경우
>
> ㅁ. 기업의 목표회수기간은 5년일 때, 투자안의 회수기간이 6년인 경우

① 1개   ② 2개   ③ 3개

④ 4개   ⑤ 5개

23. 다음은 투자 예정인 어느 임대용 부동산의 1년 동안 예상되는 현금흐름이다. 연간 세후현금흐름은? (단, 주어진 조건에 한함)

> ○ 단위면적당 월임대료: 20,000원/m²
> ○ 임대면적: 100m²
> ○ 공실손실상당액: 가능총소득의 5%
> ○ 영업경비: 유효총소득의 40%
> ○ 부채서비스액: 연 6,000,000원
> ○ 이자비용: 연 4,000,000원
> ○ 감가상각비: 2,000,000원
> ○ 영업소득세율: 연 20%

① 6,144,000원   ② 6,235,000원
③ 6,254,000원   ④ 6,363,000원
⑤ 6,436,000원

24. 부동산투자의 할인현금흐름기법(DCF)과 관련된 설명으로 옳은 것을 모두 고른 것은?

> ㄱ. 순현재가치(NPV)법이란 투자로부터 발생하는 현재와 미래의 모든 현금흐름을 적절한 할인율로 할인하여 현재가치로 환산하고 이를 통하여 투자의사결정에 이용하는 기법이다.
> ㄴ. 내부수익률(IRR)은 투자로부터 발생하는 현금흐름의 순현재가치를 1로 만드는 할인율을 말한다.
> ㄷ. 순현가법에서는 재투자율로 시장수익률을 사용하고, 내부수익률법에서는 요구수익률을 사용한다.
> ㄹ. 수익성지수(PI)는 투자로 인해 발생하는 현금유입의 현재가치를 현금유출의 현재가치로 나눈 비율로서 1보다 크면 경제적 타당성이 있는 것으로 판단된다.

① ㄱ, ㄴ   ② ㄱ, ㄹ
③ ㄴ, ㄷ   ④ ㄷ, ㄹ
⑤ ㄱ, ㄴ, ㄹ

25. 甲은 5억원의 아파트를 구입하기 위해 은행으로부터 3억원을 대출받았다. 은행의 대출조건이 다음과 같을 때, 甲이 2회차에 상환할 원금과 3회차에 납부할 이자액을 순서대로 나열한 것은? (단, 주어진 조건에 한함)

> ○ 대출금리: 고정금리, 연 7%
> ○ 대출기간: 20년
> ○ 저당상수: 0.094
> ○ 원리금상환조건: 원리금균등상환방식, 연 단위 매 기간 말 상환

① 5,600,000원, 17,352,000원
② 6,448,000원, 18,665,120원
③ 7,704,000원, 19,956,720원
④ 7,834,880원, 19,965,120원
⑤ 7,934,880원, 20,152,000원

26. 부동산금융에 관한 설명으로 <u>틀린</u> 것은? (단, 주어진 조건에 한함)

① 주택저당대출의 기준인 담보인정비율(LTV)과 총부채원리금상환비율(DSR)이 변경되면 주택수요가 변화될 수 있다.
② 총부채원리금상환비율(DSR)과 담보인정비율(LTV)은 소득기준으로 채무불이행위험을 측정하는 지표이다.
③ 금리하락기에 변동금리대출은 고정금리대출에 비해 대출자의 조기상환위험이 낮다.
④ 금리상승기에 변동금리대출의 금리조정주기가 짧을수록 대출자의 금리위험은 낮아진다.
⑤ 대출채권의 듀레이션(평균회수기간)은 만기일시상환대출이 원리금균등분할상환대출보다 길다.

27. 대출상환방식에 관한 설명으로 틀린 것은? (단, 주어진 조건에 한함)

① 원금균등분할상환방식은 만기에 가까워질수록 차입자의 원리금상환액이 감소한다.

② 차입자의 소득에 변동이 없는 경우 원금균등상환방식의 총부채상환비율(DTI)은 만기에 가까워질수록 낮아진다.

③ 원리금균등분할상환방식은 만기에 가까워질수록 원리금상환액 중 원금상환액의 비율이 높아진다.

④ 차입자의 소득에 변동이 없는 경우 원리금균등분할상환방식의 총부채상환비율(DTI)은 대출기간 동안 일정하게 유지된다.

⑤ 대출조건이 동일하다면 대출기간 동안 차입자의 총원리금상환액은 원금균등분할상환방식이 원리금균등분할상환방식보다 크다.

28. 부동산증권에 관한 설명으로 옳은 것은?

① MPTS(mortgage pass-through securities)는 지분을 나타내는 증권으로서 유동화기관의 부채로 표기되지 않는다.

② MPTB(mortgage pay-through bond)의 주택저당채권 집합물은 투자자에게 이전되고, 원리금 수취권은 발행자가 보유한다.

③ MBB(mortgage backed bond)의 조기상환위험과 채무불이행 위험은 투자자가 부담한다.

④ CMO(collateralized mortgage obligation)는 지분형 증권으로만 구성되어 있다.

⑤ MBB는 주택저당대출차입자의 채무불이행이 발생하게 되면 MBB에 대한 원리금을 발행자가 투자자에게 지급하지 않을 수 있다.

29. 프로젝트 금융(project financing)에 관한 설명으로 틀린 것은?

① 개발사업주와 개발사업의 현금흐름을 분리시킬 수 있어 개발사업주의 파산이 개발사업에 영향을 미치지 못하게 할 수 있다.

② 일반적으로 기업대출보다 금리 등이 높아 사업이 성공할 경우 해당 금융기관은 높은 수익을 올릴 수 있다.

③ 프로젝트 금융에 의한 해당 개발사업이 실패할 경우에는 대출받은 모기업의 신용도 및 재무구조가 취약하게 된다.

④ 프로젝트 금융이 부실화될 경우 해당 금융기관의 부실로 이어질 수 있다.

⑤ 에스크로우 계정(escrow account)을 통하여 부동산개발사업의 현금흐름을 통제하여 사업주의 도덕적 해이를 방지할 수 있다.

30. 다음의 경우에 해당하는 도시개발사업의 시행방식은?

> ○ 대지로서의 효용증진과 공공시설의 정비를 위하여 토지의 교환·분할·합병, 그 밖의 구획 변경, 지목 또는 형질의 변경이나 공공시설의 설치·변경이 필요한 경우
> ○ 도시개발사업을 시행하는 지역의 지가가 인근의 다른 지역에 비하여 현저히 높은 경우

① 환지방식   ② 수용방식

③ 혼용방식   ④ 신탁방식

⑤ 합동방식

31. 부동산개발의 타당성분석에 관한 설명으로 틀린 것은? (단, 주어진 조건에 한함)

① 지역경제분석은 지역의 경제활동, 지역인구와 소득 등 대상지역시장 전체에 대한 총량적 지표를 분석한다.

② 부동산개발과정에서 시장분석의 목적은 개발과 관련된 의사결정을 하기 위하여 부동산의 특성상 용도별, 지역별로 각각의 수요와 공급에 미치는 요인들과 수요와 공급의 상호관계가 개발사업에 어떠한 영향을 미치는가를 조사·분석하는 것이다.

③ 시장성분석은 현재와 미래의 대상부동산에 대한 수요·공급분석을 통해 흡수율분석과 시장에서 분양될 수 있는 가격, 적정개발 규모 등의 예측을 한다.

④ 부동산개발과정의 시장분석은 속성상 지리적·공간적 범위에 국한되지 않으며, 대상개발사업의 경쟁력분석에 한한다.

⑤ 경제성분석은 구체적으로 개발사업의 수익성 여부 등을 평가한다.

32. 민간의 부동산개발에 관한 설명으로 옳은 것은?

① 토지소유자의 자체사업일 경우 사업시행은 토지소유자가 하지만, 자금조달과 이익귀속의 주체는 건설회사이다.

② 지주공동사업은 불확실하거나 위험도가 큰 부동산개발사업에 대한 위험을 토지소유자와 개발업자 간에 분산할 수 있는 장점이 있다.

③ 사업위탁방식은 토지소유자로부터 형식적인 소유권을 이전받은 개발업자는 개발사업을 시행하고 사업시행에 대한 수수료를 취하는 방식이다.

④ 토지신탁형은 토지소유자로부터 사업시행을 의뢰받은 신탁회사가 토지를 개발·관리·처분하여 그 수익을 수익자에게 돌려주는 방식으로 소유권이 이전되지 않는 것이 특징이다.

⑤ 공사비를 분양금으로 정산하는 사업방식에서는 사업시행은 건설회사가 하지만, 이익은 토지소유자에게 귀속된다.

33. 부동산관리와 생애주기에 관한 설명으로 틀린 것은?

① 재산관리(property management)란 부동산의 운영수익을 극대화하고 자산가치를 증진시키기 위한 임대차관리 등의 일상적인 건물운영 및 관리뿐만 아니라 부동산투자의 위험관리와 프로젝트 금융 등의 업무를 하는 것을 말한다.

② 시설관리(facility management)란 각종 부동산시설을 운영하고 유지하는 것으로 시설사용자나 건물주의 요구에 단순히 부응하는 정도의 소극적이고 기술적인 측면의 관리를 말한다.

③ 자산관리(asset management)란 소유자의 부를 극대화시키기 위하여 대상부동산을 포트폴리오 관점에서 관리하는 것을 말한다.

④ 건물의 이용에 의한 마멸, 파손, 노후화, 우발적 사고 등으로 사용이 불가능할 때까지의 기간을 물리적 내용연수라고 한다.

⑤ 생애주기상 노후단계는 물리적·기능적 상태가 급격히 악화되기 시작하는 단계이다.

34. 감정평가에 관한 설명으로 틀린 것은?

① 대상물건이 불법적인 이용인 경우에는 합법적인 이용을 기준으로 감정평가하되, 합법적인 이용으로 전환하기 위한 비용을 고려한다.

② 감정평가는 기준시점에서의 대상물건의 이용상황 및 공법상 제한을 받는 상태를 기준으로 한다.

③ 기준시점은 대상물건의 가격조사를 완료한 날짜로 하나, 기준시점을 미리 정하였을 때에는 그 날짜에 가격조사가 가능한 경우에만 기준시점으로 할 수 있다.

④ 조건부평가란 장래에 도달할 확실한 일정시점을 기준으로 한 평가로서 그 시점에서의 가치를 상정하여 평가하는 것을 말한다.

⑤ 감정평가는 대상물건마다 개별로 하여야 한다.

35. 부동산가치의 발생요인에 관한 설명으로 **틀린** 것은?

① 효용(유용성)은 인간의 필요나 욕구를 만족시킬 수 있는 재화의 능력이다.

② 효용(유용성)은 부동산의 용도에 따라 주거지는 쾌적성, 상업지는 수익성, 공업지는 생산성으로 표현할 수 있다.

③ 부동산은 용도적 관점에서 대체성이 인정되고 있기 때문에 절대적 희소성이 아닌 상대적 희소성을 가지고 있다.

④ 유효수요는 구입의사와 지불능력을 가지고 있는 수요이다.

⑤ 이전성은 법률적인 측면이 아닌 경제적인 측면에서의 가치발생요인이다.

36. 부동산가치의 제 원칙에 관한 설명 중 ( ) 안에 들어갈 내용이 옳게 나열된 것은?

○ (ㄱ)의 원칙은 감정평가 시 기준시점 및 시점수정과 관련이 있다.
○ (ㄴ)의 원칙은 인근토지를 매수·합필하거나 기존 건물을 증축하는 경우, 그 추가 투자의 적부를 결정하는 데 유용한 원칙이다.
○ (ㄷ)의 원칙은 수익방식 및 토지잔여법의 근거가 되는 원칙이다.

	ㄱ	ㄴ	ㄷ
①	기여	균형	수익체증체감
②	기여	변동	수익배분
③	변동	기여	수익배분
④	변동	적합	기여
⑤	예측	수익체증체감	변동

37. 다음 자료를 활용하여 원가법으로 평가한 대상건물의 가액은? (단, 주어진 조건에 한함)

○ 대상건물 현황: 단독주택, 연면적 200m²
○ 사용승인시점: 2020.9.1.
○ 기준시점: 2025.9.1.
○ 사용승인시점의 신축공사비: 2,000,000원/m² (신축공사비는 적정함)
○ 건축비지수
  – 사용승인시점: 100
  – 기준시점: 110
○ 경제적 내용연수: 40년
○ 감가수정방법: 정액법
○ 내용연수 만료 시 잔존가치 없음

① 275,000,000원
② 280,000,000원
③ 352,500,000원
④ 385,000,000원
⑤ 425,000,000원

38. 다음 자료를 활용하여 공시지가기준법으로 산정한 대상토지의 가액(원/m²)은? (단, 주어진 조건에 한함)

○ 대상토지: A시 B구 C동 320번지, 일반상업지역, 상업나지
○ 기준시점: 2025.9.30.
○ 비교표준지: A시 B구 C동 300번지, 일반상업지역, 상업나지
  2025.1.1. 기준 표준자공시지가 10,000,000원/m²
○ 지가변동률(A시 B구)
  1) 2025.1.1. ~ 2025.4.30.: -5%
  2) 2025.5.1. ~ 2025.9.30.: -2%
○ 지역요인: 대상토지와 비교표준지의 지역요인은 동일함
○ 개별요인: 대상토지는 비교표준지에 비해 가로조건에서 10% 우세하고, 환경조건에서 3% 열세하며, 다른 조건은 동일함
○ 그 밖의 요인: 20% 증액 보정함
○ 상승식으로 계산할 것
○ 산정된 시산가액의 천원 미만은 버릴 것

① 11,320,000원/m²
② 11,920,000원/m²
③ 12,564,500원/m²
④ 13,705,300원/m²
⑤ 14,302,500원/m²

39. 다음과 같은 조건에서 수익환원법에 의해 평가한 대상부동산의 가치는? (단, 주어진 조건에 한함)

> ○ 가능총수익: 연 3,000만원
> ○ 공실 및 대손: 가능총수익의 10%
> ○ 영업경비비율: 유효총수익의 40%
> ○ 가격구성비: 토지, 건물 각각 50%
> ○ 토지환원율: 연 5%, 건물환원율: 연 7%

① 140,000,000원 　② 230,000,000원

③ 270,000,000원 　④ 295,000,000원

⑤ 320,000,000원

40. 부동산가격공시제도에 관한 설명으로 옳은 것은?

① 표준지에 건물 또는 그 밖의 정착물이 있거나 지상권 또는 그 밖의 토지의 사용·수익을 제한하는 권리가 설정되어 있을 때에는 그 정착물 또는 권리가 존재하지 아니하는 것으로 보고 표준지공시지가를 평가하여야 한다.

② 개별공시지가에 대해서는 이의신청을 할 수 있지만, 표준지공시지가에 대해서는 이의신청을 할 수 없다.

③ 국토교통부장관은 공시기준일 이후에 분할·합병 등이 발생한 토지에 대하여는 대통령령으로 정하는 날을 기준으로 하여 개별공시지가를 결정·공시하여야 한다.

④ 표준주택에 전세권 또는 그 밖에 주택의 사용·수익을 제한하는 권리가 설정되어 있는 경우에는 그 권리가 설정되어 있는 상태로 적정가격을 평가한다.

⑤ 공동주택가격은 표준주택가격과 개별주택가격으로 구분하여 공시된다.

41. 다음 중 연결이 <u>잘못된</u> 것은? (다툼이 있으면 판례에 따름)

① 임차인의 비용상환청구권 – 형성권

② 지명채권의 양도 – 준물권행위

③ 부동산 매매에 의한 소유권 취득 – 승계취득

④ 부동산 점유취득시효완성으로 인한 소유권 취득 – 원시취득

⑤ 등기된 임차권의 대항력 – 권리의 작용의 변경

42. 甲의 대리인 乙은 甲 소유의 부동산을 丙에게 매도하기로 약정하였다. 이에 관한 설명으로 <u>틀린</u> 것은? (다툼이 있으면 판례에 따름)

① 乙이 丙의 기망행위로 매매계약을 체결한 경우, 甲은 이를 취소할 수 있다.

② 만일 乙이 미성년자라면, 甲은 乙이 제한능력자임을 이유로 매매계약을 취소할 수 있다.

③ 乙이 매매계약을 체결하면서 甲을 위한 것임을 표시하지 않은 경우, 그 의사표시는 乙을 위한 것으로 본다.

④ 위 ③의 경우 乙이 甲의 대리인임을 丙이 알았거나 알 수 있었을 경우에는 丙은 甲에게 위 부동산에 대한 소유권이전등기를 청구할 수 있다.

⑤ 乙이 丙에게 기망행위한 경우, 丙은 甲이 이 사실을 몰랐더라도 매매계약을 취소할 수 있다.

43. 취소권은 추인할 수 있는 날로부터 (ㄱ) 내에, 법률행위를 한 날로부터 (ㄴ) 내에 행사하여야 한다. ( )에 들어갈 내용으로 옳은 것은?

	ㄱ	ㄴ
①	1년	5년
②	3년	5년
③	3년	10년
④	5년	1년
⑤	10년	3년

44. 조건과 기한에 관한 설명으로 틀린 것은? (다툼이 있으면 판례에 따름)

① 상대방에게 이익만 주는 채무면제나 유증의 경우에는 조건을 붙일 수 있다.

② 조건을 붙이는 것이 허용되지 않는 법률행위에 조건을 붙인 경우, 다른 정함이 없으면 그 조건만 분리하여 무효로 할 수 있다.

③ 정지조건부 법률행위에 있어서 조건이 성취되었다는 사실은 이에 의하여 권리를 취득하고자 하는 측에서 그 입증책임이 있다.

④ 임대차계약을 체결함에 있어서 임대기한을 '임차인에게 매도할 때까지'로 정하였다면 이는 기간의 약정이 없는 임대차로 보아야 한다.

⑤ 상가분양계약에서 중도금지급기일을 '1층 골조공사 완료 시'로 정한 것은 정지조건이 아니라 불확정기한에 해당한다.

45. 민법은 상대방 있는 의사표시의 효력발생시기에 관하여 도달주의의 원칙을 채택하고 있는바, 다음 중 도달주의에 관한 예외가 아닌 것은?

① 제3자를 위한 계약에 있어서 낙약자의 계약이익의 향수 여부의 최고에 대한 수익자의 확답

② 제한능력자가 능력자가 된 후에 제한능력자의 상대방이 그 취소할 수 있는 행위의 추인 여부의 확답을 최고한 경우에 있어서, 능력자로 된 자가 하는 확답

③ 제3자가 채무자와의 계약에 의하여 채무를 인수한 경우 채권자의 승낙에 의하여 그 효력이 생기는바, 이때에 제3자나 채무자가 채권자에게 승낙 여부의 확답을 최고한 경우 채권자가 이에 대하여 하는 확답

④ 격지자 간의 계약에 있어서 하는 승낙의 통지

⑤ 사단법인에 있어서 총회의 소집통지

46. 통정허위표시에 관한 설명으로 틀린 것은? (다툼이 있으면 판례에 따름)

① 채권의 가장양도에 있어서의 채무자는 제108조 제2항의 제3자에 해당한다.

② 제3자로서 보호받기 위해서는 선의이면 족하고, 무과실까지는 요구되지 않는다.

③ 표의자는 무효를 주장하여 자신이 상대방에게 급부한 것의 반환을 청구할 수 있다.

④ 제3자가 선의인 경우 허위표시의 당사자뿐만 아니라 그 누구도 허위표시의 무효로써 선의의 제3자에게 대항할 수 없다.

⑤ 허위표시의 무효를 주장하는 자가 제3자의 악의를 입증하여야 한다.

47. 행위능력자 乙은 대리권 없이 甲을 대리하여 甲이 보유하고 있던 매수인의 지위를 丙에게 양도하기로 약정하고, 이에 丙은 乙에게 계약금을 지급하였다. 乙은 그 계약금을 유흥비로 탕진하였다. 이에 관한 설명으로 틀린 것은? (단, 표현대리는 성립하지 않으며, 다툼이 있으면 판례에 따름)

① 매수인의 지위 양도계약 체결 당시 乙의 무권대리를 안 丙은 甲의 추인이 있을 때까지 계약을 철회할 수 있다.

② 丙이 계약을 유효하게 철회하면, 무권대리행위는 확정적으로 무효가 된다.

③ 丙이 계약을 유효하게 철회하면, 丙은 乙을 상대로 계약금 상당의 부당이득반환을 청구할 수 있다.

④ 丙이 계약을 철회한 경우, 甲이 그 철회의 유효를 다투기 위해서는 乙에게 대리권이 없음을 丙이 알았다는 것에 대해 증명해야 한다.

⑤ 丙의 계약 철회 전 甲이 사망하고 乙이 단독상속인이 된 경우, 乙이 선의·무과실인 丙에게 추인을 거절하는 것은 신의칙에 반한다.

48. 취소할 수 있는 법률행위에 관한 설명으로 <u>틀린</u> 것은?

① 제한능력자는 선의·악의를 불문하고 취소할 수 있는 행위로 얻은 이익이 현존하는 한도에서만 반환하면 된다.

② 제146조 전단에서 취소권의 제척기간의 기산점으로 삼고 있는 '추인할 수 있는 날'이란 취소의 원인이 종료된 날을 의미한다.

③ 어떤 법률행위를 한 당사자 쌍방이 각기 그 법률행위를 취소하는 의사표시를 하였으나 그 취소사유가 없는 경우 그 법률행위의 효력은 상실되지 않는다.

④ 제한능력자가 취소의 원인이 소멸된 후에 이의를 보류하지 않고 채무 일부를 이행하면 추인한 것으로 본다.

⑤ 취소권자가 수인인 경우 1인이 취소할 수 있는 행위에 대해 추인을 하더라도 다른 취소권자는 취소를 할 수 있다.

49. 불공정한 법률행위(제104조)에 관한 설명으로 <u>틀린</u> 것은? (다툼이 있으면 판례에 따름)

① 불공정한 법률행위가 성립하기 위해서는 폭리행위자가 피해자의 궁박, 경솔 또는 무경험한 사정을 알고 이용하려는 의사가 반드시 있어야 한다.

② 무상계약에는 적용되지 않는다.

③ 불공정한 법률행위에 무효행위 전환의 법리가 적용될 수 있다.

④ 법률행위가 대리인에 의하여 행해진 경우, 궁박상태는 대리인을 기준으로 판단하여야 한다.

⑤ 매매계약이 불공정한 법률행위에 해당하는지는 계약체결 당시를 기준으로 판단하여야 한다.

50. 법률행위의 무효에 관한 설명으로 <u>틀린</u> 것은? (다툼이 있으면 판례에 따름)

① 불법원인급여의 경우 급여자는 부당이득반환을 청구할 수는 없으나, 소유권에 기한 반환청구는 할 수 있다.

② 토지거래허가구역 내의 토지에 대한 매매계약의 정지조건이 허가 전에 불성취로 확정된 경우 그 매매계약은 확정적 무효로 된다.

③ 혼인 외의 출생자를 혼인 중의 출생자로 출생신고를 한 경우 인지의 요건을 갖추는 한 인지로서의 효력이 있다.

④ 15세로 된 후 망인과 자신 사이에 친생자관계가 없는 등의 사유로 입양이 무효임을 알면서도 망인이 사망할 때까지 아무런 이의를 제기하지 않은 경우는 묵시적으로 입양을 추인한 것으로 볼 수 있다.

⑤ 토지거래허가구역 내의 토지거래계약이 확정적으로 무효가 된 경우, 그 계약이 무효로 되는 데 책임 있는 사유가 있는 자도 무효를 주장할 수 있다.

51. 법정지상권에 관한 설명으로 <u>틀린</u> 것은? (다툼이 있으면 판례에 따름)

① 건물이 없는 토지에 대하여 저당권이 설정된 후 저당권설정자가 그 위에 건물을 건축한 경우에는 법정지상권이 성립하지 않는다.

② 법정지상권자가 지상건물을 제3자에게 양도한 경우, 제3자는 그 건물과 함께 법정지상권을 당연히 취득한다.

③ 제366조의 법정지상권에서 말하는 경매는 담보권 실행경매(임의경매)를 말하고, 통상의 강제집행(강제경매)은 이에 포함되지 않는다.

④ 동일인 소유에 속하는 토지와 건물에 대하여 공동저당권이 설정된 후 그 건물이 철거되고 신축된 경우에는 특별한 사정이 없는 한 저당물의 경매로 인하여 토지소유자와 그 신축건물의 소유자가 다르게 되더라도 그 신축건물을 위한 법정지상권이 성립하지 않는다.

⑤ 법정지상권을 가진 건물소유자로부터 건물을 양수하면서 지상권까지 양도받기로 한 자에 대하여 대지소유자가 건물철거청구를 하는 것은 신의칙에 반하므로 허용되지 않는다.

52. 점유자와 회복자의 관계에 관한 설명으로 틀린 것은? (다툼이 있으면 판례에 따름)

① 점유물의 과실을 취득한 점유자는 필요비에 대해서는 일체 상환을 청구할 수 없고, 유익비에 대해서만 상환을 청구할 수 있다.

② 점유물이 점유자의 책임 있는 사유로 인하여 멸실 또는 훼손한 때에는 악의의 점유자는 그 손해의 전부를 배상하여야 한다.

③ 악의의 점유자는 수취한 과실을 반환하여야 하며, 소비하였거나 과실로 인하여 훼손 또는 수취하지 못한 경우에는 그 과실의 대가를 보상하여야 한다.

④ 점유자가 점유물을 개량하기 위하여 지출한 금액 기타 유익비에 관하여는 그 가액의 증가가 현존한 경우에 한하여 회복자의 선택에 좇아 그 지출금액이나 증가액의 상환을 청구할 수 있다.

⑤ 점유자가 유익비를 지출할 당시 계약관계 등 적법한 점유권원을 가진 경우에는 계약관계 등의 상대방이 아닌 점유회복 당시의 상대방에 대하여 제203조 제2항에 따른 지출비용의 상환을 청구할 수 없다.

53. 주위토지통행권에 관한 설명으로 틀린 것은? (다툼이 있으면 판례에 따름)

① 명의신탁자에게는 주위토지통행권이 인정되지 않는다.

② 「건축법」상 도로의 폭 등에 관하여 제한규정이 있다면 반사적 이익으로서 포위된 토지소유자에게 이와 일치하는 통행권이 인정된다.

③ 기존의 통로보다 더 편리하다는 이유만으로 다른 곳으로 통행할 권리를 갖는 것은 아니다.

④ 통행지소유자는 통행권자의 허락을 얻어 사실상 통행하고 있는 자에게 손해의 보상을 청구할 수 없다.

⑤ 일단 주위토지통행권이 발생하였다고 하더라도 나중에 그 토지에 접하는 공로가 개설됨으로써 주위토지통행권을 인정할 필요성이 없어진 때에는 그 통행권은 소멸한다.

54. 물권적 청구권에 관한 설명으로 틀린 것은? (다툼이 있으면 판례에 따름)

① 점유물반환청구는 악의의 특별승계인에게만 할 수 있고, 선의의 특별승계인에게는 할 수 없다.

② 점유보조자에게는 점유보호청구권이 인정되지 않는다.

③ 소유자는 물권적 청구권에 의하여 방해제거비용 또는 방해예방비용을 청구할 수 있다.

④ 소유권에 기한 방해제거청구권은 현재 계속되고 있는 방해의 원인을 제거하는 것만을 내용으로 한다.

⑤ 소유권에 기한 물권적 청구권은 소유권과 분리하여 양도할 수 없으므로 소유권을 상실한 전 소유자는 소유권에 기한 물권적 청구권을 행사하지 못한다.

55. 부동산에의 부합에 관한 설명으로 틀린 것은? (다툼이 있으면 판례에 따름)

① 부동산도 부합물이 될 수 있다.

② 적법한 권원 없이 타인의 토지를 경작하였더라도 그 농작물이 성숙하여 독립한 물건으로서의 존재를 갖추었으면 농작물의 소유권은 경작자에게 있다.

③ 건물에 부합된 증축부분이 경매절차에서 경매목적물로 평가되지 않아도 매수인은 그 소유권을 취득한다.

④ 토지임차인의 승낙만을 받아 임차토지에 나무를 심은 사람은 다른 약정이 없으면 토지소유자에 대하여 그 나무의 소유권을 주장할 수 없다.

⑤ 매수인이 제3자와의 도급계약에 따라 매도인에게 소유권이 유보된 자재를 제3자의 건물에 부합한 경우, 매도인은 선의·무과실의 제3자에게 보상을 청구할 수 있다.

56. 지상권에 관한 설명으로 틀린 것은? (다툼이 있으면 판례에 따름)

① 철근콘크리트 건물을 사용하기 위하여 지상권설정 계약을 체결하는 경우 그 존속기간은 30년보다 짧게 정할 수 없다.

② 지료에 관하여 등기되지 않은 경우에는 무상의 지상권으로서 지료증액청구권도 발생할 수 없다.

③ 지료의 지급은 지상권의 성립요건이 아니며, 지상권에는 부종성이 없다.

④ 토지소유자가 지상권자의 지료연체를 이유로 지상권소멸청구를 하여 지상권이 소멸된 경우 지상물매수청구권이 인정되지 않는다.

⑤ 지상권의 소멸 시 지상권설정자가 상당한 가액을 제공하여 지상물의 매수를 청구한 때에는 지상권자는 정당한 이유 없이 이를 거절하지 못한다.

57. 점유에 관한 설명으로 틀린 것은? (다툼이 있으면 판례에 따름)

① 10세에 불과한 상속인도 상속토지에 대한 자주점유가 인정된다.

② 가사상, 영업상 기타 유사한 관계에 의하여 타인의 지시를 받아 물건에 대한 사실상의 지배를 하는 때에는 그 타인만을 점유자로 한다.

③ 甲이 乙로부터 임차한 건물을 乙의 동의 없이 丙에게 전대한 경우, 乙만이 간접점유자이다.

④ 명의신탁에 의하여 부동산의 소유자로 등기된 자의 점유는 그 권원의 성질상 자주점유라 할 수 없다.

⑤ 처분권한이 없는 자로부터 그 사실을 알면서 부동산을 취득한 경우 그 점유는 타주점유이다.

58. 등기에 관한 설명으로 틀린 것은? (다툼이 있으면 판례에 따름)

① 중간생략등기의 합의는 적법한 등기원인이 될 수 있다.

② 근저당권설정등기가 불법말소된 후 목적 부동산이 경매절차에서 경락된 경우에는 말소회복등기를 청구할 수 없다.

③ 전세권 존속기간이 시작되기 전에 마친 전세권설정등기도 특별한 사정이 없는 한 유효한 것으로 추정된다.

④ 증여에 의하여 부동산권리를 취득하였으나 등기원인을 매매로 기재하더라도 그 등기는 실체관계에 부합하므로 유효하다.

⑤ 중간생략등기를 합의한 최초매도인은 그와 거래한 매수인의 대금미지급을 들어 최종매수인 명의로의 소유권이전등기의무의 이행을 거절할 수 있다.

59. 공유에 관한 설명으로 틀린 것은? (다툼이 있으면 판례에 따름)

① 공유자가 다른 공유자의 지분권을 대외적으로 주장하는 것은 공유물의 보존행위에 속한다고 할 수 없다.

② 과반수공유자는 단독으로 공유물에 대한 임대차계약을 해지할 수 있다.

③ 부동산 공유자의 공유지분 포기는 등기를 하여야 공유지분 포기에 따른 물권변동의 효력이 발생한다.

④ 과반수지분권자는 공유물의 특정부분을 배타적으로 사용·수익할 것을 정할 수 있다.

⑤ 과반수지분권자가 단독으로 공유토지를 임대한 경우, 소수지분권자는 과반수지분권자에게 부당이득반환을 청구할 수 없다.

60. 지역권에 관한 설명으로 틀린 것은? (다툼이 있으면 판례에 따름)

① 통행지역권은 요역지의 소유자가 승역지 위에 통로를 개설하여 승역지를 사용하는 객관적 상태가 민법 제245조에 규정된 기간 동안 계속된 경우에 한하여 그 시효취득을 인정할 수 있다.

② 토지의 불법점유자는 통행지역권의 시효취득 주장을 할 수 없다.

③ 소유권에 기한 소유물반환청구권에 관한 규정은 지역권에 준용되지 않는다.

④ 점유로 인한 지역권 취득기간의 중단은 지역권을 행사하는 모든 공유자에 대한 사유가 아니면 그 효력이 없다.

⑤ 지역권은 물권으로서 배타성이 있으므로 하나의 승역지에 여러 개의 지역권을 설정할 수는 없다.

61. 저당권의 피담보채권의 범위에 속하지 않는 것을 모두 고른 것은?

> ㄱ. 위약금
> ㄴ. 이자
> ㄷ. 저당물의 보존비용
> ㄹ. 저당목적물의 하자로 인한 손해배상금
> ㅁ. 원본의 이행기일을 경과한 후의 1년분의 지연배상금

① ㄱ, ㄴ   ② ㄷ, ㄹ
③ ㄱ, ㄴ, ㅁ   ④ ㄴ, ㄹ, ㅁ
⑤ ㄷ, ㄹ, ㅁ

62. 근저당에 관한 설명으로 틀린 것은?

① 근저당권이 유효하기 위해서는 근저당권설정행위와 별도로 근저당권의 피담보채권을 성립시키는 법률행위가 필요하다.

② 채권최고액이란 근저당권에 의하여 담보되는 한도액, 즉 담보목적물로부터 우선변제를 받을 수 있는 한도액을 말한다.

③ 경매개시결정이 있은 후 경매신청이 취하되더라도 채무확정의 효과는 번복되지 않는다.

④ 후순위근저당권자가 경매를 신청한 경우 선순위근저당권의 피담보채권은 경락인이 경락대금을 완납한 때에 확정된다.

⑤ 확정된 피담보채권액이 채권최고액을 초과하는 경우 물상보증인은 확정된 피담보채권액 전부를 변제하여야 근저당권의 소멸을 청구할 수 있다.

63. 임차인이 임차물에 관한 유치권을 행사하기 위하여 주장할 수 있는 피담보채권을 모두 고른 것은? (다툼이 있으면 판례에 따름)

> ㄱ. 보증금반환청구권
> ㄴ. 권리금반환청구권
> ㄷ. 부속물매수청구권의 행사로 취득한 매매대금채권
> ㄹ. 원상회복약정이 있는 경우 유익비상환청구권

① 없음   ② ㄱ
③ ㄱ, ㄷ   ④ ㄴ, ㄹ
⑤ ㄱ, ㄴ, ㄹ

64. 저당권에 관한 설명으로 옳은 것은? (다툼이 있으면 판례에 따름)

① 저당권설정자는 피담보채권의 채무자에 한한다.
② 저당권의 효력은 저당부동산에 대한 압류가 없더라도 저당권설정자가 그 부동산으로부터 수취한 과실 또는 수취할 수 있는 과실에 미친다.
③ 저당권이 설정된 토지가 「공익사업을 위한 토지 등의 취득 및 보상에 관한 법률」에 따라 협의취득된 경우, 저당권자는 그 보상금에 대하여 물상대위를 할 수 없다.
④ 지상권과 지역권 및 임차권은 저당권의 객체가 될 수 있다.
⑤ 후순위근저당권자는 저당권자에게 그 부동산으로 담보된 채권을 변제하고 저당권의 소멸을 청구할 수 있다.

65. 민법상 계약의 성립에 관한 설명으로 옳은 것은? (다툼이 있으면 판례에 따름)

① 격지자 간의 청약은 발신주의에 의한다.
② 청약은 특정인에 의하여 행해져야 한다.
③ 불특정 다수인에 대한 청약은 효력이 없다.
④ 불특정 다수인에 대한 승낙도 효력이 있다.
⑤ 청약자가 청약의 의사표시를 발신한 후 청약자의 상대방이 사망하거나 제한능력자가 되어도 청약의 효력에 영향을 미치지 않는다.

66. 다음 중 임대인과 임차인 사이의 약정이 유효하게 되는 것은? (단, 일시사용을 위한 임대차가 아님을 전제로 함)

① 임대인의 수선의무를 배제하는 약정
② 건물임차인의 부속물매수청구권을 배제하는 약정
③ 건물 소유를 목적으로 하는 토지임대차에서 임차인의 갱신청구권을 배제하는 약정
④ 건물 소유를 목적으로 하는 토지임대차에서 임차인의 건물매수청구권을 배제하는 약정
⑤ 기간의 약정이 없는 임대차에서 임차인의 해지권을 배제하는 약정

67. 동시이행의 관계에 있지 않은 것은? (다툼이 있으면 판례에 따름)

① 전세권이 소멸한 경우에 있어서 전세권설정자의 전세금반환의무와 전세권자의 목적물인도 및 전세권설정등기의 말소에 필요한 서류의 교부의무
② 매매에서 매도인의 재산권이전의무와 매수인의 대금지급의무
③ 변제와 영수증의 교부
④ 주택임대차에 있어서 임대인의 보증금반환의무와 임차인의 임차권등기명령에 의해 등기된 임차권등기의 말소의무
⑤ 계약해제에 있어서 각 당사자의 원상회복의무

68. 계약해제에 관한 설명으로 틀린 것은? (다툼이 있으면 판례에 따름)

① 당사자 일방이 정기행위를 일정한 시기에 이행하지 않으면 상대방은 이행의 최고 없이 계약을 해제할 수 있다.
② 당사자의 일방 또는 쌍방이 수인인 경우에는 계약의 해제는 그 전원으로부터 또는 전원에 대하여 하여야 한다.
③ 계약이 합의해제되어 금전을 반환하여야 할 경우 그 받은 날로부터 이자를 가하여야 한다.
④ 부수적 채무의 불이행을 이유로는 계약을 해제할 수 없다.
⑤ 매매계약체결 후 9년이 지났고 시가가 올랐다는 사정만으로 계약을 해제할 만한 사정변경이 있다고 볼 수 없고, 매도인은 사정변경의 원칙을 내세워 그 매매계약을 해제할 수는 없다.

69. 甲 소유의 건물을 임차한 乙은 이를 丙에게 전대하였다. 이에 관한 설명으로 <u>틀린</u> 것은? (다툼이 있으면 판례에 따름)

① 甲의 동의가 없더라도 乙과 丙 사이의 전대차계약은 유효하다.

② 甲의 동의가 없는 경우 甲은 乙과의 임대차계약을 해지할 수 있다.

③ 乙이 甲의 동의를 얻어 전대한 경우 丙은 직접 甲에 대하여 의무를 부담한다.

④ 甲의 동의가 없는 경우 甲은 임대차계약 존속 중에도 건물의 불법점유를 이유로 丙에게 차임 상당의 손해배상을 청구할 수 있다.

⑤ 甲의 동의를 얻은 경우 丙이 건물 사용의 편익을 위하여 甲의 동의를 얻어 건물에 물건을 부속했다면, 丙은 전대차종료 시 甲에게 그 매수를 청구할 수 있다.

70. 위험부담에 관한 설명으로 <u>틀린</u> 것은? (다툼이 있으면 판례에 따름)

① 우리 민법은 채무자위험부담주의를 원칙으로 하고 있다.

② 쌍무계약의 당사자 일방의 채무가 당사자 쌍방의 책임 없는 사유로 이행할 수 없게 된 때에는 채무자가 위험을 부담한다.

③ 당사자 쌍방의 귀책사유 없는 이행불능으로 매매계약이 종료된 경우, 매도인은 이미 지급받은 계약금을 반환할 필요가 없다.

④ 채권자의 수령지체 중에 당사자 쌍방의 책임 없는 사유로 이행할 수 없게 된 경우 채무자는 상대방의 이행을 청구할 수 있다.

⑤ 사용자의 귀책사유로 인하여 근로자가 해고된 경우 사용자는 임금을 지급함에 있어 해고된 근로자가 해고기간 중에 다른 직장에서 근무하여 지급받은 임금을 공제할 수 있다.

71. 매도인의 담보책임에 관한 설명으로 <u>틀린</u> 것은? (다툼이 있으면 판례에 따름)

① 타인의 권리를 매매한 자가 권리이전을 할 수 없게 된 때에는 매도인은 선의의 매수인에게 이행불능 당시를 표준으로 한 이행이익 상당을 배상하여야 한다.

② 가등기의 목적이 된 부동산의 매수인이 그 뒤 가등기에 기한 본등기가 경료됨으로써 소유권을 상실하게 된 때에는 권리의 전부가 타인에게 속하는 경우에 관한 담보책임규정(제570조)이 준용된다.

③ 매수인이 매도인과의 특약으로 저당권에 의하여 담보된 채권을 인수하기로 한 때에는 매도인은 제576조 소정의 담보책임(저당권의 행사로 인한 담보책임)을 부담하지 않는다.

④ 건축을 목적으로 매매된 토지에 대하여 건축허가를 받을 수 없어 건축이 불가능하다는 법률적 장애는 물건의 하자에 해당한다.

⑤ 특정물에 대한 하자의 존부는 매매계약성립 시를 기준으로 판단하여야 한다.

72. 제3자를 위한 계약에 관한 설명으로 <u>틀린</u> 것은? (다툼이 있으면 판례에 따름)

① 제3자의 수익의 의사표시는 제3자를 위한 계약의 성립요건이 아니다.

② 낙약자는 보상관계에 기한 항변으로 제3자에게 대항할 수 없다.

③ 대가관계의 흠결이나 하자는 제3자를 위한 계약에 영향을 미치지 않는다.

④ 요약자와 낙약자 사이의 법률관계를 이루는 계약이 해제된 경우, 낙약자는 이미 제3자에게 급부한 것에 대해 제3자를 상대로 그 반환을 청구할 수 없다.

⑤ 제3자를 위한 계약은 그 성질상 낙약자의 행위 자체가 불법행위가 되거나 약속이 무효인 경우에는 제3자는 특별한 사정이 없는 한 위 불법행위나 채무불이행을 이유로 하는 손해배상청구는 할 수 없다.

73. 매매에 관한 설명으로 틀린 것은? (다툼이 있으면 판례에 따름)

① 담보책임의 면책특약이 있는 경우, 매도인은 알면서 고지하지 않은 하자에 대해서도 그 책임을 면한다.

② 지상권은 매매의 대상이 될 수 있다.

③ 당사자 일방에 대한 의무이행의 기한이 있는 때에는 상대방의 의무이행에 대하여도 동일한 기한이 있는 것으로 추정한다.

④ 매매목적물이 인도되지 않고 대금도 완제되지 않은 경우, 목적물로부터 생긴 과실은 매도인에게 속한다.

⑤ 당사자 사이에 행사기간을 정하지 않은 매매의 예약완결권은 그 예약이 성립한 때로부터 10년 내에 행사하여야 한다.

74. 토지임차인의 갱신청구권과 지상물매수청구권에 관한 설명으로 틀린 것은? (다툼이 있으면 판례에 따름)

① 건물의 소유를 목적으로 한 토지임대차의 존속기간이 만료하고 지상물이 현존한 경우 임차인은 임대인에 대하여 계약의 갱신을 청구할 수 있다.

② 임차권이 대항력을 갖춘 경우에는 임대차계약 종료 후 임대인으로부터 토지를 양수한 제3자에 대해서도 매수청구권을 행사할 수 있다.

③ 지상물매수청구권은 지상물의 소유자에 한하여 행사할 수 있다.

④ 임차인이 자신의 특수한 용도나 사업을 위하여 설치한 물건이나 시설은 지상물매수청구권의 대상이 되지 않는다.

⑤ 임대인과 임차인의 합의로 임대차계약을 해지하고 임차인이 지상건물을 철거하기로 약정한 경우에도 임차인은 지상물매수청구권을 행사할 수 있다.

75. 주택임차인 乙이 보증금을 지급하고 대항요건을 갖춘 후 임대인 甲이 그 주택의 소유권을 丙에게 양도하였다. 이에 관한 설명으로 틀린 것은? (다툼이 있으면 판례에 따름)

① 甲은 특별한 사정이 없는 한 보증금반환의무를 면한다.

② 임차주택 양도 전 발생한 연체차임채권은 특별한 사정이 없는 한 丙에게 승계되지 않는다.

③ 乙은 임대차가 종료한 후 丙에게 보증금의 반환을 청구하여야 한다.

④ 甲이 채권담보를 목적으로 임차주택을 丙에게 양도한 경우에도, 丙은 甲의 보증금반환의무를 인수한다.

⑤ 丙이 乙에게 보증금을 반환하더라도 특별한 사정이 없는 한 甲에게 부당이득반환을 청구할 수 없다.

76. 乙은 甲 소유의 X주택에 대하여 보증금 3억원으로 하는 임대차계약을 甲과 체결한 다음 즉시 대항요건을 갖추고 확정일자를 받아 현재 거주하고 있다. 이에 관한 설명으로 옳은 것은?

① 묵시적 갱신으로 인한 임대차계약의 존속기간은 1년이다.

② 乙의 차임연체액이 3기의 차임액에 달하는 때에 한하여 甲은 계약을 해지할 수 있다.

③ 임대차계약이 묵시적으로 갱신된 경우, 甲은 언제든지 乙에게 계약해지를 통지할 수 있다.

④ 임대차가 종료한 후 甲이 보증금을 반환하지 않는 경우 乙은 X주택의 소재지를 관할하는 법원에 임차권등기명령을 신청할 수 있다.

⑤ 임대차계약 후 6개월이 지난 시점에 경제사정이 변동된 경우 甲은 약정한 보증금의 20분의 1 범위 내에서 증액을 청구할 수 있다.

77. 상가건물 임대차에 관한 설명으로 **틀린** 것은? (다툼이 있으면 판례에 따름)

① 임차인의 계약갱신요구권은 최초의 임대차기간을 포함한 전체 임대차기간이 10년을 초과하지 않는 범위에서만 행사할 수 있다.

② 상가임대차가 법정갱신이 된 경우 임차인은 언제든지 임대인에 대하여 계약해지의 통고를 할 수 있고, 임대인이 통고를 받은 날부터 3개월이 지나면 효력이 발생한다.

③ 건물을 인도받고 사업자등록을 신청한 임차인은 「민사집행법」에 따른 경매 시 임차건물의 환가대금에서 후순위권리자나 그 밖의 채권자보다 우선하여 보증금을 변제받을 권리가 있다.

④ 소유권이전등기청구권을 보전하기 위한 가등기가 경료된 후에 「상가건물 임대차보호법」상 대항력을 취득한 임차인은 그 가등기에 기하여 본등기를 경료한 자에 대하여 임대차의 효력으로써 대항할 수 없다.

⑤ 「상가건물 임대차보호법」이 적용되는 상가건물의 과반수지분권자인 임대인은 단독으로 임차인에게 갱신거절의 통지를 할 수 있다.

78. 집합건물의 소유 및 관리에 관한 법률에 관한 설명으로 **틀린** 것은? (다툼이 있으면 판례에 따름)

① 각 공유자는 지분비율로 공용부분을 사용할 수 있다.

② 각 공유자의 지분은 그가 가지는 전유부분의 면적 비율에 따른다.

③ 관리인은 매년 회계연도 종료 후 3개월 이내에 정기 관리단집회를 소집하여야 한다.

④ 구분소유자가 대지사용권을 포기하거나 상속인 없이 사망하더라도 그 대지사용권은 다른 구분소유자에게 귀속하지 않는다.

⑤ 공용부분 관리비에 대한 연체료는 전 구분소유자의 특별승계인에게 승계되는 공용부분 관리비에 포함되지 않는다.

79. 甲은 乙에게 빌려준 1,000만원을 담보하기 위해 乙 소유의 X토지(시가 1억원)에 가등기를 마친 다음, 丙이 X토지에 대해 저당권을 취득하였다. 乙이 채무를 이행하지 않자 甲은 자신의 가등기담보권을 실행하려고 한다. 이에 관한 설명으로 **틀린** 것은? (다툼이 있으면 판례에 따름)

① 甲이 나름대로 평가한 청산금의 액수가 객관적인 청산금의 평가액에 미치지 못하는 경우에는 담보권 실행통지로서의 효력이 인정되지 않는다.

② 甲이 청산기간이 지나기 전에 가등기에 의한 본등기를 마치면 그 본등기는 무효이다.

③ 乙이 청산기간이 지나기 전에 한 청산금에 관한 권리의 양도는 이로써 丙에게 대항할 수 없다.

④ 丙은 청산기간이 지나기 전이라면 그의 피담보채권의 변제기가 도래하기 전이라도 X토지의 경매를 청구할 수 있다.

⑤ 乙의 채무변제의무는 甲의 가등기말소의무보다 먼저 이행되어야 한다.

80. 甲종중의 소유인 임야가 탈법목적 없이 현재 종중원 乙에게 명의신탁되어 乙 소유 명의로 등기되어 있다. 이에 관한 설명으로 **틀린** 것은? (다툼이 있으면 판례에 따름)

① 현재 「부동산 실권리자명의 등기에 관한 법률」이 시행되고 있더라도 甲·乙 간의 명의신탁관계는 유효하다.

② 현재 「부동산 실권리자명의 등기에 관한 법률」이 시행되고 있더라도 등기에 의한 물권변동은 유효하다.

③ 乙이 위 임야를 10년 이상 점유하고 있더라도 시효취득할 수 없다.

④ 수탁자 乙이 甲종중회의에서 적법한 결의 없이 임야를 제3자 丙에게 매각하여 이전등기해 주었다면 丙은 선의인 경우에 한해 임야 소유권을 취득한다.

⑤ 제3자 丁이 위 임야를 불법점유하고 있는 경우 甲은 직접 제3자 丁에 대해 임야 반환을 청구할 수 없다.

2025년도 제36회 공인중개사 1차 국가자격시험
실전모의고사 제2회

교 시	문제형별	시험시간	시험과목
1교시	A	100분	❶ 부동산학개론 ❷ 민법 및 민사특별법 중 부동산 중개에 관련되는 규정

수험번호		성 명	

[수험자 유의사항]

1. 시험문제지는 **단일 형별(A형)**이며, 답안카드 형별 기재란에 표시된 형별(A형)을 확인하시기 바랍니다. 시험문제지의 **총면수, 문제번호 일련순서, 인쇄상태** 등을 확인하시고, 문제지 표지에 수험번호와 성명을 기재하시기 바랍니다.

2. 답은 각 문제마다 요구하는 **가장 적합하거나 가까운 답 1개**만 선택하고, 답안카드 작성 시 시험문제지 **마킹착오**로 인한 불이익은 전적으로 **수험자에게 책임**이 있음을 알려드립니다.

3. 답안카드는 국가전문자격 공통 표준형으로 문제번호가 1번부터 125번까지 인쇄되어 있습니다. 답안 마킹 시에는 반드시 **시험문제지의 문제번호와 동일한 번호**에 마킹하여야 합니다. (1차 1교시 : 1번~80번)

4. **감독위원의 지시에 불응하거나 시험시간 종료 후 답안카드를 제출하지 않을 경우** 불이익이 발생할 수 있음을 알려 드립니다.

5. 시험문제지는 시험 종료 후 가져가시기 바랍니다.

6. 답안작성은 **시험 시행일(2025.10.25.) 현재 시행되는 법령** 등을 적용하시기 바랍니다.

7. 가답안 의견제시에 대한 개별회신 및 공고는 하지 않으며, **최종 정답 발표로 갈음합니다.**

8. 시험 중 **중간 퇴실은 불가**합니다. 단, 부득이하게 퇴실할 경우 **시험포기각서 제출 후 퇴실**은 가능하나 **재입실이 불가**하며, 해당시험은 무효처리됩니다.

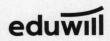

1. 토지의 자연적·인문적 특성에 관한 설명으로 옳은 것은?

① 부동성으로 인해 소유이익과 사용이익의 분리 및 임대차시장의 발달 근거가 된다.
② 개별성으로 인해 특정 부동산에 대한 시장정보의 수집이 어렵고 거래비용이 높아질 수 있다.
③ 비생산성 때문에 개별 용도의 관점에서도 공급을 증가시킬 수 없다.
④ 영속성으로 인해 공간수요의 입지경쟁이 발생하기도 하고, 이는 지가상승의 문제를 발생시키기도 한다.
⑤ 비대체성(이질성)으로 인해 부(−)의 외부효과가 발생한다.

2. 토지의 용어에 관한 설명으로 옳은 것은 모두 몇 개인가?

ㄱ. 대지(垈地)란 타인의 토지에 둘러싸여 도로와 접속 면을 전혀 가지지 못하는 토지를 말한다.
ㄴ. 필지란 하나의 지번이 붙는 토지의 면적단위이며 소유권이 미치는 범위와 한계를 나타낸다.
ㄷ. 공지란 지가상승의 목적으로 장기간 방치하여 둔 토지를 말한다.
ㄹ. 빈지란 바다와 육지 사이의 해변 토지를 말하며 활용실익은 있지만 소유권이 인정되지 않는 토지이다.
ㅁ. 휴한지와 공한지는 투기목적으로 이용하지 않는다는 점에서 공통점이 있는 토지이다.

① 0개   ② 1개
③ 2개   ④ 3개
⑤ 4개

3. 부동산의 본질인 자연, 공간, 환경, 위치, 자산 등에 관한 설명으로 틀린 것은?

① 자연자원으로서의 부동산, 특히 토지는 물리적인 면에서 그 공급이 고정되어 있으므로 그 이용에 있어서 사회성과 공공성이 강조된다.
② 자산으로서의 부동산은 국가의 가장 중요한 부의 원천 가운데 하나인 국부원으로서의 가치가 있다.
③ 부동산 위치에 가장 중요한 영향을 미치는 것 중 하나가 접근성이다. 부동산은 용도에 따라 접근성의 중요성과 평가기준이 달라진다.
④ 입체공간으로서의 부동산은 법률적 개념 및 경제적 개념에 해당하는 동시에 기술적인 개념이기도 하다.
⑤ 공간으로서의 부동산은 3차원적으로 이해해야 하며, 이러한 개념은 부동성과 밀접한 관련이 있다.

4. 다음 〈보기〉에서 부동산 수요곡선을 $D_0 \rightarrow D_1$으로 이동시키는 요인만을 모두 고른 것은? (단, 해당 부동산은 정상재이며, 다른 조건은 고려하지 않음)

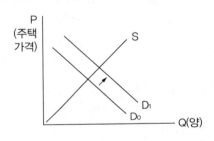

〈보기〉
ㄱ. 보완재화의 수요 감소
ㄴ. 소득 감소
ㄷ. 부동산의 선호도 증가
ㄹ. 대체재 가격 상승
ㅁ. 대체투자재의 호황
ㅂ. 담보인정(LTV)비율의 감소

① ㄷ, ㄹ   ② ㄷ, ㅁ
③ ㄱ, ㄴ, ㅂ   ④ ㄷ, ㄹ, ㅁ
⑤ ㄱ, ㄷ, ㄹ, ㅂ

5. 빌라 수요의 임대료탄력성은 0.6이고, 아파트 가격에 대한 빌라 수요의 교차탄력성은 0.4이다. 빌라 임대료가 2% 상승하고 동시에 아파트 가격이 6% 상승할 때, 빌라 수요량의 전체 변화율은? (단, 빌라와 아파트는 모두 정상재로서 서로 대체적인 관계이고, 수요의 임대료탄력성은 절댓값으로 나타내며, 다른 조건은 동일함)

① 0.9% ② 1.0%
③ 1.2% ④ 1.5%
⑤ 2.3%

6. 임대주택에 대한 임대료 인상이 가져오는 결과로 옳은 것은? (단, 다른 조건은 일정함)

① 임대주택에 대한 수요의 임대료탄력성이 탄력적일 때, 임대인의 임대주택에 대한 전체 수입이 증가한다.
② 임대주택에 대한 수요의 임대료탄력성이 '1'일 때, 임대인의 전체 수입은 증가한다.
③ 임대주택에 대한 수요의 임대료탄력성이 비탄력적일 때, 임차인의 임대주택에 대한 지출은 줄어든다.
④ 임대주택의 임대료가 10% 인상되자 임대주택에 대한 수요량이 15% 감소한다면 임대료 인상 전에 비하여 임대인의 전체 수입은 증가한다.
⑤ 임대주택과 대체재관계에 있는 공공주택을 더 많이 수요한다.

7. 부동산의 수요와 공급에 관한 설명으로 옳은 것은?

① 수요량(quantity demanded)이란 구매력을 가진 소비자들이 일정기간 동안에 주어진 가격에서 구입하고자 하는 최소수량을 의미한다.
② 예상 인플레이션보다 실제 인플레이션이 높으면, 임대인의 실질 임대료는 늘어난다.
③ 주택건설용 토지가격의 상승은 주택가격의 하락의 요인이다.
④ 기술수준과 생산요소가격 등 가격 이외의 요인이 변화하여 공급량이 변하면 이를 공급의 변화라 한다.
⑤ 장기공급곡선의 기울기가 급한 것은 가용생산요소가 단기공급곡선에 비해 상대적으로 제한되어 있기 때문이다.

8. A지역의 기존 아파트 시장의 수요함수는 $P = -Q_d + 40$, 공급함수는 $P = \frac{2}{3}Q_s + 20$이었다. 이후 수요함수는 변하지 않고 공급함수가 $P = \frac{2}{3}Q_s + 10$으로 변하였다면, 균형가격의 변화(ㄱ)와 균형거래량의 변화(ㄴ)는? [단, x축은 수량, y축은 가격, P는 가격(단위는 만원/m²), Q_d는 수요량(단위는 m²), Q_s는 공급량(단위는 m²)이며, 다른 조건은 동일함]

① ㄱ: 6 하락, ㄴ: 6 증가
② ㄱ: 6 상승, ㄴ: 6 감소
③ ㄱ: 6 하락, ㄴ: 6 감소
④ ㄱ: 6 상승, ㄴ: 6 증가
⑤ ㄱ: 10 상승, ㄴ: 변화 없음

9. 부동산시장에 관한 설명으로 옳은 것은?

① 주택시장에서의 가격의 왜곡현상은 단기보다 장기에 더 심하게 나타난다.
② 주택은 이질성이 강한 상품이므로 동질적인 상품으로 취급하는 것은 불가능하다.
③ 주택시장 분석에서 유량의 개념뿐만 아니라 저량의 개념도 고려하는 것은 주택공급이 단기적으로 제한이 되어 있기 때문이다.
④ 부동산시장은 부동성이라는 특성으로 현상을 국지화시키는 경향이 있어, 시장을 공개적 시장으로 만드는 경향이 있다.
⑤ 부동산시장은 추상적 시장이기는 하나 구체적 시장이 되지는 못한다.

10. 컨버스(P. Converse)의 분기점 모형에 기초할 때, A시와 B시의 상권 경계지점은 A시로부터 얼마만큼 떨어진 지점인가? (단, 주어진 조건에 한함)

> ○ A시와 B시는 동일 직선상에 위치
> ○ A시와 B시 사이의 직선거리: 30km
> ○ A시 인구: 60만명
> ○ B시 인구: 15만명

① 10km ② 20km
③ 22km ④ 24km
⑤ 26km

11. 부동산시장과 정보와의 관계를 설명한 것으로 옳은 것은? (단, 다른 조건은 고려하지 않으며 주어진 지문으로만 분석함)

① 완전경쟁시장은 할당 효율적 시장이 되므로 불완전경쟁시장은 할당 효율적 시장이 될 수 없다.
② 부동산시장에서 투기가 발생하는 것은 부동산시장이 불완전경쟁시장이기 때문이 아니라 할당 효율적 시장이 되지 못하기 때문이다.
③ 강성 효율적 시장과 할당 효율적 시장은 정보비용이 필요 없다는 점에서 공통적이다.
④ 부동산시장에서 소수의 투자자가 다른 사람보다 값싸게 정보를 획득할 수 있다면 이 시장은 할당 효율적 시장이 될 수 있다.
⑤ 독점을 획득하기 위해 지불하는 기회비용이 모든 투자자들에게 동일하다고 하더라도 독점시장은 할당 효율적 시장이 될 수 없다.

12. 부동산시장에서 시장실패의 원인으로 틀린 것은?

① 독점시장
② 정보의 대칭성
③ 정(+)의 외부효과
④ 불완전경쟁시장
⑤ 공공재

13. 부동산 경기순환에 관한 설명으로 틀린 것은?

① 정부의 부동산 조세정책 기조의 변화로 인한 시장 영향은 무작위적 변동으로 볼 수 있다.
② 경기의 측정지표는 건축량이나 거래량 같은 실물변수가 중심지표가 되어야 하고 가격이나 임대료 같은 명목변수는 보조지표로 사용되어야 한다.
③ 부동산 경기회복의 징후로는 공가율의 감소·건축허가의 증가·해당 지역을 찾는 고객의 증가로 확인할 수 있다.
④ 하향시장에서의 부동산 활동은 매수인 중시화 현상이 일어나기 때문에 매수인은 거래를 당기려 할 것이다.
⑤ 회복시장에서는 과거의 부동산 사례가격이 새로운 거래의 기준가액이 되거나 또는 하한선이 되는 것이 보통이다.

14. 다음 이론에 관한 설명으로 틀린 것은?

① 허프(D. Huff) 모형에서 교통조건이 나쁠 경우, 공간(거리)마찰계수가 커지게 되고 그에 따라 유인력도 커지게 된다.
② 호이트(H. Hoyt)에 의하면 도시는 전체적으로 원을 반영한 부채꼴 모양의 형상으로 그 핵심의 도심도 하나이나 교통의 선이 도심에서 방사되는 것을 전제로 하였다.
③ 넬슨(R. Nelson)의 소매입지이론은 특정 점포가 최대 이익을 얻을 수 있는 매출액을 확보하기 위해서는 어떤 장소에 입지하여야 하는지를 제시하였다.
④ 크리스탈러(W. Christaller)는 중심지이론에서 공간적 중심지 규모의 크기에 따라 상권의 규모가 달라진다는 것을 실증하였다.
⑤ 튀넨(J. H. von Thünen)은 완전히 단절된 고립국을 가정하여 이곳의 작물재배활동은 생산비와 수송비를 반영하여 공간적으로 분화된다고 보았다.

15. 공업입지론에 관한 설명으로 <u>틀린</u> 것은?

① 베버는 공업입지와 관련하여 비용이 최소가 되는 곳이 최적의 입지라고 주장하였다.

② 베버의 최소비용이론에 의하면 보편원료를 많이 사용하는 제조업의 경우에는 시장지향입지를 하게 된다.

③ 최소비용이론에서 제품중량이 국지원료중량보다 작으면 원료지향입지를 하게 된다.

④ 수송비가 증가하더라도 노동비를 더 크게 감소시킬 수 있다면 최적입지점은 변할 수 있으며 이 경우 원료지향형 입지라고 한다.

⑤ 뢰쉬는 공업입지는 시장 확대 가능성이 풍부한 곳에 입지해야 한다고 주장했다.

16. 지대이론에 관한 설명으로 옳은 것은?

① 준지대는 토지사용에 있어서 지대의 성질에 준하는 잉여로 영구적 성격을 가지고 있다.

② 절대지대는 비옥도에 따른 생산성의 차이에서 발생된다는 것을 의미한다.

③ 차액지대는 토지의 생산성과 무관하게 토지가 개인에 의해 배타적으로 소유되는 것으로부터 발생한다.

④ 경제지대는 어떤 생산요소가 다른 용도로 전용되지 않고 현재의 용도에 그대로 사용되도록 지급하는 최소한의 지급액이다.

⑤ 입찰지대는 경쟁지대로 지대를 최고로 지불할 수 있는 토지 용도에 할당된다.

17. 외부효과에 관한 설명으로 <u>틀린</u> 것은? (단, 다른 조건은 불변임)

① 부(−)의 외부효과가 발생하는 재화의 경우 시장에만 맡겨두면 지나치게 적게 생산될 수 있다.

② 정(+)의 외부효과의 경우 비용을 지불하지 않은 사람도 발생되는 이익을 누릴 수 있다.

③ 부(−)의 외부효과에 대한 규제는 부동산의 가치를 상승시키는 효과를 가져올 수 있다.

④ 부(−)의 외부효과를 발생시키는 시설의 경우, 발생된 외부효과를 제거 또는 감소시키기 위한 사회적 비용이 발생할 수 있다.

⑤ 한 사람의 행위가 제3자의 경제적 후생에 영향을 미치지만, 그에 대한 보상이 이루어지지 않는 현상을 말한다.

18. 부동산시장에서 임대료 규제에 관한 설명으로 <u>틀린</u> 것은? (단, 임대료 규제는 시장의 임대료보다 낮게 규제했을 경우임)

① 임대료 규제는 일정수준 이상으로 거래하지 못하도록 임대료의 상한을 설정하는 것이며 임대료상한제라고도 한다.

② 균형임대료보다 높게 규제하는 경우에는 임대료와 거래량에는 아무런 영향을 미치지 않는다.

③ 임대료 규제는 민간임대주택공급을 위축시킴으로써 중고주택의 임대료를 상승시킬 수 있다.

④ 최고가격제의 하나인 임대료 규제를 단기적으로 시행할 때 사회적 후생손실이 발생할 수 있다.

⑤ 임대료 규제하에서는 단기보다 장기에 보다 더 초과수요 현상이 발생한다.

19. 정부의 주택정책 중 임대료보조에 관한 내용으로 **틀린** 것은?

① 임대료보조는 저소득층의 실질소득을 증가시켜 저소득층의 임대주택 수요를 증가시킨다.

② 임대주택에 대한 수요증가는 임대주택시장의 임대료를 상승시키고 이는 임대주택시장 공급자들이 초과이윤을 얻을 수 있게 한다.

③ 임대료보조는 임차인에게 지급하는 것이 임대인에게 지급하는 것보다 임차인의 효용이 커진다.

④ 임대주택은 장기적으로 공급이 증가하여 임대료가 하락하게 된다.

⑤ 임대료보조를 집세보조방식보다 임차인에게 현금으로 지급하는 소득보조방식으로 하면 정부의 정책적 효용이 극대화된다.

20. 화폐의 시간가치에 관한 설명으로 옳은 것은 모두 몇 개인가? (단, 다른 조건은 동일함)

> ㄱ. 일시불의 현재가치계수는 할인율이 상승할수록 커진다.
> ㄴ. 연금의 현재가치계수와 감채기금계수는 역수 관계에 있다.
> ㄷ. 원리금균등상환방식으로 담보대출받은 가구가 매월 상환할 금액을 산정하는 경우, 연금의 현재가치계수의 역수를 사용한다.
> ㄹ. 잔금비율과 상환비율의 합은 '0'이 된다.
> ㅁ. 현재 7억원인 주택가격이 매년 전년 대비 4%씩 상승한다고 가정할 때, 3년 후의 주택가격은 연금의 미래가치계수를 사용하여 계산할 수 있다.

① 1개   ② 2개
③ 3개   ④ 4개
⑤ 없다.

21. 부동산투자의 현금흐름 추정에 관한 설명으로 **틀린** 것은?

① 부동산투자에 대한 대가는 보유 시 대상 부동산의 운영으로부터 나오는 소득이득과 처분 시의 자본이득의 형태로 나타난다.

② 영업경비는 부동산 운영과 직접 관련 있는 경비로 광고비, 전기세, 수선비가 이에 해당된다.

③ 매각시점에 미상환 대출잔액이 있다면 세전지분복귀액이 총매각대금보다 작다.

④ 회수불가능한 임대료 수입은 영업경비에 포함하여 순영업소득을 산정한다.

⑤ 세전지분복귀액과 순매각금액이 동일할 수 있다.

22. 투자대상에서 기대수익률과 표준편차가 아래와 같이 주어졌고, 투자자가 위험회피적이라고 할 때 옳은 것은? (단, 주어진 조건으로 한정하며, 다른 요인은 일정함)

구분	기대수익률	표준편차
A	15%	7%
B	13%	5%
C	11%	3%

① A의 경우, 기대수익률 단위당 위험도가 가장 낮았다.

② 투자대상 중 위험이 낮을수록 더 높은 기대수익률을 얻을 수 있다.

③ 기대수익률이 가장 높은 것으로 추정된 A에 우선적으로 투자한다.

④ 위험회피형 투자자라면 투자안 B를 선택하는 것이 합리적이다.

⑤ 실제수익률이 기대수익률에 가까울 가능성이 큰 것은 C이다.

23. 다음과 같은 현금흐름을 갖는 투자안 A의 순현가(NPV)와 내부수익률(IRR)은? [단, 할인율은 연 8%, 사업 기간은 1년이며, 사업 초기(1월 1일)에 현금지출만 발생하고 사업 말기(12월 31일)에 현금유입만 발생함]

투자안	초기 현금지출	말기 현금유입
A	3,000만원	3,240만원

	NPV	IRR
①	0원	6%
②	0원	8%
③	0원	10%
④	240원	10%
⑤	240원	12%

24. 부동산투자분석기법에 관한 설명으로 옳은 것은?

① 부동산 보유기간 동안 예상되는 매년의 세후현금수지의 현재가치와 부동산의 처분 시에 예상되는 세후지분복귀액의 현재가치의 합이 현재의 투자 금액보다 크다는 것은 순현가가 '1'보다 크다는 것을 의미한다.

② 어떤 투자안의 순현가가 '0'이면, 결국 그 투자안의 내부수익률과 요구수익률은 같게 된다.

③ 순현가법에서는 예상되는 모든 미래현금수지가 내부수익률로 할인된다는 가정을 하고 있지만, 내부수익률법은 요구수익률로 할인된다는 것을 가정하고 있다.

④ 일반적으로 내부수익률법을 이용하여 투자안의 경제성을 평가하는 것이 기업의 부의 극대화에 부합되는 의사결정방법이 된다.

⑤ 일반적으로 내부수익률법이 순현가법보다 투자판단의 준거로서 선호된다.

25. 다음 자료는 A상가의 1년간 운영수지이다. A상가의 총투자액은 5억원이며, 투자자는 총투자액의 40%를 은행에서 대출받았다. 이 경우 순소득승수(ㄱ)와 세후현금흐름승수(ㄴ)는? (단, 주어진 조건에 한함)

○ 가능총소득(PGI): 8,000만원
○ 공실손실상당액 및 대손충당금: 1,000만원
○ 부채서비스액: 1,500만원
○ 영업소득세: 500만원
○ 수선유지비: 1,200만원
○ 전기료: 250만원
○ 재산세: 300만원
○ 직원인건비: 250만원

① ㄱ: 9.0, ㄴ: 8.0
② ㄱ: 9.0, ㄴ: 9.0
③ ㄱ: 9.0, ㄴ: 10.0
④ ㄱ: 10.0, ㄴ: 8.0
⑤ ㄱ: 10.0, ㄴ: 10.0

26. 자산선택이론에 관한 내용으로 옳은 것은?

① 위험을 처리하는 방법 중 위험조정할인율법은 위험한 투자일수록 낮은 할인율을 적용한다.

② 투자 대안별 수익률 변동이 유사한 추세를 보일 것으로 예측되는 부동산에 분산투자하는 것이 좋다.

③ 투자자산 간의 상관계수가 '1'보다 작을 경우, 포트폴리오 구성을 통한 위험 절감효과가 나타나지 않는다.

④ 최적의 포트폴리오는 투자자의 무차별곡선과 효율적 프론티어의 교차점에서 선택된다.

⑤ 동일한 자산들로 포트폴리오를 구성하여도 개별자산의 투자비중에 따라 포트폴리오의 기대수익률과 분산은 다를 수 있다.

27. 부동산개발방식에 관한 설명으로 틀린 것은?

① 신차지방식에서 차지계약 종료 시 토지는 무상으로, 건물은 시가로 양도한다.

② 등가교환방식의 경우, 토지소유자가 토지를 제공하고 개발업자가 건물을 건축하여 투자비율에 따라 지분으로 나누는 방식이다.

③ 사업수탁방식의 경우, 사업 전반이 토지소유자의 명의로 행해지며, 개발지분을 토지소유자와 개발업자가 공유한다.

④ 토지신탁방식의 경우, 토지소유권이 형식적으로 신탁회사에 이전되며, 신탁회사는 토지소유자와의 약정에 의해 수익증권을 발행하며, 수익증권의 소유자에게 수익을 배당한다.

⑤ 공영개발방식은 정부의 직접개입방식으로 계획적 이용은 가능하나 시행 주체의 자금조달의 문제가 발생할 수 있다.

28. 부동산개발 및 투자분석에 관한 내용으로 옳은 것은?

① 시장분석은 개발될 부동산이 현재나 미래의 시장 상황에서 매매·임대될 수 있는 가능성 정도를 조사하는 것을 말한다.

② 시장성분석(marketability analysis)이란 특정 부동산에 대한 시장의 수요와 공급 상황을 분석하는 것을 말한다.

③ 개발사업의 마케팅에서 중요임차인은 사전에 확보하며, 임차인의 혼합 역시 중요한 사항 중에 하나이다.

④ 개발의 단계 중 예비적 타당성분석은 개발사업으로 예상되는 수입과 비용을 구체적으로 분석하여 수익성을 검토하는 것이다.

⑤ 흡수율분석의 궁극적인 목적은 과거의 추세를 정확하게 파악하는 데 있다.

29. 부동산 관리에 관한 설명으로 옳은 것은?

① 부동산관리자가 주거용 부동산의 임차자를 선정할 때는 가능매상고가 중요한 기준이 된다.

② 비율임대차(percentage lease)는 임차자 총수입의 일정비율을 임대료로 지불하는 것을 말한다.

③ 대응적 유지활동은 시설 등이 본래의 기능을 발휘하는 데 장애가 없도록 유지계획에 따라 시설을 교환하고 수리하는 사전적 유지활동을 의미한다.

④ 혼합관리방식은 필요한 부분만 선별하여 위탁하기 때문에 관리의 책임소재가 분명해지는 장점이 있다.

⑤ 위탁관리방식은 관리요원이 관리사무에 안일해지기 쉽고, 관리의 전문성이 결여될 수 있는 단점이 있다.

30. A는 주택 구입을 위해 연초에 5억원을 대출받았다. A가 받은 대출조건이 다음과 같을 때, 대출금리(ㄱ)와 3회차에 상환할 원리금(ㄴ)은? (단, 주어진 조건에 한함)

○ 대출금리: 고정금리
○ 대출기간: 25년
○ 원리금상환조건: 원금균등상환방식 매년 말 연단위로 상환
○ 1회차 원리금상환액: 4,500만원

---

① ㄱ: 연 4%, ㄴ: 4,240만원
② ㄱ: 연 4%, ㄴ: 4,300만원
③ ㄱ: 연 5%, ㄴ: 4,240만원
④ ㄱ: 연 5%, ㄴ: 4,300만원
⑤ ㄱ: 연 6%, ㄴ: 4,260만원

31. 주택저당담보증권(MBS)의 유형에 관한 내용으로 옳은 것은?

① 저당이체증권(MPTS)은 유동화기관의 부채로 표기되지 않는다.

② 저당담보부채권(MBB)은 저당채권에서 유발되는 모든 위험을 투자자가 부담한다.

③ 저당직불채권(MPTB)은 투자자가 저당채권을 보유하고, 발행기관이 원리금 수취권을 가진다.

④ 저당담보채권(MBB)은 주택담보대출의 원리금이 회수되면 그 원리금으로 지급되므로 유동화기관의 자금관리 필요성이 원칙적으로 제거된다.

⑤ 다계층채권(CMO)은 이체증권(MPTS)의 성격은 있지만, 저당담보채권(MBB)의 성격은 없다.

32. 부동산투자회사법상의 투자회사에 관한 설명으로 옳은 것을 모두 고른 것은?

> ㄱ. 위탁관리 부동산투자회사는 본점 외의 지점도 설치할 수 있다.
> ㄴ. 자기관리 부동산투자회사는 주주 1인당 주식소유의 한도가 제한된다.
> ㄷ. 공인중개사로서 해당 분야에 3년 이상 종사한 사람은 자기관리 부동산투자회사의 자산운용 전문인력이 될 수 있다.
> ㄹ. 위탁관리 부동산투자회사 및 기업구조조정 부동산투자회사의 설립 자본금은 5억원 이상으로 한다.
> ㅁ. 부동산 투자회사가 영업인가 후에 현물출자를 할 수 있는데 현물출자를 하는 재산은 부동산이어야만 한다.

① ㄴ

② ㄴ, ㄷ

③ ㄴ, ㄷ, ㄹ

④ ㄱ, ㄴ, ㄷ, ㅁ

⑤ ㄴ, ㄷ, ㄹ, ㅁ

33. A는 연소득이 5,000만원이고 시장가치가 3억원인 주택을 소유하고 있다. 현재 A가 이 주택을 담보로 8,000만원을 대출받고 있을 때, 추가로 대출 가능한 최대금액은? (단, 주어진 조건에 한함)

> ○ 연간 저당상수: 0.1
> ○ 대출 승인기준
>   – 담보인정비율(LTV): 시장가치 기준 60% 이하
>   – 총부채상환비율(DTI): 40% 이하
> ※ 두 가지 대출 승인기준을 모두 충족하여야 함

① 5,000만원

② 7,500만원

③ 1억원

④ 1억 2,000만원

⑤ 2억원

34. 부동산마케팅에 관한 설명으로 틀린 것은?

① 마케팅 환경은 크게 거시환경과 미시환경으로 나눌 수 있으며, 거시환경은 자연적 환경과 인문적 환경으로, 미시환경은 경쟁업자·공중·정부로 구성되어 있다.

② 부동산마케팅은 물적 마케팅과 서비스에 대한 마케팅 외에 증권마케팅 분야도 있다.

③ 고객점유 마케팅 전략에서 4P mix 전략은 제품(product), 가격(price), 유통경로(place), 홍보(promotion)의 조합을 말한다.

④ 공급자의 전략차원으로서 표적시장을 선점하거나 틈새시장을 점유하는 것을 시장점유 마케팅 전략이라 한다.

⑤ STP전략에서 STP란 시장세분화(segmentation), 표적시장(target), 차별화(positioning)를 의미하는 약어로서 시장점유 마케팅 전략의 하나이다.

35. 부동산 감정평가에서 가치원칙을 설명한 것으로 **틀린** 것은?

① 대체의 원칙은 거래사례비교법의 근거가 되는 원칙이다.

② 시점수정과 기준시점의 근거가 되는 원칙은 경쟁의 원칙이다.

③ 초과설비와 과소설비를 판정하는 데 직접 적용되는 가치원칙은 균형의 원칙이다.

④ 부동산의 유용성이 최고로 발휘되기 위해서는 대상 부동산이 외부환경과 어울려야 하는데 이를 적합의 원칙이라고 한다.

⑤ 토지잔여법의 이론적 근거가 되는 가치원칙은 수익 분배의 원칙이다.

36. 감가수정에 관한 설명으로 옳은 것을 모두 고른 것은?

> ㄱ. 정률법은 매년 일정한 감가율을 곱하여 감가액을 구하는 방법으로 매년 감가액이 일정하다.
>
> ㄴ. 정액법으로 구한 감가액은 첫해에 가장 크고 내용연수가 지날수록 작아진다.
>
> ㄷ. 감가수정방법에는 내용연수법, 관찰감가법, 분해법 등이 있다.
>
> ㄹ. 관찰감가법은 세밀하지만 주관이 개입될 수 있다는 단점이 있다.
>
> ㅁ. 감가수정과 관련된 내용연수는 경제적 내용 연수가 아닌 물리적 내용연수를 의미한다.

① ㄱ, ㄴ　　　　　② ㄴ, ㄷ

③ ㄷ, ㄹ　　　　　④ ㄴ, ㄷ, ㄹ

⑤ ㄷ, ㄹ, ㅁ

37. 감정평가에 관한 규칙상 용어의 정의로 옳은 것은?

① 감정평가법인등은 법령에 다른 규정이 있는 경우에는 기준시점의 가치형성요인 등을 실제와 다르게 가정하거나 특수한 경우로 한정하는 조건(감정평가 조건)을 붙여 감정평가할 수 있다.

② 가치형성요인이란 대상물건의 시장가치에 영향을 미치는 일반요인, 지역요인 및 개별요인 등을 말한다.

③ 인근지역이란 감정평가의 대상이 된 부동산이 속한 지역으로서 부동산의 이용이 동질적이고 가치형성요인 중 개별요인을 공유하는 지역을 말한다.

④ 유사지역이란 대상부동산이 속한 지역으로서 인근 지역과 유사한 특성을 갖는 지역을 말한다.

⑤ 동일수급권(同一需給圈)이란 대상부동산과 대체·경쟁 관계가 성립하고 가치 형성에 서로 영향을 미치는 관계에 있는 다른 부동산이 존재하는 권역(圈域)을 말하며, 인근지역만을 포함한다.

38. 다음 자료를 활용하여 거래사례비교법으로 산정한 토지의 비준가액은? (단, 주어진 조건에 한함)

> ○ 대상토지: A시 B구 C동 150번지, 200m²(면적), 대(지목), 주상용(이용상황), 제2종 일반주거지역(용도지역)
> ○ 기준시점: 2025.10.25.
> ○ 거래사례
> 　- 소재지: A시 B구 C동 140번지
> 　- 300m²(면적), 대(지목), 주상용(이용 상황)
> 　- 제2종 일반주거지역(용도지역)
> 　- 거래가격: 500,000,000원
> 　- 거래시점: 2025.1.1.
> ○ 사정보정치: 0.9
> ○ 지가변동률(A시 B구, 2025.1.1. ~ 2025.10. 25.): 주거지역 5% 상승, 상업지역 4% 상승
> ○ 지역요인: 거래사례와 동일
> ○ 개별요인: 거래사례에 비해 5% 열세
> ○ 상승식으로 계산

① 233,520,000원　　② 238,650,000원

③ 292,800,000원　　④ 295,350,000원

⑤ 299,250,000원

39. 다음 건물의 m²당 재조달원가는? (단, 주어진 조건에 한함)

> ○ 10년 전 준공된 5층 건물
> (대지면적 500m², 연면적 1,250m²)
> ○ 준공 당시의 공사비내역
>   – 직접공사비: 200,000,000원
>   – 간접공사비: 30,000,000원
>   – 공사비 계: 230,000,000원
>   – 개발업자의 이윤: 70,000,000원
>   – 총계: 300,000,000원
> ○ 10년 전 건축비지수: 100
> ○ 기준시점 건축비지수: 125

① 250,000원   ② 260,000원
③ 280,000원   ④ 300,000원
⑤ 350,000원

40. 부동산 가격공시제도에 관한 설명으로 옳은 것은?

① 표준주택의 가격은 국가·지방자치단체 등의 기관이 과세 등의 업무와 관련하여 주택의 가격을 산정하는 경우에 그 기준으로 활용될 수 있다.
② 표준지로 선정된 토지에 대하여 개별공시지가를 결정·공시하여야 한다.
③ 개별주택가격은 국가·지방자치단체 등의 기관이 그 업무와 관련하여 표준주택가격을 산정하는 경우에 그 기준이 된다.
④ 감정평가법인등이 타인의 의뢰에 의하여 개별적으로 토지를 감정평가하는 경우에 개별공시지가를 기준으로 한다.
⑤ 개별공시지가는 하나 또는 둘 이상의 표준지공시지가를 기준으로 토지가격비준표를 사용하여 산정한다.

---

41. 다음은 법률행위의 유효요건에 대한 설명이다. 법적 성질이 다른 것은?

① 대리에서 대리인에게 대리권이 존재할 것
② 조건(정지조건)과 기한(시기)이 부가된 법률행위에서 조건의 성취, 기한이 도래할 것
③ 유언에서 유언자가 사망할 것
④ 토지거래허가구역 내의 토지매매에서 관할관청의 허가가 있을 것
⑤ 요물계약에서 일정한 행위의 완료나 기타의 급부가 있을 것

42. 반사회적 법률행위에 관한 설명으로 옳은 것은? (다툼이 있으면 판례에 따름)

① 반사회적 법률행위는 당사자가 무효임을 알고 추인하더라도 여전히 무효이다.
② 매도인이 양도소득세의 일부를 회피할 목적으로 매매계약서에 실제로 거래한 가액을 매매대금으로 기재하지 아니하고 그보다 낮은 금액을 매매대금으로 기재한 경우, 그 매매계약은 반사회질서 법률행위로서 무효로 된다.
③ 부동산이중매매가 반사회적 법률행위로서 무효가 되는 경우, 제1매수인은 직접 제2매수인 명의로 된 소유권이전등기의 말소를 청구할 수 있다.
④ 첩 계약의 대가로 아파트 소유권을 이전해 준 경우, 급여자는 부당이득을 이유로 그 반환을 청구할 수 있다.
⑤ 강제집행을 면할 목적으로 부동산에 허위의 근저당권설정등기를 경료하는 행위는 특별한 사정이 없는 한 반사회적 법률행위에 해당한다.

43. 불공정한 법률행위에 관한 설명으로 <u>틀린</u> 것은? (다툼이 있으면 판례에 따름)

① 불공정한 법률행위로서 무효인 경우, 무효행위 전환의 법리가 적용될 수 없다.

② 증여계약과 같이 아무런 대가관계 없이 당사자 일방이 상대방에게 일방적인 급부를 하는 법률행위는 불공정한 법률행위에 해당될 수 없다.

③ 불공정한 법률행위가 성립되기 위한 요건인 궁박, 경솔, 무경험은 어느 하나만 존재하면 충분하다.

④ 궁박은 경제적, 물질적 궁박뿐만이 아니라 정신적 또는 심리적 궁박도 포함된다.

⑤ 피해당사자가 궁박, 경솔 또는 무경험의 상태에 있는 때에는 그 상대방 당사자에게 궁박, 경솔 또는 무경험과 같은 피해당사자의 사정을 알면서 이를 이용하려는 의사, 즉 폭리행위의 악의가 없다면 불공정한 법률행위는 성립할 수 없다.

44. 甲은 채권자들로부터 강제집행을 당할 것을 대비하여 친구인 乙과 짜고 자기 소유의 주택을 매도한 것처럼 乙에게 소유권이전등기를 해 두었다. 이후 乙이 丙에게 매도하고 소유권이전등기를 경료해 주었다. 이에 관한 설명으로 <u>틀린</u> 것은? (다툼이 있으면 판례에 따름)

① 丙이 악의인 경우, 甲은 丙을 상대로 소유권에 기한 반환을 청구할 수 있다.

② 丙이 선의인 경우, 甲은 丙에게 말소등기를 청구할 수 없다.

③ 丙은 스스로 선의임을 입증할 책임을 부담하지 않는다.

④ 丙이 선의인 경우, 甲은 乙에게 부당이득반환을 청구할 수 없다.

⑤ 丙이 선의인 경우, 丙으로부터 주택을 매수한 전득자가 악의이더라도 甲은 전득자에게 무효를 주장할 수 없다.

45. 착오에 관한 설명으로 <u>틀린</u> 것을 모두 고른 것은? (다툼이 있으면 판례에 따름)

> ㄱ. 법률행위 내용의 중요 부분에 착오가 있는 경우에도 착오자에게 경과실이 있다면 취소할 수 없다.
>
> ㄴ. 동기의 착오를 이유로 표의자가 법률행위를 취소하려면 당사자들 사이에 그 동기를 의사표시의 내용으로 삼기로 하는 합의까지 이루어져야 한다.
>
> ㄷ. 매도인의 하자담보책임이 성립하더라도 착오를 이유로 한 매수인의 취소권은 배제되지 않는다.
>
> ㄹ. 토지의 현황, 경계에 관한 착오에 대하여 법률행위의 중요 부분에 관한 착오로 인정하지 않는다.

① ㄱ, ㄴ   ② ㄱ, ㄷ

③ ㄱ, ㄹ   ④ ㄱ, ㄴ, ㄷ

⑤ ㄱ, ㄴ, ㄹ

46. 대리에 관한 설명으로 <u>틀린</u> 것은? (다툼이 있으면 판례에 따름)

① 매매계약을 체결할 대리권을 수여받은 대리인은 특별한 사정이 없는 한 중도금과 잔금을 수령할 권한이 있다.

② 부동산에 대한 매매계약의 체결과 이행에 관하여 포괄적으로 대리권을 수여받은 대리인은 특별한 사정이 없는 한 약정된 매매대금의 지급기일을 연기하여 줄 권한도 있다.

③ 대리행위가 해제된 경우, 그 해제로 인한 원상회복의무는 대리인과 상대방이 부담한다.

④ 예금계약의 체결을 위임받은 자가 가지는 대리권에 당연히 그 예금을 담보로 하여 대출을 받거나 이를 처분할 수 있는 대리권은 포함되어 있지 않다.

⑤ 계약의 체결에 관한 대리권을 수여받은 대리인이 체결된 계약의 해제 등 일체의 처분권과 상대방의 의사를 수령할 권한까지는 없다.

47. 대리행위에 관한 설명으로 <u>틀린</u> 것을 모두 고른 것은? (다툼이 있으면 판례에 따름)

> ㄱ. 권한을 정하지 아니한 대리인은 보존행위만을 할 수 있다.
> ㄴ. 대리행위의 하자로 인한 취소권은 원칙적으로 대리인에게 귀속된다.
> ㄷ. 대리인의 기망행위로 계약을 체결한 상대방은 본인이 그 기망행위를 알지 못한 경우, 사기를 이유로 계약을 취소할 수 없다.

① ㄱ
② ㄱ, ㄴ
③ ㄱ, ㄷ
④ ㄴ, ㄷ
⑤ ㄱ, ㄴ, ㄷ

48. 甲 소유의 주택에 대하여 대리권 없는 乙이 상대방 丙에게 자신이 甲의 대리인이라고 하면서 매매계약을 체결하였다. 다음 설명 중 <u>틀린</u> 것은? (다툼이 있으면 판례에 따름)

① 乙의 대리행위는 원칙적으로 甲에 대해서 아무런 효력이 없다.
② 丙은 선의인 경우에 한하여 甲에게 추인 여부의 확답을 최고할 수 있다.
③ 甲이 乙에게 추인한 경우, 丙이 추인사실을 알기 전이라면 계약을 철회할 수 있다.
④ 乙이 대리권을 증명하지 못하고 甲의 추인을 얻지 못한 때에는 乙은 丙의 선택에 따라 丙에게 계약의 이행 또는 손해배상의 책임이 있다.
⑤ 甲을 상속하게 된 乙은 丙으로부터 토지를 매수하여 이전등기를 경료한 丁에 대하여 대리행위의 무효를 이유로 등기말소를 청구할 수 없다.

49. 무효와 취소에 관한 설명으로 옳은 것을 모두 고른 것은? (다툼이 있으면 판례에 따름)

> ㄱ. 강행법규 위반으로 무효인 법률행위를 추인한 경우, 다른 정함이 없으면 그 법률행위는 유효한 법률행위가 될 수 없다.
> ㄴ. 무효인 가등기를 유효한 등기로 전용하기로 약정하면 그 가등기는 소급하여 유효한 등기가 된다.
> ㄷ. 제한능력자가 제한능력을 이유로 자신의 법률행위를 취소하기 위해서는 법정대리인의 동의를 받아야 한다.

① ㄱ
② ㄱ, ㄴ
③ ㄱ, ㄷ
④ ㄴ, ㄷ
⑤ ㄱ, ㄴ, ㄷ

50. 다음 중 법정추인사유가 <u>아닌</u> 것은?

① 취소권자가 이행의 청구를 받는 경우
② 취소권자가 채무의 일부를 이행하는 것
③ 취소권자가 취소할 수 있는 행위로 취득한 채권의 일부를 양도하는 것
④ 취소권자가 채권자로서 인적 담보를 제공받는 것
⑤ 취소권자가 취소할 수 있는 행위로 취득한 권리의 일부양도

51. 원칙적으로 소급효가 인정되지 <u>않는</u> 것은? (다툼이 있으면 판례에 따름)

① 가등기에 의한 본등기를 경료한 경우, 물권변동의 시기
② 무권대리행위의 본인의 추인
③ 계약의 취소
④ 취득시효 완성의 효과
⑤ 계약의 해제

52. 물권적 청구권에 관한 설명으로 틀린 것을 모두 고른 것은? (다툼이 있으면 판례에 따름)

> ㄱ. 소유권을 상실한 전 소유자는 소유권에 기한 물권적 청구권을 행사할 수 있다.
> ㄴ. 소유자는 물권적 청구권에 의하여 방해제거비용 또는 방해예방비용을 청구할 수 있다.
> ㄷ. 물권적 청구권과 불법행위로 인한 손해배상청구권은 병존할 수 있다.
> ㄹ. 유치권자는 유치권에 기한 물권적 청구권을 행사할 수 있다.

① ㄱ, ㄷ
② ㄱ, ㄹ
③ ㄴ, ㄷ
④ ㄴ, ㄹ
⑤ ㄱ, ㄴ, ㄹ

53. 다음 중 부동산의 소유권이 甲에게 있지 <u>않은</u> 경우는? (다툼이 있으면 판례에 따름)

① 乙이 신축한 미등기건물을 매수한 甲이 직접 자기 명의로 보존등기를 경료한 경우
② 乙의 건물을 甲이 경락받아 경락대금은 완납하였으나, 아직 이전등기는 경료받지 못한 경우
③ 乙의 토지 위에 甲이 무단으로 건물을 완성시켰으나, 아직 건물의 보존등기는 경료하지 못한 경우
④ 乙로부터 토지를 매수한 甲이 이전등기는 경료받았으나, 아직 잔대금을 지급하지 않은 경우
⑤ 乙 명의로 등기된 토지를 甲이 소유의 의사로 평온·공연하게 20년간 점유하였으나, 아직 이전등기는 경료받지 못한 경우

54. 자주점유와 타주점유에 관한 설명으로 틀린 것은? (다툼이 있으면 판례에 따름)

① 자주점유에 있어서 소유의 의사의 유무는 점유취득권원의 성질에 의하여 외형적·객관적으로 결정된다.
② 명의수탁자가 그 목적물인 부동산을 점유하는 경우에 그 점유는 타주점유이다.
③ 토지를 매수 취득하여 점유를 개시함에 있어서 착오로 인접 토지의 일부를 그가 매수 취득한 토지에 속하는 것으로 믿고 점유한 경우 그 인접 토지에 대한 점유를 자주점유라고 볼 수 없다.
④ 매매대상 대지의 면적이 등기부상의 면적을 상당히 초과하는 경우에는 특별한 사정이 없는 한 그 초과 부분에 대한 매수인의 점유는 권원의 성질상 타주점유에 해당한다.
⑤ 부동산을 매도한 사람이 매매대금을 다 받은 후에 여전히 그 부동산을 점유하는 경우에 그 점유는 특별한 사정이 없는 한 타주점유로 전환된다.

55. 점유의 관념화에 관한 설명으로 틀린 것은? (다툼이 있으면 판례에 따름)

① 상속인이 상속개시사실을 모른 경우에도 점유권은 상속인에게 당연히 이전한다.
② 점유보조자는 점유보호청구권을 행사할 수 없다.
③ 직접점유자의 점유가 제3자에 의해서 침탈당한 경우에는 간접점유자도 점유보호청구권을 행사할 수 있다.
④ 점유매개관계를 발생시키는 법률행위가 무효인 경우, 간접점유는 인정될 수 없다.
⑤ 직접점유자가 그 점유를 임의로 양도한 경우, 그 점유이전이 간접점유자의 의사에 반하더라도 간접점유가 침탈된 것은 아니다.

56. 점유에 관한 설명으로 틀린 것은? (다툼이 있으면 판례에 따름)

① 선의의 점유자라도 본권에 관한 소에 패소하면 소 제기 시부터 악의의 점유자로 본다.

② 점유자의 특정승계인이 자기의 점유와 전(前) 점유자의 점유를 아울러 주장하는 경우, 그 하자도 승계한다.

③ 점유계속추정은 동일인이 전후 양 시점에 점유한 것이 증명된 때에만 적용되는 것은 아니고 전후 양 시점의 점유자가 다른 경우에도 점유의 승계가 증명되면 점유계속은 추정된다.

④ 점유자가 점유물에 대하여 행사하는 권리는 적법하게 보유한 것으로 추정한다.

⑤ 악의의 점유자가 과실(過失) 없이 점유물의 과실(果實)을 수취하지 못한 경우, 그 과실(果實)의 대가를 보상해야 한다.

57. 소유권 취득에 관한 내용으로 틀린 것은? (다툼이 있으면 판례에 따름)

① 취득시효 완성 전에 제3자가 등기명의를 넘겨받은 경우, 점유자는 시효기간완성 후에 그 제3자를 상대로 소유권이전등기를 청구할 수 있다.

② 취득시효 완성 후 등기 전에 원소유자가 시효완성된 토지에 저당권을 설정하였고, 등기를 마친 시효취득자가 피담보채무를 변제한 경우, 원소유자에게 부당이득반환을 청구할 수 있다.

③ 시효취득자의 점유가 계속되는 동안 이미 발생한 소유권이전등기청구권의 소멸시효는 진행되지 않는다.

④ 부동산소유자가 자신의 부동산에 대하여 취득시효가 완성된 사실을 알면서도 이를 제3자에게 처분하였고, 그 제3자가 적극가담하였다면 그 처분은 무효이다.

⑤ 취득시효에 있어서 점유자는 스스로 자주점유임을 입증할 책임은 없다.

58. 공유에 관한 설명으로 틀린 것은? (다툼이 있으면 판례에 따름)

① 공유물의 소수지분권자가 다른 공유자와 협의 없이 공유물의 전부 또는 일부를 독점적으로 점유·사용하고 있는 경우 다른 소수지분권자는 공유물의 보존행위로서 그 인도를 청구할 수는 없다.

② 제3자가 공유물을 불법 점유한 경우, 각 공유자는 단독으로 공유물 전부의 반환을 청구할 수 없다.

③ 제3자가 공유물을 불법 점유한 경우, 각 공유자는 각자 자신의 지분에 해당하는 부당이득반환을 청구할 수 있다.

④ 과반수지분권자가 공유물의 전부 또는 일부를 배타적 독점적으로 사용하는 경우에 다른 공유자는 단독으로 공유물 전부의 반환을 청구할 수 없다.

⑤ 부동산 공유자는 자기 지분 위에 다른 공유자의 동의 없이 저당권을 설정할 수 있다.

59. 대지 위에 건물을 소유하고 있는 甲은 그 대지에 대하여 乙에게 저당권을 설정해 준 다음, 건물을 丙에게 매도하여 이전등기를 해주었다. 그 후 乙의 저당권실행으로 대지가 丁에게 매각되었다. 다음 중 틀린 것은? (다툼이 있으면 판례에 따름)

① 丙은 건물의 소유권을 이전 받는 즉시 관습상 법정지상권을 취득한다.

② ①의 경우 丙은 등기 없이도 관습상 법정지상권을 취득한다.

③ 丙이 취득한 관습상의 법정지상권은 乙의 저당권실행에 의해서 소멸한다. 따라서 丙은 관습상의 법정지상권을 가지고 경락인 丁에게 대항할 수 없다.

④ 丙은 乙의 저당권실행에 의해 법정지상권(민법 제366조)을 취득한다.

⑤ ④의 경우 丙이 법정지상권으로 경락인 丁의 건물철거청구에 대항하기 위해서는 등기를 해야 한다.

60. 지역권에 관한 설명으로 옳은 것은?

① 민법은 지역권의 존속기간은 10년을 넘지 못한다고 규정하고 있다.

② 공유자의 1인이 지역권을 취득한 때 다른 공유자는 이를 취득하지 못한다.

③ 요역지의 불법점유자는 지역권을 시효취득할 수 없다.

④ 지역권은 요역지와 분리하여 이를 양도하거나 다른 권리의 목적으로 할 수 있다.

⑤ 지역권이 침해당한 때에는 지역권자는 반환청구권을 행사할 수 있다.

61. 전세권에 관한 설명으로 <u>틀린</u> 것은? (다툼이 있으면 판례에 따름)

① 전세금의 지급은 현실적으로 수수되어야 하는 것은 아니고, 기존의 채권으로 전세금의 지급에 갈음할 수 있다.

② 전세권이 소멸한 경우, 전세권설정자의 전세금반환의무와 전세권자의 목적물인도 및 전세권설정등기의 말소등기에 필요한 서류의 교부의무는 동시이행의 관계에 있다.

③ 전세권설정자는 전세목적물의 현상을 유지하고 그 통상의 관리에 속하는 수선을 하여야 한다.

④ 전세권이 성립된 후 목적물의 소유권이 이전된 경우, 종전 소유자는 원칙적으로 전세권설정자의 지위를 상실하여 전세금반환의무를 면한다.

⑤ 건물의 일부에 대하여 전세권이 설정되어 있는 경우 그 전세권자는 건물 전부에 대하여 후순위권리자 기타 채권자보다 전세금의 우선변제를 받을 권리가 있다.

62. 유치권에 관한 설명으로 <u>틀린</u> 것은? (다툼이 있으면 판례에 따름)

① 물건의 점유 전에 관련되는 채권이 발생하고 후에 그 물건의 점유를 취득한 경우에도 유치권이 성립한다.

② 유치권자가 소유자의 승낙 없이 제3자에게 유치물을 임대한 경우, 임차인은 소유자에게 임대차의 효력을 주장할 수 없다.

③ 유치권자가 그가 점유한 주택에 거주·사용하는 경우, 소유자는 의무위반을 이유로 유치권소멸을 청구할 수 없다.

④ 임차인은 임대인에 대한 보증금의 반환청구권으로서 임차물에 대한 유치권을 행사할 수 없다.

⑤ 채권자가 채무자를 직접점유자로 하여 간접점유하는 경우에도 유치권은 성립할 수 있다.

63. 유치권에 관한 설명으로 옳은 것은? (다툼이 있으면 판례에 따름)

① 유치권자는 유치물의 보존에 필요하더라도 채무자의 승낙 없이는 유치물을 사용할 수 없다.

② 압류의 효력이 발생한 후에 유치권이 성립한 경우, 유치권자는 경락인에게 대항할 수 있다.

③ 유치권의 목적부동산이 제3자에게 양도된 경우, 유치권자는 특별한 사정이 없는 한 제3자에게 유치권을 주장할 수 없다.

④ 부동산 유치권을 취득하기 위해서는 등기를 해야 한다.

⑤ 유치물이 경매된 경우 유치권자는 경락인에게 유치권을 주장할 수 있지만, 피담보채권의 변제를 청구할 수는 없다.

64. 저당권에 관한 설명으로 옳은 것은? (다툼이 있으면 판례에 따름)

① 건물에 대한 저당권의 효력은 그 건물에 종된 권리인 건물의 소유를 목적으로 하는 지상권에도 미친다.

② 저당권은 그 담보한 채권과 분리하여 타인에게 양도할 수 있다.

③ 저당권설정 이전의 부합물에 대해서는 저당권의 효력이 미치지 않는다.

④ 저당부동산에 대한 압류가 있으면 압류 이전에 저당권설정자의 저당부동산에 관한 차임채권에도 저당권의 효력이 미친다.

⑤ 후순위저당권의 실행으로 저당물이 매각된 경우, 선순위저당권은 소멸하지 않는 것이 원칙이다.

65. 다음 중 요물계약인 것은?

① 교환계약
② 계약금계약
③ 매매계약
④ 증여계약
⑤ 임대차계약

66. 민법상 계약체결상의 과실책임에 관한 설명으로 틀린 것은? (다툼이 있으면 판례에 따름)

① 우리 민법은 원시적 불능의 경우에 대한 계약체결상의 과실책임을 규정하고 있다.

② 계약체결상의 과실을 이유로 한 신뢰이익의 손해배상은 계약이 유효함으로 인하여 생길 이익액을 넘지 못한다.

③ 계약체결상의 과실책임은 원시적 불능을 알지 못한데 대한 상대방의 선의 그리고 무과실까지 요한다.

④ 부동산매매에 있어서 실제면적이 계약면적에 미달하는 경우 그 미달부분이 원시적 불능임을 이유로 계약체결상의 과실책임을 물을 수 없다.

⑤ 부동산매매계약에 있어서 실제면적이 계약면적에 미달하고 그 매매가 수량지정매매에 해당하는 경우, 대금감액청구권 행사와 별도로 부당이득반환청구가 인정된다.

67. 동시이행항변권에 관한 설명으로 틀린 것은? (다툼이 있으면 판례에 따름)

① 저당권설정등기의 말소와 피담보채무의 변제는 동시이행관계에 있지 않다.

② 부동산 매매계약에서 매수인이 부가가치세를 부담하기로 약정한 경우, 부가가치세의 지급시기와 방법 등에 관하여 특별한 약정이 없다면, 매수인이 부가가치세 지급의무는 매도인의 소유권이전등기의무와 대가적 의미를 갖는 채무가 아니므로 서로 동시이행의 관계에 있지 않다.

③ 동시이행관계에 있던 채무 중 어느 한 채무의 이행불능으로 발생한 손해배상채무는 반대채무와 여전히 동시이행관계에 있다.

④ 계약이 무효 또는 취소된 경우에 각 당사자의 부당이득반환의무는 동시이행관계에 있다.

⑤ 저당권이 설정된 부동산의 매매계약에서 소유권이전등기의무 및 저당권등기말소의무는 특별한 사정이 없는 한 대금지금의무와 동시이행관계에 있다.

68. 甲이 乙에게 자신의 건물을 매도하는 계약을 체결한 후 소유권이전 및 인도 전에 화재가 발생하여 건물이 전소되었다. 다음 설명 중 틀린 것은?

① 甲의 책임 있는 사유로 화재가 발생한 경우, 乙은 계약을 해제할 수 있다.

② 양 당사자의 책임 없는 사유로 화재가 발생한 경우, 乙은 甲에게 소유권이전을 청구할 수 없다.

③ ②의 경우 乙은 이미 지급한 계약금에 대해서 甲에게 부당이득반환청구권을 행사할 수 있다.

④ 乙의 과실로 인하여 화재가 발생한 경우, 甲은 乙에게 매매대금을 청구할 수 없다.

⑤ 乙의 채권자지체 중에 양 당사자의 책임 없는 사유로 화재가 발생한 경우, 甲은 乙에게 매매대금을 청구할 수 있다.

69. 매도인 甲과 매수인 乙이 계약을 하면서 그 대금을 丙에게 지급하기로 하는 제3자를 위한 계약을 체결하였다. 다음 설명 중 **틀린** 것은? (다툼이 있으면 판례에 따름)

① 乙이 丙에게 대금을 지급한 후 계약이 해제된 경우, 특별한 사정이 없는 한 乙은 丙에게 대금의 반환을 청구할 수 있다.

② 丙이 수익의 의사표시를 한 후 乙이 대금을 지급하지 않으면, 甲은 계약을 해제할 수 있다.

③ 丙이 수익의 의사표시를 하면 특별한 사정이 없는 한 乙에 대한 대금지급청구권을 확정적으로 취득한다.

④ 乙이 상당한 기간을 정하여 丙에게 수익 여부의 확답을 최고하였으나 그 기간 내에 확답을 받지 못하면, 丙이 수익을 거절한 것으로 본다.

⑤ 乙은 甲의 丙에 대한 항변으로 丙에게 대항할 수 없다.

70. 해제에 관한 설명으로 옳은 것을 모두 고른 것은? (다툼이 있으면 판례에 따름)

┌───┐
│ ㄱ. 계약이 합의해제된 경우, 다른 사정이 없는 │
│   한 채무불이행으로 인한 손해배상을 청구할 │
│   수 있다.   │
│ ㄴ. 매도인의 책임 있는 사유로 이행불능이 되면 │
│   매수인은 최고 없이 계약을 해제할 수 있다. │
│ ㄷ. 당사자가 수인인 경우에 해제는 그 전원으로 │
│   부터 또는 전원에 대하여 해야 한다.   │
│ ㄹ. 계약이 합의해제된 경우, 특약이 없는 한 반 │
│   환할 금전에 그 받은 날로부터 이자를 붙여 │
│   지급할 의무가 있다.   │
└───┘

① ㄱ, ㄷ   ② ㄱ, ㄹ
③ ㄴ, ㄷ   ④ ㄴ, ㄹ
⑤ ㄱ, ㄴ, ㄹ

71. 甲은 자기 소유의 아파트를 乙에게 매도하면서 매매대금 5억원, 계약금 5천만원으로 한 계약을 체결하였다. 다음 설명 중 **틀린** 것은? (다툼이 있으면 판례에 따름)

① 乙이 중도금을 지급한 이후에는 甲은 계약금의 배액상환으로 계약을 해제할 수 없다.

② 乙이 계약금 중 일부인 3천만원을 지급한 경우, 특별한 사정이 없는 한 甲은 乙에게 6천만원을 상환하고 계약을 해제할 수 있다.

③ 甲이 계약해제의 의사표시와 함께 계약금의 배액을 제공하였으나 乙이 이를 수령하지 않더라도 공탁까지 할 필요는 없다.

④ 甲과 乙 사이의 매매계약이 무효이거나 취소된 경우 계약금계약의 효력도 소멸한다.

⑤ 乙이 甲에게 지급한 계약금 5천만원은 증약금으로서의 성질을 가진다.

72. 매매계약에 관한 설명으로 **틀린** 것은?

① 매매계약에 관한 비용은 특별한 사정이 없는 한 당사자 쌍방이 균분하여 부담한다.

② 매도인의 소유에 속하지 않는 부동산의 매매도 유효하다.

③ 목적물의 인도와 동시에 대금을 지급할 경우는 그 인도장소에서 이를 지급하여야 한다.

④ 당사자 일방에 대한 의무이행의 기한이 있는 때에는 상대방의 의무이행에 대하여도 동일한 기한이 있는 것으로 추정한다.

⑤ 매매계약 후 인도 전에 목적물로부터 생긴 과실은 매수인에게 속한다.

73. 부동산의 교환계약에 관한 설명으로 옳은 것을 모두 고른 것은? (다툼이 있으면 판례에 따름)

> ㄱ. 유상·요물계약이다.
>
> ㄴ. 일방이 금전의 보충지급을 약정한 경우 그 금전에 대하여는 매매대금에 관한 규정을 준용한다.
>
> ㄷ. 다른 약정이 없는 한 각 당사자는 목적물의 하자에 대해 담보책임을 부담한다.
>
> ㄹ. 당사자가 자기 소유 목적물의 시가를 묵비하여 상대방에게 고지하지 않은 경우, 특별한 사정이 없는 한 상대방의 의사결정에 불법적인 간섭을 한 것이다.

① ㄱ, ㄴ 　　　　② ㄴ, ㄷ
③ ㄱ, ㄴ, ㄷ 　　　④ ㄴ, ㄷ, ㄹ
⑤ ㄱ, ㄴ, ㄷ, ㄹ

74. 민법상 임대차에 관한 설명으로 <u>틀린</u> 것은? (다툼이 있으면 판례에 따름)

① 유상·쌍무·낙성·불요식·계속적 계약에 해당한다.
② 차임지급의 약정이 성립요소이다.
③ 유익비에 대해서 법원은 임대인의 청구에 의하여 상당한 상환기간을 허여할 수 있다.
④ 유익비상환청구권은 임대차계약의 존속 중에도 행사할 수 있다.
⑤ 임차인의 사용·수익을 방해할 정도의 파손이 아니라면 임대인은 수선의무를 부담하지 않는다.

75. 주택임대차보호법에 관한 설명으로 옳은 것을 모두 고른 것은? (다툼이 있으면 판례에 따름)

> ㄱ. 주민등록의 신고는 행정청에 도달한 때 효력이 발생한다.
>
> ㄴ. 임차인 甲이 임대인의 승낙을 받아 乙에게 임대주택을 적법하게 전대한 경우, 전차인 乙이 주택을 인도받고 자신의 주민등록을 마쳤다면 임차인 甲은 제3자에 대하여 대항력을 취득한다.
>
> ㄷ. 주민등록이 직권말소된 후 임차인 甲이 「주민등록법」 소정의 이의절차에 의하여 말소된 주민등록을 회복한 것이 아닌 경우에도 직권말소 후 재등록이 이루어지기 이전에 이해관계를 맺은 선의의 제3자 乙에 대하여 甲은 임차권으로 대항할 수 있다.

① ㄴ 　　　　　② ㄱ, ㄴ
③ ㄱ, ㄷ 　　　④ ㄴ, ㄷ
⑤ ㄱ, ㄴ, ㄷ

76. 주택임대차에 관한 설명으로 <u>틀린</u> 것은? (다툼이 있으면 판례에 따름)

① 일시사용을 위한 임대차임이 명백한 경우에는 적용되지 않는다.
② 대지에 관한 저당권설정 후 지상건물이 신축된 경우에도 소액임차인은 대지의 매각대금에서 선순위담보권자보다 우선변제를 받을 수 있다.
③ 임대차가 끝난 후 보증금이 반환되지 아니한 경우 임차인은 임차주택의 소재지를 관할하는 지방법원·지방법원지원 또는 시·군 법원에 임차권등기명령을 신청할 수 있다.
④ 소액임차인이 보증금 중 일정액을 선순위담보권자보다 우선배당을 받기 위해서는 경매신청등기 전까지 대항요건을 갖추어야 한다.
⑤ 기간의 정함이 없거나 기간을 2년 미만으로 정한 임대차는 그 기간을 2년으로 본다. 다만, 임차인은 2년 미만으로 정한 기간이 유효함을 주장할 수도 있다.

77. 상가건물 임대차보호법에 관한 설명으로 <u>틀린</u> 것은?

① 임차인의 계약갱신요구권은 최초의 임대차기간을 포함한 전체 임대차기간이 10년을 초과하지 않는 범위 내에서만 행사할 수 있다.

② 건물인도와 사업자등록을 신청한 다음 날부터 대항력이 발생한다.

③ 임대차기간을 1년 미만으로 정한 특약이 있는 경우, 임차인은 그 기간의 유효함을 주장할 수 있다.

④ 서울특별시에서 보증금 7억원, 차임 150만원인 경우, 「상가건물 임대차보호법」은 적용되지 않는다.

⑤ 환산보증금액이 일정액을 초과하는 경우에도 임차인은 임대인에게 계약갱신요구권을 행사할 수 있다.

78. 가등기담보 등에 관한 법률에 관한 설명으로 <u>틀린</u> 것은? (다툼이 있으면 판례에 따름)

① 채권자가 나름대로 평가한 청산금액이 객관적인 평가액에 미치지 못한 경우에도 담보권실행을 위한 통지는 효력이 있다.

② 동법 소정의 청산절차를 거치지 아니하고 가등기담보권자가 경료한 소유권이전등기는 원칙적으로 무효이다.

③ 대물반환의 예약 당시 담보물의 가액이 차용액 및 이에 붙인 이자의 합산액에 미달하는 경우에도 이 법이 적용된다.

④ 청산금이 없다고 인정되는 경우에도 그 뜻을 통지해야 한다.

⑤ 피담보채무의 변제기가 도래하지 않은 후순위담보권자도 청산기간이 지나기 전에는 목적부동산의 경매를 청구할 수 있다.

79. 집합건물의 소유 및 관리에 관한 법률에 대한 설명으로 옳은 것을 모두 고른 것은? (다툼이 있으면 판례에 따름)

> ㄱ. 전(前) 구분소유자의 특별승계인은 체납된 공용부분 관리비는 물론 그에 대한 연체료도 승계한다.
>
> ㄴ. 구분소유자가 10인 이상일 때는 관리단집회의 의결로써 관리인을 선임하여야 한다.
>
> ㄷ. 아파트관리규약에서 입주자의 지위를 승계한 자에 대하여도 체납관리비 채권 전체를 행사할 수 있다고 규정하고 있는 경우에는 승계인이 전 입주자의 전유부분에 대한 체납관리비까지 승계한다.

① ㄴ   ② ㄱ, ㄴ

③ ㄱ, ㄷ   ④ ㄴ, ㄷ

⑤ ㄱ, ㄴ, ㄷ

80. 2025.4.26. 甲은 친구 乙과 명의신탁약정을 하였다. 그 후 甲은 丙 소유의 X토지를 매수하면서 丙에게 부탁하여 乙 명의로 소유권이전등기를 하였다. 다음 설명 중 옳은 것은? (다툼이 있으면 판례에 따름)

① 甲은 丙에게 X토지의 소유권이전을 청구할 수 있다.

② 乙 명의 등기는 유효이다.

③ 丙은 乙에게 X토지의 소유권이전등기말소를 청구할 수 없다.

④ 乙로부터 매수한 제3자는 선의인 경우에만 보호받는다.

⑤ 甲은 乙을 상대로 직접 말소등기를 청구할 수 있다.

시작시간: _____ 시 _____ 분 ~ 종료시간: _____ 시 _____ 분

2025년도 제36회 공인중개사 1차 국가자격시험
실전모의고사 제3회

교 시	문제형별	시험시간	시험과목
1교시	A	100분	❶ 부동산학개론 ❷ 민법 및 민사특별법 중 부동산 중개에 관련되는 규정

수험번호		성 명	

[수험자 유의사항]

1. 시험문제지는 **단일 형별(A형)**이며, 답안카드 형별 기재란에 표시된 형별(A형)을 확인하시기 바랍니다. 시험문제지의 **총면수, 문제번호 일련순서, 인쇄상태** 등을 확인하시고, 문제지 표지에 수험번호와 성명을 기재하시기 바랍니다.

2. 답은 각 문제마다 요구하는 **가장 적합하거나 가까운 답 1개**만 선택하고, 답안카드 작성 시 시험문제지 **마킹착오**로 인한 불이익은 전적으로 **수험자에게 책임**이 있음을 알려드립니다.

3. 답안카드는 국가전문자격 공통 표준형으로 문제번호가 1번부터 125번까지 인쇄되어 있습니다. 답안 마킹 시에는 반드시 **시험문제지의 문제번호와 동일한 번호**에 마킹하여야 합니다. (1차 1교시 : 1번~80번)

4. **감독위원의 지시에 불응**하거나 시험시간 종료 후 답안카드를 제출하지 않을 경우 불이익이 발생할 수 있음을 알려 드립니다.

5. 시험문제지는 시험 종료 후 가져가시기 바랍니다.

6. 답안작성은 **시험 시행일(2025.10.25.) 현재 시행되는 법령 등**을 적용하시기 바랍니다.

7. 가답안 의견제시에 대한 개별회신 및 공고는 하지 않으며, **최종 정답 발표로 갈음**합니다.

8. 시험 중 **중간 퇴실은 불가**합니다. 단, 부득이하게 퇴실할 경우 **시험포기각서 제출 후 퇴실은 가능**하나 **재입실이 불가**하며, **해당시험은 무효처리**됩니다.

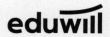

제1과목: 부동산학개론

1. 부동산의 개념에 관한 설명으로 옳은 것을 모두 고른 것은?

> ㄱ. 자연·공간·위치·환경 속성은 물리적 개념에 해당한다.
> ㄴ. 부동산의 절대적 위치는 토지의 부동성에서 비롯된다.
> ㄷ. 부동산의 법률적·경제적·물리적 측면을 결합한 개념을 복합부동산이라고 한다.
> ㄹ. 토지는 생산요소이면서 소비재가 된다.
> ㅁ. 협의의 부동산과 준부동산을 합쳐 광의의 부동산이라고 한다.

① ㄱ, ㄴ, ㄹ
② ㄴ, ㄷ, ㅁ
③ ㄱ, ㄴ, ㄷ, ㄹ
④ ㄱ, ㄴ, ㄹ, ㅁ
⑤ ㄱ, ㄷ, ㄹ, ㅁ

2. 토지의 분류에 따른 용어의 설명으로 옳은 것은?

① 나지(裸地)란 토지에 건물이나 그 밖의 정착물이 없고, 지상권 등 토지의 사용·수익을 제한하는 사법상의 권리가 설정되어 있는 토지이다.
② 건부지(建敷地)란 건물 등 토지상의 부가물의 부지로 제공되고 있는 토지로서, 나지의 평가액은 건부지로서의 평가액을 한도로 한다.
③ 이행지(移行地)란 용도지역 내에서 지역 간 용도변경이 진행되고 있는 토지로서, 반드시 지목변경이 뒤따른다.
④ 후보지(候補地)란 용도지역 상호간에 다른 지역으로 전환되고 있는 지역의 토지로서, 반드시 지목변경이 뒤따른다.
⑤ 공한지(空閑地)란 지적공부에 등록된 토지가 물에 침식되어 수면 밑으로 잠긴 토지이다.

3. 부동산의 특성과 파생적 특징에 관한 설명으로 틀린 것은?

① 부동성은 지역별로 초과공급과 초과수요 현상을 야기하여 지역 간 균형을 어렵게 한다.
② 영속성으로 인해 임대차시장이 발달하게 되어 부동산은 소유와 이용이 분리된다.
③ 부증성은 소모를 전제로 하는 재생산이론이나 사고방식을 토지에는 적용할 수 없게 한다.
④ 개별성은 개개의 부동산을 독점화시키고 비교를 곤란하게 하며, 부동산학에 있어서 원리나 이론의 도출을 어렵게 한다.
⑤ 인접성은 외부효과를 유발하고 개발이익의 사회적 환수의 논리적 근거를 제공한다.

4. 부동산의 수요와 공급, 균형에 관한 설명으로 옳은 것은? (단, 다른 조건은 동일함)

① 부동산의 수요는 유효수요의 개념이 아니라, 단순히 부동산을 구입하고자 하는 의사만을 의미한다.
② 수요자의 소득이 변하여 수요곡선 자체가 이동하는 경우는 수요량의 변화에 해당한다.
③ 인구의 증가로 부동산수요가 증가하는 경우 균형가격은 상승하고, 균형량은 감소한다.
④ 건축비의 하락 등 생산요소 가격의 하락은 주택공급곡선을 좌측으로 이동시킨다.
⑤ 기술의 개발로 부동산 공급이 증가하는 경우 수요의 가격탄력성이 작을수록 균형가격의 하락폭은 커지고, 균형량의 증가폭은 작아진다.

5. 부동산시장에서 어느 부동산의 가격이 상승하면서 동시에 거래량이 증가했다. 이러한 변동을 가져올 수 있는 것은? (단, 이 부동산은 정상재임)

① 그 부동산과 대체관계에 있는 부동산의 가격 상승
② 그 부동산과 보완관계에 있는 부동산의 가격 상승
③ 그 부동산의 생산에 투입되는 요소의 가격 상승
④ 그 부동산의 생산에 투입되는 요소의 가격 하락
⑤ 그 부동산과 보완관계에 있는 부동산의 가격 상승과 그 부동산의 생산에 투입되는 요소의 가격 하락이 동시에 나타난 경우

6. 수요의 탄력성에 관한 설명으로 옳은 것은?

① 수요의 가격탄력성이 완전탄력적일 때, 수요곡선의 모양은 수직이 된다.

② 수요의 가격탄력성이 1보다 클 때, 가격 상승은 기업의 총수입 증가를 가져오게 된다.

③ 정상재의 경우, 수요의 소득탄력성은 일반적으로 음(−)의 값을 가지게 된다.

④ 수요의 가격탄력성이 단위탄력적일 때, 가격의 변화는 기업의 총수입 변화를 유도하지 못한다.

⑤ 두 부동산에서 수요의 교차탄력성이 양(+)의 값을 가질 때, 두 부동산은 보완재이다.

7. 어느 지역의 아파트에 대한 수요의 가격탄력성은 0.2이고 소득탄력성은 0.5이다. 아파트 가격이 5% 상승함과 동시에 소득이 변하여 전체 수요량이 2% 증가하였다면, 이때 소득의 변화율은? (단, 아파트는 정상재이고, 수요의 가격탄력성은 절댓값으로 나타내며, 다른 조건은 동일함)

① 3% 증가　　　　② 4% 증가

③ 5% 증가　　　　④ 6% 증가

⑤ 7% 증가

8. 거미집이론에 관한 설명으로 틀린 것은?

① 가격이 변동하면 수요는 즉각적으로 영향을 받지만 공급량은 일정한 생산기간이 경과한 후에 변동이 가능하다고 가정한다.

② 미래의 공급결정은 현재의 가격에만 의존한다는 것을 전제로 한다.

③ 가격변동에 대한 공급의 시차를 고려하여 그 일시적 균형의 변동과정을 동태적으로 분석한 동태모형(dynamic model)이다.

④ 수요곡선의 기울기의 절댓값보다 공급곡선의 기울기의 절댓값이 작을 경우, 가격과 수요량은 진동하면서 균형수준에 가까워진다.

⑤ 거미집모형의 적용은 주거용 부동산보다 상업용이나 공업용 부동산에 더욱 잘 적용된다.

9. 만약 부동산시장이 할당 효율적이라면 다음과 같이 주어진 조건하에서 합리적인 투자자가 최대한 지불할 수 있는 정보비용의 현재가치는? (단, 요구수익률은 연 10%이고, 주어진 조건에 한함)

> ○ 도시·군 계획시설(도로)이 개설될 가능성이 있는 A토지가 있다.
> ○ 도시·군 계획시설(도로)이 개설될 확률은 60%로 알려져 있다.
> ○ 1년 후에 해당 도로가 개설되면 A토지의 가치는 2억 7,500만원, 그렇지 않으면 9,350만원으로 예상된다.
> ○ 투자자의 요구수익률(할인율)은 연 10%이다.

① 5,200만원　　　　② 5,600만원

③ 6,200만원　　　　④ 6,600만원

⑤ 7,200만원

10. 할당 효율적 시장에 관한 설명으로 옳은 것은?

① 부동산거래에 정보비용이 수반되는 것은 시장이 할당 효율적이지 못하기 때문이다.

② 소수의 사람들이 부동산을 매수하여 초과이윤을 획득할 수 있는 것은 시장이 할당 효율적이지 못하기 때문이다.

③ 소수의 투자자가 다른 사람보다 값싸게 정보를 획득할 수 있는 시장도 할당 효율적 시장이 될 수 있다.

④ 독점을 획득하기 위한 기회비용이 모든 투자자에게 동일하다고 한다면, 독점시장은 할당 효율적 시장이 될 수 없다.

⑤ 부동산투기가 성립되는 것은 시장이 할당 효율적이지 못하기 때문이라기보다는 불완전하기 때문이다.

11. 리카도(D.Ricardo)의 차액지대설에 관한 설명으로 틀린 것은?

① 토지의 비옥도와 위치에 따라 생산성의 차이가 발생한다.

② 수확체감의 법칙이 성립한다.

③ 한계지(marginal land)는 생산성이 가장 낮아 생산비와 곡물가격이 일치하는 토지를 말하며, 지대가 발생하지 않는다.

④ 지대는 토지의 생산성과 한계지의 생산성 간의 차이와 동일하다.

⑤ 지대의 상승이 곡물가격을 상승시킨다.

12. 부동산시장의 특성과 기능에 관한 설명으로 틀린 것은?

① 부동산시장은 수요와 공급의 조절이 쉽지 않아 단기적으로 가격의 왜곡이 발생할 가능성이 높다.

② 부동산시장의 특징 중 하나는 특정지역에 다수의 판매자와 다수의 구매자가 존재한다는 것이다.

③ 부동산의 개별성과 부동성으로 인해 부동산상품의 표준화가 불가능하여 대량생산이 곤란하고, 국지성·거래의 비공개성 및 비표준화성 등으로 인하여 시장의 조직화가 곤란하다.

④ 거래의 비공개성으로 인해 부동산시장 내의 정보수집을 어렵게 하며, 많은 정보탐색비용이 들게 한다.

⑤ 부동산시장은 국지성의 특징이 있기 때문에 지역적 특성의 제약하에 가격이 형성되며, 지역마다 서로 다른 가격이 형성된다.

13. A도시와 B도시 사이에 있는 C도시는 A도시로부터 3km, B도시로부터 5km 떨어져 있다. 각 도시의 인구 변화가 다음과 같을 때, 작년에 비해 금년에 C도시로부터 B도시의 구매활동에 유인되는 인구수의 증가는? [단, 레일리(W. Reilly)의 소매인력법칙에 따르고, C도시의 모든 인구는 A도시와 B도시에서만 구매하며, 다른 조건은 동일함]

구분	A도시	B도시	C도시
작년 인구수	18,000명	50,000명	20,000명
금년 인구수	18,000명	75,000명	30,000명

① 8,000명

② 9,000명

③ 10,000명

④ 12,000명

⑤ 15,000명

14. 공장부지의 입지요인에 관한 설명으로 틀린 것은?

① 국지원료를 많이 사용하는 공장은 원료지향형 입지를 하는 경향이 있다.

② 원료지수가 1보다 크면 원료지향형 입지이다.

③ 중량증가산업(청량음료, 맥주), 완제품의 부패성이 심한 산업은 시장지향형 입지를 하고 있다.

④ 소비시장과 원료산지 사이에 이적지점[(移積地點) 혹은 적환지점]이 있는 경우는 중간지향형 입지이다.

⑤ 소비시장에 재고량을 확보할 수 있으며 수요에 민감한 제품을 생산하는 산업은 원료지향형 입지를 하고 있다.

15. 우리나라의 부동산조세제도에 관한 설명으로 틀린 것은?

① 취득세와 증여세는 부동산의 취득단계에 부과한다.

② 양도소득세와 취득세는 신고납부방식이다.

③ 양도소득세와 종합부동산세는 국세에 속한다.

④ 상속세와 증여세는 누진세율을 적용한다.

⑤ 종합부동산세와 재산세의 과세기준일은 매년 6월 30일이다.

16. 우리나라의 부동산제도와 근거법률의 연결로 <u>틀린</u> 것은?

① 토지거래허가제 – 「부동산 거래신고 등에 관한 법률」

② 분양가상한제 – 「주택법」

③ 개발부담금제 – 「재건축 초과이익 환수에 관한 법률」

④ 검인계약서제 – 「부동산등기 특별조치법」

⑤ 토지은행제 – 「공공토지의 비축에 관한 법률」

17. 분양가상한제가 분양주택시장에 미치는 효과에 관한 설명으로 <u>틀린</u> 것은? (단, 단기적으로 다른 조건은 일정하다고 가정함)

① 균형가격보다 규제가격이 높을 경우, 균형가격과 공급량에 아무런 영향을 미치지 않는다.

② 균형가격보다 규제가격이 높을 경우, 공급이 수요를 초과하여 초과공급이 발생할 수 있다.

③ 균형가격보다 규제가격이 낮을 경우, 분양가상한제 이전의 균형수준보다 낮아져서 단기에 비해 장기에 초과수요가 더 발생할 수 있다.

④ 균형가격보다 규제가격이 낮을 경우, 장기적으로 분양주택의 품질이 낮아질 수 있다.

⑤ 균형가격보다 규제가격이 낮을 경우, 분양가상한제가 지속되면 장기적으로는 음성적 거래가 발생할 수 있다.

18. 부동산조세의 경제적 효과에 관한 설명으로 옳은 것은? (단, 다른 조건은 일정함)

① 공급이 비탄력적일수록 재산세 부과로 인한 자원배분의 왜곡은 적어진다.

② 공급의 가격탄력성은 탄력적인 반면 수요의 가격탄력성은 비탄력적인 시장에서 세금이 부과될 경우, 실질적으로 공급자가 수요자보다 더 많은 세금을 부담하게 된다.

③ 양도소득세가 중과되면, 주택공급의 동결효과(lock-in effect)로 인해 주택가격이 하락할 수 있다.

④ 임대주택의 공급곡선이 완전비탄력적일 경우 주택에 부과되는 재산세는 전부 임차인에게 귀착된다.

⑤ 수요곡선이 변하지 않을 때, 세금부과에 의한 경제적 순손실은 공급이 비탄력적일수록 커진다.

19. 포트폴리오 이론에 따른 부동산투자의 포트폴리오 분석에 관한 설명으로 옳은 것은?

① 인플레이션, 경기변동 등의 시장 전체와 관련된 위험은 분산투자를 통해 제거가 가능하다.

② 포트폴리오에 편입되는 투자자산 수를 늘림으로써 체계적 위험을 줄여나갈 수 있으며, 그 결과로 총위험은 줄어들게 된다.

③ 부동산 A, B, C 중 하나와 주식과 채권을 결합하여 포트폴리오를 구성할 경우, 부동산 A, B, C 중 주식과 채권의 수익률과의 상관계수가 낮은 부동산이 좋은 포트폴리오 구성 대상이 된다.

④ 상관계수가 0의 값을 갖는 경우를 제외하면, 구성자산 수를 많이 하여 포트폴리오를 구성한다면 비체계적 위험은 감소될 수 있다.

⑤ 효율적 프론티어(efficient frontier)와 투자자의 무차별곡선이 교차하는 지점에서 최적 포트폴리오가 결정된다.

20. 다음은 A, B, C 3개의 부동산에 대한 투자성과 측정을 통해 얻은 결과이다. 이에 관한 설명으로 <u>틀린</u> 것은?

구분	수익률의 기대치	수익률의 표준편차	타 금융상품 수익률과의 상관관계	
			주식	채권
A부동산	10%	7%	0.653	0.473
B부동산	15%	16%	0.247	0.142
C부동산	14%	17%	0.457	0.375

① A부동산은 다른 부동산에 비해 저위험-저수익 투자상품이다.

② A, B, C부동산 모두 수익률의 움직임이 채권보다는 주식과 유사하다.

③ 금융상품과 결합한 포트폴리오를 구성할 경우, 타 금융상품 수익률과의 상관계수가 높은 A부동산이 다른 부동산보다 좋은 포트폴리오 구성대상이 된다.

④ 평균-분산결정법을 따를 경우, 투자자는 C부동산을 투자대상에서 배제하고, A와 B부동산 중 하나를 선택할 것이다.

⑤ 변이계수(coefficient of variation)를 통해 위험조정수익을 측정하면, A부동산이 B부동산보다 더 우월한 투자상품이다.

21. 甲은 아래 조건으로 부동산에 10억원을 투자하였다. 이에 관한 투자분석의 산출값으로 <u>틀린</u> 것은? (단, 주어진 조건에 한함)

> ○ 순영업소득(NOI): 2억원/년
> ○ 원리금상환액: 5,000만원/년
> ○ 유효총소득승수: 4
> ○ 지분투자액: 5억원

① 유효총소득은 2억 5,000만원이다.
② 부채비율은 100%이다.
③ 지분배당률은 25%이다.
④ 순소득승수는 5이다.
⑤ 종합환원율은 20%이다.

22. 부동산투자 분석기법에 관한 설명으로 옳은 것은?

① 내부수익률(IRR)이란 투자로부터 기대되는 현금유입의 현재가치와 현금유출의 현재가치를 같게 하는 할인율이다.
② 순현가법에서는 재투자율로 내부수익률을 사용하고, 내부수익률법에서는 요구수익률을 사용한다.
③ 순현재가치법은 가치가산원리가 적용되지 않으나 내부수익률법은 적용된다.
④ 어림셈법 중 순소득승수법의 경우 승수값이 작을수록 자본회수기간이 길어진다.
⑤ 회수기간은 투자시점에서 발생한 비용을 회수하는 데 걸리는 기간을 말하며, 회수기간법에서는 투자안 중에서 회수기간이 가장 장기인 투자안을 선택한다.

23. A는 향후 30년간 매월 말 50만원의 연금을 받을 예정이다. 시중 금리가 연 6%일 때, 이 연금의 현재가치를 구하는 식으로 옳은 것은? (단, 주어진 조건에 한함)

① $50만원 \times \left(1 + \dfrac{0.06}{12}\right)^{30 \times 12}$

② $50만원 \times \left\{\dfrac{(1+0.06)^{30}-1}{0.06}\right\}$

③ $50만원 \times \left\{\dfrac{1-(1+0.06)^{-30}}{0.06}\right\}$

④ $50만원 \times \left\{\dfrac{1-\left(1+\dfrac{0.06}{12}\right)^{-30 \times 12}}{\dfrac{0.06}{12}}\right\}$

⑤ $50만원 \times \left\{\dfrac{\left(1+\dfrac{0.06}{12}\right)^{30 \times 12}-1}{\dfrac{0.06}{12}}\right\}$

24. 비율분석법을 이용하여 산출한 것으로 <u>틀린</u> 것은? (단, 주어진 조건에 한하며, 연간 기준임)

> ○ 주택담보대출액: 1억 8,000만원
> ○ 주택담보대출의 연간 원리금상환액: 2,000만원
> ○ 부동산가치: 3억원
> ○ 차입자의 연소득: 5,000만원
> ○ 가능총소득: 5,000만원
> ○ 공실손실상당액 및 대손충당금: 가능총소득의 20%
> ○ 영업경비: 유효총소득의 25%

① 담보인정비율(LTV) = 0.6
② 부채감당률(DCR) = 1.5
③ 총부채상환비율(DTI) = 0.4
④ 채무불이행률(DR) = 1.0
⑤ 영업경비비율(OER, 유효총소득 기준) = 0.25

25. 1억원의 기존 주택담보대출이 있는 甲은 A은행에서 추가로 주택담보대출을 받고자 한다. A은행의 대출 승인기준이 다음과 같을 때, 甲이 추가로 대출 가능한 최대금액은? (단, 문제에서 제시한 것 외의 기타 조건은 고려하지 않음)

> ○ 甲 소유 주택의 담보평가가격: 5억원
> ○ 甲의 연간소득: 6,000만원
> ○ 연간저당상수: 0.1
>   – 담보인정비율(LTV): 60%
>   – 소득 대비 부채비율(DTI): 40%
> ※ 두 가지 대출승인기준을 모두 충족시켜야 함

① 1억 4,000만원   ② 1억 8,000만원
③ 2억원   ④ 2억 4,000만원
⑤ 3억원

26. 대출상환방식에 관한 설명으로 틀린 것은? (단, 대출금액과 기타 대출조건은 동일함)

① 원금균등분할상환방식, 원리금균등분할상환방식, 점증(체증)상환방식 중 원금균등분할상환방식은 대출 초기에 대출원리금의 지급액이 가장 크므로 차입자의 원리금지급 부담도 대출 초기에 가장 크다.

② 원리금균등분할상환방식은 매기의 대출원리금이 동일하므로 대출 초기에는 대체로 원금상환 부분이 작고 이자지급 부분이 크다.

③ 원금균등분할상환방식이나 원리금균등분할상환방식에서 거치기간을 별도로 정할 수 있다.

④ 대출기간 만기까지 대출기관의 총이자수입 크기는 '원금균등분할상환방식 > 원리금균등분할상환방식 > 점증(체증)상환방식' 순이다.

⑤ 만기일시상환방식은 대출만기 때까지는 원금상환이 전혀 이루어지지 않으므로 매월 내는 이자가 만기 때까지 동일하다.

27. 주택저당채권 유동화의 경제적 효과에 관한 설명으로 틀린 것은?

① 주택저당채권의 유동화를 통해 자본시장으로부터의 주택자금대출 재원조달을 확대한다.

② 금융기관의 주택자금조달 확대로 주택자금 차입기회는 증대하나, 장기적으로는 주택자금 공급 감소에 따른 금리인상으로 차입비용이 증가된다.

③ 장기대출채권을 투자자에게 매각함으로써 자기자본비율(BIS)을 제고하고, 대출기간 중의 금리변동위험 및 유동성위험을 피할 수 있다.

④ 주택저당채권을 외국 유동화회사에 매각 시 외화조달 효과가 있다.

⑤ 투자상품의 다양화 및 자본시장의 발전을 유도한다.

28. 부동산증권에 관한 설명으로 틀린 것은?

① 저당채권이체증권(MPTS; mortgage pass-through securities)이란 지분형 주택저당증권으로 관련 위험이 투자자에게 이전된다.

② 주택저당담보부채권(MBB; mortgage backed bond)의 투자자는 대출금의 조기상환에 따른 위험을 부담한다.

③ MPTB(mortgage pay-through bond)는 MPTS (mortgage pass-through securities)와 MBB (mortgage backed bond)를 혼합한 성격의 주택저당증권(mortgage backed securities)이다.

④ 다계층채권(CMO; collateralized mortgage obligation)의 발행자는 주택저당채권 집합물의 소유권을 갖는다.

⑤ CMO의 발행자는 저당채권의 풀(pool)에 대한 소유권을 가지면서 동 풀(pool)에 대해 채권을 발행하는 것이다.

29. 부동산투자회사법상 부동산투자회사에 관한 설명으로 <u>틀린</u> 것은?

① 부동산투자회사란 자산을 부동산에 투자하여 운용하는 것을 주된 목적으로 「부동산투자회사법」의 규정에 따라 설립된 회사를 말한다.

② 부동산투자회사의 설립은 발기설립의 방법으로 하여야 하며, 현물출자에 의한 설립을 할 수 없다.

③ 자금차입 및 사채발행은 자기자본의 2배를 초과할 수 없으나 주주총회의 특별결의를 한 경우에는 그 합계가 자기자본의 10배를 넘지 아니하는 범위에서 자금차입 및 사채발행을 할 수 있다.

④ 영업인가를 받거나 등록을 한 날부터 6개월이 지난 부동산투자회사의 자본금은 자기관리 부동산투자회사는 50억원 이상, 위탁관리 부동산투자회사 및 기업구조조정 부동산투자회사는 10억원 이상이 되어야 한다.

⑤ 부동산투자회사는 최저자본금 준비기간이 끝난 후에는 매 분기 말 현재 총자산의 100분의 80 이상을 부동산, 부동산 관련 증권 및 현금으로 구성하여야 한다.

30. 부동산개발의 위험 중 시장위험(market risk)에 관한 설명으로 <u>틀린</u> 것은?

① 개발업자는 개발기간 중에도 시장상황이 변할 수 있다는 점을 고려해야 한다.

② 개발기간이 장기화될수록 개발업자의 시장위험은 높아진다.

③ 금융조달비용의 상승과 같은 시장의 불확실성은 개발업자에게 시장위험을 증가시킨다.

④ 부동산시장은 항상 끊임없이 변화하기 때문에 개발업자에게 시장위험을 증가시킨다.

⑤ 개발부동산의 후분양제도는 선분양제도에 비해 개발업자가 부담하는 시장위험을 줄일 수 있다.

31. 각 지역과 산업별 고용자 수가 다음과 같을 때, A지역 Y산업과 B지역 X산업의 입지계수(LQ)를 올바르게 계산한 것은? (단, 주어진 조건에 한하며, 결과값은 소수점 셋째자리에서 반올림함)

구분		A지역	B지역	전지역 고용자 수
X산업	고용자 수	1,000	1,400	2,400
	입지계수	0.83	(ㄱ)	
Y산업	고용자 수	1,000	600	1,600
	입지계수	(ㄴ)	0.75	
고용자 수 합계		2,000	2,000	4,000

	ㄱ	ㄴ
①	0.75	0.83
②	0.75	1.33
③	0.83	1.20
④	0.83	1.33
⑤	1.17	1.25

32. 다음에서 설명하는 민간투자 사업방식을 〈보기〉에서 올바르게 고른 것은?

> ㄱ. 사회기반시설의 준공과 동시에 해당 시설의 소유권이 국가 또는 지방자치단체에 귀속되며, 사업시행자에게 일정기간의 시설관리운영권을 인정하는 방식
>
> ㄴ. 사회기반시설의 준공과 동시에 해당 시설의 소유권이 국가 또는 지방자치단체에 귀속되며, 사업시행자에게 일정기간의 시설관리운영권을 인정하되, 그 시설을 국가 또는 지방자치단체 등이 협약에서 정한 기간 동안 임차하여 사용·수익하는 방식
>
> ㄷ. 사회기반시설의 준공 후 일정기간 동안 사업시행자에게 해당 시설의 소유권이 인정되며 그 기간이 만료되면 시설소유권이 국가 또는 지방자치단체에 귀속되는 방식
>
> ㄹ. 사회기반시설의 준공과 동시에 소유권 및 관리운영권이 사업시행자에게 귀속되는 방식

〈보기〉

가. BTO(build-transfer-operate) 방식
나. BOT(build-operate-transfer) 방식
다. BTL(build-transfer-lease) 방식
라. BLT(build-lease-transfer) 방식
마. BOO(build-own-operate) 방식

	ㄱ	ㄴ	ㄷ	ㄹ
①	가	나	마	다
②	가	다	라	나
③	가	다	나	마
④	나	가	마	다
⑤	나	마	가	다

33. 부동산마케팅전략에 관한 설명으로 옳은 것은?

① STP전략은 시장세분화(segmentation), 표적시장 선정(targeting), 판매촉진(promotion)으로 구성된다.

② 4P-Mix전략은 제품(product), 가격(price), 유통경로(place), 포지셔닝(positioning)으로 구성된다.

③ 시장점유마케팅전략은 AIDA원리에 기반을 두면서 소비자의 욕구를 파악하여 마케팅효과를 극대화하는 전략이다.

④ 고객점유마케팅전략은 공급자 중심의 마케팅전략으로 표적시장을 선정하거나 틈새시장을 점유하는 전략이다.

⑤ 관계마케팅전략은 생산자와 소비자의 지속적인 관계를 통해서 마케팅효과를 도모하는 전략이다.

34. 감정평가에 관한 규칙상 용어의 정의로 옳은 것은?

① 시장가치란 대상물건이 통상적인 시장에서 충분한 기간 동안 거래를 위하여 공개된 후 그 대상물건의 내용에 정통한 당사자 사이에 신중하고 자발적인 거래가 있을 경우 성립될 가능성이 가장 높다고 인정되는 대상물건의 가액(價額)을 말한다.

② 가치발생요인이란 대상물건의 경제적 가치에 영향을 미치는 일반요인, 지역요인 및 개별요인 등을 말한다.

③ 유사지역이란 대상부동산이 속한 지역으로서 부동산의 이용이 동질적이고 가치형성요인 중 지역요인을 공유하는 지역을 말한다.

④ 거래사례비교법이란 대상물건과 가치형성요인이 같거나 비슷한 물건의 임대사례와 비교하여 대상물건의 현황에 맞게 사정보정, 시점수정, 가치형성요인 비교 등의 과정을 거쳐 대상물건의 임대료를 산정하는 감정평가방법을 말한다.

⑤ 수익분석법이란 대상물건이 장래 산출할 것으로 기대되는 순수익이나 미래의 현금흐름을 환원하거나 할인하여 대상물건의 가액을 산정하는 감정평가방법을 말한다.

35. 감정평가에서 지역분석과 개별분석에 관한 설명으로 틀린 것은?

① 지역분석에서는 인근지역뿐만 아니라 유사지역까지 분석함으로써, 대상부동산의 구체적인 가격을 산정한다.
② 일반적으로 지역분석이 개별분석보다 선행한다.
③ 인근지역과 동일수급권 내 유사지역은 지리적으로 인접할 필요는 없으나, 그 지역 내 부동산 상호간에 대체·경쟁관계가 성립하여 가격형성에 영향을 미치는 지역이다.
④ 인근지역이란 대상부동산이 속해 있는 지역이다.
⑤ 동일수급권은 인근지역을 포함하고, 인근지역과 상호관계에 있는 유사지역이 존재하는 공간적 범위이다.

36. 부동산평가활동에서 부동산가격의 원칙에 관한 설명으로 틀린 것을 모두 고른 것은?

ㄱ. 예측의 원칙이란 평가활동에서 가치형성요인의 변동추이 또는 동향을 주시해야 한다는 것을 말한다.
ㄴ. 대체의 원칙이란 부동산의 가격이 대체관계의 유사 부동산으로부터 영향을 받는다는 것을 말한다.
ㄷ. 균형의 원칙이란 부동산의 유용성이 최고도로 발휘되기 위해서는 부동산이 외부환경과 균형을 이루어야 한다는 것을 말한다.
ㄹ. 변동의 원칙이란 가치형성요인이 시간의 흐름에 따라 지속적으로 변화함으로써 부동산가격도 변화한다는 것을 말한다.
ㅁ. 기여의 원칙이란 부동산의 가격이 대상부동산의 각 구성요소가 기여하는 정도의 합으로 결정된다는 것을 말한다.

① ㄴ
② ㄷ
③ ㄱ, ㄷ
④ ㄷ, ㄹ
⑤ ㄹ, ㅁ

37. 원가법에 의한 대상물건의 적산가액은? (단, 주어진 조건에 한함)

○ 신축에 의한 사용승인시점: 2023.8.1.
○ 기준시점: 2025.8.1.
○ 사용승인시점의 신축공사비: 4억원
  (신축공사비는 적정함)
○ 공사비 상승률: 매년 전년 대비 5%씩 상승
○ 경제적 잔존 내용연수: 48년
○ 감가수정방법: 정액법
○ 내용연수 만료 시 잔존가치는 10%임

① 378,200,000원
② 392,400,000원
③ 425,124,000원
④ 457,520,000원
⑤ 480,750,000원

38. 다음의 자료를 활용하여 산정한 대상부동산의 수익가액은? (단, 연간 기준이며, 주어진 조건에 한함)

○ 가능총소득: 연 20,000,000원
○ 공실 및 대손충당금: 가능총소득의 10%
○ 영업경비: 유효총수익의 30%
○ 대상부동산의 가치구성비율: 토지, 건물 각각 50%
○ 토지환원율: 연 5%, 건물환원율: 연 7%
○ 환원방법: 직접환원법
○ 환원율 산정방법: 물리적 투자결합법

① 190,000,000원
② 200,000,000원
③ 210,000,000원
④ 220,000,000원
⑤ 230,000,000원

39. 수익환원법에서 자본환원율의 결정방법에 관한 설명으로 틀린 것은?

① 조성법은 대상부동산에 관한 위험을 여러 가지 구성요소로 분해하고, 개별적인 위험에 따라 위험할증률을 더해 감으로써 자본환원율을 구하는 방법이다.

② 시장추출법은 대상부동산과 유사한 최근의 거래사례로부터 자본환원율을 찾아낸다.

③ 부채감당법은 매 기간 동안의 현금흐름, 기간 말 부동산의 가치 상승 또는 하락분, 보유기간 동안의 지분형성분의 세 요소가 자본환원율에 미치는 영향으로 구성되어 있다.

④ 물리적 투자결합법은 소득을 창출하는 부동산의 능력이 토지와 건물이 서로 다르며, 분리될 수 있다는 가정에 근거한다.

⑤ 금융적 투자결합법은 지분환원율과 저당환원율을 가중평균하여 자본환원율을 구하는 방법이다.

40. 부동산 가격공시에 관한 법률에 규정된 내용으로 틀린 것은?

① 표준주택을 선정할 때에는 일반적으로 유사하다고 인정되는 일단의 단독주택 및 공동주택에서 해당 일단의 주택을 대표할 수 있는 주택을 선정하여야 한다.

② 국토교통부장관은 표준주택가격을 조사·산정하고자 할 때에는 한국부동산원에 의뢰한다.

③ 시장·군수 또는 구청장은 공시기준일 이후에 분할·합병이나 건축물의 신축 등이 발생한 경우에는 대통령령으로 정하는 날을 기준으로 하여 개별주택가격을 결정·공시하여야 한다.

④ 표준지공시지가에 이의가 있는 자는 그 공시일부터 30일 이내에 서면(전자문서 포함)으로 국토교통부장관에게 이의를 신청할 수 있다.

⑤ 표준지로 선정된 토지, 조세 또는 부담금 등의 부과 대상이 아닌 토지, 그 밖에 대통령령으로 정하는 토지에 대하여는 개별공시지가를 결정·공시하지 아니할 수 있다.

41. 권리변동에 관한 설명으로 틀린 것은?

① 매매계약에 의해 소유권이전등기청구권을 취득하는 것은 원시취득에 해당한다.

② 甲이 소유하는 가옥을 乙에게 매각하여 그 소유권을 상실한 것은 상대적 소멸에 해당한다.

③ 甲이 乙 소유의 토지에 지상권을 설정받은 경우는 설정적 승계에 해당한다.

④ 선순위저당권이 변제 기타 사유로 소멸하여 후순위 저당권의 순위가 승진하는 것은 내용의 변경에 해당한다.

⑤ 임차권이 등기되어 새로운 소유자에게 임차권을 주장할 수 있게 되는 것은 작용의 변경에 해당한다.

42. 법률행위에 관한 설명으로 틀린 것은? (다툼이 있으면 판례에 따름)

① 형사사건에 관하여 체결된 성공보수약정은 선량한 풍속 기타 사회질서에 위배되는 것으로 평가할 수 있다.

② 원시적 불능을 목적으로 하는 법률행위는 무효이나, 계약체결상의 과실책임이 문제될 수 있다.

③ 강박에 의한 의사표시라고 하려면 상대방이 불법으로 어떤 해악을 고지함으로 말미암아 공포를 느끼고 의사표시를 한 것이어야 한다.

④ 농지에 관한 소유권이전등기청구소송에서 농지취득자격증명이 없다는 이유로 그 청구를 거부할 수 없다.

⑤ 공인중개사 자격이 없는 자가 우연한 기회에 단 1회 타인 간의 거래행위를 중개하고 중개보수를 지급받은 행위는 강행법규에 위배되어 무효이다.

43. 대리에 관한 설명으로 틀린 것은? (다툼이 있으면 판례에 따름)

① 상대방 없는 단독행위의 무권대리는 본인의 추인 여부와 관계없이 확정적으로 무효이다.

② 본인의 허락이 있거나 부득이한 사유가 있는 경우에는 자기계약과 쌍방대리가 허용될 수 있다.

③ 의사표시의 효력이 의사의 흠결, 사기, 강박 또는 어느 사정을 알았거나 과실로 알지 못한 것으로 인하여 영향을 받을 경우에 그 사실의 유무는 대리인을 표준하여 결정한다.

④ 대리인이 사망하거나 성년후견재판을 받거나 파산선고를 받은 경우에는 대리권은 소멸한다.

⑤ 권한을 정하지 아니한 임의대리인은 본인의 미등기 부동산에 관한 보존등기를 할 수 있다.

44. 甲은 자신의 X부동산의 매매계약체결에 관한 대리권을 乙에게 수여하였고, 乙은 甲을 대리하여 丙과 매매계약을 체결하였다. 이에 관한 설명으로 틀린 것은? (다툼이 있으면 판례에 따름)

① 乙이 성년후견개시의 심판을 받으면 乙의 대리권은 소멸한다.

② 乙은 甲의 승낙이나 부득이한 사유가 있어야 복대리인을 선임할 수 있다.

③ 乙은 丙으로부터 대금을 수령할 권한을 가진다.

④ 乙의 대리권은 특별한 사정이 없는 한 丙과의 계약을 해제할 권한을 포함한다.

⑤ 乙이 미성년자인 경우, 甲은 乙이 제한능력자임을 이유로 계약을 취소할 수 없다.

45. 다음 중 무효가 아닌 것은? (다툼이 있으면 판례에 따름)

① 귀속재산이 아닌데도 공무원이 귀속재산이라고 하여 토지를 국가에 증여한 경우

② 매매계약을 체결하기 이전에 건물이 전부 화재로 소실한 경우

③ 甲이 乙에게 '해가 서쪽에서 뜨면' 자신의 건물을 증여하겠다고 약속한 경우

④ 도박채무를 변제하기 위하여 채권자에게 토지를 양도하기로 한 경우

⑤ 공무원의 직무에 관하여 청탁하고 그 대가로 돈을 지급할 것을 약정한 경우

46. 법률행위의 조건과 기한에 관한 설명으로 틀린 것은? (다툼이 있으면 판례에 따름)

ㄱ. 조건부 법률행위에서 불능조건이 정지조건이면 그 법률행위는 무효이다.
ㄴ. 조건부 법률행위에서 기성조건이 해제조건이면 그 법률행위는 무효이다.
ㄷ. 기한이익 상실특약은 특별한 사정이 없으면 정지조건부 기한이익 상실특약으로 추정된다.

① ㄱ   ② ㄷ
③ ㄱ, ㄴ   ④ ㄴ, ㄷ
⑤ ㄱ, ㄴ, ㄷ

47. 불공정한 법률행위(제104조)에 관한 설명으로 틀린 것은? (다툼이 있으면 판례에 따름)

① 어떠한 법률행위가 불공정한 법률행위에 해당하는 지는 법률행위 성립 당시를 기준으로 판단하여야 한다.

② 불공정한 법률행위로서 무효인 경우에는 추인에 의하여 무효인 법률행위가 유효로 될 수 없다.

③ 불공정한 법률행위에 무효행위 전환의 법리가 적용될 수 있다.

④ 증여계약과 같이 아무런 대가관계 없이 당사자 일방이 상대방에게 일방적인 급부를 하는 법률행위는 불공정한 법률행위에 해당될 수 없다.

⑤ 법률행위가 대리인에 의하여 행해진 경우 궁박과 경솔은 본인을 기준으로, 무경험은 대리인을 기준으로 판단하여야 한다.

48. 甲은 자신의 X부동산을 乙에게 매도하고 계약금과 중도금을 지급받았다. 그 후 이 사실을 알고 있는 丙은 甲과 X부동산에 대한 매매계약을 체결하고 자신의 명의로 소유권이전등기를 마쳤다. 이에 관한 설명으로 틀린 것은? (다툼이 있으면 판례에 따름)

① 丙은 X부동산의 소유권을 취득한다.

② 乙은 최고 없이 甲과 체결한 X부동산에 대한 매매계약을 해제할 수 있다.

③ 甲의 배임행위에 丙이 적극가담한 경우에는 乙은 甲을 대위하여 丙에게 소유권이전등기의 말소를 청구할 수 있다.

④ 甲의 배임행위에 丙이 적극가담하고 선의의 丁이 X부동산을 丙으로부터 매수하여 이전등기를 받은 경우에는, 丁은 甲과 丙의 매매계약의 유효를 주장할 수 있다.

⑤ 甲은 계약금의 배액을 상환하고 X부동산에 대한 매매계약을 해제할 수 없다.

49. 착오에 관한 설명으로 옳은 것을 모두 고른 것은? (다툼이 있으면 판례에 따름)

> ㄱ. 상대방이 표의자의 착오를 알고 이용한 경우, 표의자는 착오가 중대한 과실로 인한 것이더라도 의사표시를 취소할 수 있다.
> ㄴ. 경과실로 인해 착오에 빠진 표의자가 착오를 이유로 의사표시를 취소한 경우, 상대방에 대하여 불법행위로 인한 손해배상책임을 진다.
> ㄷ. 매도인의 하자담보책임이 성립하더라도 착오를 이유로 한 매수인의 취소권은 배제되지 않는다.

① ㄱ   ② ㄴ

③ ㄱ, ㄴ   ④ ㄱ, ㄷ

⑤ ㄴ, ㄷ

50. 무효와 취소에 관한 설명으로 틀린 것은? (다툼이 있으면 판례에 따름)

① 무효인 가등기를 유효한 등기로 전용하기로 한 약정은 그때부터 유효하고, 이로써 위 가등기가 소급하여 유효한 등기로 전환될 수 없다.

② 매도인이 매매계약을 적법하게 해제한 후라도 매수인은 착오를 이유로 매매계약을 취소할 수 있다.

③ 무효인 법률행위를 사후에 적법하게 추인한 때에는 다른 정함이 없으면 새로운 법률행위를 한 것으로 보아야 한다.

④ 乙이 甲의 권리를 자기의 이름으로 처분한 경우, 甲이 이에 대해 추인을 하면 乙의 행위는 甲의 추인이 있은 때로부터 유효한 행위로 된다.

⑤ 반사회적 법률행위와 불공정한 법률행위는 무효행위의 추인이 인정되지 않는다.

51. 등기가 있어야 물권이 변동되는 경우는? (다툼이 있으면 판례에 따름)

① 공유물분할청구소송에서 현물분할의 협의가 성립하여 조정이 된 때 공유자들의 소유권 취득
② 건물소유자의 법정지상권 취득
③ 분묘기지권의 시효취득
④ 저당권 실행에 의한 경매에서의 소유권 취득
⑤ 공용징수로 인한 소유권의 취득

52. 점유자와 회복자의 관계 등에 관한 설명으로 틀린 것은?

① 과실취득권이 인정되는 선의의 점유자란 과실취득권이 있는 본권을 오신한 점유자를 말한다.
② 위 ①의 경우 오신할 만한 정당한 근거는 불문한다.
③ 회복자가 소유권이전등기의 말소만을 구하는 경우 점유자는 비용상환청구권으로 유치권 항변을 할 수 없다.
④ 선의점유자가 과실을 취득할 수 있는 범위에서 부당이득은 성립하지 않는다.
⑤ 점유물이 점유자의 책임 있는 사유로 멸실된 경우, 소유의 의사가 없는 점유자는 선의인 경우에도 손해의 전부를 배상해야 한다.

53. 점유권에 관한 설명으로 틀린 것은?

① 점유권에 기인한 소는 본권에 관한 이유로 재판하지 못한다.
② 점유자는 소유의 의사로 선의, 평온 및 공연하게 점유한 것으로 추정한다.
③ 점유계속 추정은 동일인이 전후 양 시점에 점유한 것이 증명된 때에만 적용되므로 전후 양 시점의 점유자가 다른 경우에는 적용되지 않는다.
④ 선의의 점유자라도 본권에 관한 소에 패소한 때에는 그 소가 제기된 때로부터 악의의 점유자로 본다.
⑤ 점유자가 점유물에 대하여 행사하는 권리는 적법하게 보유한 것으로 추정한다.

54. 전세권에 관한 설명으로 틀린 것은? (다툼이 있으면 판례에 따름)

① 타인의 토지에 있는 건물에 전세권을 설정한 경우에는 전세권의 효력은 그 건물의 소유를 목적으로 한 지상권이나 임차권에 미친다.
② 건물전세권이 법정갱신이 된 경우 전세권의 존속기간은 정하지 않은 것으로 본다.
③ 전세권의 존속기간을 약정하지 않은 경우에는 각 당사자는 언제든지 상대방에게 전세권의 소멸을 통고할 수 있고, 상대방이 통고를 받은 날부터 6개월이 지나면 전세권은 소멸된다.
④ 전세권을 전세금반환청구권과 분리하여 양도하는 것은 허용되지 않는다.
⑤ 전세권이 존속기간의 만료로 소멸한 경우 전세권자는 전세권설정자에게 목적물에 부속시킨 물건의 매수를 청구할 수 있으며, 매수청구의 대상에는 제한이 없다.

55. 지역권에 관한 설명으로 틀린 것은? (다툼이 있으면 판례에 따름)

① 1필 토지의 일부를 위한 지역권은 설정할 수 없다.
② 지역권은 요역지소유권에 부종하여 이전하지만, 당사자는 이와 다르게 특약을 맺을 수 있다.
③ 토지의 분할이나 토지의 일부양도의 경우에는 지역권은 요역지의 각 부분을 위하여 또는 그 승역지의 각 부분에 존속한다.
④ 요역지가 수인의 공유인 경우에 그 1인에 의한 지역권 소멸시효의 정지는 다른 공유자를 위하여 효력이 없다.
⑤ 공유자의 1인이 지역권을 취득한 때에는 다른 공유자도 이를 취득한다.

56. 다음 중 지상권자가 가지는 권리가 아닌 것은?

① 유익비상환청구권
② 지상권소멸청구권
③ 점유권
④ 지상물매수청구권
⑤ 물권적 청구권

57. 공유에 관한 설명으로 <u>틀린</u> 것을 모두 고른 것은? (다툼이 있으면 판례에 따름)

> ㄱ. 부동산 공유자의 공유지분 포기는 등기를 하여야 공유지분 포기에 따른 물권변동의 효력이 발생한다.
> ㄴ. 과반수지분권자는 공유물의 특정부분을 배타적으로 사용·수익할 것을 정할 수 있다.
> ㄷ. 과반수공유자라도 단독으로 공유물에 대한 임대차계약을 해지할 수는 없다.
> ㄹ. 과반수지분권자가 단독으로 공유토지를 임대한 경우, 소수지분권자는 과반수지분권자에게 부당이득반환을 청구할 수 없다.

① ㄱ, ㄴ   ② ㄱ, ㄷ
③ ㄴ, ㄷ   ④ ㄴ, ㄹ
⑤ ㄷ, ㄹ

58. 저당권에 관한 설명으로 <u>틀린</u> 것은?

① 지상권과 등기된 임차권은 저당권의 객체가 될 수 있다.
② 저당부동산에 대하여 소유권, 지상권 또는 전세권을 취득한 제3자는 저당권자에게 그 부동산으로 담보된 채권을 변제하고 저당권의 소멸을 청구할 수 있다.
③ 저당권으로 담보한 채권이 시효 완성으로 소멸하면 저당권도 소멸한다.
④ 저당권설정자의 책임 있는 사유로 인하여 저당물의 가액이 현저히 감소된 때에는 저당권자는 저당권설정자에 대하여 그 원상회복 또는 상당한 담보제공을 청구할 수 있다.
⑤ 저당물의 제3취득자가 그 부동산에 유익비를 지출한 경우, 저당물의 경매대가에서 우선상환을 받을 수 있다.

59. 甲은 자신의 토지와 그 지상건물 중 건물만을 乙에게 매도하고 건물철거 등의 약정 없이 건물의 소유권이전등기를 해 주었다. 乙은 이 건물을 다시 丙에게 매도하고 소유권이전등기를 마쳐주었다. 이에 관한 설명으로 옳은 것은? (다툼이 있으면 판례에 따름)

① 乙은 등기하여야 관습법상의 법정지상권을 취득한다.
② 甲은 丙에게 토지의 사용에 대한 부당이득반환청구를 할 수 있다.
③ 甲이 丁에게 토지를 양도한 경우, 乙은 丁에게는 관습법상의 법정지상권을 주장할 수 없다.
④ 甲은 丙에게 건물의 철거 및 토지의 인도를 청구할 수 있다.
⑤ 만약 丙이 경매에 의하여 건물의 소유권을 취득하였더라도 丙은 등기하여야 관습법상의 법정지상권을 취득한다.

60. 민법상의 첨부제도에 관한 설명으로 <u>틀린</u> 것은? (다툼이 있으면 판례에 따름)

① 동산과 동산이 부합하여 훼손하지 아니하면 분리할 수 없거나 그 분리에 과다한 비용을 요할 경우에는 그 합성물의 소유권은 주된 동산의 소유자에게 속한다.
② 부합한 동산의 주종을 구별할 수 없는 때에는 동산의 소유자는 부합 당시의 가액의 비율로 합성물을 공유한다.
③ 임차인이 임차한 건물에 그 권원에 의하여 증축한 부분이 구조상·이용상으로 기존건물과 구분되는 독립성이 있는 경우 그 증축부분은 독립한 소유권의 객체가 될 수 있다.
④ 타인의 동산에 가공한 경우 가공으로 인한 가액의 증가가 원재료의 가액보다 다액인 때에는 가공자의 소유로 한다.
⑤ 토지소유자와 사용대차계약을 맺은 사용차주가 자신 소유의 수목을 그 토지에 식재한 경우, 그 수목의 소유권자는 여전히 사용차주이다.

61. 상린관계에 관한 설명으로 틀린 것은?

① 경계선 부근의 건축 시 경계로부터 반미터 이상의 거리를 두어야 하는데 이를 위반한 경우, 건물이 완성된 후에도 건물의 철거를 청구할 수 있다.

② 경계로부터 2미터 이내의 거리에서 이웃 주택의 내부를 관망할 수 있는 창이나 마루를 설치하는 경우에는 적당한 차면시설을 하여야 한다.

③ 우물을 팔 때에는 경계로부터 2미터 이상의 거리를 두어야 한다.

④ 경계표와 담의 설치비용은 쌍방이 절반하여 부담하나, 측량비용은 토지의 면적에 비례하여 부담한다.

⑤ 인접지의 수목뿌리가 경계를 넘은 때에는 임의로 제거할 수 있다.

62. 유치권자의 권리가 아닌 것은?

① 경매권   ② 과실수취권

③ 비용상환청구권   ④ 간이변제충당권

⑤ 우선변제권

63. 유치권에 관한 설명으로 옳은 것은? (다툼이 있으면 판례에 따름)

① 채권자가 유치권을 행사하는 경우 피담보채권의 소멸시효는 중단된다.

② 다른 담보제공을 원인으로 한 유치권소멸청구권은 청구권에 해당한다.

③ 유치권자가 유치물을 점유하기 전에 채권이 발생한 경우에는 그 후에 물건의 점유를 취득하더라도 유치권은 성립하지 않는다.

④ 채권자가 채무자를 직접점유자로 하여 간접점유하는 경우에도 유치권이 성립할 수 있다.

⑤ 건축자재를 매도한 자는 자신의 대금채권을 확보하기 위하여 그 자재로 건축된 건물에 대해 유치권을 행사할 수 있다.

64. 후순위근저당권자의 신청으로 담보권 실행을 위한 경매가 이루어진 경우, 확정되지 않은 선순위근저당권의 피담보채권이 확정되는 시기는? (다툼이 있으면 판례에 따름)

① 경매개시결정이 있는 때

② 경매법원의 매각허가결정이 있는 때

③ 매수인이 매각대금을 완납한 때

④ 후순위근저당권자가 경매를 신청한 때

⑤ 선순위근저당권자가 경매개시된 사실을 알게 된 때

65. 계약의 성립에 관한 설명으로 옳은 것은? (다툼이 있으면 판례에 따름)

① 계약이 성립하기 위해서는 계약의 내용을 이루는 모든 사항에 관하여 당사자 사이에 합의가 있어야 한다.

② 예금자가 입금을 하고 금융기관도 이를 받아 확인을 하였으나 금융기관의 직원이 이를 입금하지 않고 횡령하였다면 예금계약은 성립하지 않은 것으로 보아야 한다.

③ 당사자 간에 동일한 내용의 청약이 상호 교차된 경우, 양 청약이 상대방에게 발송한 때에 계약이 성립한다.

④ 격지자 간에 청약은 도달주의에 의한다.

⑤ 청약자가 미리 정한 기간 내에 이의를 하지 아니하면 승낙한 것으로 본다는 뜻을 청약 시에 표시하였다면 이는 특별한 사정이 없는 한 상대방을 구속하는 것으로 보아야 한다.

66. 계약의 유형에 관한 설명으로 틀린 것은?

① 쌍무계약은 모두 유상계약이다.

② 중개계약은 민법상의 전형계약이 아니다.

③ 부동산교환계약은 유상, 일시적 계약이다.

④ 증여계약은 편무, 무상계약이다.

⑤ 계약금계약과 현상광고계약은 낙성계약이다.

67. 부동산매매계약이 수량지정매매인데, 그 부동산의 실제면적이 계약면적에 미치지 못한 경우에 관한 설명으로 틀린 것을 모두 고른 것은? (다툼이 있으면 판례에 따름)

> ㄱ. 악의의 매수인은 손해배상을 청구할 수 없다.
> ㄴ. 담보책임에 대한 권리행사기간은 매수인이 그 사실을 안 날로부터 6개월 이내이다.
> ㄷ. 미달부분의 원시적 불능을 이유로 계약체결상의 과실책임에 따른 책임의 이행을 구할 수 없다.
> ㄹ. 잔존한 부분만이면 매수인이 이를 매수하지 않았을 경우, 매수인은 선의·악의를 불문하고 계약 전부를 해제할 수 있다.

① ㄱ, ㄷ   ② ㄱ, ㄹ
③ ㄴ, ㄷ   ④ ㄴ, ㄹ
⑤ ㄷ, ㄹ

68. 민법상의 임대차의 효력에 관한 설명으로 옳은 것은? (다툼이 있으면 판례에 따름)

① 임대인은 임차인의 특별한 용도를 위한 사용·수익에 적합한 상태를 유지하게 할 의무를 부담한다.
② 건물임차인이 그 사용의 편익을 위해 임대인으로부터 부속물을 매수한 경우, 임대차종료 전에도 임대인에게 그 매수를 청구할 수 있다.
③ 삼계탕집을 경영하기 위하여 지급한 비용과 간이음식점을 경영하기 위하여 지출한 간판설치비는 유익비에 해당한다.
④ 임차인은 임대차가 종료할 때까지 선량한 관리자의 주의로 목적물을 보관하여야 한다.
⑤ 임대차가 묵시적으로 갱신된 경우, 임대인과 임차인 모두 언제든지 해지통고할 수 있다.

69. 제3자를 위한 계약에 관한 설명으로 틀린 것은? (다툼이 있으면 판례에 따름)

① 대가관계의 흠결이나 하자는 제3자를 위한 계약에 영향을 미치지 않는다.
② 낙약자의 행위 자체가 불법행위가 되는 경우에는 제3자는 특별한 사정이 없는 한 손해배상을 청구할 수 없다.
③ 낙약자가 상당한 기간을 정하여 계약의 이익의 향수 여부의 확답을 제3자에게 최고한 경우 제3자가 그 기간 내에 확답을 발하지 아니한 때에는 제3자가 수익을 거절한 것으로 본다.
④ 낙약자는 요약자와 제3자 사이의 법률관계에 기한 항변으로 제3자에게 대항하지 못한다.
⑤ 수익의 의사표시를 하여 제3자의 권리가 생긴 후에는 당사자는 원칙적으로 이를 변경 또는 소멸시키지 못한다.

70. 매매와 환매에 관한 설명으로 틀린 것은? (다툼이 있으면 판례에 따름)

① 매매의 목적물을 인도함과 동시에 대금을 지급할 경우에는 그 인도장소에서 지급하여야 한다.
② 매매계약에 관한 비용은 당사자 사이에 다른 특약이 있더라도 당사자 쌍방이 균분하여 부담한다.
③ 법원은 매도인의 담보책임을 정함에 있어 하자 발생 및 그 확대에 가공한 매수인의 잘못을 참작할 수 있다.
④ 환매기간을 정한 때에는 다시 이를 연장하지 못한다.
⑤ 매매의 목적물이 부동산인 경우에 매매등기와 동시에 환매권의 보류를 등기한 때에는 제3자에 대하여 그 효력이 있다.

71. 교환계약에 관한 설명으로 틀린 것은? (다툼이 있으면 판례에 따름)

① 교환계약에도 위험부담의 법리가 적용된다.

② 보충금에 관하여는 매매대금에 관한 규정이 준용된다.

③ 교환계약에 목적물에 하자가 있는 경우 담보책임 문제가 발생한다.

④ 교환계약의 각 당사자는 동시이행의 항변권을 행사할 수 있다.

⑤ 교환계약의 목적물의 시가를 조금 높게 고지해서 상대방이 보충금을 지급하게 되었다면, 불법행위에 기한 손해배상청구가 가능하다.

72. 해약금에 의한 계약해제(제565조)에 관한 설명으로 틀린 것은? (다툼이 있으면 판례에 따름)

① 계약금계약은 요물계약이다.

② 매도인이 매수인에게 매매계약의 이행을 최고하고 매매잔대금의 지급을 구하는 소송을 제기한 것만으로 이행에 착수하였다고 볼 수 없다.

③ 토지거래허가구역 내 토지에 관하여 매매계약을 체결하고 계약금이 수수(授受)된 후, 토지거래허가를 받은 경우에는 매도인은 계약금의 배액을 상환하고 계약을 해제할 수 없다.

④ 계약금을 위약금으로 하는 당사자의 특약이 있으면 계약금은 위약금의 성질이 있다.

⑤ 계약금의 일부만이 지급된 경우 수령자는 '약정 계약금'의 배액을 상환하여야 계약을 해제할 수 있다.

73. 계약의 해제에 관한 설명으로 틀린 것은? (다툼이 있으면 판례에 따름)

① 약정해제권을 유보하였더라도 채무불이행을 이유로 계약을 해제할 수 있다.

② 계약해제 전 그 계약상의 채권을 양수하고 이를 피보전권리로 하여 처분금지가처분결정을 받은 채권자는 제548조 제1항 단서의 제3자에 해당한다.

③ 매수인의 귀책사유에 의하여 매도인의 매매목적물에 관한 소유권이전의무가 이행불능이 된 경우 매수인은 그 이행불능을 이유로 계약을 해제할 수 없다.

④ 이행거절의 의사표시가 적법하게 철회된 경우 상대방으로서는 상당한 기간을 정하여 이행을 최고한 후가 아니면 채무불이행을 이유로 계약을 해제할 수 없다.

⑤ 쌍무계약에서 당사자의 일방이 이행을 제공하더라도 상대방이 채무를 이행할 수 없음이 명백한지의 여부는 계약해제 시를 기준으로 판단하여야 한다.

74. 매매의 일방예약에 관한 설명으로 틀린 것은? (다툼이 있으면 판례에 따름)

① 예약완결권을 행사기간 내에 행사하였는지에 관해 당사자의 주장이 없다면 법원은 이를 고려할 수 없다.

② 매매의 예약은 특약 또는 관습이 없는 한 일방예약으로 추정한다.

③ 매매예약이 성립한 이후 상대방의 매매예약 완결의 의사표시 전에 목적물이 멸실 기타의 사유로 이전할 수 없게 되어 예약완결권의 행사가 이행불능이 된 경우에는 예약완결권을 행사할 수 없다.

④ 예약자는 상당한 기간을 정하여 매매완결 여부의 확답을 상대방에게 최고할 수 있고, 상당한 기간 내에 확답을 받지 못한 경우에는 그 예약은 효력을 상실한다.

⑤ 예약은 언제나 채권계약이다.

75. 甲은 乙의 저당권이 설정되어 있는 丙 소유의 X주택을 丙으로부터 보증금 2억원에 임차하여 즉시 대항요건을 갖추고 확정일자를 받아 거주하고 있다. 그 후 丁이 X주택에 저당권을 취득한 다음 저당권 실행을 위한 경매에서 戊가 X주택의 소유권을 취득하였다. 이에 관한 설명으로 옳은 것을 모두 고른 것은? (다툼이 있으면 판례에 따름)

> ㄱ. 甲은 戊로부터 보증금을 전부 받을 때까지 임대차관계의 존속을 주장할 수 있다.
> ㄴ. 丁이 甲보다 매각대금으로부터 우선변제를 받을 수 없다.
> ㄷ. 戊는 임대인 丙의 지위를 승계하지 않는다.
> ㄹ. 丁보다 선순위인 乙의 저당권은 소멸하지 않는다.

① ㄱ, ㄷ
② ㄱ, ㄹ
③ ㄴ, ㄷ
④ ㄴ, ㄹ
⑤ ㄷ, ㄹ

76. 주택임대차보호법에 관한 설명으로 옳은 것은?

① 임차권등기명령의 집행에 따른 임차권등기가 끝난 주택을 그 이후에 임차한 임차인은 우선변제권이 인정되지 않는다.
② 서울의 경우 보증금이 9억원을 초과하더라도 임차인은 임대인에 대하여 2회에 한하여 임대차계약의 갱신을 요구할 수 있다.
③ 임대차가 법정갱신(묵시의 갱신)된 경우 존속기간은 1년으로 본다.
④ 임차인이 보증금 중 일정액을 다른 담보물권자보다 우선변제받기 위해서는 경매신청 전까지 대항요건을 갖추어야 한다.
⑤ 임차인은 임차주택을 양수인에게 인도하지 아니하면 보증금을 우선변제받을 수 없다.

77. 甲이 2025.2.10. 乙 소유의 X상가건물을 乙로부터 보증금 10억원에 임차하여 상가건물 임대차보호법상의 대항요건과 확정일자를 갖추고 영업하고 있다. 이에 관한 설명으로 틀린 것은?

① 甲의 계약갱신요구권은 최초의 임대차기간을 포함한 전체 임대차기간이 10년을 초과하지 아니하는 범위에서만 행사할 수 있다.
② 甲과 乙 사이에 임대차기간을 6개월로 정한 경우, 乙은 그 기간이 유효함을 주장할 수 있다.
③ 甲의 계약갱신요구권에 따라 갱신되는 임대차는 전 임대차와 동일한 조건으로 다시 계약된 것으로 본다.
④ X건물이 경매로 매각된 경우, 甲은 특별한 사정이 없는 한 보증금에 대해 일반채권자보다 우선하여 변제받을 수 있다.
⑤ 임대차종료 후 보증금이 반환되지 않은 경우, 甲은 X건물의 소재지 관할법원에 임차권등기명령을 신청할 수 없다.

78. 집합건물의 소유 및 관리에 관한 법률상 구분소유자의 4분의 3 이상 및 의결권의 4분의 3 이상의 결의를 요하는 경우를 모두 고른 것은?

> ㄱ. 규약의 설정·변경 및 폐지
> ㄴ. 재건축 결의
> ㄷ. 공용부분의 관리
> ㄹ. 공동의 이익에 어긋나는 행위를 한 자에 대한 구분소유자의 전유부분 사용금지청구

① ㄱ, ㄷ
② ㄱ, ㄹ
③ ㄴ, ㄷ
④ ㄴ, ㄹ
⑤ ㄷ, ㄹ

79. 가등기담보에 관한 설명으로 틀린 것은? (다툼이 있으면 판례에 따름)

① 「가등기담보 등에 관한 법률」은 목적물의 예약 당시 가액이 차용액과 이에 붙인 이자를 합산한 액수를 초과하는 경우에 적용된다.

② 매매대금채권과 공사대금채권을 담보하기 위하여 가등기한 경우에는 「가등기담보 등에 관한 법률」이 적용되지 않는다.

③ 청산금의 평가액이 채권액에 미달하여 청산금이 없다고 인정되는 경우에는 그 뜻을 통지해야 한다.

④ 채무자가 청산기간이 지나기 전에 한 청산금에 관한 권리의 양도나 그 밖의 처분은 이로써 후순위권리자에게 대항할 수 없다.

⑤ 재산권이전의 예약 당시 선순위저당권이 존재하는 경우에도 피담보채무를 공제하지 않은 원래의 재산의 가액이 차용액과 이에 붙인 이자를 합한 액수를 초과하면 동법이 적용된다.

80. 甲은 조세포탈·강제집행의 면탈 또는 법령상 제한의 회피를 목적으로 하지 않고, 배우자 乙과의 명의신탁약정에 따라 자신의 X토지를 乙 명의로 소유권이전등기를 마쳐주었다. 이에 관한 설명으로 틀린 것을 모두 고른 것은? (다툼이 있으면 판례에 따름)

┌─────────────────────────────────────┐
│ ㄱ. 甲과 乙 사이에는 甲이 X토지에 대한 소유 │
│   권을 보유한다. │
│ ㄴ. 丁이 X토지를 불법점유하는 경우, 甲은 직 │
│   접 丁에 대해 소유물반환청구권을 행사할 수 │
│   있다. │
│ ㄷ. 丙이 乙과의 매매계약에 따라 X토지에 대한 │
│   소유권이전등기를 마친 경우, 특별한 사정이 │
│   없는 한 丙은 X토지의 소유권을 취득한다. │
│ ㄹ. 甲이 X토지를 丙에게 매도한 경우, 이는 타 │
│   인 권리의 매매에 해당한다. │
└─────────────────────────────────────┘

① ㄱ, ㄷ   ② ㄱ, ㄹ
③ ㄴ, ㄷ   ④ ㄴ, ㄹ
⑤ ㄷ, ㄹ

2025년도 제36회 공인중개사 1차 국가자격시험
실전모의고사 제4회

교 시	문제형별	시험시간	시험과목
1교시	A	100분	❶ 부동산학개론 ❷ 민법 및 민사특별법 중 부동산 중개에 관련되는 규정

수험번호		성 명	

[수험자 유의사항]

1. 시험문제지는 **단일 형별(A형)**이며, 답안카드 형별 기재란에 표시된 형별(A형)을 확인하시기 바랍니다. 시험문제지의 **총면수, 문제번호 일련순서, 인쇄상태** 등을 확인하시고, 문제지 표지에 수험번호와 성명을 기재하시기 바랍니다.

2. 답은 각 문제마다 요구하는 **가장 적합하거나 가까운 답 1개**만 선택하고, 답안카드 작성 시 시험문제지 **마킹착오**로 인한 불이익은 전적으로 **수험자에게 책임**이 있음을 알려드립니다.

3. 답안카드는 국가전문자격 공통 표준형으로 문제번호가 1번부터 125번까지 인쇄되어 있습니다. 답안 마킹 시에는 반드시 **시험문제지의 문제번호와 동일한 번호**에 마킹하여야 합니다. (1차 1교시 : 1번~80번)

4. **감독위원의 지시에 불응하거나 시험시간 종료 후 답안카드를 제출하지 않을 경우** 불이익이 발생할 수 있음을 알려 드립니다.

5. 시험문제지는 시험 종료 후 가져가시기 바랍니다.

6. 답안작성은 **시험 시행일(2025.10.25.) 현재 시행되는 법령** 등을 적용하시기 바랍니다.

7. 가답안 의견제시에 대한 개별회신 및 공고는 하지 않으며, **최종 정답 발표로 갈음**합니다.

8. 시험 중 **중간 퇴실은 불가**합니다. 단, 부득이하게 퇴실할 경우 **시험포기각서 제출 후 퇴실은 가능**하나 **재입실이 불가**하며, **해당시험은 무효처리됩니다.**

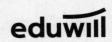

제1과목: 부동산학개론

1. 부동산의 개념에 관한 내용으로 <u>틀린</u> 것은 모두 몇 개인가?

> ㄱ. 토지에 정착되어 있으나 매년 경작노력을 요하지 않는 수목은 부동산의 정착물로 간주되지 않는다.
> ㄴ. 준부동산은 등기·등록의 공시방법을 갖춤으로써 부동산에 준하여 취급되는 특정의 동산 등을 말한다.
> ㄷ. 부동산의 물리적 개념은 부동산활동의 대상인 유형(有形)적 측면의 부동산을 이해하는데 도움이 된다.
> ㄹ. 총톤수 20톤 이상인 기선(機船)은 등기의 방법으로 공시할 수 있다.
> ㅁ. 구거, 담장, 교량 등은 토지와 서로 다른 부동산으로 간주되는 정착물이다.

① 1개
② 2개
③ 3개
④ 4개
⑤ 5개

2. 다음 중 용어의 설명으로 옳은 것은?

① 필지란 주거지·상업지·공업지의 건물부지로 이용되고 있거나 이용될 것이 사회적·행정적으로 합리적이라고 인정되는 토지를 말한다.
② 택지경계와 인접한 경사된 토지로 사실상 사용이 불가능한 토지는 빈지이다.
③ 주거지역, 상업지역, 공업지역 상호간에 전환되고 있는 지역의 토지는 이행지이다.
④ 획지는 하나의 지번을 가진 토지로서 등기의 한 단위를 의미한다.
⑤ 자루형 토지는 도로와 접하고 있지 않는 구획 내부의 토지를 의미한다.

3. 부동산의 특성에 관한 설명으로 <u>틀린</u> 것은?

① 부증성은 최유효이용을 강조하는 근거가 되며 토지의 집약적 이용을 곤란하게 한다.
② 부증성으로 인해 토지의 물리적 공급은 불가능하나 용도의 다양성으로 인해 토지의 경제적 공급은 가능하다.
③ 영속성으로 인해 소모를 전제로 하는 재생산이론과 토지의 감가상각 이론을 적용하기 곤란하다.
④ 토지의 부동성과 인접성은 경제적 감가 발생의 원인이 된다.
⑤ 부동성으로 인해 부동산 임장활동과 감정평가 시 지역분석을 필요하게 한다.

4. 주택분류에 관한 설명으로 옳은 것은?

① 연립주택은 주택으로 쓰는 1개 동의 바닥면적 합계가 $660m^2$ 초과이고, 층수가 4개 층 이하인 주택이다.
② 다세대주택은 주택으로 쓰는 1개 동의 바닥면적 합계가 $660m^2$ 이하이고, 층수가 4층 이하인 주택(2개 이상의 동을 지하주차장으로 연결하는 경우에는 각각의 동으로 본다)이다.
③ 세대구분형 공동주택은 주택 내부 공간의 일부를 세대별로 구분하여 생활이 가능한 구조이어야 하며, 그 구분된 공간의 일부를 구분소유할 수 있다.
④ 주택법령상 도시형 생활주택은 주택 외의 건축물과 그 부속토지로서 주거시설로 이용가능한 시설 등을 말한다.
⑤ 다가구주택은 주택으로 쓰는 층수(지하층은 제외)가 3개 층 이하이며, 1개 동의 바닥면적(부설주차장 면적 제외)이 $660m^2$ 이하인 공동주택이다.

5. 아파트시장에 관한 설명으로 옳은 것은?

① 아파트시장의 수요변화는 해당 재화 가격 변화에 따라 수요곡선상의 점의 이동으로 표시된다.

② 아파트의 건축에 대한 용적률 및 건폐율의 감소는 공급 증가요인이다.

③ 아파트에 대한 가격 상승의 예상은 기존 아파트 보유자들이 아파트의 공급을 증가시키는 요인이다.

④ 대체주택의 가격 상승은 아파트에 대한 수요의 증가요인에 해당된다.

⑤ 대부비율(LTV)이나 총부채상환비율(DTI)이 하락하면 아파트의 수요는 증가한다.

6. 어떤 지역에서 토지의 시장 공급량(Q_S)은 300이다. 토지의 시장 수요함수가 $Q_{D1} = 1,500 - 2P$에서 $Q_{D2} = 1,300 - 2P$로 변화하면 시장의 균형량은 얼마나 변하는가? (단, P는 가격, Q_S는 공급량이고 Q_D는 수요량이며, 다른 조건은 일정하다고 가정함)

① 100 하락   ② 200 하락

③ 300 상승   ④ 400 상승

⑤ 변화 없음

7. 아파트에 대한 수요의 가격탄력성은 0.5이고, 아파트 수요에 대한 오피스텔 가격의 교차탄력성은 0.4이다. 아파트 가격과 오피스텔 가격이 각각 10% 상승하면 수요량 전체 변화율은? (단, 아파트 가격과 오피스텔 가격 이외에는 다른 변화가 없다고 가정함)

① 1% 감소   ② 1% 증가

③ 2% 감소   ④ 2% 증가

⑤ 변화 없음

8. 수요·공급의 탄력성에 관한 설명으로 틀린 것은?

① 부동산 수요가 증가하면, 부동산공급곡선이 비탄력적일수록 시장균형가격이 더 크게 상승한다.

② 부동산 공급이 완전비탄력적인 경우 부동산 수요가 증가하면 균형량의 변화 없이 균형가격만 상승한다.

③ 부동산 수요가 탄력적인 경우 부동산 가격이 하락하면 부동산 공급자의 총수입은 증가한다.

④ 부동산 수요가 완전탄력적인 경우 부동산 공급이 증가하면 균형가격의 변화 없이 균형량만 증가한다.

⑤ 부동산 공급이 증가하면, 부동산수요곡선이 탄력적일수록 균형량이 더 적게 증가한다.

9. 다음과 같이 주어진 조건하에서 개발정보의 현재가치는 얼마인가? (단, 제시된 가격은 개발정보의 실현 여부에 의해 발생하는 가격차이만을 반영하였음)

> ○ 기업도시로 개발될 가능성이 있는 지역의 인근에 일단의 토지가 있다.
>
> ○ 2년 후 토지가격은 기업도시로 개발될 경우 758,430,000원, 기업도시로 개발되지 않을 경우에는 252,810,000원이 될 것으로 예상된다.
>
> ○ 투자자의 요구수익률은 6%이고, 기업도시로의 개발 가능성은 40%이다.

① 2억 2,620만원   ② 2억 4,000만원

③ 2억 5,620만원   ④ 2억 7,000만원

⑤ 2억 8,620만원

10. 지대이론에 관한 설명으로 옳은 것은?

① 준지대는 토지가 아닌 기계, 기구 등에 귀속되는 소득으로서 영구히 고정되어 있는 생산요소에 귀속되는 소득이다.

② 고전학파 지대론에 따르면, 지대는 잉여이다.

③ 차액지대론에 따르면, 지대는 토지의 위치 차이에 따라 달라진다.

④ 경제지대는 어떤 생산요소가 전용되지 않도록 지불하여야 하는 최소한의 대가를 말한다.

⑤ 입찰지대는 토지이용자가 지불하고자 하는 최소한의 지불용의액을 말한다.

11. 도시공간구조이론에 관한 설명으로 틀린 것은?

① 호이트(H. Hoyt)의 선형이론에 따르면, 도시공간구조의 성장과 분화는 점이지대를 향해 직선으로 확대되면서 나타난다.

② 호이트(H. Hoyt)의 선형이론은 단핵의 중심지를 가진 동심원 도시구조를 기본으로 하고 있다는 점에서 동심원이론을 발전시킨 것이라 할 수 있다.

③ 다핵심이론에서 서로 다른 도시활동 중에서는 집적불이익이 발생하는 경우가 있는데, 이러한 활동은 상호 분리되는 경향이 있다.

④ 동심원이론에 의하면 점이지대는 저급주택지구보다 도심으로부터 근거리에 위치한다.

⑤ 버제스(Burgess)의 동심원이론은 튀넨(J.H.von Thünen)의 고립국 이론을 도시구조이론에 응용한 것이다.

12. 허프(D. Huff)모형을 활용하여 X지역 A할인점의 월 추정매출액을 바르게 계산한 것은? (단, 주어진 조건에 한함)

> ○ X지역의 현재 주민: 6,000명
> ○ 1인당 월 할인점 소비액: 25만원
> ○ 공간마찰계수: 3
> ○ X지역의 주민은 모두 구매자이고, A, B할인점에서만 구매한다고 가정함

구분	A할인점	B할인점
면적	400m²	1,600m²
거리	1km	2km

① 7억 5,000만원   ② 8억원

③ 10억원   ④ 10억 5,000만원

⑤ 12억원

13. 외부효과에 관한 설명으로 틀린 것은?

① 지역지구제는 부(-)의 외부효과를 제거하는 기법의 하나로 사용된다.

② 외부효과는 생산과정에서 발생하는 경우도 있고 소비과정에서 발생하는 경우도 있다.

③ 부(-)의 외부효과를 발생시키는 시멘트공장에 대한 규제는 시멘트 공급곡선을 하향으로 이동시킨다.

④ 외부효과는 어떤 경제주체의 경제활동의 의도하지 않은 결과가 시장을 통하지 않고 다른 경제주체의 후생에 영향을 주는 것을 말한다.

⑤ 외부경제가 나타나는 경우 최적생산량보다 적게 생산되는 비효율이 발생하므로 정부의 개입이 필요하다.

14. 정부의 직접적 시장개입방식으로만 나열된 것은?

① 공공임대주택 공급, 개발부담금

② 토지은행(토지비축)제도, 선매

③ 공용 수용, 부동산조세

④ 공공택지 분양, 임대료 보조

⑤ 공공임대주택 공급, 담보대출 규제

15. 현재 우리나라에서 시행되고 있는 주택정책수단으로 짝지은 것은?

> ㄱ. 종합토지세
> ㄴ. 분양가상한제
> ㄷ. 개발이익환수제
> ㄹ. 개발권양도제

① ㄱ, ㄴ
② ㄴ, ㄷ
③ ㄱ, ㄴ, ㄷ
④ ㄴ, ㄷ, ㄹ
⑤ ㄱ, ㄴ, ㄷ, ㄹ

16. 다음 설명 중 옳은 것은 모두 몇 개인가?

> ㄱ. 부(−)의 지렛대효과가 나타나는 경우 부채비율이 감소하면 지분수익률이 증가한다.
> ㄴ. 정(+)의 지렛대효과가 나타나는 경우 부채비율이 감소하면 총자본수익률이 감소한다.
> ㄷ. 이자율의 변화는 정(+)의 지렛대효과를 부(−)의 지렛대효과로 변화시킬 수 있다.
> ㄹ. 부채비율의 변화는 정(+)의 지렛대효과를 부(−)의 지렛대효과로 변화시킬 수 있다.
> ㅁ. 부채비율의 증가는 투자자의 금융적 위험을 증가시킨다.

① 0개
② 1개
③ 2개
④ 3개
⑤ 4개

17. 우리나라 부동산 관련 조세에 관한 설명으로 옳은 것을 모두 고른 것은?

> ㄱ. 취득세와 재산세는 지방세이다.
> ㄴ. 종합부동산세와 양도소득세는 국세이다.
> ㄷ. 재산세와 종합부동산세는 보유단계에 과세하는 조세이다.
> ㄹ. 취득세와 양도소득세는 신고납부하며 재산세는 보통징수의 방법으로 징수한다.

① ㄱ, ㄴ
② ㄴ, ㄷ
③ ㄱ, ㄴ, ㄷ
④ ㄴ, ㄷ, ㄹ
⑤ ㄱ, ㄴ, ㄷ, ㄹ

18. 부동산투자의 수익률과 위험에 관한 설명으로 옳은 것은? (단, 위험회피형 투자자를 가정함)

① 체계적 위험은 지역별 또는 용도별로 다양하게 포트폴리오를 구성하면 피할 수 있다.
② 어떤 부동산에 대한 투자자의 요구수익률이 기대수익률보다 큰 경우 대상부동산에 대한 기대수익률도 점차 하락하게 된다.
③ 기대수익률은 투자에 대한 위험이 주어졌을 때, 투자자가 투자부동산에 대하여 자금을 투자하기 위해 충족되어야 할 최소한의 수익률을 말한다.
④ 동일한 위험증가에 대해 위험회피형 투자자는 위험추구형 투자자보다 더 높은 수익률을 요구하게 된다.
⑤ 무위험률의 하락은 투자자의 요구수익률을 상승시키는 요인이다.

19. 자산비중 및 경제상황별 예상수익률이 다음과 같을 때, 전체 구성자산의 기대수익률은? (단, 확률은 호황 40%, 불황 60%임)

구분	자산비중	경제상황별 예상수익률	
		호황	불황
상가	30%	20%	10%
오피스텔	50%	25%	10%
아파트	20%	10%	8%

① 11.56%
② 12.28%
③ 12.56%
④ 13.28%
⑤ 13.96%

20. 화폐의 시간가치 계수에 관한 설명으로 틀린 것은?

① 매기 말 일정액을 불입하는 경우 기간 말의 원리금 합계액을 산정하는 경우 연금의 내가계수가 필요하다.

② 일시불의 내가계수는 일시불의 현가계수의 역수이다.

③ 일정 기간 후 일정액을 모으기 위해 매년 말 불입하는 금액을 계산하는 경우 저당상수를 사용한다.

④ 매년 말 일정액을 지불받는 금액을 일시불로 환원한 현재가치를 계산하는 경우 연금의 현가계수를 사용한다.

⑤ 10년 후 받을 1억원을 매년 말 동일한 금액으로 나누어 지불받는 금액을 산정하는 경우 감채기금계수를 사용한다.

21. 다음 임대주택사업의 세후현금수지는 얼마인가? (단, 다른 조건은 고려하지 않음)

○ 순운영소득	120,000,000원
○ 재산세	2,000,000원
○ 연간융자월부금	60,000,000원
○ 융자이자	50,000,000원
○ 감가상각	20,000,000원
○ 소득세율	30%

① 43,000,000원   ② 43,500,000원

③ 44,000,000원   ④ 44,500,000원

⑤ 45,000,000원

22. 부동산투자의 할인현금흐름기법(DCF)과 관련된 설명으로 틀린 것은?

① 할인현금흐름기법은 현금흐름의 추계에서 부동산 운영으로 인한 영업소득뿐만 아니라 처분 시의 지분복귀액도 포함된다.

② 복수의 투자안을 비교할 때 투자금액의 차이가 큰 경우, 순현재가치법과 내부수익률법은 분석결과가 서로 다를 수 있다.

③ 내부수익률(IRR)이 요구수익률보다 크면 투자타당성이 있다고 할 수 있다.

④ 내부수익률법에서는 현금흐름의 재투자율로 투자자의 요구수익률을 가정한다.

⑤ 수익성지수(PI)는 투자로 인해 발생하는 현금유입의 현가를 현금유출의 현가로 나눈 비율이다.

23. 어림셈법에 관한 설명으로 틀린 것을 모두 고른 것은?

ㄱ. 지분배당률이란 지분투자액에 대한 세전현금흐름의 비율을 말한다.

ㄴ. 총소득승수를 자본회수기간이라고도 한다.

ㄷ. 종합환원율은 순영업소득에 대한 총투자액의 비율이다.

ㄹ. 일반적으로 세전현금흐름승수가 세후현금흐름승수보다 크다.

ㅁ. 세후수익률은 세후현금흐름을 지분투자액으로 나누어 산정한다.

① ㄱ, ㄴ   ② ㄱ, ㅁ

③ ㄴ, ㅁ   ④ ㄱ, ㄴ, ㄷ

⑤ ㄴ, ㄷ, ㄹ

24. 다음의 조건을 가진 A부동산의 대부비율(LTV)은? (단, 주어진 조건에 한하고, 원리금균등상환을 가정함)

> ○ 매매가격: 10억원
> ○ 순영업소득: 6,000만원
> ○ 부채감당률: 1.5
> ○ 연 저당상수: 0.08

① 10%   ② 20%

③ 30%   ④ 40%

⑤ 50%

25. 부동산금융에 관한 설명으로 <u>틀린</u> 것은?

① 차입 및 사채발행은 지분금융을 조달하는 방법이다.

② 채무불이행위험이나 조기상환위험은 대출자가 대출 이후 부담하는 위험이다.

③ 지분금융은 자기자본을 조달하기 위한 금융이고, 자기자본은 청산 시 청산자산에 대한 우선권을 갖지 못한다.

④ ABS, MBS, 프로젝트 파이낸싱 등은 부채금융방식에 속한다.

⑤ 부채금융은 타인자본을 조달하기 위한 금융이고 소구금융이 원칙이다.

26. A씨는 주택을 구입하기 위해 은행으로부터 4억원을 대출받았다. 은행의 대출조건이 다음과 같을 때, 5회차에 상환할 원리금상환액과 9회차에 납부하는 이자납부액을 순서대로 나열한 것은?

> ○ 대출금리: 고정금리, 연 5%
> ○ 대출기간: 20년
> ○ 원리금상환조건: 원금균등상환이고, 연단위 매 기말 상환

① 3,600만원, 1,200만원

② 3,600만원, 1,300만원

③ 4,000만원, 1,200만원

④ 4,000만원, 1,300만원

⑤ 4,400만원, 1,200만원

27. 자금조달방법에 관한 설명으로 <u>틀린</u> 것은?

① 부동산투자회사는 소액투자자로부터 자금을 조달하여 부동산을 개발하거나 부동산에 투자하여 발생하는 수익을 투자자에게 배당하는 방식으로서 지분금융의 일종이다.

② 프로젝트 파이낸싱은 자금조달의 기초를 물적 담보 또는 신용에 두지 않고 사업의 수익성을 담보로 자금을 조달하는 방식이다.

③ 부동산투자회사는 부동산 간접투자방식이며 부동산에서의 뮤추얼펀드라 할 수 있다.

④ 프로젝트 파이낸싱은 프로젝트가 도산하더라도 사업주에게 요구할 수 없는 비소구금융 또는 제한적 소구금융이다.

⑤ 부동산투자회사에 투자하는 투자자는 배당수익을 얻을 수는 있지만 시세차익을 얻을 수는 없다.

28. 부동산투자회사법에 관한 설명으로 <u>틀린</u> 것은?

① 부동산투자회사는 그 상호에 부동산투자회사라는 명칭을 사용하여야 한다.

② 자기관리 부동산투자회사는 자산운용 전문인력 5인 이상을 포함한 상근 임직원을 고용할 수 있으며 지점을 설치할 수 있다.

③ 부동산투자회사는 현물출자에 의하여 설립할 수 있다.

④ 국민연금공단 등 대통령령으로 정하는 주주가 단독 또는 공동으로 영업인가를 받은 날부터 2년 이내에 발행되는 주식 총수의 50% 이상을 인수하는 경우에는 주식을 일반의 청약에 제공하지 않아도 된다.

⑤ 부동산투자회사는 취득한 부동산을 5년의 범위 내에서 대통령령으로 정하는 기간 동안 처분할 수 없다.

29. 채권형증권(MBB; mortgage backed bond)에 관한 설명으로 틀린 것은?

① 모저당을 담보로 하여 발행기관의 새로운 부채로 채권을 발행하는 유동화방법을 말한다.
② MBB 발행자의 재무상태표에서는 MBS 발행액만큼 저당(채권)이 감소하며, 이에 대응하는 현금이 증가하는 자산의 변화가 일어나게 된다.
③ MBB 발행자가 조기상환위험과 채무불이행위험을 부담하므로 MBB 투자자는 다른 MBS에 비해 낮은 위험을 갖게 되어 상대적으로 적은 이자만 지급된다.
④ MBB 발행기관은 저당차입자의 부채서비스액과 관련 없이 약정된 원리금을 MBB 소유자에게 지급해야 한다.
⑤ MBB는 그 투자자에게 콜방어가 인정되므로 MPTS의 수명보다 긴 것이 일반적이다.

30. 민간에 의한 부동산개발방식에 관한 설명으로 옳은 것을 모두 고른 것은?

ㄱ. 자기자금과 관리능력이 충분하고 사업성이 양호하다면 사업위탁방식이 적합하다.
ㄴ. 등가교환방식은 토지소유자가 소유한 토지 위에 개발업자가 자금을 부담하여 건축한 건물의 건축면적을 토지소유자와 개발업자가 전체 투입자금 비율로 나누는 공동사업 유형이다.
ㄷ. 대규모 개발사업에서는 법인 간에 컨소시엄을 구성하여 사업을 수행하는 것이 적합하다.
ㄹ. 신차지방식은 개발업자가 토지를 임차하여 개발하는 방식으로서, 계약기간 중에는 소유자에게 지대가 지급되며 계약기간 종료시점에서 건물이 유상으로 양도된다.
ㅁ. 개발신탁(또는 토지신탁)에서는 신탁회사에 소유권을 넘기고 토지소유자가 자금을 조달하여 사업을 시행한다.

① ㄱ, ㄴ, ㄷ
② ㄱ, ㄷ, ㅁ
③ ㄴ, ㄷ, ㄹ
④ ㄴ, ㄹ, ㅁ
⑤ ㄷ, ㄹ, ㅁ

31. 부동산개발에 관한 설명으로 틀린 것은?

① 부동산개발사업 진행시 행정의 변화에 따른 사업의 인·허가 지연위험은 사업시행자가 스스로 관리할 수 없는 위험이다.
② 흡수율분석은 공급된 부동산이 시장에서 얼마만큼 매매 또는 임대되었는지를 분석하는 것이다.
③ 환지개발방식은 사업 후 개발 토지 중 사업에 소요된 비용과 공공용지를 제외한 토지를 당초의 토지소유자에게 매각하는 것이다.
④ 개발사업에 대한 타당성분석 결과가 동일한 경우에도 분석된 사업안은 개발업자에 따라 채택될 수도 있고, 그렇지 않을 수도 있다.
⑤ 시장성분석 단계에서는 향후 개발될 부동산이 현재나 미래의 시장상황에서 매매되거나 임대될 수 있는지에 대한 경쟁력을 분석한다.

32. 부동산관리에 관한 설명으로 옳은 것은?

① 직접(자치)관리 방식은 관리업무의 타성(惰性)을 방지할 수 있고, 인건비의 절감효과가 있다.
② 부동산의 법률관리는 부동산자산의 포트폴리오 관점에서 자산-부채의 재무적 효율성을 최적화하는 것이다.
③ 대응적 유지활동은 시설 등이 본래의 기능을 발휘하는 데 장애가 없도록 유지계획에 따라 시설을 교환하고 수리하는 사전적 유지활동을 의미한다.
④ 혼합관리 방식은 관리업무에 대한 강력한 지도력을 확보할 수 있고, 위탁관리의 편의 또한 이용할 수 있다.
⑤ 건물과 부지의 부적응을 개선시키는 활동은 경제적 관리에 해당한다.

33. 부동산마케팅에 관한 설명으로 옳은 것은?

① 시장세분화(market segmentation)란 소비자를 인구경제학적 특성에 따라 여러 개의 다른 군집으로 나눈 후에 특정 군집을 표적시장으로 선정하는 것이다.

② 포지셔닝(positioning)은 목표시장에서 고객의 욕구를 파악하여 경쟁 제품의 차별성을 가지도록 제품 개념을 정하고 소비자의 지각 속에 적절히 위치시키는 것이다.

③ 마케팅전략 중 표적시장설정(targeting)이란 마케팅활동을 수행할 만한 가치가 있는 명확하고 유의미한 구매자 집단으로 시장을 분할하는 활동을 말한다.

④ 고객점유마케팅전략이란 공급자 중심의 마케팅전략으로 표적시장을 선정하거나 틈새시장을 점유하는 전략을 말한다.

⑤ 관계마케팅전략이란 소비자와의 심리적 접점을 마련하여 마케팅효과를 극대화하는 전략을 말한다.

34. 부동산가격과 가치에 관한 설명으로 틀린 것은?

① 가격이 구체적이라면 가치는 추상적이다.

② 가격은 가치의 장기적인 균형치라고 할 수 있다.

③ 가치가 화폐를 매개로 하여 표현된 것이 가격이다.

④ 가치와 가격은 일시적으로 괴리될 수 있으나 장기적으로 일치한다.

⑤ 가치가 장래 기대되는 편익의 현재값이라면, 가격은 실제 지불된 과거값이라 할 수 있다.

35. 감정평가에 관한 규칙상 대상물건별 주된 감정평가방법으로 틀린 것은? (단, 대상물건은 본래 용도의 효용가치가 있음을 전제함)

① 감정평가법인등은 선박을 감정평가할 때에 선체·기관·의장(艤裝)별로 구분하여 감정평가하되, 각각 원가법을 적용해야 한다.

② 건물의 주된 감정평가방법은 원가법이다.

③ 감정평가법인등은 광업재단을 감정평가할 때에 수익환원법을 적용해야 한다.

④ 임대료를 평가할 때는 수익분석법을 주된 평가방법으로 적용한다.

⑤ 저작권의 주된 감정평가방법은 수익환원법이다.

36. 감가수정에 관한 설명으로 틀린 것은?

① 감가수정은 물리적 감가, 기능적 감가, 경제적 감가 등을 고려하여 재조달원가를 적정화하는 작업을 말한다.

② 감가수정방법 중 정액법은 매년 감가액이 일정하다는 가정으로 감가하는 것을 말하며 실제 감가와 유사한 특징이 있으므로 건물의 감가에 주로 적용한다.

③ 감가수정방법 중 정률법은 매년 감가율이 일정하다는 가정으로 감가하는 것을 말하며 매년 감가액이 체감하는 특징이 있다.

④ 감가수정방법 중 상환기금법은 건물 등의 내용연수가 만료될 때 감가누계상당액과 그에 대한 복리계산의 이자상당액분을 포함하여 당해 내용연수로 상환하는 방법이다.

⑤ 기업회계의 감가상각은 취득원가를 기초로 하는데 반해 감정평가의 감가수정은 재조달원가를 기초로 한다.

37. 원가법으로 산정한 대상물건의 적산가액은? (단, 주어진 조건에 한함)

○ 사용승인일의 신축공사비: 1억 6천만원(신축공사비는 적정함)
○ 사용승인일: 2019.9.1.
○ 기준시점: 2025.9.1.
○ 건축비지수
  2019.9.1. = 100
  2025.9.1. = 120
○ 경제적 내용연수: 40년
○ 감가수정방법: 정액법
○ 내용연수 만료 시 잔가율: 10%

① 157,440,000원
② 161,760,000원
③ 166,080,000원
④ 170,400,000원
⑤ 174,720,000원

38. 제시된 자료를 활용해 감정평가에 관한 규칙에서 정한 공시지가기준법으로 평가한 토지 평가액(원/㎡)은? (단, 주어진 조건에 한함)

○ 기준시점: 2025.10.25.
○ 대상토지 소재지 등: A시 B구 C동 177, 제2종 일반주거지역, 주거용, 면적 200㎡
○ 비교표준지(A시 B구 C동, 2025.1.1.기준)

기호	소재지	용도지역	이용 상황	공시지가 (원/㎡)
1	C동 110	제2종 일반주거지역	상업용	3,000,000
2	C동 120	제2종 일반주거지역	주거용	2,000,000

○ 지가변동률(2025.1.1.~2025.10.25.): A시 B구 주거지역 5% 상승
○ 지역요인: 대상토지가 비교표준지의 인근지역에 위치하여 동일
○ 개별요인: 대상토지가 비교표준지에 비해 가로조건은 5% 열세, 접근조건은 10% 우세, 환경조건은 5% 우세하고 다른 조건은 동일(상승식으로 계산할 것)
○ 그 밖의 요인으로 보정할 사항 없음

① 2,194,500원/㎡
② 2,304,225원/㎡
③ 2,420,500원/㎡
④ 3,291,750원/㎡
⑤ 3,456,335원/㎡

39. 감정평가에 관한 규칙의 내용으로 틀린 것은?

① 감정평가법인등은 자신의 능력으로 업무수행이 불가능하거나 매우 곤란한 경우에는 감정평가를 해서는 안 된다.

② 일체로 이용되고 있는 대상물건의 일부분에 대하여 감정평가하여야 할 특수한 목적이나 합리적인 이유가 있는 경우에는 그 부분에 대하여 감정평가할 수 있다.

③ 감정평가는 대상물건마다 개별로 하여야 하되, 가치를 달리하는 부분은 이를 구분하여 감정평가할 수 있다.

④ 감정평가법인등은 법령에 다른 규정이 있는 경우 감정평가조건을 붙여 감정평가할 수 있으며 이때 감정평가조건의 합리성, 적법성 및 실현가능성을 검토할 필요는 없다.

⑤ 감정평가법인등은 적정한 실거래가를 기준으로 토지를 감정평가할 때에는 거래사례비교법을 적용해야 한다.

40. 부동산가격공시제도에 관한 설명으로 틀린 것은?

① 표준주택은 단독주택과 공동주택 중에서 각각 대표성 있는 주택을 선정한다.

② 표준지공시지가에 대하여 이의가 있는 자는 표준지공시지가의 공시일부터 30일 이내에 서면으로 국토교통부장관에게 이의를 신청할 수 있다.

③ 부동산가격공시제도는 토지, 주택 등 부동산의 적정가격(適正價格)을 공시하여 부동산가격을 평가하고 산정(算定)하는 데 기준이 되게 하는 제도이다.

④ 개별주택의 가격은 국가·지방자치단체 등의 기관이 과세 등의 업무와 관련하여 주택의 가격을 산정하는 경우에 그 기준으로 활용될 수 있다.

⑤ 표준지공시지가는 토지시장의 지가정보를 제공하고 일반적인 토지거래의 지표가 된다.

제2과목: 민법 및 민사특별법 중 부동산 중개에 관련되는 규정

41. 다음 중 성질상 상대방 있는 단독행위인 것을 모두 고른 것은?

> ㄱ. 공유지분의 포기
> ㄴ. 합의해제
> ㄷ. 유언
> ㄹ. 법률행위의 취소

① ㄱ, ㄴ   ② ㄱ, ㄷ

③ ㄱ, ㄹ   ④ ㄴ, ㄷ

⑤ ㄴ, ㄹ

42. 반사회적 법률행위에 관한 설명으로 틀린 것은? (다툼이 있으면 판례에 따름)

① 법률행위의 성립 과정에 강박이라는 불법적인 방법이 사용되었다면 사회질서에 반하는 무효의 법률행위가 된다.

② 다수의 보험 계약을 통하여 보험금을 부정 취득할 목적으로 체결한 생명보험 계약은 반사회적 법률행위에 해당한다.

③ 도박채무자가 도박채무 변제를 위하여 도박채권자에게 부동산 처분에 관한 대리권을 수여하는 행위는 반사회적 법률행위에 해당하지 않는다.

④ 비자금을 소극적으로 은닉하기 위하여 한 임치행위는 반사회적 법률행위에 해당하지 않는다.

⑤ 반사회적 법률행위의 무효는 당사자가 이를 추인하여도 효력이 발생되지 않는다.

43. 불공정한 법률행위에 관한 설명으로 틀린 것을 모두 고른 것은? (다툼이 있으면 판례에 따름)

> ㄱ. 매매계약이 불공정한 법률행위에 해당하여 무효인 경우에는 무효행위 전환의 법리가 적용될 수 없다.
> ㄴ. 계약체결 이후에 외부적 환경의 급격한 변화로 인하여 현저히 공정을 잃은 결과가 발생하더라도 불공정한 법률행위라고 단정할 수 없다.
> ㄷ. 증여와 같은 무상행위에도 불공정한 법률행위에 관한 규정이 적용될 수 있다.
> ㄹ. 불공정한 법률행위의 무효를 주장하는 자는 그 무효요건을 모두 입증하여야 한다.

① ㄱ, ㄴ　　　　② ㄱ, ㄷ
③ ㄴ, ㄹ　　　　④ ㄷ, ㄹ
⑤ ㄱ, ㄴ, ㄷ

44. 甲 소유의 X토지를 매수한 乙은 매수 과정에서 甲의 대리인 A에게서 기망을 당하여 매수를 결정하였다. 이에 관한 설명으로 틀린 것은? (다툼이 있으면 판례에 따름)

① 甲이 A의 기망을 과실 없이 알지 못한 경우, 乙은 매매계약을 취소할 수 없다.
② 乙은 매매계약을 취소하지 않아도 A에게 손해배상을 청구할 수 있다.
③ 乙이 사기당한 사실을 알면서도 X토지를 제3자에게 양도하였다면 이를 법정추인으로 볼 수 있다.
④ 乙의 취소권은 취소 원인이 소멸하여 추인할 수 있게 된 날로부터 3년이 경과하면 소멸한다.
⑤ 乙이 적법하게 취소권을 행사한 후에도 다시 이를 무효행위 추인의 요건과 효과로 추인할 수 있다.

45. 대리에 관한 설명으로 옳은 것은? (다툼이 있으면 판례에 따름)

① 대리인이 수인인 경우, 공동대리를 원칙으로 한다.
② 매매계약 체결에 관한 대리권을 가진 대리인은 특별한 사정이 없는 한 매매대금을 수령할 권한도 있다.
③ 자기계약이나 쌍방대리는 본인이 이를 허락한 경우에도 허용되지 않는다.
④ 유권대리에 관한 주장에는 표현대리에 관한 주장이 포함된다.
⑤ 일상가사대리권은 권한을 넘은 표현대리권의 기본대리권이 될 수 없다.

46. 甲이 乙의 임의대리인이고 甲은 乙의 승낙을 받아 丙을 복대리인으로 선임하였다. 이에 관한 설명으로 틀린 것은? (다툼이 있으면 판례에 따름)

① 丙이 대리행위를 하면서 본인을 위한 것임을 표시하지 않았다면 그 계약은 원칙적으로 丙을 위한 것으로 본다.
② 丙의 대리행위에 하자가 있는지 여부는 丙을 기준으로 판단하여야 한다.
③ 丙의 행위를 기초로 하여 표현대리가 성립될 수 있다.
④ 甲은 丙의 대리행위로 인한 乙의 손해에 대하여 선임·감독상의 책임을 부담한다.
⑤ 乙이 파산선고를 받으면 丙의 대리권이 소멸한다.

47. 착오에 관한 설명으로 틀린 것은? (다툼이 있으면 판례에 따름)

① 표의자가 착오로 인하여 경제적 불이익을 입은 것이 아니라면 중요부분 착오라고 할 수 없다.

② 착오 취소에서 표의자의 중과실에 대한 입증책임은 법률행위의 효력을 부인하려는 자에게 있다.

③ 의사표시의 착오가 표의자의 중대한 과실로 인한 경우에는 원칙적으로 취소권이 인정되지 않는다.

④ 표의자의 취소로 인하여 상대방에게 손해가 발생한 경우, 취소한 표의자는 손해배상책임을 부담하지 않는다.

⑤ 공인중개사의 말을 믿고 매매 목적물을 확인하지 않은 매수인의 과실은 중대한 과실이라고 할 수 없다.

48. 대리권이 없는 乙이 丙에게 甲 소유의 토지를 매도하는 대리행위를 하였다. 이에 관한 설명으로 옳은 것은? (다툼이 있으면 판례에 따름)

① 甲이 乙의 무권대리행위를 추인하면 대리행위 당시에 소급하여 유효한 대리행위가 된다.

② 丙이 철회권을 행사하려면 스스로 자신의 선의를 입증하여야 한다.

③ 乙이 甲을 단독으로 상속하였다면 乙은 甲의 지위에서 무권대리행위의 이행을 거절할 수 있다.

④ 丙이 乙의 대리권 없음을 알고 있었다면 丙이 한 최고는 효력이 발생될 수 없다.

⑤ 甲이 추인을 하지 않는 경우에 乙이 丙에게 부담하는 무권대리인으로서의 책임은 乙에게 고의나 과실이 있는 경우에만 인정된다.

49. 법률행위의 무효와 취소에 관한 설명으로 틀린 것은? (다툼이 있으면 판례에 따름)

① 불공정한 법률행위에 해당하여 무효인 법률행위는 추인에 의하여 유효로 될 수 없다.

② 통정허위표시를 당사자가 무효임을 알고 추인한 경우에는 처음부터 유효인 법률행위로 된다.

③ 토지거래허가구역 내에서 허가를 받지 않고 매매계약이 체결된 경우, 매수인은 매도인에게 허가신청협력의무의 이행을 소구할 수 있다.

④ 매도인의 제한능력을 이유로 매도인의 법정대리인이 매매계약을 취소한 경우, 제한능력자인 매도인은 현존이익만을 반환하면 된다.

⑤ 취소권자의 법정대리인은 취소의 원인이 소멸하기 전에도 취소할 수 있는 법률행위를 추인할 수 있다.

50. 조건과 기한에 관한 설명으로 틀린 것을 모두 고른 것은? (다툼이 있으면 판례에 따름)

> ㄱ. 정지조건이 법률행위 당시에 이미 성취할 수 없는 사실을 내용으로 하고 있는 경우 그 법률행위는 무효가 된다.
>
> ㄴ. 정지조건의 성취로 불이익을 받을 당사자가 조건의 성취를 방해하였으나, 방해의 고의나 과실이 없었다면 조건의 성취로 주장할 수 없다.
>
> ㄷ. 기한이익 상실 특약은 특별한 사정이 없는 한 형성권적 기한이익 상실특약으로 추정된다.

① ㄱ   ② ㄴ

③ ㄱ, ㄴ   ④ ㄴ, ㄷ

⑤ ㄱ, ㄴ, ㄷ

51. 甲 소유의 토지에 무단건축된 X건물이 乙과 丙의 공유물인 경우에 관한 설명으로 옳은 것을 모두 고른 것은? (다툼이 있으면 판례에 따름)

> ㄱ. 甲이 X건물의 철거를 하기 위하여서는 乙과 丙 모두를 상대로 철거판결을 받아야 한다.
> ㄴ. 甲을 乙 또는 丙을 상대로 X건물에서의 퇴거를 청구할 수 있다.
> ㄷ. X건물이 철거되지 않은 이상 甲은 乙 또는 丙에게 토지 사용에 대한 부당이득의 반환을 청구할 수 있다.

① ㄱ
② ㄴ
③ ㄱ, ㄷ
④ ㄴ, ㄷ
⑤ ㄱ, ㄴ, ㄷ

52. 甲으로부터 X토지를 매수한 乙이 이전등기를 경료받지 않은 채로 같은 토지를 丙에게 매도하고 丙에게 점유를 이전해 주었다. 이에 관한 설명으로 틀린 것은? (다툼이 있으면 판례에 따름)

① 현재 소유자인 甲은 X토지를 점유하고 있는 丙에게 소유물반환청구권을 행사할 수 없다.
② 乙의 甲에 대한 소유권이전등기청구권은 乙이 X토지를 丙에게 처분하여 점유를 승계하여 준 이후에는 소멸시효가 진행된다.
③ 乙이 甲에 대한 등기청구권을 丙에게 양도하기 위해서는 甲의 동의나 승낙이 있어야 한다.
④ 중간생략등기에 관한 전원의 합의가 있는 경우에도 甲은 乙의 매매대금 미지급을 이유로 丙에 대한 소유권이전등기의 이행을 거절할 수 있다.
⑤ 만일 X토지가 토지거래허가구역 내의 토지라면 甲과 丙을 당사자로 하여 허가를 받아 경료된 중간생략등기는 효력이 없다.

53. 부동산 물권변동에 관한 설명으로 틀린 것은? (다툼이 있으면 판례에 따름)

① 집합건물의 신축으로 인한 구분소유권의 성립을 위하여 등기를 필요로 하는 것은 아니다.
② 공유물의 현물 분할에 관한 판결이 확정된 경우, 그로 인한 물권변동의 효력은 등기를 필요로 하지 않는다.
③ 강제경매 절차의 경락인이 경락대금을 완납하였다면 경매 목적물의 소유권을 취득한다.
④ 전세권이 법정갱신된 경우, 이를 등기하지 않아도 제3자에게 갱신된 전세권을 주장할 수 있다.
⑤ 공유자 중 1인이 포기한 지분이 다른 공유자에게 귀속되기 위하여 등기를 필요로 하는 것은 아니다.

54. 점유권에 관한 설명으로 옳은 것은? (다툼이 있으면 판례에 따름)

① 점유자는 소유의 의사로 선의이며 과실 없이 점유한 것으로 추정된다.
② 선의의 점유자가 본권의 소에서 패소하더라도 판결 확정 이전에 발생한 과실은 취득할 수 있다.
③ 계약명의신탁의 신탁자가 목적물을 점유하는 경우, 신탁자의 점유는 자주점유에 해당한다.
④ 타주점유자를 상속한 자가 자신의 점유만을 분리하여 주장하는 경우에는 자주점유로 인정된다.
⑤ 매수인이 인접한 토지의 일부를 자신이 매수한 토지로 알고 점유를 개시하였다면 그 토지를 자주점유하는 것으로 인정될 수 있다.

55. 점유권에 관한 설명으로 <u>틀린</u> 것을 모두 고른 것은? (다툼이 있으면 판례에 따름)

> ㄱ. 선의 점유자가 점유물을 사용함으로써 이익을 얻은 경우, 그 사용이익을 회복자에게 반환하여야 한다.
> ㄴ. 점유자의 비용상환청구권은 점유자가 악의인 경우에는 인정되지 않는다.
> ㄷ. 점유자의 유익비상환청구권에 대하여 법원의 상환기간 허여가 있었다면 점유자는 유익비상환청구권을 피담보채권으로 유치권을 주장하지 못한다.

① ㄱ   ② ㄴ
③ ㄱ, ㄴ   ④ ㄴ, ㄷ
⑤ ㄱ, ㄴ, ㄷ

56. 甲 소유의 X토지에 대하여 乙이 점유취득시효를 완성하였으나 乙이 등기를 경료받지는 않았다. 이에 관한 설명으로 <u>틀린</u> 것은? (다툼이 있으면 판례에 따름)

① 甲은 乙에게 토지 사용에 따른 부당이득의 반환을 청구할 수 없다.
② 乙은 취득시효 완성 이후에 甲으로부터 X토지의 소유권을 이전받은 丙에게 취득시효 완성의 효과를 주장하지 못한다.
③ 위 ②의 경우 우연한 기회에 甲이 등기명의를 회복하더라도 乙은 甲에게 소유권이전등기를 청구할 수 없다.
④ 乙이 취득시효를 원인으로 甲에게 소유권이전등기를 청구하자 甲이 丙에게 X토지를 매도하고 등기를 이전해 주었다면 이는 乙에 대한 불법행위가 된다.
⑤ 乙이 취득시효 완성에 의한 소유권이전등기를 경료하면 점유를 개시한 때에 소급하여 소유권을 취득한다.

57. 甲(지분 1/2)과 乙(지분 1/2)이 공유하는 X토지에 관한 설명으로 <u>틀린</u> 것은? (다툼이 있으면 판례에 따름)

① 乙은 甲의 동의 없이 자신의 지분에 저당권을 설정할 수 있다.
② 甲은 乙의 동의 없이 X토지의 일부를 제3자에게 임대할 수 없다.
③ 甲은 X토지에 대하여 원인무효의 소유권이전등기를 경료한 제3자에게 그 등기 전부의 말소를 청구할 수 있다.
④ 乙이 甲의 동의 없이 공유물의 일부를 점유하는 경우, 甲은 乙에게 X토지의 인도를 청구할 수 있다.
⑤ 제3자의 불법행위에 의하여 X토지가 훼손된 경우, 甲은 그 제3자에게 손해의 1/2에 해당하는 금액의 배상을 청구할 수 있다.

58. 지상권에 관한 설명으로 <u>틀린</u> 것은? (다툼이 있으면 판례에 따름)

① 지상권자는 지상 건물과 분리하여 지상권만 제3자에게 양도할 수 있다.
② 견고한 건물의 소유를 목적으로 하는 지상권은 30년보다 짧은 기간으로 정할 수 없다.
③ 지상권의 지료에 관한 약정은 이를 등기하지 않으면 지상권을 양도받은 자에게 대항하지 못한다.
④ 구분지상권은 토지를 사용하는 제3자가 이미 존재하는 경우에는 추가로 설정할 수 없다.
⑤ 지상권자는 그 지상에 무단건축된 건물의 소유자에게 건물의 철거를 청구할 수 있다.

59. 지역권에 관한 설명으로 <u>틀린</u> 것은? (다툼이 있으면 판례에 따름)

① 1필 토지의 일부도 승역지가 될 수 있다.
② 요역지의 공유자 중 1인이 지역권을 취득하면 다른 공유자도 이를 취득한다.
③ 지역권은 계속되고 표현된 것에 한하여 시효취득이 허용된다.
④ 지역권은 요역지의 소유권과 분리하여 양도하지 못한다.
⑤ 요역지 공유자 1인에 대한 지역권 취득시효의 중단은 다른 공유자에게도 효력이 있다.

60. 전세권에 관한 설명으로 옳은 것을 모두 고른 것은? (다툼이 있으면 판례에 따름)

> ㄱ. 토지에 관한 전세권의 존속기간은 1년 미만으로 정할 수 없다.
> ㄴ. 전세권자에게는 필요비상환청구권이 인정되지 않는다.
> ㄷ. 전세권자는 전전세하지 않았으면 면할 수 있었던 불가항력에 의한 손해에 대하여서도 책임을 부담한다.

① ㄱ
② ㄴ
③ ㄱ, ㄴ
④ ㄴ, ㄷ
⑤ ㄱ, ㄴ, ㄷ

61. 법정지상권 또는 관습법상 법정지상권에 관한 설명으로 <u>틀린</u> 것을 모두 고른 것은? (다툼이 있으면 판례에 따름)

> ㄱ. 건물의 요건을 갖추지 못한 가설건축물의 소유를 위한 법정지상권도 인정될 수 있다.
> ㄴ. 관습법상 법정지상권을 취득한 자로부터 그 지상 건물을 경락받은 자는 지상권 취득의 등기 없이도 지상권을 취득할 수 있다.
> ㄷ. 법정지상권을 취득한 자로부터 지상 건물과 지상권을 함께 양도받아 사용하고 있는 자는 토지 사용에 따른 부당이득반환의무를 부담한다.

① ㄱ
② ㄴ
③ ㄱ, ㄴ
④ ㄱ, ㄷ
⑤ ㄱ, ㄴ, ㄷ

62. 甲 소유의 다세대주택 10세대에 대하여 보수공사를 완료한 乙이 다세대주택 중 한 세대를 점유하면서 유치권을 행사하는 경우에 관한 설명으로 <u>틀린</u> 것은? (다툼이 있으면 판례에 따름)

① 乙은 10세대 공사대금 전부를 변제받을 때까지 유치권을 행사할 수 있다.
② 乙이 유치권을 행사하는 동안에도 공사대금채권의 소멸시효는 진행될 수 있다.
③ 乙이 유치권의 목적물인 다세대주택에 거주하며 사용하는 것은 보존을 위한 사용에 해당하므로 乙은 甲에게 부당이득반환의무를 부담하지 않는다.
④ 乙이 유치권을 행사하는 동안에 유치물인 다세대주택이 경매된 경우, 乙은 경락인에게 목적물의 인도를 거절할 수 있다.
⑤ 만일 甲과 乙이 유치권을 포기하는 특약을 한 경우, 위 다세대주택의 경락인도 유치권 포기특약의 효력을 주장할 수 있다.

63. 저당권에 관한 설명으로 옳은 것은? (다툼이 있으면 판례에 따름)

① 저당권의 효력은 저당권이 설정된 이후에 저당부동산에서 발생한 차임채권에도 효력이 미친다.

② 토지저당권자는 그 지상에 저당권설정자가 축조하여 현재는 제3자가 소유하고 있는 건물을 토지와 함께 경매할 수 있다.

③ 저당권이 설정된 토지에 지상권을 취득한 자는 채무자가 반대하면 선순위저당권의 피담보채권을 대위변제할 수 없다.

④ 저당권이 설정된 건물에 전세권을 취득한 자가 배당요구를 하지 않더라도 전세권은 경매로 소멸한다.

⑤ 공동저당권의 목적인 채무자 소유 부동산과 물상보증인 소유의 부동산을 동시에 경매하여 배당하는 경우 각 부동산의 경매대가에 비례하여 공동저당권자에게 배당할 금액을 정한다.

64. 근저당권에 관한 설명으로 틀린 것은? (다툼이 있으면 판례에 따름)

> ㄱ. 근저당권자가 우선변제받을 수 있는 지연배상금은 이행기 후 1년분에 한하지 않는다.
> ㄴ. 확정된 채권액이 채권최고액을 초과하더라도 채무자는 채권최고액만을 변제하고 근저당권의 말소를 청구할 수 있다.
> ㄷ. 근저당권자가 경매를 신청하면 그 근저당권자의 피담보채권은 경매신청 시 확정된다.

① ㄱ
② ㄴ
③ ㄱ, ㄴ
④ ㄴ, ㄷ
⑤ ㄱ, ㄴ, ㄷ

65. 甲이 乙에게 X토지를 매도하겠다는 청약을 하여 10월 10일에 乙에게 도달하였고 승낙기간은 10월 30일로 정하였다. 이에 乙은 10월 12일에 승낙을 발송하였으나 우편사고로 인하여 11월 4일에 甲에게 승낙이 도달하였다. 甲이 지연의 통지나 승낙의 통지를 하지는 않았다면 다음 설명 중 계약이 성립된 시점은 언제인가?

① 10월 10일
② 10월 12일
③ 10월 30일
④ 11월 4일
⑤ 계약은 성립되지 않았다.

66. 甲이 乙에게 X건물을 매도하는 계약을 체결하고 이행기 전에 X건물이 멸실된 경우에 관한 설명으로 틀린 것은? (다툼이 있으면 판례에 따름)

① 제3자의 귀책사유로 인하여 X건물이 멸실된 경우, 乙은 매매대금 지급의무를 면하지 못한다.

② 甲의 귀책사유로 X건물이 멸실된 경우, 乙은 계약을 해제할 수 있다.

③ 乙의 귀책사유로 X건물이 멸실된 경우, 乙은 계약을 해제할 수 없다.

④ 乙의 귀책사유로 X건물이 멸실된 경우, 甲은 매매대금의 지급을 청구할 수 있다.

⑤ 乙이 등기서류의 수령을 지체하던 중에 甲과 乙의 귀책사유 없이 X건물이 멸실된 경우, 甲은 매매대금의 지급을 청구할 수 있다.

67. 동시이행항변권에 관한 설명으로 **틀린** 것을 모두 고른 것은? (다툼이 있으면 판례에 따름)

> ㄱ. 채무자의 피담보채무 변제와 저당권자의 저당권설정등기 말소등기의무는 동시이행관계가 인정된다.
> ㄴ. 토지거래허가구역 내의 매매계약에 있어서 매도인의 허가신청 협력의무는 매수인의 매매대금 지급 의무와 동시이행의 관계가 인정되지 않는다.
> ㄷ. 상가건물 임대차계약이 종료된 경우 임차인의 목적물 반환의무와 임대인의 권리금 회수방해로 인한 손해배상의무는 동시이행의 관계에 있다.

① ㄱ
② ㄴ
③ ㄱ, ㄴ
④ ㄱ, ㄷ
⑤ ㄱ, ㄴ, ㄷ

68. 甲은 乙에게 X건물을 매도하면서 매매대금은 甲의 채권자인 丙이 직접 지급받는 것으로 약정하였다. 丙이 대금 수령의 의사를 표시한 이후에 관한 설명으로 **틀린** 것은? (다툼이 있으면 판례에 따름)

① 甲이 乙에게 소유권이전등기를 이행하지 않으면, 乙은 丙에 대한 대금지급의무의 이행을 거절할 수 있다.
② 丙의 甲에 대한 채권이 시효로 소멸하면 乙의 丙에 대한 대금지급의무도 소멸한다.
③ 甲과 乙의 계약이 통정허위표시에 해당하여 무효인 경우, 丙은 선의의 제3자로 보호받을 수 없다.
④ 乙의 채무불이행으로 계약이 해제되면 丙은 乙에게 손해배상을 청구할 수 있다.
⑤ 乙이 丙에게 대금을 지급한 후에 X건물 매매계약이 해제된 경우, 乙은 丙을 상대로 원상회복을 청구하지 못한다.

69. 계약의 해제로부터 보호받을 수 있는 제3자에 해당하는 자를 모두 고른 것은? (다툼이 있으면 판례에 따름)

> ㄱ. 주택에 대한 매매계약 해제로 인하여 소유권을 상실하게 된 임대인으로부터 그 계약이 해제되기 전에 주택을 임차받아 주택의 인도와 주민등록을 마친 임차인
> ㄴ. 해제된 매매계약의 매매대금 채권을 해제 전에 가압류한 자
> ㄷ. 토지 매매계약이 해제된 경우, 그 지상에 매수인이 신축한 건물을 매수한 자

① ㄱ
② ㄴ
③ ㄱ, ㄴ
④ ㄱ, ㄷ
⑤ ㄱ, ㄴ, ㄷ

70. 매수인에게 해제권이 발생되기 위해서 최고를 필요로 하지 **않는** 경우를 모두 고른 것은? (다툼이 있으면 판례에 따름)

> ㄱ. 매도인이 미리 이행하지 않을 뜻을 명백히 한 경우
> ㄴ. 매도인이 이행기에 이행하지 않으면 목적을 달성할 수 없는 계약의 이행을 지체한 경우
> ㄷ. 매도인이 특별한 사유 없이 이행을 하지 못하고 이행기를 도과한 경우
> ㄹ. 매도인의 채무이행이 불완전하게 이루어졌지만 완전한 이행이 가능한 경우

① ㄱ, ㄴ
② ㄱ, ㄷ
③ ㄱ, ㄹ
④ ㄴ, ㄷ
⑤ ㄱ, ㄷ, ㄹ

71. 甲이 乙에게 부동산을 매도하면서 계약금은 乙이 1천만원을 지급하기로 하였다. 이에 관한 설명으로 틀린 것은? (다툼이 있으면 판례에 따름)

① 甲과 乙의 계약금계약은 乙이 계약금 1천만원을 甲에게 지급한 때에 성립된다.

② 乙이 계약금을 3백만원만 입금한 상태라면 甲은 6백만원을 乙에게 제공하고 매매계약을 해제할 수 없다.

③ 계약금은 특별한 사정이 없는 한 해약금으로 추정된다.

④ 甲이 계약금 1천만원을 지급받은 후에 乙이 계약금을 포기하고 계약을 해제하는 경우, 원상회복의무나 손해배상채무가 발생하지 않는다.

⑤ 乙이 중도금을 지급한 이후에도 이행에 착수하지 않은 甲은 계약금의 배액을 상환하고 계약을 해제할 수 있다.

72. 매도인의 담보책임에 관한 설명으로 틀린 것은? (다툼이 있으면 판례에 따름)

① 매매 목적물 전부가 타인의 소유임으로 인하여 매매 계약의 목적을 달성할 수 없는 매수인은 계약을 해제할 수 있다.

② 매도인의 담보책임은 매도인에게 귀책사유가 없는 경우에도 인정된다.

③ 매도인의 담보책임에 관한 규정은 임대차계약에도 준용된다.

④ 물건의 하자에 관한 담보책임 규정 민법 제580조 제1항은 경매에는 적용되지 않는다.

⑤ 매매 목적 토지가 법령상 제한으로 인하여 건물을 지을 수 없다면 이는 권리의 하자에 해당한다.

73. 민법상 임대차계약에 관한 설명으로 틀린 것은? (다툼이 있으면 판례에 따름)

① 임차인은 필요비와 유익비를 지출하는 즉시 임대인에게 그 상환을 청구할 수 있다.

② 임대차 목적물에 대한 유지·수선의무는 원칙적으로 임대인이 부담한다.

③ 임대차기간 중에는 임차인이 연체한 차임이 보증금에서 당연히 공제되는 것은 아니다.

④ 임차인이 2기분의 차임을 연체하여 임대인이 계약을 해제한 경우, 임차인의 지상물매수청구권은 허용되지 않는다.

⑤ 지상물매수청구권을 포기하기로 하는 임대인과 임차인의 약정은 효력이 발생되지 않는다.

74. 甲 소유의 X토지를 乙이 임차하여 甲의 동의를 받아 丙에게 전대한 경우에 관한 설명으로 틀린 것은? (다툼이 있으면 판례에 따름)

① 丙은 甲에게 직접 차임지급의무를 부담한다.

② 丙은 변제기가 되기 전에 乙에게 지급한 차임으로 甲에게 대항하지 못한다.

③ 임대차계약과 전대차계약이 모두 종료한 경우, 丙은 甲에게 지상물매수청구권을 행사할 수 있다.

④ 甲과 乙의 임대차계약이 합의해지되더라도 丙의 권리는 소멸하지 않는다.

⑤ 乙의 차임연체를 이유로 甲이 임대차계약을 해지하려면 丙에게 그 사실을 통지하여야 한다.

75. 2025년에 丙으로부터 X토지를 매수하려는 甲은 친구 乙과 명의신탁약정을 맺은 후 甲이 자금을 부담하고 乙을 매수인으로 내세워 丙과 계약을 체결하고, 등기도 乙의 명의로 이전받아 두었다. 이에 관한 설명으로 틀린 것은? (다툼이 있으면 판례에 따름)

① 甲과 乙의 명의신탁약정은 효력이 발생되지 않는다.

② 甲은 乙에게 명의신탁약정에 따른 소유권이전등기를 청구할 수 없다.

③ 丙은 乙에게 진정명의회복을 원인으로 하는 소유권이전등기를 청구할 수 있다.

④ 乙로부터 X토지를 매수하여 이전등기를 경료받은 자는 명의신탁약정을 알고 있었던 경우에도 소유권을 취득할 수 있다.

⑤ 甲은 乙에게 X토지를 매수하기 위하여 지급했던 금원의 반환을 청구할 수 있다.

76. 상가건물 임대차보호법에 관한 설명으로 틀린 것을 모두 고른 것은? (다툼이 있으면 판례에 따름)

ㄱ. 보증금이 12억원이고 존속기간을 약정하지 않은 상가건물의 임대차에서는 임차인의 갱신요구권이 인정되지 않는다.

ㄴ. 권리금에 관한 규정은 상가건물의 전대차 계약에는 적용되지 않는다.

ㄷ. 상가건물 임대차의 권리금 보호 규정은 최초 임대차기간을 포함하여 10년을 넘지 않는 범위 내에서만 인정된다.

① ㄱ
② ㄷ
③ ㄱ, ㄴ
④ ㄱ, ㄷ
⑤ ㄱ, ㄴ, ㄷ

77. 주택 임대차의 종료일은 2025년 5월 20일이고 임차인이 2025년 2월 10일에 갱신요구권을 행사하였다가 임차인이 생각을 바꾸어 2025년 5월 10일에 임대차 해지의 의사를 표시하였다면 다음 중 임대차 종료일은? (다툼이 있으면 판례에 따름)

① 2025년 5월 10일
② 2025년 5월 20일
③ 2025년 8월 10일
④ 2026년 5월 20일
⑤ 2027년 5월 20일

78. 甲은 乙로부터 금 1억원을 차용하면서 3억원 상당의 자신의 X건물에 乙 명의로 가등기를 경료해 주었고, 그 후 丙은 X건물에 대하여 저당권을 취득하였다. 이에 관한 설명으로 틀린 것은? (다툼이 있으면 판례에 따름)

① 乙은 담보권 실행을 위하여 甲에게 통지한 청산금의 액수를 다툴 수 없다.

② 丙은 청산기간 중에 자기 채권의 변제기가 도래한 경우에 한하여 X건물에 대한 경매를 청구할 수 있다.

③ 甲의 다른 채권자가 청산기간 중에 경매를 신청하면 乙은 가등기에 기한 본등기를 청구할 수 없다.

④ 乙은 청산기간이 지나기 전에 한 청산금의 지급으로 丙에게 대항하지 못한다.

⑤ 乙이 우선변제받을 수 있는 피담보채권의 액수는 실행통지 당시를 기준으로 확정된다.

29. 집합건물의 소유 및 관리에 관한 법률에 관한 설명으로 <u>틀린</u> 것은? (다툼이 있으면 판례에 따름)

① 공용부분에 대한 지분은 전유부분 면적비율로 한다.
② 공용부분의 변경에 관한 사항은 관리단집회에서 구분소유자 및 의결권의 각 4분의 3 이상에 의한 결의로 정한다.
③ 구분소유자 중 1인이 공용부분의 일부를 관리단 결의 없이 배타적으로 사용·수익하는 경우, 다른 구분소유자에 대하여 부당이득반환의무를 부담한다.
④ 구분소유자의 허락을 얻어 전유부분을 사용하는 자도 집합건물의 관리를 위한 관리단집회에서 구분소유자의 의결권을 행사할 수 있다.
⑤ 집합건물의 부지가 된 토지가 공유물인 경우에도 공유물분할은 허용되지 않는다.

30. 주택임대차보호법상의 임차인의 갱신요구에 대하여 임대인이 갱신을 거절할 수 있는 경우를 모두 고른 것은? (다툼이 있으면 판례에 따름)

> ㄱ. 2기분의 차임을 연체한 임차인이 갱신을 요구한 경우
> ㄴ. 임차 주택의 재건축을 위하여 임대인의 점유 회복이 필요한 경우
> ㄷ. 임차인의 경과실로 임차 주택의 상당 부분이 파손된 경우
> ㄹ. 임대인이 자신의 형제가 거주하여야 함을 이유로 갱신을 거절하는 경우

① ㄱ, ㄴ   ② ㄱ, ㄹ
③ ㄴ, ㄷ   ④ ㄴ, ㄹ
⑤ ㄷ, ㄹ

에듀윌이
너를
지지할게
ENERGY

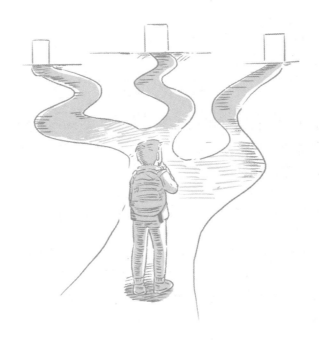

인생에서 원하는 것을 얻기 위한
첫 번째 단계는
내가 무엇을 원하는지 결정하는 것이다.

– 벤 스타인(Ben Stein)

2025년도 제36회 공인중개사 1차 국가자격시험
실전모의고사 제5회

교 시	문제형별	시험시간	시험과목
1교시	A	100분	❶ 부동산학개론 ❷ 민법 및 민사특별법 중 부동산 중개에 관련되는 규정

수험번호		성 명	

[수험자 유의사항]

1. 시험문제지는 **단일 형별(A형)**이며, 답안카드 형별 기재란에 표시된 형별(A형)을 확인하시기 바랍니다. 시험문제지의 **총면수, 문제번호 일련순서, 인쇄상태** 등을 확인하시고, 문제지 표지에 수험번호와 성명을 기재하시기 바랍니다.

2. 답은 각 문제마다 요구하는 **가장 적합하거나 가까운 답 1개**만 선택하고, 답안카드 작성 시 시험문제지 **마킹착오**로 인한 불이익은 전적으로 **수험자에게 책임**이 있음을 알려드립니다.

3. 답안카드는 국가전문자격 공통 표준형으로 문제번호가 1번부터 125번까지 인쇄되어 있습니다. 답안 마킹 시에는 반드시 **시험문제지의 문제번호와 동일한 번호**에 마킹하여야 합니다. (1차 1교시 : 1번~80번)

4. **감독위원의 지시에 불응하거나 시험시간 종료 후 답안카드를 제출하지 않을 경우** 불이익이 발생할 수 있음을 알려 드립니다.

5. 시험문제지는 시험 종료 후 가져가시기 바랍니다.

6. 답안작성은 **시험 시행일(2025.10.25.) 현재 시행되는 법령** 등을 적용하시기 바랍니다.

7. 가답안 의견제시에 대한 개별회신 및 공고는 하지 않으며, **최종 정답 발표로 갈음**합니다.

8. 시험 중 **중간 퇴실은 불가**합니다. 단, 부득이하게 퇴실할 경우 **시험포기각서 제출 후 퇴실은 가능**하나 **재입실이 불가**하며, **해당시험은 무효처리됩니다.**

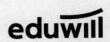

1. 부동산의 법률적 개념에 관한 설명으로 틀린 것은?

① 입목등기가 되지 않은 수목은 명인방법을 갖춘 때에도 독립한 물건이 아니며 거래의 객체가 될 수 없다.

② 등기된 입목의 소유자는 입목을 토지와 분리하여 양도할 수 있다.

③ 권한 없이 타인의 토지에 농작물을 심을 경우, 수확기에 이른 농작물의 소유권은 경작자에게 귀속된다.

④ 온천수는 토지의 구성부분이다.

⑤ 부동산 이외의 물건은 동산이다.

2. 부동산학의 관점에서 토지소유권의 공간적 범위에 관한 설명으로 틀린 것은?

① 부동산활동은 3차원의 공간활동으로 농촌지역에서는 주로 지표공간이 활동의 중심이 되고, 도시지역에서는 입체공간이 활동의 중심이 된다.

② 토지는 물리적 형태로서의 지표면과 함께 공중공간과 지하공간을 포함한다.

③ 지표권은 토지소유자가 지표상의 토지를 배타적으로 사용할 수 있는 권리를 말하며, 토지와 해면과의 분계는 최고만조 시의 분계점을 표준으로 한다.

④ 지하권은 토지소유자가 지하공간으로부터 어떤 이익을 획득하거나 사용할 수 있는 권리를 말하며, 광업권의 객체가 되는 광물에 대해서는 토지소유자의 소유권이 미친다.

⑤ 공적 공중권은 일정 범위 이상의 공중공간을 공공기관이 공익목적의 실현을 위해 사용할 수 있는 권리를 말하며, 항공기 통행권이나 전파의 발착권이 이에 포함된다.

3. 부동산의 특성 중 토지의 특성으로부터 파생하는 특징에 관한 설명으로 틀린 것은?

① 부동성으로 인하여 어느 지역의 부동산수요가 급증했다고 하더라도 다른 재화처럼 그 지역으로 이동할 수 없다.

② 부동산의 고가성은 부동산시장에의 진출입을 어렵게 하고, 자금의 유용성과 밀접한 관련을 갖게 한다.

③ 개별성은 부동성에서 파생되며, 경제적 입장에서 보면 어느 정도의 대체성이 있다.

④ 영속성으로 인하여 토지의 가치보존력이 우수하게 된다.

⑤ 용도의 다양성으로 인하여 용도전환을 통해 토지의 물리적 공급을 가능하게 하며, 입지론의 근거가 된다.

4. 유량(flow)과 저량(stock)에 관한 설명으로 옳은 것은?

① 부동산의 월 임대료 수입은 유량(flow)개념이고, 부동산투자회사의 순자산가치는 저량(stock)개념이다.

② 저량(stock)은 일정한 기간을 정해야 측정이 가능한 개념이며, 유량(flow)은 일정 시점에서만 측정이 가능한 개념이다.

③ 현재 우리나라에 총 1,000만 채의 주택이 존재하고 그중 미분양된 주택이 100만 채라면 주택유량의 공급량은 1,000만 채이고 주택유량의 수요량은 900만 채이다.

④ 주택시장분석에서 유량(flow)의 개념을 파악하는 것은 주택공급이 단기적으로 제한되어 있기 때문이다.

⑤ 단기적으로 생산공급은 증가가 어렵기 때문에 유량(flow)의 개념으로 공급량을 분석하고, 장기적으로는 저량(stock)과 유량(flow)을 함께 사용하여 특정지역의 주택시장에 대한 공급량을 분석한다.

5. 어느 부동산시장에는 30명의 개별수요자가 존재한다. 그들의 부동산에 대한 개별수요함수는 $P = 30 - 6Q_D$이고, 모두 동일한 개별수요함수를 갖는다. 이 부동산시장의 시장수요함수는? (단, 새로운 시장수요량은 Q_M임)

① $P = 30 - 6Q_M$ ② $P = 30 - \dfrac{1}{5}Q_M$

③ $P = 100 - 5Q_M$ ④ $P = 100 - 6Q_M$

⑤ $P = 20 - \dfrac{1}{6}Q_M$

6. 주택가격의 상승요인에 해당하는 것은? (단, 주택은 정상재이며, 다른 요인은 일정하다고 가정함)

① 주택건축자재 가격의 하락
② 수요자의 소득 감소
③ 수요 측면의 대체주택 가격의 상승
④ 주택거래규제의 강화
⑤ 공급자의 가격 하락 예상

7. 최근 건설경기가 침체되자 정부에서는 부동산경기 부양을 위해 LTV와 DTI 규제를 완화하는 결정을 하였고, 이와 더불어 금융당국에서는 대출금리 인하를 결정하였다면 아파트의 가격과 균형거래량에 관한 설명으로 옳은 것은? (단, 아파트의 수요곡선은 우하향하며 공급곡선은 우상향함)

① 이전에 비해 가격이 반드시 상승하나, 균형거래량은 증가할 수도 감소할 수도 있다.
② 이전에 비해 가격이 상승할 수도 하락할 수도 있으나, 균형거래량은 반드시 증가한다.
③ 이전에 비해 가격이 반드시 하락하나, 균형거래량은 증가할 수도 감소할 수도 있다.
④ 이전에 비해 가격이 상승할 수도 하락할 수도 있으나, 균형거래량은 반드시 감소한다.
⑤ 이전에 비해 가격이 상승하고 균형거래량은 증가한다.

8. 어느 임대용 부동산에 대한 수요함수는 $P = 1,000 - 2Q_D$, 공급함수는 $P = 200 + 2Q_S$라고 한다. 해당 임대용 부동산의 임대료 총수입은 얼마인가? [단, P는 임대료(단위: 원), Q_D는 수요량(단위: m^2), Q_S는 공급량(단위: m^2)임]

① 80,000원   ② 90,000원
③ 100,000원   ④ 110,000원
⑤ 120,000원

9. 아파트 수요의 가격탄력성은 1.2, 아파트 수요의 소득탄력성은 0.6, 아파트 수요의 다세대주택 가격에 대한 교차탄력성은 0.8이고, 소비자들의 소득은 5% 증가한다고 가정한다. 그런데 아파트 가격이 10% 상승할 경우 아파트의 전체 수요량이 1% 감소하려면 다세대주택의 가격은 몇 % 상승해야 하는가? (단, 두 부동산은 모두 정상재이고 서로 대체재이며, 아파트 수요의 가격탄력성은 절댓값으로 나타내고, 다른 조건은 동일함)

① 5%   ② 8%
③ 10%   ④ 12%
⑤ 15%

10. 수요와 공급의 변화 시에 수요와 공급의 탄력성 크기에 따른 가격변화와 균형거래량의 변화에 관한 설명으로 옳은 것은?

① 공급이 감소할 때 수요의 가격탄력성이 완전비탄력적이면 가격은 상승하나 균형거래량은 변하지 않는다.
② 수요가 증가할 때 공급의 가격탄력성이 완전탄력적이면 가격은 상승하나 균형거래량은 변하지 않는다.
③ 수요가 감소할 때 공급의 가격탄력성이 비탄력적일수록 가격은 더 적게 하락한다.
④ 공급이 증가할 때 수요의 가격탄력성이 비탄력적일수록 가격은 더 적게 하락한다.
⑤ 공급이 감소할 때 수요의 가격탄력성이 탄력적일수록 가격은 더 많이 상승한다.

11. 주거분리와 여과과정에 관한 설명으로 틀린 것은?

① 저가주택이 수선되거나 재개발되어 상위계층의 사용으로 전환되는 것을 상향여과라 한다.

② 민간주택시장에서 저가주택이 발생하는 것은 시장이 하향여과작용을 통해 자원할당기능을 원활하게 수행하고 있기 때문이다.

③ 주거입지는 침입과 천이현상으로 인해 변화할 수 있다.

④ 주거분리는 도시 전체에서 뿐만 아니라 지리적으로 인접한 근린지역에서도 발생할 수 있다.

⑤ 하향여과는 고소득층 주거지역에서 주택의 개량을 통한 가치상승분이 주택개량비용보다 큰 경우에 발생한다.

12. 부동산시장의 효율성에 관한 설명으로 틀린 것은? (단, 다른 조건은 고려하지 않음)

① 약성 효율적 시장은 현재의 시장가치가 과거의 추세를 충분히 반영하고 있는 시장이다.

② 준강성 효율적 시장은 어떤 새로운 정보가 공표되는 즉시 시장가치에 반영되는 시장이다.

③ 강성 효율적 시장은 공표된 것이건 공표되지 않은 것이건 어떠한 정보도 이미 시장가치에 반영되어 있는 시장이다.

④ 부동산시장의 제약조건을 극복하는 데 소요되는 거래비용은 타 시장보다 부동산시장을 더 비효율적이게 하는 주요한 요인이다.

⑤ 부동산시장은 주식시장이나 일반상품시장보다 더 불완전하고 비효율적이므로 할당 효율적일 수 없다.

13. 다음의 설명에 해당하는 것은?

> ○ 생산을 위하여 사람이 만든 기계나 기구들로부터 얻는 소득이다.
> ○ 토지 이외의 고정 생산요소에 귀속되는 소득으로서, 다른 조건이 동일하다면 단기간·일시적으로 지대의 성격을 가지는 소득이다.
> ○ 토지에 대한 개량공사로 인해 추가적으로 발생하는 일시적인 소득도 이에 해당한다.
> ○ 고정생산요소의 공급량은 단기적으로 변동하지 않으므로 다른 조건이 동일하다면 고정생산요소에 대한 수요에 의해 결정된다.

① 리카도(D. Ricardo)의 차액지대설

② 알론소(W. Alonso)의 입찰지대이론

③ 파레토(V. Pareto)의 경제지대이론

④ 마르크스(K. Marx)의 절대지대설

⑤ 마샬(A. Marshall)의 준지대설

14. 도시공간구조이론에 관한 설명으로 틀린 것은?

① 동심원이론에 따르면 중심지에서 멀어질수록 접근성·지대·인구밀도 등이 낮아지고, 범죄·인구이동·빈곤 등의 도시문제가 감소한다.

② 선형이론에 따르면 주택구입능력이 낮은 저소득층의 주거지는 주요 간선도로 인근에 입지하는 경향이 있다.

③ 다핵심이론에서 다핵의 발생요인으로 동종활동은 집적이익이 발생하므로 특정지역에 모여서 입지한다. 반면, 이종활동은 서로 상호간의 이해가 상반되므로 떨어져서 입지한다.

④ 다차원이론에서는 동심원이론, 선형이론, 다핵심이론 등의 이론은 토지이용의 공간적 분포를 설명하기에는 부족하다고 보아, 이들 각 이론을 종합하여 3개의 차원에서 파악해야 한다는 이론을 제시하였다.

⑤ 유상도시이론에서는 교통의 발달로 업무시설과 주택이 간선도로를 따라 리본(ribbon) 모양으로 확산·입지한다고 본다.

15.
허프(D. Huff) 모형을 활용하여, X지역의 주민이 할인점 A를 방문할 확률과 할인점 A의 월 추정매출액을 순서대로 나열한 것은? (단, 주어진 조건에 한함)

> ○ X지역의 현재 주민: 5,000명
> ○ 1인당 월 할인점 소비액: 20만원
> ○ 공간마찰계수: 2
> ○ X지역의 주민은 모두 구매자이고, A, B, C 할인점에서만 구매한다고 가정

구분	할인점 A	할인점 B	할인점 C
면적	$1,000m^2$	$700m^2$	$675m^2$
X지역 거주지로부터의 거리	5km	10km	15km

① 60%, 8억원
② 60%, 10억원
③ 80%, 8억원
④ 80%, 10억원
⑤ 80%, 12억원

16.
사적 시장에서 생산과 관련된 부(−)의 외부효과가 나타날 경우로 옳은 것은?

① 정부가 보조금을 지급하면 수요곡선을 우측으로 이동시키게 되므로 부(−)의 외부효과 문제가 해결된다.
② 부(−)의 외부효과를 야기하는 주체에게 세금을 부과하는 것은 시장을 효율적으로 작동시키지 못하므로 바람직하지 못하다.
③ 충분한 자원이 생산에 사용되지 못하여 적정생산량보다 과소생산의 결과를 초래한다.
④ 부(−)의 외부효과를 야기하는 주체에게 세금을 부과하여 사회적 비용과 사적 비용을 일치시켜야 한다.
⑤ 생산을 중단하여 부(−)의 외부효과를 막아야 한다.

17.
분양가상한제에 관한 설명으로 옳은 것을 모두 고른 것은? (단, 단기적으로 다른 조건은 일정하다고 가정함)

> ㄱ. 분양가상한제의 목적은 주택가격을 안정시키고 무주택자의 신규주택 구입부담을 경감시키는 것이다.
> ㄴ. 주택법령상 분양가상한제 적용주택의 분양가격은 택지비와 건축비로 구성된다.
> ㄷ. 민간택지에 대해서도 분양가상한제를 실시하고 있다.
> ㄹ. 도시형 생활주택은 분양가상한제를 적용하지 않는다.

① ㄱ, ㄴ
② ㄴ, ㄷ
③ ㄷ, ㄹ
④ ㄱ, ㄴ, ㄹ
⑤ ㄱ, ㄴ, ㄷ, ㄹ

18.
임대료보조정책에 관한 설명으로 옳은 것은? (단, 다른 요인은 불변이라고 가정함)

① 임대료보조정책은 저소득층의 주택문제를 해결하기 위해 일정수준 이하의 저소득층에게 정부가 임대료의 일부를 보조해 주는 것을 말한다.
② 임대료를 보조하면 임대주택에 대한 수요가 증가하여 임차인이 실제 부담하는 지불임대료를 상승시킨다.
③ 다른 조건이 같을 경우 임대주택의 수요를 감소시킨다.
④ 다른 조건이 같을 경우 임대주택의 공급을 감소시킨다.
⑤ 임대료보조 대신 동일한 금액을 현금으로 제공하면 저소득층의 효용은 감소한다.

19. 조사결과 A지역 아파트의 공급함수는 Q$_S$ = 3,000, 수요함수는 Q$_D$ = 5,000 − 20P라고 한다. 정부가 아파트의 매도인에게 양도차익의 50%를 양도소득세로 부과하였다. 다른 조건이 일정할 때, 조세귀착에 관한 설명으로 옳은 것은? (P는 가격, Q$_D$, Q$_S$는 각각 수요량과 공급량을 나타내며, 다른 조건은 일정하다고 가정함)

① 매수인과 매도인이 각각 1/2씩 부담한다.
② 매수인이 전액을 부담한다.
③ 매도인이 전액을 부담한다.
④ 매수인이 1/3을 부담하고 매도인이 2/3를 부담한다.
⑤ 매도인이 1/2을 부담하고 매수인은 부담이 없다.

20. 부동산투자 시 (ㄱ)타인자본을 활용하지 않는 경우와 (ㄴ)타인자본을 60% 활용하는 경우, 각각의 1년간 자기자본수익률은? (단, 주어진 조건에 한함)

○ 기간 초 부동산가격: 10억원
○ 1년간 순영업소득(NOI): 연 5,000만원(기간 말 발생)
○ 1년간 부동산가격 상승률: 연 1%
○ 1년 후 부동산을 처분함
○ 대출조건: 이자율 연 5%, 대출기간 1년, 원리금은 만기 시 일시 상환함

	ㄱ	ㄴ
①	3%	6%
②	4%	8%
③	5%	6%
④	6%	7.5%
⑤	7%	8%

21. 부동산투자의 위험과 수익에 관한 설명으로 틀린 것은?

① 부동산투자자가 위험회피형이라면 요구수익률을 결정하는 데 있어 감수해야 할 위험의 정도에 따라 위험할증률을 더한다.
② 일반적으로 부동산투자에서 위험과 수익은 비례관계를 가지고 있다.
③ 위험회피형 투자자 중에서 보수적인 투자자는 공격적인 투자자에 비해 위험이 높더라도 기대수익률이 높은 투자안을 선호한다.
④ 투자금액을 모두 자기자본으로 조달할 경우에는 금융위험(financial risk)을 제거할 수 있다.
⑤ 산출된 기대수익률의 하향 조정을 통해 투자의사결정을 보수적으로 함으로써 위험관리를 할 수 있다.

22. 어느 토지의 투자분석의 결과가 다음과 같다. 이에 관한 설명으로 옳은 것은?

○ 대상토지로부터 매년 수익이 영구히 발생
○ 연간 예상순수익: 2억 4천만원
○ 요구수익률: 10%
○ 시장가치: 30억원

① 투자비용은 20억원이다.
② 대상토지의 투자가치는 20억원이다.
③ 투자안을 채택한다.
④ 대상토지의 시장가치는 하락할 것이다.
⑤ 투자안의 기대수익률은 7%이다.

23. 포트폴리오의 위험과 효율적 프론티어(efficient frontier)에 관한 설명으로 옳은 것은?

① 포트폴리오에 편입되는 투자안의 수를 늘리면 늘릴수록 체계적인 위험이 감소되는 것을 포트폴리오 효과라고 한다.

② 효율적 프론티어(efficient frontier)상의 투자안일지라도 효율적 프론티어상에 있지 않은 모든 투자안을 지배하는 것은 아니다.

③ 포트폴리오의 투자자산의 수익률이 같은 방향으로 움직이면 상관계수는 양(+)의 값을 가지며, 위험분산효과는 커진다.

④ 포트폴리오 구성을 통해 위험을 분산할 때 투자안 간의 완전 무상관성이 존재한다면, 구성자산 수를 늘리면 비체계적 위험은 '0'이 된다.

⑤ 효율적 프론티어상의 투자안들은 평균-분산지배원리에 의해서 서로 우열을 가릴 수 있다.

24. 화폐의 시간가치에 관한 설명으로 옳은 것은 모두 몇 개인가? (단, 다른 조건은 동일함)

> ㄱ. 일시불의 미래가치계수는 이자율이 상승할수록 작아진다.
> ㄴ. 감채기금이란 일정기간 후에 일정금액을 만들기 위해 매 기간 납입해야 할 금액을 말한다.
> ㄷ. 연금의 미래가치란 매 기간마다 일정금액을 불입해 나갈 때, 미래 일정시점에서의 불입금액 총액의 가치를 말한다.
> ㄹ. 현재가치에 대한 미래가치를 산출하기 위하여 사용하는 이율을 이자율이라 하고, 미래가치에 대한 현재가치를 산출하기 위하여 사용하는 이율을 할인율이라 한다.
> ㅁ. 3년 후에 주택자금 5억원을 만들기 위해 매 기간 납입해야 할 금액을 계산하는 경우, 연금의 미래가치계수를 곱하여 구한다.

① 1개   ② 2개

③ 3개   ④ 4개

⑤ 5개

25. 다음은 A부동산 투자에 따른 1년간 예상 현금흐름이다. 종합자본환원율과 부채감당률을 순서대로 나열한 것은? (단, 주어진 조건에 한함)

> ○ 총투자액: 10억원(자기자본 6억원)
> ○ 세전현금흐름: 6,000만원
> ○ 부채서비스액: 4,000만원
> ○ 유효총소득승수: 5

① 10%, 0.4   ② 10%, 2.5

③ 15%, 0.4   ④ 15%, 2.0

⑤ 20%, 2.5

26. 주택저당대출방식에 관한 설명으로 틀린 것은?

① 원금균등분할상환방식은 대출기간 동안 매기 원금을 균등하게 분할상환하고 이자는 점차적으로 감소하는 방식이다.

② 원리금균등분할상환방식은 원금이 상환됨에 따라 매기 이자액의 비중은 점차적으로 줄고 매기 원금상환액 비중은 점차적으로 증가한다.

③ 원리금균등분할상환방식의 원리금은 대출금에 감채기금계수를 곱하여 산출한다.

④ 체증분할상환방식은 원리금상환액 부담을 초기에는 적게 하는 대신 시간이 경과할수록 원리금상환액 부담을 늘려가는 상환방식이다.

⑤ 만기일시상환방식은 만기 이전에는 이자만 상환하다가 만기에 일시로 원금을 상환하는 방식이다.

27. 다음과 같이 고정금리부 원리금균등분할상환조건의 주택저당대출을 받은 경우 매월 상환해야 하는 원리금을 구하는 산식은? (단, 주어진 조건에 한함)

> ○ 대출원금: 1억원
> ○ 대출기간: 10년(대출일: 2025년 9월 1일)
> ○ 대출이자율: 연 5%
> ○ 원리금상환일: 매월 말일

① $1억원 \times \left\{ \dfrac{(1+0.05)^{10} - 1}{0.05} \right\}$

② $1억원 \times \left\{ \dfrac{\left(1 + \dfrac{0.05}{12}\right)^{10 \times 12} - 1}{\dfrac{0.05}{12}} \right\}$

③ $1억원 \times \left(1 + \dfrac{0.05}{12}\right)^{10 \times 12}$

④ $1억원 \times \left\{ \dfrac{0.05}{1 - (1+0.05)^{-10}} \right\}$

⑤ $1억원 \times \left\{ \dfrac{\dfrac{0.05}{12}}{1 - \left(1 + \dfrac{0.05}{12}\right)^{-10 \times 12}} \right\}$

28. 주택저당증권(MBS)의 종류에 관한 설명으로 옳은 것은?

① MPTS(mortgage pass-through securities)는 발행자가 원리금수취권과 주택저당채권 집합물에 대한 소유권을 모두 투자자에게 이전시킨다.

② MPTS는 주택저당총액과 MPTS의 발행액이 달라진다.

③ MBB(mortgage backed bond)는 발행자가 투자의 안정성을 높이기 위해 초과담보를 확보하므로 MBB 발행액보다 주택저당총액이 적다.

④ MPTB(mortgage pay-through bond)는 채권·지분 혼합형의 MBS로 발행자가 MPTS를 담보로 하여 채권을 발행하며, 다른 조건이 같을 경우 MBB보다 큰 규모의 초과담보가 필요하다.

⑤ CMO(collateralized mortgage obligation)는 MBS의 파생상품으로 MPTB와 동일한 발행기초와 동일한 만기구조를 가지며 수익률도 동일하나, 계층 선택에 따라 조기상환위험이 달라진다.

29. 부동산투자회사법상 부동산투자회사에 관한 설명으로 옳은 것은?

① 자기관리 부동산투자회사는 그 설립등기일부터 7일 이내에 대통령령으로 정하는 바에 따라 설립보고서를 작성하여 국토교통부장관에게 제출하여야 한다.

② 부동산투자회사는 부동산을 취득한 후 10년의 범위에서 대통령령으로 정하는 기간 이내에는 부동산을 처분하여서는 아니 된다.

③ 주주 1인과 그 특별관계자는 최저자본금 준비기간이 끝난 후에는 부동산투자회사가 발행한 주식 총수의 100분의 50을 초과하여 주식을 소유하지 못한다.

④ 위탁관리 부동산투자회사 및 기업구조조정 부동산투자회사의 설립 자본금은 5억원 이상으로 한다.

⑤ 부동산투자회사는 영업인가를 받거나 등록을 한 날부터 1년 6개월 이내에 발행하는 주식 총수의 100분의 40 이상을 일반의 청약에 제공하여야 한다.

30. 토지이용의 집약도에 관한 설명으로 틀린 것은?

① 도시스프롤(urban sprawl) 현상은 도시의 성장이 무질서하고 불규칙하게 확산되는 현상이다.

② 도심의 지가 상승, 도심의 환경 악화, 공적 규제, 교통의 발달 등은 직·주접근의 원인에 해당한다.

③ 입지조건과 토지이용의 집약도가 같은 경우라도 입지잉여는 모든 산업에 공통적으로 발생하지는 않는다.

④ 한계지는 주로 농경지 등의 용도전환으로 개발되지만, 지가형성은 농경지 등의 지가수준과는 무관한 경우가 많다.

⑤ 침입적 토지이용에서 낮은 지가수준, 강한 흡인력 등은 침입활동을 유발하는 인자(因子)라고 할 수 있는데, 지가수준이 낮은 곳에 침입적 이용을 함으로써 지가수준을 끌어올릴 수 있다.

31. 도시개발법령상 부동산개발사업에 관한 설명으로 틀린 것은?

① 도시개발사업이란 도시개발구역에서 주거, 상업, 산업, 유통, 정보통신, 생태, 문화, 보건 및 복지 등의 기능이 있는 단지 또는 시가지를 조성하기 위하여 시행하는 사업을 말한다.

② 도시개발구역이란 도시개발사업을 시행하기 위하여 법령에 따라 지정·고시된 구역을 말한다.

③ 도시개발사업은 시행자가 도시개발구역의 토지 등을 수용 또는 사용하는 방식이나 환지방식 또는 이를 혼용하는 방식으로 시행할 수 있다.

④ 도시개발사업의 시행방식 중 대지로서의 효용증진과 공공시설의 정비를 위하여 토지의 교환·분할·합병, 그 밖의 구획변경, 지목 또는 형질의 변경이나 공공시설의 설치·변경이 필요한 경우는 수용 또는 사용방식으로 할 수 있다.

⑤ 도시개발사업을 시행하는 지역의 지가가 인근의 다른 지역에 비하여 현저히 높아 수용 또는 사용방식으로 시행하는 것이 어려운 경우는 환지방식으로 할 수 있다.

32. 민간의 토지개발방식에 관한 설명으로 틀린 것은?

① 자체사업은 토지소유자와 개발업자 간에 부동산개발을 공동으로 시행하는 것으로서 토지소유자는 토지를 제공하고 개발업자는 개발의 노하우를 제공하여 서로의 이익을 추구하는 형태이다.

② 토지소유자의 자체사업일 경우에는 자금조달, 사업시행, 이익귀속의 주체는 모두 토지소유자이다.

③ 공사비 대물변제형은 토지소유자가 건설공사의 도급발주 시에 개발업자(건설업체)가 토지소유자의 토지에 건축시공 후 공사비는 준공된 건축물의 일부로 받는 방식으로 자금조달, 건축시공은 개발업자가 하고, 사업시행은 토지소유자가 한다.

④ 공사비를 분양금으로 정산하는 사업방식에서는 자금조달은 개발업자가, 사업시행은 토지소유자가 하며, 이익은 토지소유자와 개발업자에게 귀속된다.

⑤ 컨소시엄 구성형은 사업의 안정성 확보라는 점에서 장점이 있으나, 사업시행에 시간이 오래 걸리고, 출자회사 간 상호 이해조정이 필요하며, 책임의 회피 현상이 있을 수 있는 단점이 있다.

33. 부동산관리에 관한 설명으로 틀린 것은?

① 시설관리(facility management)는 부동산시설을 운영하고 유지하는 것으로 시설사용자나 기업의 요구에 따르는 소극적 관리에 해당한다.

② 법률적 측면의 부동산관리는 부동산의 유용성을 보호하기 위하여 법률상의 제반 조치를 취함으로써 법적인 보장을 확보하려는 것이다.

③ 경제적 측면의 부동산관리는 대상부동산의 물리적·기능적 하자의 유무를 판단하여 필요한 조치를 취하는 것이다.

④ 자가관리방식은 위탁관리방식에 비해 기밀 유지에 유리하고 의사결정이 신속한 경향이 있다.

⑤ 임차 부동산에서 발생하는 총수입(매상고)의 일정 비율을 임대료로 지불한다면, 이는 임대차의 유형 중 비율 임대차에 해당한다.

34. 감정평가에 관한 규칙상 현황기준원칙에 관한 내용으로 틀린 것은? (단, 감정평가조건이란 기준시점의 가치형성요인 등을 실제와 다르게 가정하거나 특수한 경우로 한정하는 조건을 말함)

① 현황기준원칙에도 불구하고 법령에 다른 규정이 있는 경우에는 감정평가조건을 붙여 감정평가할 수 있다.

② 현황기준원칙에도 불구하고 감정평가 의뢰인이 요청하는 경우에는 감정평가조건을 붙여 감정평가할 수 있다.

③ 현황기준원칙에도 불구하고 대상물건의 특성에 비추어 사회통념상 필요하다고 인정되는 경우에는 감정평가조건을 붙여 감정평가할 수 있다.

④ 감정평가의 목적에 비추어 사회통념상 필요하다고 인정되어 감정평가조건을 붙여 감정평가하는 경우에는 감정평가조건의 합리성, 적법성 및 실현 가능성의 검토를 생략할 수 있다.

⑤ 감정평가법인등은 감정평가조건의 합리성, 적법성이 결여되거나 사실상 실현 불가능하다고 판단할 때에는 의뢰를 거부하거나 수임을 철회할 수 있다.

35. 지역분석 및 개별분석에 관한 설명으로 **틀린** 것은?

① 지역분석은 개별분석 전에 이루어져야 한다.

② 인근지역의 생애주기를 성장기, 성숙기, 쇠퇴기, 천이기, 악화기 등으로 구분할 때 가격수준은 성숙기에 최고에 이른다.

③ 유사지역은 대상부동산이 속해 있지 않지만 그 지역적 특성이 대상부동산의 가격형성에 간접적으로 영향을 미치는 지역이다.

④ 사례선택에 있어 동일수급권의 요건은 대상부동산과의 대체성, 경쟁성, 인접성 등이다.

⑤ 후보지의 동일수급권은 전환 후 용도적 지역의 동일수급권과 일치하는 경향이 있지만 반드시 그런 것은 아니다.

36. 부동산가치의 제 원칙에 관한 설명으로 **틀린** 것은?

① 변동의 원칙이란 부동산가치에 대한 영향을 미치는 제 요인이 변동하면 대상부동산의 가치도 달라진다는 평가원칙이다.

② 기여의 원칙이란 부동산의 가치는 각 구성부분이 전체 부동산의 가치형성에 기여한 정도를 합한 것이라는 평가원칙이다.

③ 수익배분의 원칙이란 토지가치는 자본과 노동의 비용을 지불하고 남은 잉여소득에 의해서 결정된다는 평가원칙이다.

④ 경쟁의 원칙이란 경쟁에 의해 초과이윤이 없어지고 부동산은 그 가치에 적합한 가격을 갖게 된다는 평가원칙이다.

⑤ 대체의 원칙이란 부동산의 가치는 그것을 특정용도로 사용함으로써 희생된 대안적 이용에 지불하려는 대가에 의해 결정된다는 평가원칙이다.

37. 원가법에 관한 설명으로 **틀린** 것은?

① 신축건물도 기능적·경제적 감가의 대상이 되므로 신축건물이라 하여 재조달원가와 적산가액이 반드시 일치하지는 않는다.

② 건축자재, 공법 등의 변천에 의해 대상부동산의 재조달원가를 구하기가 곤란한 경우에도 대치원가를 적용하여 재조달원가를 구할 수 있다.

③ 감가수정의 방법 중 내용연수에 의하는 경우 잔존 내용연수보다 경과연수에 중점을 두고 있다.

④ 재조달원가를 구하거나 감가상각액을 추계할 때는 대체성이 있는 다른 부동산부터 구하는 간접법을 채용할 수 있다.

⑤ 감가수정의 방법 중 내용연수에 의한 방법은 이론 감가액을 구하는 것이고, 관찰감가법은 실제감가액을 구하는 것이다.

38. 감정평가의 방법 중 거래사례비교법에 관한 설명으로 **틀린** 것은?

① 시점수정은 거래사례자료의 거래시점 가액을 현재 시점의 가액으로 정상화하는 작업을 말한다.

② 특별한 사정이 개입되지 않은 거래사례(대표성이 있는 거래사례)이거나 표준지공시지가를 기준으로 평가할 경우에는 사정보정을 하지 않아도 된다.

③ 거래사례는 대상물건의 기준시점과 유사한 시점의 거래사례일수록 효과적이다.

④ 거래시점을 알 수 없으면 시점수정을 할 수 없으므로 거래사례로 선택할 수 없다.

⑤ 거래사례를 인근지역에서 구했다면 지역요인은 동일하므로 개별요인만 비교하면 된다.

39. 다음 자료를 활용하여 거래사례비교법으로 평가한 대상토지의 감정평가액은? (단, 주어진 조건에 한함)

○ 대상토지: A시 B대로 150, 토지면적 130m², 제3종 일반주거지역, 주거용 토지
○ 기준시점: 2025.9.1.
○ 거래사례의 내역(거래시점: 2025.4.1.)

소재지	용도지역	토지면적	이용상황	거래사례가격
A시 B대로 125	제3종 일반주거지역	100m²	주거용	5억원

○ 지가변동률(2025.4.1.~2025.9.1.): A시 주거지역은 4% 상승함
○ 지역요인: 대상토지는 거래사례의 인근지역에 위치함
○ 개별요인: 대상토지는 거래사례에 비해 6% 우세함
○ 그 밖의 다른 조건은 동일함
○ 상승식으로 계산할 것

---

① 562,952,000원   ② 652,950,000원
③ 673,953,000원   ④ 716,560,000원
⑤ 736,850,000원

40. 감정평가에 관한 규칙에 따른 물건별 감정평가에 관한 설명으로 틀린 것은? (단, 원칙을 기준으로 함)

① 건물을 감정평가할 때에는 원가법을 적용하여야 한다.
② 「집합건물의 소유 및 관리에 관한 법률」에 따른 구분소유권의 대상이 되는 건물부분과 그 대지사용권을 일괄하여 감정평가하는 경우 등 토지와 건물을 일괄하여 감정평가할 때에는 원가법을 적용하여야 한다.
③ 토지를 감정평가할 때에는 공시지가기준법을 적용하여야 한다.
④ 자동차를 감정평가할 때에는 거래사례비교법을 적용하여야 한다.
⑤ 소음·진동·일조침해 또는 환경오염 등으로 대상물건에 직접적 또는 간접적인 피해가 발생하여 대상물건의 가치가 하락한 경우, 그 가치하락분을 감정평가할 때에 소음 등이 발생하기 전의 대상물건의 가액 및 원상회복비용 등을 고려하여야 한다.

제2과목: 민법 및 민사특별법 중 부동산 중개에 관련되는 규정

41. 단독행위가 아닌 것은?

① 합의해제
② 청약의 철회
③ 의사표시의 취소
④ 법정대리인의 동의
⑤ 무권대리행위에 대한 본인의 추인

42. 효력규정이 아닌 것은? (다툼이 있으면 판례에 따름)

① 「부동산등기 특별조치법」상 중간생략등기를 금지하는 규정
② 「이자제한법」상 최고이자율을 초과하는 부분을 규율하는 규정
③ 「공익법인의 설립·운영에 관한 법률」상 공익법인이 하는 기본재산의 처분에 주무관청의 허가를 요하는 규정
④ 「부동산 실권리자명의 등기에 관한 법률」상 명의신탁약정에 기초한 물권변동에 관한 규정
⑤ 「부동산 거래신고 등에 관한 법률」상 일정한 구역 내의 토지매매에 대하여 허가를 요하는 규정

43. 불공정한 법률행위에 관한 설명으로 옳은 것을 모두 고른 것은? (다툼이 있으면 판례에 따름)

> ㄱ. 폭리행위는 피해자에게 궁박상태가 존재한다는 사실에 대한 폭리자의 인식만으로 성립한다.
>
> ㄴ. 기부행위와 같은 아무런 대가관계가 없는 경우에는 불공정한 법률행위에 관한 제104조가 적용될 수 없다.
>
> ㄷ. 대리인에 의한 법률행위인 경우에 궁박은 대리인을 기준으로 판단한다.
>
> ㄹ. 급부와 반대급부 사이에 현저한 불균형이 있다고 하더라도 피해당사자의 궁박, 경솔 또는 무경험한 사실이 추정되지는 않는다.

① ㄱ, ㄷ
② ㄴ, ㄷ
③ ㄴ, ㄹ
④ ㄱ, ㄴ, ㄹ
⑤ ㄴ, ㄷ, ㄹ

44. 甲은 자기 소유 토지를 乙에게 증여하기로 약정하였다. 그런데 세금문제를 우려하여 乙과 짜고 마치 매매계약을 체결한 것처럼 꾸며 乙 앞으로 이전등기를 하였다. 이에 관한 설명으로 옳은 것은? (다툼이 있으면 판례에 따름)

① 매매계약은 유효하다.
② 증여계약은 무효이다.
③ 甲은 乙을 상대로 이전등기의 말소를 청구할 수 없다.
④ 乙이 이런 사실을 안 丙에게 매도하고 이전등기한 경우, 甲은 丙을 상대로 이전등기의 말소를 청구할 수 있다.
⑤ 丙은 가장매매사실에 대해 선의인 경우에 한하여 소유권을 취득한다.

45. 사기·강박에 의한 의사표시에 관한 설명으로 틀린 것은? (다툼이 있으면 판례에 따름)

① 사기나 강박에 의한 소송행위는 원칙적으로 취소할 수 있다.
② 대리인의 기망행위로 계약을 체결한 상대방은 본인이 선의이더라도 계약을 취소할 수 있다.
③ 강박으로 의사결정의 자유가 완전히 박탈되어 법률행위의 외형만 갖춘 의사표시는 무효이다.
④ 교환계약의 당사자 일방이 자기 소유 목적물의 시가를 묵비한 것은 특별한 사정이 없는 한 기망행위가 아니다.
⑤ 제3자의 사기로 계약을 체결한 경우, 피해자는 그 계약을 취소하지 않고 그 제3자에게 불법행위책임을 물을 수 있다.

46. 의사표시에 관한 설명으로 틀린 것은? (다툼이 있으면 판례에 따름)

① 상대방 있는 단독행위에도 비진의표시에 관한 규정이 적용될 수 있다.
② 의사표시는 상대방이 표의자의 진의 아님을 알았거나 이를 알 수 있었을 경우에는 무효이다.
③ 상대방 있는 의사표시에 관하여 제3자가 사기나 강박을 행한 경우, 상대방이 그 사실을 알았거나 알 수 있었을 때에 한하여 그 의사표시를 취소할 수 있다.
④ 교환계약의 당사자 일방이 자기 소유의 목적물의 시가에 관하여 침묵한 것은 특별한 사정이 없는 한 기망행위에 해당한다.
⑤ 재산을 강제로 뺏긴다는 것이 표의자의 본심으로 잠재되어 있었다 하여도 표의자가 마지못해 증여의 의사표시를 한 이상 그 의사표시는 비진의표시가 아니다.

47. 甲의 대리인 乙이 丙과 매매계약을 체결하였다. 이에 관한 설명으로 옳은 것은? (다툼이 있으면 판례에 따름)

① 乙이 피성년후견인인 경우 매매계약은 무효로 된다.
② 乙이 실수로 甲을 위한 것임을 표시하지 않고 계약을 체결한 경우에, 丙이 계약당사자를 乙이라 생각하여 乙에게 이행을 청구해오면, 乙은 착오를 이유로 매매계약을 취소할 수 있다.
③ 위 ②의 경우 주위 사정에 비추어 볼 때 乙이 甲의 대리인임을 丙이 알 수 있었다면 丙은 甲에게 계약의 이행을 청구할 수 있다.
④ 乙이 丙으로부터 기망을 당하여 계약을 체결한 경우 기망을 당하지 않은 甲은 매매계약을 취소할 수 없다.
⑤ 乙이 丙을 기망하여 계약이 체결된 경우에도 甲이 선의이면 丙은 계약을 취소할 수 없다.

48. 대리에 관한 설명으로 틀린 것은? (다툼이 있으면 판례에 따름)

① 대리인이 파산선고를 받아도 그의 대리권은 소멸하지 않는다.
② 대리인이 수인인 때에는 원칙적으로 각자가 본인을 대리한다.
③ 대리인은 본인의 허락이 있으면 당사자 쌍방을 대리할 수 있다.
④ 대리인의 대리권 남용을 상대방이 알았거나 알 수 있었을 경우, 대리행위는 본인에게 효력이 없다.
⑤ 매매계약을 체결할 대리권을 수여받은 대리인은 특별한 사정이 없는 한 중도금과 잔금을 수령할 권한이 있다.

49. 무효 또는 취소로써 선의의 제3자에게 대항할 수 없는 경우를 모두 고른 것은?

> ㄱ. 반사회적 법률행위로 인한 무효
> ㄴ. 허위표시의 무효
> ㄷ. 착오로 인한 취소
> ㄹ. 사기나 강박으로 인한 취소
> ㅁ. 불공정한 법률행위의 무효

① ㄱ, ㅁ 　　　　　② ㄴ, ㄷ
③ ㄷ, ㄹ 　　　　　④ ㄹ, ㅁ
⑤ ㄴ, ㄷ, ㄹ

50. 무효에 관한 설명으로 틀린 것은?

① 법률행위로서 성립조차 하지 않은 경우에는 무효행위의 전환이 문제될 여지가 없다.
② 무효인 법률행위가 다른 법률행위의 요건을 구비하고 당사자가 그 무효를 알았더라면 다른 법률행위를 하는 것을 의욕하였으리라고 인정될 때에는 다른 법률행위로서 효력을 가진다.
③ 무효행위의 추인은 소급효가 없는 것이 원칙이나, 당사자의 약정에 의하여 소급효를 인정하는 것은 허용된다.
④ 법률행위가 가분적이고 당사자의 가상적 의사가 인정되는 경우에는 법률행위의 일부분만 유효하게 될 수 있다.
⑤ 불법원인급여의 경우 급여자는 부당이득반환청구는 할 수 없으나, 소유권에 기한 반환청구는 할 수 있다.

51. 조건에 관한 설명으로 <u>틀린</u> 것은? (다툼이 있으면 판례에 따름)

① 부부관계의 종료를 해제조건으로 하는 증여계약은 그 조건뿐만 아니라 증여계약 자체가 무효이다.
② 해제조건부 법률행위는 조건이 불성취되면 법률행위의 효력이 유효로 확정된다.
③ 조건의사가 있더라도 그것이 외부에 표시되지 않으면 법률행위의 동기에 불과할 뿐이다.
④ 불능조건이 해제조건인 경우 그 법률행위는 무효이다.
⑤ 조건성취로 인하여 불이익을 받을 당사자가 신의성실에 반하여 조건의 성취를 방해한 경우 상대방은 조건이 성취한 것으로 주장할 수 있다.

52. 甲 소유 X토지에 대한 사용권한 없이 그 위에 乙이 Y건물을 신축한 후 아직 등기하지 않은 채 丙에게 일부를 임대하여 현재 乙과 丙이 Y건물을 일부분씩 점유하고 있다. 다음 설명 중 옳은 것을 모두 고른 것은? (다툼이 있으면 판례에 따름)

> ㄱ. 甲은 乙을 상대로 Y건물에서의 퇴거를 청구할 수 있다.
> ㄴ. 甲은 丙을 상대로 Y건물에서의 퇴거를 청구할 수 있다.
> ㄷ. 乙이 Y건물을 丁에게 미등기로 매도하고 인도해 준 경우 甲은 丁을 상대로 Y건물의 철거를 청구할 수 있다.

① ㄱ
② ㄷ
③ ㄱ, ㄴ
④ ㄴ, ㄷ
⑤ ㄱ, ㄴ, ㄷ

53. 청구권보전의 가등기에 관한 설명으로 <u>틀린</u> 것은? (다툼이 있으면 판례에 따름)

① 물권적 청구권을 보전하기 위한 가등기는 허용되지 않는다.
② 가등기가 되어 있는 부동산의 소유자가 필요비나 유익비를 지출한 것은 가등기에 의한 본등기가 된 경우에는 타인의 물건에 대하여 비용을 투입한 것이 된다.
③ 가등기권자는 가등기의무자인 전 소유자를 상대로 본등기청구권을 행사할 것이고 제3자를 상대로 할 것이 아니다.
④ 가등기에 기한 본등기가 경료된 경우 가등기 후 본등기 전에 이루어진 중간처분은 본등기보다 후순위로 되어 실효된다.
⑤ 가등기 이후에 부동산을 취득한 제3자는 가등기에 기한 소유권이전등기청구권이 시효 완성으로 소멸되었더라도 가등기권리자에 대하여 본등기청구권의 소멸시효를 주장하여 그 가등기의 말소를 청구할 수 없다.

54. 등기와 점유의 추정력에 관한 설명으로 <u>틀린</u> 것은? (다툼이 있으면 판례에 따름)

① 등기부상 권리변동의 당사자 사이에서는 등기의 추정력을 원용할 수 없다.
② 전·후 양시(兩時)에 점유한 사실이 있는 때에는 그 점유는 계속한 것으로 추정한다.
③ 근저당권설정등기의 경우 피담보채권을 성립시키는 기본계약의 존재는 추정되지 않는다.
④ 점유자의 권리추정 규정은 특별한 사정이 없는 한 부동산 물권에는 적용되지 않는다.
⑤ 소유권보존등기의 명의인이 부동산을 양수받은 것이라 주장하는데 전 소유자가 양도사실을 부인하는 경우 보존등기의 추정력은 깨진다.

55. 토지거래허가구역 밖에 있는 토지에 대하여 최초매도인 甲과 중간매수인 乙, 乙과 최종매수인 丙 사이에 순차로 매매계약이 체결되고 이들 간에 중간생략등기의 합의가 있는 경우에 관한 설명으로 <u>틀린</u> 것은? (다툼이 있으면 판례에 따름)

① 乙이 토지를 인도받아 사용·수익하고 있는 한 甲에 대한 소유권이전등기청구권은 소멸시효에 걸리지 않는다.

② 丙이 토지를 인도받아 사용·수익하고 있는 한 乙에 대한 등기청구권은 소멸시효에 걸리지 않는다.

③ 甲은 乙의 매매대금 미지급을 이유로 丙 명의로의 소유권이전등기의무 이행을 거절할 수 있다.

④ 甲과 乙, 乙과 丙이 중간생략등기의 합의를 순차적으로 한 경우, 丙은 甲의 동의가 없더라도 甲을 상대로 중간생략등기청구를 할 수 있다.

⑤ 중간생략등기의 합의 후 甲·乙 사이의 매매계약이 합의해제된 경우, 甲은 丙 명의로의 소유권이전등기의무의 이행을 거절할 수 있다.

56. 물권의 소멸에 관한 설명으로 <u>틀린</u> 것은? (다툼이 있으면 판례에 따름)

① 소유권과 저당권은 소멸시효에 걸리지 않는다.

② 물권의 포기는 물권의 소멸을 목적으로 하는 단독행위이다.

③ 전세권이 저당권의 목적인 경우, 저당권자의 동의 없이 전세권을 포기할 수 없다.

④ 존속기간이 있는 지상권은 특별한 사정이 없으면 그 기간의 만료로 말소등기 없이 소멸한다.

⑤ 甲의 토지에 乙이 지상권을 취득한 후, 그 토지에 저당권을 취득한 丙이 그 토지의 소유권을 취득하더라도 丙의 저당권은 소멸하지 않는다.

57. 점유에 관한 설명으로 <u>틀린</u> 것은? (다툼이 있으면 판례에 따름)

① 특별한 사정이 없는 한, 건물의 부지가 된 토지는 그 건물의 소유자가 점유하는 것으로 보아야 한다.

② 전후 양 시점의 점유자가 다른 경우 점유승계가 증명되면 점유계속은 추정된다.

③ 적법하게 과실을 취득한 선의의 점유자는 회복자에게 일체의 필요비의 상환을 청구하지 못한다.

④ 점유자가 상대방의 사기에 의해 물건을 인도한 경우 점유침탈을 이유로 한 점유물반환청구권은 발생하지 않는다.

⑤ 선의의 점유자가 본권의 소에서 패소하면 그 소가 제기된 때로부터 악의의 점유자로 본다.

58. 취득시효의 기산점에 관한 판례의 태도와 <u>다른</u> 것은?

① 시효취득자는 취득시효 완성 당시의 부동산소유명의자에 대하여 등기 없이도 시효취득을 주장할 수 있다.

② 시효취득기간의 완성 전에 부동산의 소유자명의가 변경된 경우에, 그 후 취득시효기간이 완성된 시효취득자는 등기명의를 넘겨받은 취득시효 완성 당시의 소유명의자에게 취득시효를 주장할 수 있다.

③ 취득시효기간이 완성된 후 취득시효자가 이전등기를 하지 않고 있는 사이에 소유자가 제3자에게 부동산을 양도한 경우, 시효취득자는 제3자에게 대하여 시효취득을 주장할 수 없다.

④ 시효취득을 주장하는 자는 취득시효의 기산점에 관하여 점유기간 중 임의의 시점을 선택하여 주장할 수 있다.

⑤ 취득시효 완성 후 소유자의 변동은 있어도, 당초의 점유자가 계속 점유하고 있고 소유자가 변동된 시점을 기산점으로 다시 취득시효기간이 완성되는 경우, 취득시효의 완성을 주장할 수 있다.

59. 공유에 관한 판례의 태도와 **다른** 것은?

① 공유물의 보존행위는 각 공유자가 단독으로 할 수 있다.

② 수인의 공유로 된 부동산에 관하여 그 공유자 중의 1인이 부정한 방법으로 공유물 전부에 관한 소유권 이전등기를 그 단독명의로 경료한 경우 공유자 중의 1인은 공유물의 보존행위로서 단독명의로 등기를 경료하고 있는 공유자에 대하여 그 공유자의 공유지분을 포함한 공유지분 전부에 관하여 소유권이전등기 말소등기절차의 이행을 구할 수 있다.

③ 부동산 공유자의 공유지분 포기의 의사표시는 등기를 하여야 공유지분 포기에 따른 물권변동의 효력이 발생한다.

④ 과반수지분의 공유자로부터 사용·수익을 허락받은 점유자에 대하여 소수지분의 공유자는 건물의 철거나 퇴거 등 점유배제를 청구할 수 없다.

⑤ 과반수지분의 공유자로부터 공유물의 특정부분의 사용·수익을 허락받은 점유자는 소수지분권자에 대하여 부당이득을 얻었다고 할 수 없다.

60. 분묘기지권에 관한 설명으로 **옳은** 것은? (다툼이 있으면 판례에 따름)

① 토지소유자의 승낙 없이 분묘를 설치한 후 20년간 평온·공연하게 분묘기지를 점유한 자는 그 기지의 소유권을 시효취득한다.

② 타인 토지에 분묘를 설치·소유하는 자에게는 그 토지에 대한 소유의 의사가 추정된다.

③ 등기는 분묘기지권의 취득요건이다.

④ 분묘기지권을 시효취득한 자는 토지소유자가 지료 지급청구를 한 날부터 지료를 지급하여야 한다.

⑤ 존속기간에 관한 약정 없는 분묘기지권의 존속기간은 5년이다.

61. 전세권에 관한 내용으로 **틀린** 것은?

① 전세권자는 목적물의 통상의 관리에 속한 수선을 하여야 한다.

② 목적물의 일부가 불가항력에 의해 소멸한 경우에 멸실한 부분의 전세권은 소멸한다.

③ 존속기간의 약정이 없는 경우 전세권설정자가 소멸통고한 경우에는 6월, 전세권자가 소멸통고한 경우에는 1월이 경과함으로써 전세권이 소멸한다.

④ 전세권자는 설정행위로써 금지하지 아니한 이상 전세권설정자의 동의 없이 전전세할 수 있다.

⑤ 전세권에는 물상대위성이 있다.

62. 저당권에 관한 설명으로 **틀린** 것은? (다툼이 있으면 판례에 따름)

① 목적부동산의 부합물과 종물에는 저당권의 효력이 미치는 것이 원칙이다.

② 저당권의 피담보채권에는 원본과 이자뿐만 아니라 위약금과 채무불이행으로 인한 손해배상이 포함되며, 저당권의 실행비용은 포함되지 않는다.

③ 저당권의 효력은 저당부동산에 대한 압류가 있은 후에 저당권설정자가 그 부동산으로부터 수취한 과실 또는 수취할 수 있는 과실에 미친다.

④ 위 ③의 경우 저당권자가 그 부동산에 대한 소유권, 지상권 또는 전세권을 취득한 제3자에 대하여는 압류한 사실을 통지한 후가 아니면 이로써 대항하지 못한다.

⑤ 저당물의 멸실로 인하여 받을 금전이 저당물의 소유자에게 지급되기 전에 그 지급청구권이 압류된 경우, 저당권자는 물상대위권을 행사할 수 있다.

63. 제366조의 법정지상권에 관련된 판례의 내용으로 **틀린** 것은? (다툼이 있으면 판례에 따름)

① 저당권설정 당시에 건물이 존재하지 않는 경우에는 법정지상권이 성립하지 않는다.

② 건물양수인은 건물양도인을 순차 대위하여 토지소유자에 대하여 건물소유자였던 법정지상권자의 법정지상권설정등기절차 이행을 청구할 수 있다.

③ 토지 또는 건물이 동일한 소유자에게 속하였다가 건물 또는 토지가 매매 기타의 원인으로 인하여 양자의 소유자가 다르게 된 때에 건물소유자는 토지소유자에 대하여 그 건물을 위한 관습상의 법정지상권을 취득한다.

④ 법원은 법정지상권자가 지급할 지료를 결정함에 있어 그 건물이 건립되어 있어 토지소유권이 제한받는 사정을 참작해서는 안 된다.

⑤ 저당권설정 당시의 건물이 멸실되고 신축된 경우 법정지상권의 내용인 존속기간·토지사용권의 범위 등은 신건물을 기준으로 결정하여야 한다.

64. 공동저당에 관한 설명으로 **틀린** 것은? (다툼이 있으면 판례에 따름)

① 수개의 동일한 채권을 담보하기 위한 공동저당도 가능하다.

② 공동저당권자가 일부만을 실행하는 경우에도 그 매각대금으로부터 피담보채권의 전액을 변제받을 수 있다.

③ 공동저당의 목적인 부동산 전부를 동시에 배당하는 경우에 각 부동산의 매각대금에 비례하여 피담보채권의 부담이 나누어진다.

④ 공동저당의 일부 부동산만의 매각대금을 먼저 배당하는 경우에, 경매된 부동산의 후순위저당권자는 공동저당부동산을 동시에 배당하였더라면 공동저당권자가 다른 부동산으로부터 변제받을 수 있었던 금액의 한도 내에서 공동저당권자를 대위하여 그 저당권을 행사할 수 있다.

⑤ 동일한 채권의 담보를 위하여 부동산과 선박에 저당권이 설정된 경우에도 위 ④의 법리(후순위저당권자의 대위에 관한 제368조 제2항 제2문 규정)가 적용 내지 유추적용된다.

65. 근저당권에 관한 설명으로 옳은 것은? (다툼이 있으면 판례에 따름)

① 근저당권 실행비용(경매비용)은 채권최고액에 포함된다.

② 채권최고액이란 최고액의 범위 내의 채권에 한해서만 변제를 받을 수 있다는 책임의 한도액을 의미하는 것이다.

③ 확정된 피담보채권액이 채권최고액을 초과하는 경우, 물상보증인은 채권최고액의 변제만으로 근저당권설정등기의 말소를 청구할 수 없다.

④ 최선순위 근저당권자가 경매를 신청하여 경매개시결정이 된 경우, 그 근저당권의 피담보채권은 경매신청 시에 확정된다.

⑤ 피담보채권과 분리하여 근저당만의 양도도 허용된다.

66. 계약성립의 요소로서 청약과 승낙의 의사표시에 대한 설명으로 **틀린** 것은?

① 청약은 구체적·확정적 의사표시이어야 한다.

② 청약자가 청약을 할 때에는 청약과 동시에 승낙기간을 정하여야 한다.

③ 청약은 불특정 다수인에 대하여 할 수 있으나, 승낙은 반드시 청약자에 대하여 하여야 한다.

④ 청약에 대하여 조건을 붙여서 승낙을 한 경우, 청약의 거절과 동시에 새로 청약한 것으로 본다.

⑤ 교차청약이 성립하기 위해서는 두 개의 청약이 서로 내용상 합치하여야 한다.

67. 계약체결상의 과실책임에 관한 설명으로 틀린 것은? (다툼이 있으면 판례에 따름)

① 계약체결상의 과실책임은 오직 원시적 불능의 경우에만 인정된다.

② 목적이 불능한 계약을 체결할 때에 그 불능을 알았거나 알 수 있었을 자는 그 계약이 유효함으로 인하여 생길 이익을 배상하여야 한다.

③ 상대방은 불능원인에 대하여 선의이며 과실이 없어야 한다.

④ 원시적 불능을 목적으로 하는 계약은 무효이나, 계약체결상의 과실책임이 문제될 수 있다.

⑤ 신뢰이익의 손해가 이행이익의 손해를 초과하는 경우 이행이익의 손해만 배상하면 된다.

68. 동시이행의 항변권에 관한 설명으로 틀린 것은?

① 쌍무계약의 각 당사자는 상대방에 대하여 그의 채권을 자유롭게 행사하고 그 이행을 청구할 수 있다.

② 선이행의무자가 이행하지 않고 있는 동안에 상대방의 채무의 변제기가 도래한 경우, 선이행의무자는 동시이행의 항변권을 가진다.

③ 쌍무계약의 채권자는 상대방에게 이행을 청구하려면 먼저 자기 채무를 이행하여야 한다.

④ 판례에 따르면 동시이행의 항변권은 이를 주장하지 않는 한 효력이 발생하지 않으며, 법원이 직권으로 고려할 것은 아니다.

⑤ 동시이행항변권이 붙은 채권을 자동채권으로 상계할 수 없다.

69. 甲은 자기 소유 토지를 乙에게 매도하였으나 계약 체결 후 그 토지 전부가 수용되어 소유권이전이 불가능하게 되었다. 이에 관한 설명으로 옳은 것은? (다툼이 있으면 판례에 따름)

① 乙은 수용의 주체를 상대로 불법행위로 인한 손해배상을 청구할 수 있다.

② 乙은 甲에게 계약체결상의 과실책임을 물을 수 있다.

③ 乙은 특별한 사정이 없는 한 甲에게 매매대금을 지급할 의무가 없다.

④ 乙은 甲에게 채무불이행을 이유로 손해배상을 청구할 수 있다.

⑤ 乙은 이행불능을 이유로 甲과의 계약을 해제할 수 있다.

70. 甲은 자신의 토지를 乙에게 매도하면서 그 대금은 乙이 甲의 의무이행과 동시에 丙에게 지급하기로 약정하고, 丙은 乙에게 수익의 의사표시를 하였다. 이에 관한 설명으로 틀린 것은? (다툼이 있으면 판례에 따름)

① 丙은 乙의 채무불이행을 이유로 甲과 乙의 매매계약을 해제할 수 없다.

② 甲과 乙의 매매계약이 적법하게 취소된 경우, 丙의 급부청구권은 소멸한다.

③ 甲이 乙에게 매매계약에 따른 이행을 하지 않더라도, 乙은 특별한 사정이 없는 한 丙에게 대금지급을 거절할 수 없다.

④ 丙이 수익의 의사표시를 한 후에는 특별한 사정이 없는 한 甲과 乙의 합의에 의해 丙의 권리를 소멸시킬 수 없다.

⑤ 丙이 대금을 수령하였으나 매매계약이 무효인 것으로 판명된 경우, 특별한 사정이 없는 한 乙은 丙에게 대금반환을 청구할 수 없다.

71. 합의해제에 관한 설명으로 틀린 것은? (다툼이 있으면 판례에 따름)

① 부동산매매계약이 합의해제된 경우, 다른 약정이 없는 한 매도인은 수령한 대금에 이자를 붙여 반환하여야 한다.

② 당사자 쌍방은 자기 채무의 이행제공 없이 합의에 의해 계약을 해제할 수 있다.

③ 합의해제의 소급효는 법정해제의 경우와 같이 제3자의 권리를 해하지 못한다.

④ 계약이 합의해제된 경우 다른 사정이 없는 한, 합의해제 시에 채무불이행으로 인한 손해배상을 청구할 수 없다.

⑤ 매도인이 잔금기일 경과 후 해제를 주장하며 수령한 대금을 공탁하고 매수인이 이의 없이 수령한 경우, 특별한 사정이 없는 한 합의해제된 것으로 본다.

72. 계약금에 관한 설명으로 틀린 것은? (다툼이 있으면 판례에 따름)

① 계약금계약은 매매계약에 종된 계약이며 요물계약에 해당한다.

② 계약금은 해약금으로 추정되므로 당사자의 일방이 위약한 경우 그 계약금을 위약금으로 하기로 하는 특약이 있는 경우에만 손해배상액의 예정으로서의 성질을 갖는다.

③ 계약금 포기에 의한 계약해제의 경우, 상대방은 채무불이행을 이유로 손해배상을 청구할 수 없다.

④ 이행기의 약정이 있더라도 당사자가 채무의 이행기 전에는 착수하지 아니하기로 하는 특약을 하는 등의 특별한 사정이 없는 한 이행기 전에 이행에 착수할 수 있다.

⑤ 매도인이 계약금의 배액을 상환하고 계약을 해제하려면 계약해제 의사표시 이외에 계약금 배액의 이행의 제공을 하여야 하며, 상대방이 이를 수령하지 않는 경우에는 이를 공탁하여야 한다.

73. 甲과 乙 사이에 X토지 1,000m²에 대한 매매계약이 성립하였다. 매도인 甲의 담보책임에 관한 설명으로 틀린 것은?

① X토지 전부가 甲의 소유가 아니고 丙의 소유이며, 甲이 그 권리를 취득하여 乙에게 이전할 수 없는 경우에는 乙은 자신의 선의·악의를 묻지 않고 계약을 해제할 수 있다.

② 1,000m² 중 300m²가 丙의 소유이며, 甲이 그 권리를 취득하여 乙에게 이전할 수 없는 경우에는 乙은 자신의 선의·악의를 묻지 않고 대금의 감액을 청구할 수 있다.

③ X토지 위에 지상권이 설정되어 있는 경우에 乙이 이 사실을 알고 있다면 甲은 담보책임을 지지 않는다.

④ 甲과 乙이 1,000m²의 수량을 지정하여 매매하였으나, X토지가 실제로는 800m² 밖에 되지 않는 경우에는 乙은 자신의 선의·악의를 묻지 않고 대금의 감액을 청구할 수 있다.

⑤ X토지 위에 저당권이 존재하여도 그 사실만으로는 담보책임의 문제가 생기지 않는다.

74. 乙은 甲으로부터 2015년 3월 1일에 기간약정 없이 토지를 임차한 뒤에 그 지상에 건물 한 채를 신축하였고, 甲은 2025년 2월 1일에 乙에게 임대차계약의 해지통고를 하였다. 甲과 乙 사이의 법률관계에 관한 설명으로 틀린 것은? (다툼이 있으면 판례에 따름)

① 임대차계약은 乙이 해지통고를 받은 날로부터 6개월이 경과함으로써 소멸한다.

② 만약, 甲·乙 사이의 임대차계약이 채무불이행으로 인하여 해지되는 경우에는 乙이 甲에게 건물매수청구권을 행사할 수 없다.

③ 만약, 甲·乙 사이의 임대차계약에서 건물철거에 관한 합의가 존재하더라도 乙은 甲에게 건물매수청구권을 행사할 수 있다.

④ 건물매수청구권을 갖는 乙이 그 권리를 행사하는 경우에 甲은 매수를 거절할 수 없다.

⑤ 乙이 甲에게 건물매수청구권을 행사하기 위해서는 먼저 갱신청구권을 행사하여야 한다.

75. 주택임대차보호법상의 우선변제에 관한 설명으로 틀린 것은? (다툼이 있으면 판례에 따름)

① 주택임차인이 주택의 인도와 주민등록을 마친 당일 또는 그 이전에 임대차계약증서상에 확정일자를 갖춘 경우 우선변제권의 발생시기는 주택의 인도와 주민등록을 마친 다음 날이다.

② 대항요건과 임대차계약증서상의 확정일자를 갖춘 임차인은 「민사집행법」에 따른 경매의 환가대금에서 후순위권리자나 그 밖의 채권자보다 우선하여 보증금을 변제받을 권리가 있다.

③ 임차인이 보증금반환청구소송의 확정판결에 기해 임차주택에 대하여 스스로 강제경매를 신청한 경우에도 배당요구를 하여야 주택의 경락대금에 대해서 우선변제를 받을 수 있다.

④ 「주택임대차보호법」 제3조의2 제1항의 임차주택에는 건물뿐만 아니라 그 대지도 포함된다.

⑤ 대항력과 우선변제권을 겸유하고 있는 임차인이 배당요구를 하였으나 보증금 전액을 배당받지 못한 경우, 후행 경매절차에서는 우선변제권에 의한 배당을 받을 수 없다.

76. 甲은 2025.1.5. 乙로부터 그 소유의 X주택을 보증금 2억원, 월 임료 50만원, 기간은 계약일로부터 1년으로 정하여 임차하는 내용의 계약을 체결하고, 당일 乙에게 보증금을 지급함과 동시에 X주택을 인도받아 주민등록을 마치고 확정일자를 받았다. 다음 중 주택임대차보호법의 적용에 관한 설명으로 틀린 것은? (다툼이 있으면 판례에 따름)

① 甲은 2025.1.6. 오전 0시부터 대항력을 취득한다.

② 제3자에 의해 2025.5.9. 경매가 개시되어 X주택이 매각된 경우, 甲은 경매절차에서 배당요구를 하여야 보증금에 대해 우선변제를 받을 수 있다.

③ 乙이 X주택을 丙에게 매도하고 소유권이전등기를 마친 경우, 乙과 丙은 각각 보증금반환의무를 부담한다.

④ 甲이 2기의 차임액에 달하는 차임을 연체하면 묵시적 갱신이 인정되지 않는다.

⑤ 묵시적 갱신이 된 경우, 갱신된 임대차계약의 존속기간은 2년이다.

77. 상가건물 임대차보호법에 관한 설명으로 틀린 것은?

① 임차인은 최초 임대차기간을 포함한 전체 임대차기간이 10년을 초과하지 않는 범위 내에서만 계약갱신요구권을 행사할 수 있다.

② 대항요건을 갖추고 임대차계약서상의 확정일자를 받은 임차인은 「민사집행법」에 의한 경매 또는 「국세징수법」에 의한 공매 시 임차건물의 환가대금에서 후순위권리자 그 밖의 채권자보다 우선하여 보증금을 변제받을 권리가 있다.

③ 임차인이 임차건물에 대하여 보증금반환청구소송의 확정판결 그 밖에 이에 준하는 집행권원에 기한 경매를 신청하는 경우에는 반대의무의 이행 또는 이행의 제공을 집행개시의 요건으로 하지 아니한다.

④ 임차인은 임차건물을 양수인에게 인도하지 아니하면 보증금을 수령할 수 없다.

⑤ 임차인은 건물에 대한 경매신청 전까지 대항요건을 갖춘 경우 보증금 중 일정액을 다른 담보물권자보다 우선하여 변제받을 권리가 있다.

78. 집합건물의 소유 및 관리에 관한 법률에 관한 설명으로 틀린 것은? (다툼이 있으면 판례에 따름)

① 「집합건물의 소유 및 관리에 관한 법률」 제9조의 담보책임은 건물의 건축상의 하자 외에 대지부분의 권리상의 하자에까지 적용되는 것은 아니다.

② 공용부분은 구분소유자 전원의 공유에 속한다. 다만, 일부의 구분소유자만의 공용에 제공되는 것임이 명백한 공용부분은 그들 구분소유자의 공유에 속한다.

③ 공유자가 공용부분에 관하여 다른 공유자에 대하여 가지는 채권은 그 특별승계인에 대하여도 행사할 수 있다.

④ 전 입주자가 체납한 관리비는 공용부분과 전유부분을 구분하지 아니하고 전부 그 특별승계인에게 승계된다.

⑤ 완공된 집합건물의 하자로 인하여 계약의 목적을 달성할 수 없는 경우 수분양자는 이를 이유로 분양계약을 해제할 수 있다.

79. 가등기담보 등에 관한 법률이 적용되는 경우를 모두 고른 것은? (다툼이 있으면 판례에 따름)

> ㄱ. 1억원을 차용하면서 시가 2억원 상당의 부동산에 대해 대물변제의 예약을 하고 가등기한 경우
>
> ㄴ. 1억원의 토지매매대금의 지급담보와 그 불이행의 경우의 제재를 위해 2억원 상당의 부동산에 가등기한 경우
>
> ㄷ. 1천만원을 차용하면서 2천만원 상당의 고려청자를 양도담보로 제공한 경우
>
> ㄹ. 1억원을 차용하면서 1억 5천만원 상당의 부동산을 양도담보로 제공한 경우

① ㄱ, ㄴ 　　　② ㄱ, ㄷ
③ ㄱ, ㄹ 　　　④ ㄴ, ㄷ
⑤ ㄷ, ㄹ

80. 2025년 甲은 丙의 토지를 매수한 뒤 친구 乙과의 사이에 명의신탁약정을 맺었고, 丙은 甲의 부탁에 따라 직접 乙에게 소유권이전등기를 하였다. 이에 관한 설명으로 옳은 것은? (다툼이 있으면 판례에 따름)

① 丙의 甲에 대한 이전등기의무는 소멸하였다.
② 丙은 乙에게 이전등기의 말소를 청구할 수 있다.
③ 대내적으로는 甲이 토지의 소유자이나, 대외적으로는 乙이 소유자이다.
④ 丙이 명의신탁 사실을 알지 못한 경우 甲과 丙의 매매계약은 무효이다.
⑤ 甲은 명의신탁약정의 해지를 이유로 乙에게 진정명의회복을 위한 이전등기를 청구할 수 있다.

2025년도 제36회 공인중개사 1차 국가자격시험
실전모의고사 제6회

교 시	문제형별	시험시간	시험과목
1교시	**A**	**100분**	**1** 부동산학개론 **2** 민법 및 민사특별법 중 부동산 중개에 관련되는 규정

수험번호		성 명	

[수험자 유의사항]

1. 시험문제지는 **단일 형별(A형)**이며, 답안카드 형별 기재란에 표시된 형별(A형)을 확인하시기 바랍니다. 시험문제지의 **총면수, 문제번호 일련순서, 인쇄상태** 등을 확인하시고, 문제지 표지에 수험번호와 성명을 기재하시기 바랍니다.

2. 답은 각 문제마다 요구하는 **가장 적합하거나 가까운 답 1개**만 선택하고, 답안카드 작성 시 시험문제지 **마킹착오**로 인한 불이익은 전적으로 **수험자에게 책임**이 있음을 알려드립니다.

3. 답안카드는 국가전문자격 공통 표준형으로 문제번호가 1번부터 125번까지 인쇄되어 있습니다. 답안 마킹 시에는 반드시 **시험문제지의 문제번호와 동일한 번호**에 마킹하여야 합니다. (1차 1교시 : 1번~80번)

4. **감독위원의 지시에 불응하거나 시험시간 종료 후 답안카드를 제출하지 않을 경우** 불이익이 발생할 수 있음을 알려 드립니다.

5. 시험문제지는 시험 종료 후 가져가시기 바랍니다.

6. 답안작성은 **시험 시행일(2025.10.25.) 현재 시행되는 법령 등**을 적용하시기 바랍니다.

7. 가답안 의견제시에 대한 개별회신 및 공고는 하지 않으며, **최종 정답 발표로 갈음합니다.**

8. 시험 중 **중간 퇴실은 불가**합니다. 단, 부득이하게 퇴실할 경우 **시험포기각서 제출 후 퇴실은 가능**하나 **재입실이 불가**하며, 해당시험은 무효처리됩니다.

제1과목: 부동산학개론

1. 부동산 개념 중 성격이 <u>다른</u> 것은?

① 소비재　　　　　② 공간

③ 상품　　　　　　④ 자산

⑤ 자본

2. 토지의 용어에 관한 설명으로 틀린 것은 모두 몇 개인가?

> ㄱ. 건부지 가격은 일반적으로 건부감가에 의해 나지 가격보다 높게 평가된다.
>
> ㄴ. 후보지는 사회적, 경제적, 인위적, 자연적, 행정적 등 조건에 따라 다른 토지와 구별되는 것으로 가격수준이 비슷한 일단의 토지를 말한다.
>
> ㄷ. 선하지란 고압선 아래의 토지로서 선하지 감가를 행하는 것이 일반적이다.
>
> ㄹ. 획지는 용도상 불가분의 관계에 있는 2필지 이상의 일단의 토지를 말한다.
>
> ㅁ. 택지는 모두 부지에 해당되나, 부지가 모두 택지에 해당되는 것은 아니다.

① 1개　　　　　　② 2개

③ 3개　　　　　　④ 4개

⑤ 5개

3. A지역에 있는 아파트의 임대료를 상승시키는 요인으로 <u>틀린</u> 것은? (단, 해당 아파트는 정상재이며, 다른 조건은 일정함)

① 소비에 있어서 해당 아파트와 대체관계에 있는 재화의 가격상승

② 해당 아파트 인근 지역에 전철역 개통 예정

③ 해당 지역과 대체관계에 있는 지역의 수요의 감소

④ 아파트가 있는 지역과 가까운 곳에 종합쇼핑몰 오픈 예정

⑤ 해당 아파트와 보완관계에 있는 재화의 가격상승

4. 토지의 특성에 관한 설명으로 옳은 것을 모두 고른 것은?

> ㄱ. 부동성으로 인해 부동산 활동을 임장활동으로 만들며, 입지론의 근거가 된다.
>
> ㄴ. 중개업을 제도화시키며 국가 및 지방자치단체마다 상이한 규제를 적용시키게 하는 특성은 부증성에서 기인된다.
>
> ㄷ. 토지는 영속성으로 인하여 개개의 부동산을 독점적으로 만든다.
>
> ㄹ. 부동산 활동에서 독점소유욕을 유발하게 하는 것은 개별성 때문이다.
>
> ㅁ. 부동산의 이익을 소유의 이익과 사용의 이익으로 분리가 가능하게 하는 것은 영속성의 특성이다.

① ㄱ, ㄷ　　　　　② ㄱ, ㅁ

③ ㄱ, ㄴ, ㅁ　　　④ ㄱ, ㄹ, ㅁ

⑤ ㄱ, ㄷ, ㄹ, ㅁ

5. 부동산의 수요와 공급에 관한 설명으로 옳은 것은? (단, 다른 조건은 불변임)

① 균형 상태인 시장에서 건축자재값의 가격이 상승하면 균형거래량은 감소하고 균형가격은 하락한다.

② 소득의 감소라는 요인으로 수요곡선 자체가 이동하는 것은 수요량의 변화이다.

③ 토지가격의 상승은 주택공급을 증가시키는 요인이 된다.

④ 주택임대료가 상승하면 다른 재화의 가격이 상대적으로 하락하여 임대수요량이 감소하는 것은 대체효과에 대한 설명이다.

⑤ 부동산 수요량이란 주어진 가격에서의 실제 매수한 수량을 말한다.

6. 임대주택 단기공급함수는 $Q_S = 100$이고 장기공급함수는 $Q_S = 3P - 150$이다. 임대주택에 대한 수요함수는 $Q_D = 200 - P$이다. 수요함수는 장단기 동일하다. 만일 정부가 임대주택의 호당 임대료를 월 80만원으로 통제할 경우, 임대주택의 부족량은 단기와 장기에 각각 얼마인가? [Q는 임대주택 수(단위: 호), P는 임대주택 호당 월 임대료(단위: 만원), 모든 임대주택은 동일한 양과 질의 주거서비스를 제공한다고 가정함]

① 단기 10호, 장기 20호

② 단기 10호, 장기 30호

③ 단기 20호, 장기 30호

④ 단기 20호, 장기 40호

⑤ 단기 30호, 장기 40호

7. 다음은 부동산과 관련된 경제변수들이다. 유량(flow) 변수와 저량(stock)변수가 옳게 묶인 것은?

> ㄱ. 순영업소득
> ㄴ. 부동산 가치
> ㄷ. 통화량
> ㄹ. 임대료
> ㅁ. 부동산거래량
> ㅂ. 가계순자산

	유량변수	저량변수
①	ㄱ, ㅁ	ㄴ, ㄷ, ㄹ, ㅂ
②	ㄹ, ㅂ	ㄱ, ㄴ, ㄷ, ㅁ
③	ㄱ, ㄷ, ㅁ	ㄴ, ㄹ, ㅂ
④	ㄱ, ㄹ, ㅁ	ㄴ, ㄷ, ㅂ
⑤	ㄱ, ㄷ, ㄹ, ㅁ	ㄴ, ㅂ

8. 어느 지역의 단독주택에 대한 수요의 가격탄력성은 0.8이고 소득탄력성은 0.4이다. 단독주택 가격이 5% 상승함과 동시에 소득이 변하여 전체 수요량이 2% 감소하였다면, 이때 소득의 변화율은? (단, 단독주택은 정상재이고, 수요의 가격탄력성은 절댓값으로 나타내며, 다른 조건은 동일함)

① 5% 증가　　② 5% 감소

③ 6% 증가　　④ 6% 감소

⑤ 8% 증가

9. 부동산수요와 공급탄력성에 관한 설명으로 **틀린** 것은? (단, 다른 변수는 불변이라고 가정함)

① 부동산수요의 가격탄력성은 부동산을 지역별·용도별로 세분할 경우 달라질 수 있다.

② 공급의 가격탄력성이 비탄력적이라는 것은 가격의 변화율에 비해 공급량의 변화율이 작다는 것을 의미한다.

③ 어느 부동산과 밀접한 대체재가 시장에 출현한다면, 그 부동산에 대한 수요의 탄력성은 이전보다 더 커진다.

④ 수요가 가격에 대해 완전탄력적일 때 공급이 증가해도 가격은 변하지 않고 균형량은 증가한다.

⑤ 공급이 증가할 때 수요의 가격탄력성이 탄력적일수록 가격은 더 하락하게 된다.

10. 정부의 부동산시장 개입 중 직접개입 유형에 해당하는 것을 모두 고른 것은?

> ㄱ. 토지수용
> ㄴ. 공영개발사업
> ㄷ. 담보인정비율(LTV)
> ㄹ. 재산세
> ㅁ. 보조금
> ㅂ. 토지비축제

① ㄱ, ㄴ, ㄷ　　　② ㄱ, ㄴ, ㅂ

③ ㄷ, ㄹ, ㅁ　　　④ ㄷ, ㅁ, ㅂ

⑤ ㄹ, ㅁ, ㅂ

11. 다음 함수조건에 의한 A시장과 B시장의 거미집이론(Cob-web theory)모형 형태는? (단, P는 가격, Q_d는 수요량, Q_s는 공급량이고, 가격변화에 수요는 즉각적인 반응을 보이지만 공급은 시간적인 차이를 두고 반응하며, 다른 조건은 동일함)

○ A부동산시장: $2P = 600 - Q_d$,
　　　　　　　　$4P = 800 + 5Q_s$
○ B부동산시장: $P = 400 - Q_d$,
　　　　　　　　$2P = 100 + 2Q_s$

① A: 수렴형, B: 발산형
② A: 발산형, B: 순환형
③ A: 순환형, B: 발산형
④ A: 수렴형, B: 순환형
⑤ A: 발산형, B: 수렴형

12. 부동산시장에 관한 설명으로 <u>틀린</u> 것은? (단, 다른 조건은 동일함)

① 준강성 효율적 시장은 공표된 것이건 그렇지 않은 것이건 어떠한 정보도 이미 가치에 반영되어 있는 시장이다.
② 강성 효율적 시장이 완전경쟁시장에 가장 부합되는 시장이다.
③ 약성 효율적 시장은 기술적 분석을 통하여 정상이윤을 획득할 수 있다.
④ 부동산은 다양한 공·사적 제한이 존재하며, 이는 부동산시장의 가격 변동에 영향을 미칠 수 있다.
⑤ 부동산시장에서 정보의 비대칭성은 가격형성의 왜곡을 초래할 수 있다.

13. 주택의 여과과정(filtering process)에 관한 설명으로 <u>틀린</u> 것은?

① 상위계층이 사용하던 주택을 하위계층이 사용하게 되었을 때 이를 하향여과라 한다.
② 주택의 하향여과 과정이 원활하게 작동하면 저급주택의 공급량이 증가한다.
③ 고소득층 주거지역의 경계와 인접한 저소득층 주택은 대부분 할인되어 거래된다.
④ 주거분리란 고소득층의 주거지역과 저소득층의 주거지역이 서로 분리되는 현상을 뜻한다.
⑤ 사적 시장에서 불량주택의 문제는 시장실패가 아니라 시장이 효율적으로 자원을 할당하는 기능을 수행하고 있는 것이다.

14. 주택정책에 관한 설명으로 <u>틀린</u> 것은?

① 소득 대비 주택가격비율(PIR)과 소득 대비 임대료비율(RIR)은 주택시장에서 가구의 지불능력을 측정하는 지표이다.
② 공공임대주택의 공급은 저소득층에게 임대료 보조금의 효과를 발생시킨다.
③ 후분양제도는 분양권 전매를 통하여 가수요를 창출하여 부동산시장의 불안을 야기할 수 있다.
④ 주택법령상 분양가상한제 적용주택 및 그 주택의 입주자로 선정된 지위에 대하여 전매를 제한할 수 있다.
⑤ 주거복지정책상 주거급여제도는 소비자 보조방식의 일종이다.

15. 임대주택시장에서 조세를 인상하는 경우에 나타나는 현상으로 옳은 것은? (단, 다른 조건은 일정함)

① 조세의 귀착 정도는 공급의 임대료탄력성에 따라 결정된다.

② 수요의 임대료탄력성이 완전비탄력적이면 조세의 전가는 발생하지 않는다.

③ 임대주택 공급의 임대료탄력성이 수요의 임대료탄력성보다 탄력적이면 임대인이 상대적으로 많이 부담하게 된다.

④ 공공임대주택의 증가는 임대인의 조세전가 현상을 완화시킬 수 있다.

⑤ 조세의 부과는 수요를 감소시키지만, 조세의 전가로 공급은 증가하는 요인으로 작용한다.

16. 다음 이론에 관한 설명으로 틀린 것은?

① 컨버스(P. Converse)는 경쟁관계에 있는 두 소매시장 간 상권의 경계지점을 확인할 수 있도록 소매중력모형을 수정하였다.

② 크리스탈러(W. Christaller)는 중심지의 기능이 유지되기 위해서는 재화의 도달범위가 최소요구치보다 작아야 한다고 하였다.

③ 레일리(W. Reilly)는 두 중심지가 소비자에게 미치는 영향력의 크기는 두 중심지의 크기에 비례하고 거리의 제곱에 반비례한다고 보았다.

④ 허프(D. Huff)는 소비자들의 특정 상점의 구매를 설명할 때 매장 규모와 같은 공간요인뿐만 아니라 효용이라는 비공간요인도 고려하였다.

⑤ 허프(D. Huff)는 소비자가 특정 점포를 이용할 확률은 소비자와 점포와의 거리, 경쟁점포의 수와 면적 등에 의해서 결정된다고 보았다.

17. 도시공간구조이론 및 지대이론에 관한 설명으로 옳은 것은?

① 동심원이론에 따르면 고소득층과 저소득층 주거지대 사이에 점이지대가 위치한다.

② 동심원이론에 따르면 토지이용은 도심에서 시작되어 점차 교통망을 따라 동질적으로 확장되므로 원을 변형한 모양으로 도시가 성장한다.

③ 다핵심이론에서 다핵의 요인 중 동종업종은 분산입지를 하는 것이 유리하다.

④ 마찰비용이론에 따르면 마찰비용은 교통비와 지대로 구성된다.

⑤ 도시공간구조의 변화를 야기하는 요인은 교통의 발달이지 소득의 증가와는 관계가 없다.

18. 다음 투자사업의 세후현금흐름은 얼마인가? (단, 다른 조건은 고려하지 않음)

○ 순운영소득	120,000,000원
○ 재산세	7,000,000원
○ 화재보험료	3,000,000원
○ 연간융자월부금	70,000,000원
○ 융자이자	50,000,000원
○ 감가상각	20,000,000원
○ 소득세율	25%

① 37,500,000원 ② 38,500,000원

③ 40,000,000원 ④ 42,500,000원

⑤ 43,250,000원

19. 위험과 수익에 관한 설명으로 틀린 것은?

① 투자가치가 시장가치보다 크면 투자를 채택한다.

② 실현된 결과가 예상한 결과로부터 벗어날 가능성, 즉 기대소득에 대한 변동가능성을 위험이라 한다.

③ 위험회피적이라고 해서 전혀 위험을 감수하려 하지 않는다는 것은 아니다.

④ 위험회피적인 투자자들은 동일한 수익이 주어져 있을 때 위험이 작은 투자안을 선택한다.

⑤ 무위험률의 상승은 요구수익률을 하락시키는 요인이다.

20. 신혼부부 A씨는 아파트 구입자금을 마련하기 위하여 4년 동안 매년 연말 4,000만원씩 불입하는 정기적금에 가입하였다. 4년 후 이 적금의 미래가치는? (단, 이 적금의 이자율은 복리로 연 10%이고, 다른 조건은 일정함)

① 178,000,000원 ② 182,260,000원

③ 185,640,000원 ④ 186,440,000원

⑤ 188,560,000원

21. 재무비율분석법에 관한 설명으로 옳은 것은?

① 세후현금흐름승수(ATM)는 총투자액을 세후현금흐름으로 나눈 값이다.

② 순소득승수(NOI)는 순영업소득을 지분투자액으로 나눈 비율이다.

③ 부채감당률(DCR)이 '1'보다 작으면 차입자의 원리금 지불능력이 충분하다.

④ 대부비율이 작을수록 지분비율이 크고, 부채비율은 부채를 자본으로 나눈 비율이다.

⑤ 채무불이행률은 순영업소득이 영업경비와 부채서비스액을 얼마나 감당하는지를 측정하는 지표이다.

22. 부동산투자분석기법에 관한 설명으로 틀린 것은?

① 현금유입의 현재가치와 현금유출의 현재가치를 같게 만드는 내부수익률이란 순현가를 0으로 만드는 할인율을 말한다.

② 단일 투자안에서 순현가가 '0'보다 크다면 내부수익률이 요구수익률보다 크다는 것을 의미한다.

③ 동일한 투자안에서도 투자자의 요구수익률에 따라 순현가는 달라질 수 있다.

④ 현금유입의 현재가치를 현금유출의 현재가치로 나눈 것이 수익성지수이며, 수익성지수는 가치가산의 원칙이 적용된다.

⑤ 내부수익률법에서 내부수익률을 구할 때 사전에 요구수익률을 구할 필요가 없다.

23. 향후 2년간 현금흐름을 이용한 다음 사업의 수익성지수(PI)는? (단, 연간 기준이며, 주어진 조건에 한함)

○ 모든 현금의 유입과 유출은 매년 말에만 발생
○ 현금유입은 1년차 2,000만원, 2년차 2,400만원
○ 현금유출은 현금유입의 80%
○ 1년 후 일시불의 현가계수 0.96
○ 2년 후 일시불의 현가계수 0.90

① 1.08 ② 1.10

③ 1.15 ④ 1.20

⑤ 1.25

24. 투자자 A씨는 7억원인 아파트를 구입하기 위해 2억원을 대출받았다. 대출이자율은 연리 7%이며, 20년간 원리금균등분할상환방식으로 매년 상환하기로 하였다. 2회차에 상환해야 할 원금은? (단, 연리 7% 기간 20년의 저당상수는 0.094393이며 매기 말에 상환하는 것으로 함)

① 4,668,000원 ② 4,878,600원

③ 5,000,000원 ④ 5,020,102원

⑤ 5,220,102원

25. 메자닌금융(mezzanine financing)에 해당하는 것을 모두 고른 것은?

> ㄱ. 교환사채
> ㄴ. 전환사채
> ㄷ. 주택상환사채
> ㄹ. 신주인수권부사채
> ㅁ. 보통주
> ㅂ. 신탁금융

① ㄴ, ㄹ   ② ㄱ, ㄴ, ㄹ
③ ㄱ, ㄷ, ㄹ   ④ ㄴ, ㄷ, ㅂ
⑤ ㄱ, ㄴ, ㄹ, ㅁ

26. 부동산투자회사법상 부동산투자회사에 관한 설명으로 틀린 것은?

① 부동산투자회사는 주주총회의 의결을 거치면 그 합계가 자기자본의 2배가 넘지 않는 범위 내에서 차입이 가능하다.

② 자기관리 부동산투자회사는 설립등기일부터 6개월 이내에 국토교통부장관에게 영업인가를 신청하여야 한다.

③ 부동산투자회사의 설립 시 설립 자본금은 위탁관리와 기업구조조정 부동산투자회사는 3억원 이상이어야 한다.

④ 부동산투자회사는 「상법」상 주식회사이며, 현물출자에 의한 설립이 불가능하다.

⑤ 영업인가를 받거나 등록을 한 날부터 6개월이 지난 기업구조조정 부동산투자회사의 자본금은 50억원 이상이 되어야 한다.

27. 주택담보대출의 저당상환에 관한 내용으로 옳은 것은? (단, 상환방식에 있어서는 만기와 이자율 등 모든 조건은 동일하게 적용되는 것을 전제로 함)

① 일반적으로 변동금리대출의 경우 차입자는 대출초기의 금리부담은 높지만 그 이후에 발생하는 인플레이션에 대해서는 신경을 쓰지 않아도 된다.

② 고정금리대출에서 시장금리가 상승하면 대출자는 수익이 높아진다.

③ 원금균등상환방식의 경우, 원리금균등상환방식보다 대출금의 가중평균상환기간(duration)이 더 짧다.

④ 점증지불저당은 차입자의 채무불이행의 위험이 초기보다는 상대적으로 후기가 작다.

⑤ 원리금균등상환방식에서는 원금상환 감소액만큼 이자상환액이 증가해서 원리금상환액이 매기 동일하다.

28. A회사는 전년도에 임대면적 500m²의 매장을 비율임대차(percentage lease)방식으로 임차하였다. 계약 내용에 따르면, 매출액이 손익분기점 매출액 이하이면 기본임대료만 지급하고, 이를 초과하는 매출액에 대해서는 일정 임대료율을 적용한 추가임대료를 기본임대료에 가산하도록 하였다. 전년도 연임대료로 총 12,500만원을 지급한 경우, 해당 계약내용에 따른 추가임대료율은? (단, 연간 기준이며, 주어진 조건에 한함)

> ○ 전년도 매출액: 임대면적 m²당 120만원
> ○ 손익분기점 매출액: 임대면적 m²당 70만원
> ○ 기본임대료: 임대면적 m²당 20만원

① 5%   ② 6%
③ 8%   ④ 10%
⑤ 15%

29. 부동산증권에 관한 설명으로 틀린 것은?

① 주택저당담보부채권(mortgage backed bond)은 하나의 저당집합에서 만기와 이자율을 다양화하여 발행한 여러 종류의 채권을 말한다.

② 주택저당담보부채권(mortgage backed bond)은 저당채권의 집합에 대한 채권적 성격의 주택저당증권이며, 콜 방어가 가능하다.

③ 주택저당이체채권(mortgage pay-through bond)은 저당채권이체증권(mortgage pass-through securities)과 주택저당담보부채권(mortgage backed bond)을 혼합한 성격의 주택저당증권(mortgage backed securities)이다.

④ 저당채권이체증권(mortgage pass-through securities)은 채권에서 발생하는 위험을 투자자가 부담한다.

⑤ 다계층저당증권(collateralized mortgage obligation)의 발행자는 저당채권의 집합에 대한 소유권을 가지고 조기상환의 위험은 투자자가 부담한다.

30. 부동산개발사업에 대한 자금을 프로젝트 금융방식으로 대출할 경우에 관한 내용으로 틀린 것은?

① 부동산개발 PF ABS는 부동산개발업체의 개발사업에서 발생하는 수익 등을 기초자산으로 발행되는 자산유동화증권이다.

② 자금의 관리를 위탁하여 운영함으로써 도덕적 해이를 방지할 수 있다.

③ 사업이 파산하여도 프로젝트사업에는 영향을 미치지 않도록 독립된 법인을 설립하여 운영한다.

④ 해당 개발사업에 대한 사업성 검토에 집중하면 되기 때문에, 정보의 비대칭성 문제가 줄어든다.

⑤ 대출기관은 부외금융효과를 누릴 수 있어 채무수용능력이 제고된다.

31. 부동산 마케팅 4P(price, product, place, promotion) 전략 중 제품(product) 전략에 해당하지 않는 것은?

① 친환경 건축자재 사용

② 상품의 광고 및 홍보 활동

③ 일조권을 고려한 주거 동 배치

④ 주민 커뮤니티시설의 다양화

⑤ 최첨단 보안시스템 구축

32. 부동산개발에 관한 설명으로 옳은 것을 모두 고른 것은?

> ㄱ. 부동산개발사업의 위험은 법률적 위험(legal risk), 시장위험(market risk), 비용위험(cost risk) 등으로 분류할 수 있다.
>
> ㄴ. 지역경제분석 시 경제기반분석을 입지계수(LQ)로 파악할 수 있으며, '1'보다 작을 때 그 지역의 경제 중심인 기반산업이라 할 수 있다.
>
> ㄷ. 부동산개발사업의 진행과정에서 행정의 변화에 의한 사업 인·허가 지연위험은 시행사 또는 시공사가 스스로 관리할 수 있는 위험에 해당한다.
>
> ㄹ. 개발사업의 성공 여부는 시장성에 달려 있기 때문에 타당성 분석에서 무엇보다 중요한 것이 경제적 타당성 분석이다.
>
> ㅁ. 개발분석에서 시장분석은 수요층을 세분화하고 공급 부동산을 차별화하여 시장의 상황을 분석한다.

① ㄱ, ㄴ, ㄷ   ② ㄱ, ㄹ, ㅁ

③ ㄴ, ㄷ, ㄹ   ④ ㄱ, ㄴ, ㄹ, ㅁ

⑤ ㄱ, ㄴ, ㄷ, ㄹ, ㅁ

33. 부동산개발방식에 관한 설명으로 틀린 것은?

① BTO(build-transfer-operate)방식은 시설의 준공과 함께 시설의 소유권이 국가 또는 지방자치단체에 귀속되고 사업시행자가 정해진 기간 동안 시설에 대한 운영권을 가지고 수익을 내는 방식이다.

② BLT(build-lease-transfer)방식은 사업시행자가 시설물을 건설하여 일정 기간 동안 시설을 주무관청에 임대하고, 임대 기간 종료 후에 시설의 소유권을 주무관청에 양도하는 방식이다.

③ 수복재개발 방식은 기존의 도시시설을 개선, 확장, 새로운 시설의 첨가 등으로 도시의 기능을 제고하는 방식이다.

④ 분양금지급방식은 토지소유자가 사업을 시행하면서 개발업자(건설업체)에게 공사를 발주하고 공사비의 지급을 분양 수입금으로 지급하는 방식으로 분양금 청산형(정산형)이라고도 한다.

⑤ 환지개발방식은 사업 후 개발 토지 중 사업에 소요된 비용과 공공용지를 제외한 토지를 당초의 토지소유자에게 재분배하는 방식이다.

34. 원가법에 의한 건물의 적산가액은? (단, 주어진 조건에 한함)

```
○ 신축공사비: 12,000만원
○ 준공시점: 2023년 10월 25일
○ 기준시점: 2025년 10월 25일
○ 건축비지수
  – 2023년 10월: 100
  – 2025년 10월: 125
○ 전년 대비 잔가율: 80%
○ 신축공사비는 준공 당시 재조달원가이며, 감가
  수정방법은 정률법을 적용함
```

① 8,000만원 ② 9,600만원

③ 9,800만원 ④ 1억원

⑤ 1억 500만원

35. 지역분석 및 개별분석에 관한 설명으로 틀린 것은?

① 유사지역은 그 지역적 특성이 용도적·기능적인 면에서 인근지역과 유사하여 인근지역과 가격면에서 대체관계가 성립될 수 있는 지역을 말한다.

② 후보지, 이행지 등에 대한 지역분석은 표준적 이용에 대한 예측이 특히 중요하다.

③ 지역분석은 선행분석이며 구체적인 가격을 구하기 위한 분석이고, 개별분석은 후행분석이며 가격수준을 구하기 위한 분석이다.

④ 지역분석은 대상 부동산의 전체적이고 거시적인 분석이며, 적합의 원칙과 관련이 있다.

⑤ 지역분석을 통해 표준적인 이용을 판정하며, 개별분석을 통해 최유효이용을 판정한다.

36. 부동산 가격공시에 관한 법률을 설명한 것으로 틀린 것은?

① 표준주택가격을 평가하는 경우에 표준주택에 전세권 그 밖의 주택의 사용·수익을 제한하는 권리가 설정되어 있는 경우에는 그 권리가 존재하는 것으로 보고 적정가격을 산정하여야 한다.

② 공동주택가격은 매년 4월 30일까지 결정·공시하여야 한다.

③ 표준주택가격의 공시사항에는 표준주택의 용도, 연면적, 구조 및 사용승인일, 표준주택의 대지면적 및 형상이 포함된다.

④ 부동산 가격공시에서 표준지공시지가는 수용할 토지의 보상액 산정기준이 된다.

⑤ 시장·군수 또는 구청장은 공시기준일 이후에 분할·합병 등이 발생한 토지에 대하여는 대통령령으로 정하는 날을 기준으로 하여 개별공시지가를 결정·공시하여야 한다.

37. 감정평가에 관한 규칙상의 용어로 옳은 것은?

① '가치발생요인'이란 대상물건의 경제적 가치에 영향을 미치는 일반요인, 지역요인 및 개별요인 등을 말한다.

② '적산법'이란 대상물건의 재조달원가에 감가수정을 하여 대상물건의 가액을 산정하는 감정평가방법을 말한다.

③ '수익분석법'이란 대상물건이 장래 산출할 것으로 기대되는 순수익이나 미래의 현금흐름을 환원하거나 할인하여 대상물건의 가액을 산정하는 감정평가방법을 말한다.

④ '기준시점'이란 대상물건의 감정평가액을 결정하기 위해 원칙적으로 가격조사를 완료한 날짜를 말한다.

⑤ '임대사례비교법'이란 대상물건과 가치형성요인이 같거나 비슷한 물건의 거래사례와 비교하여 대상물건의 현황에 맞게 사정보정, 시점수정, 가치형성요인 비교 등의 과정을 거쳐 대상 물건의 가액을 산정하는 감정평가방법을 말한다.

38. 다음과 같은 조건일 때 대상 부동산의 가액은? (단, 지역요인 격차내역은 사례부동산이 속한 지역을 100으로 사정할 경우의 비준치이며, 상승식으로 산정한 지역요인의 비교치를 사용함)

○ 거래사례가격: 200,000,000원
○ 기준시점까지의 지가변동률: 5% 상승
○ 다른 요인은 일정하다.
○ 지역요인 비교표는 다음과 같다.

비교항목	격차내역
가로 조건	-10
환경 조건	+5
접근 조건	0
행정 조건	-2
기타 조건	+5

① 192,580,500원   ② 196,000,000원
③ 202,000,000원   ④ 204,205,050원
⑤ 208,058,100원

39. 다음 자료를 활용하여 수익환원법을 적용한 평가대상 부동산의 수익가액은? (단, 주어진 조건에 한하며 연간 기준임)

○ 가능총소득: 5,000만원
○ 공실손실상당액: 가능총소득의 10%
○ 유지수선비: 가능총소득의 5%
○ 부채서비스액: 1,000만원
○ 화재보험료: 250만원
○ 토지가액 : 건물가액 = 40% : 60%
○ 토지환원율: 5%
○ 건물환원율: 10%

① 5억원   ② 5억 2,000만원
③ 6억원   ④ 6억 5,000만원
⑤ 8억 2,500만원

40. 감정평가에 관한 규칙상 대상물건별로 정한 감정평가방법(주된 방법)이 거래사례비교법인 대상물건은 모두 몇 개인가?

○ 동산   ○ 임대료
○ 건설기계   ○ 특허권
○ 선박   ○ 기업가치
○ 광업재단   ○ 상표권
○ 항공기

① 0개   ② 1개
③ 2개   ④ 3개
⑤ 4개

41. 법률행위에 관한 설명으로 <u>틀린</u> 것은? (다툼이 있으면 판례에 따름)

① 행위능력이 없는 미성년자의 법률행위는 취소할 수 있다.

② 법률행위의 목적이 원시적 불능인지 여부는 사회통념을 고려하여 판단한다.

③ 형사처벌의 대상이 되는 미등기 전매행위 및 그로 인한 중간생략등기는 효력이 발생될 수 없다.

④ 정지조건이 붙은 법률행위는 조건이 성취되기 전에는 효력이 발생되지 않는다.

⑤ 농지취득자격증명은 농지 매매계약의 효력요건이 아니다.

42. 반사회질서 법률행위에 관한 설명으로 옳은 것을 모두 고른 것은? (다툼이 있으면 판례에 따름)

> ㄱ. 강제집행을 면탈하기 위하여 허위의 근저당권을 설정하는 행위는 반사회적 법률행위에 해당한다.
>
> ㄴ. 법률행위의 성립 과정에서 강박이라는 불법적 방법이 사용되었다는 사실만으로 반사회적 법률행위로 단정할 수 없다.
>
> ㄷ. 비자금을 소극적으로 은닉하기 위하여 임치하는 행위는 반사회적 법률행위에 해당한다.

① ㄱ   ② ㄴ

③ ㄷ   ④ ㄱ, ㄴ

⑤ ㄴ, ㄷ

43. 甲은 자신의 X건물을 친구 乙에게 매도한 것처럼 허위의 계약을 체결하고 乙의 명의로 등기를 이전해 주었고 乙은 丙에게 전세권을 설정해 주었다. 다음 설명 중 <u>틀린</u> 것은? (다툼이 있으면 판례에 따름)

① 甲과 乙의 매매계약은 효력이 발생되지 않는다.

② 甲과 乙이 매매계약을 추인하면 특별한 사정이 없는 한 추인한 때부터 매매계약의 효력이 발생될 수 있다.

③ 甲이 丙의 전세권을 말소하려면 丙의 악의를 입증하여야 한다.

④ 丙이 甲과 乙의 허위표시를 알지 못한 데에 과실이 있었더라도 전세권은 효력이 발생될 수 있다.

⑤ 丙이 선의인 경우, 甲은 乙에게 진정명의회복을 원인으로 하는 소유권이전등기를 청구할 수 없다.

44. 법률행위의 대리에 관한 설명으로 <u>틀린</u> 것은? (다툼이 있으면 판례에 따름)

① 대리인이 여러 명인 경우, 각자대리를 원칙으로 한다.

② 매도인의 대리인은 본인의 허락이 없으면 자신을 매수인으로 하는 매매계약을 대리할 수 없다.

③ 강행규정에 위반한 법률행위는 표현대리에 의하여 유효로 될 수 없다.

④ 대리인이 본인에게는 피해가 되고 상대방에게는 이익이 되는 대리행위를 하는 경우, 상대방이 그 사실을 알고 있었다면 무효가 된다.

⑤ 이미 소멸한 대리권은 권한을 넘은 표현대리의 기본대리권이 될 수 없다.

45. 착오에 의한 의사표시에 관한 설명으로 옳은 것을 모두 고른 것은? (다툼이 있으면 판례에 따름)

> ㄱ. 동기의 착오를 이유로 계약을 취소하려면 동기를 의사표시의 내용으로 삼기로 합의한 경우라야 한다.
> ㄴ. 당사자의 합의로 착오로 인한 의사표시의 취소에 관한 민법 제109조 제1항의 적용을 배제할 수 있다.
> ㄷ. 경과실 있는 자가 착오를 이유로 법률행위를 취소함으로 인하여 손해를 입은 상대방은 불법행위를 원인으로 손해배상을 청구할 수 있다.
> ㄹ. 매도인의 담보책임이 성립하는 이상 착오를 이유로 한 취소권은 행사할 수 없다.

① ㄱ
② ㄴ
③ ㄱ, ㄹ
④ ㄴ, ㄷ
⑤ ㄷ, ㄹ

46. 甲의 아들 乙은 대리권 없이 甲을 위한 대리행위라고 하면서 丙에게 甲 소유의 토지를 매도하는 계약을 체결하였다. 다음 설명 중 틀린 것은? (다툼이 있으면 판례에 따름)

① 甲이 乙에게 추인의 의사표시를 한 후에도 그 사실을 알지 못하는 丙은 철회권을 행사할 수 있다.
② 丙이 상당한 기간을 정하여 甲에게 추인 여부를 최고하였으나 그 기간 내에 甲이 확답을 발하지 않으면 추인을 거절한 것으로 본다.
③ 甲이 乙의 무권대리를 알고도 장기간 이의를 제기하지 않더라도 추인의 효과가 발생되지 않는다.
④ 만일 乙이 미성년자인 경우에도 甲의 추인이 없으면 乙은 丙에 대하여 손해배상책임을 부담한다.
⑤ 甲이 사망하여 乙이 甲을 단독으로 상속한 경우 乙은 본인의 지위에서 거절권을 행사할 수 없다.

47. 법률행위의 무효와 취소에 관한 설명으로 옳은 것은? (다툼이 있으면 판례에 따름)

① 일부무효에 관한 민법 제137조는 당사자의 합의로 그 적용을 배제할 수 있다.
② 강행규정에 위반하여 무효인 법률행위는 당사자가 무효임을 알고 추인하면 새로운 법률행위가 된다.
③ 무효인 가등기를 유효한 등기로 전용하기로 약정한 경우, 그 가등기는 등기 시로 소급하여 유효한 등기로 된다.
④ 취소권자의 법정대리인도 취소원인이 소멸하기 전에는 취소할 수 있는 법률행위를 추인할 수 없다.
⑤ 제한능력을 이유로 법률행위가 취소되는 경우, 악의의 제한능력자는 받은 이익 전부에 이자를 가산하여 반환의무를 부담한다.

48. 조건과 기한에 관한 설명으로 틀린 것은? (다툼이 있으면 판례에 따름)

① 해제조건이 법률행위 당시에 이미 성취할 수 없는 사실인 경우, 그 법률행위는 무효이다.
② 조건을 붙일 수 없는 법률행위에 조건을 붙인 경우, 그 법률행위 전부를 무효로 한다.
③ 기한 도래의 효력은 당사자의 특약으로도 소급효가 발생될 수 없다.
④ 기한은 채무자의 이익을 위한 것으로 추정한다.
⑤ 기한이익 상실특약은 형성권적 기한이익 상실특약으로 추정한다.

49. 의사표시에 관한 설명으로 틀린 것은? (다툼이 있으면 판례에 따름)

① 진의 아닌 의사표시에 관한 규정은 공무원의 사직원 제출의 경우에도 적용된다.

② 진의 아닌 의사표시에 관한 규정은 대리권 남용에도 적용된다.

③ 의사결정의 자유가 박탈될 정도의 강박에 의하여 한 의사표시는 무효가 된다.

④ 의사표시를 발송한 후 상대방에게 도달되기 전에 표의자가 사망하더라도 의사표시의 효력에는 영향을 미치지 않는다.

⑤ 의사표시의 수령자가 정당한 사유 없이 의사표시의 수령을 거절하더라도 그 의사표시의 효력이 발생될 수 있다.

50. 甲의 임의대리인 乙이 丙에게 甲의 부동산을 매도하는 경우에 관한 설명으로 틀린 것은? (다툼이 있으면 판례에 따름)

① 甲이 명시적으로 금지한 사항에 대해서는 乙에게 대리권이 인정될 수 없다.

② 乙이 대리행위 과정에서 丙을 기망하였다면 丙은 甲이 그 사실을 모르고 있었던 경우에도 취소권을 행사할 수 있다.

③ 甲과 丙의 계약이 해제된 경우, 丙은 乙에게 원상회복을 청구하여야 한다.

④ 乙이 대리행위를 하면서 甲을 위한 것임을 표시하지 않았다면 丙은 표현대리를 주장하지 못한다.

⑤ 乙에 대한 성년후견이 개시되면 乙의 대리권은 소멸된다.

51. 물권변동의 효력 발생을 위하여 등기가 필요한 경우를 모두 고른 것은? (다툼이 있으면 판례에 따름)

> ㄱ. 집합건물의 전유부분과 공용부분이 함께 양도되는 경우 공용부분에 대한 물권변동의 효과
> ㄴ. 저당권 설정계약에 의하여 저당권을 취득하게 되는 채권자의 저당권 취득의 효과
> ㄷ. 소유권이전등기를 명하는 판결이 확정된 경우, 승소한 자의 소유권 취득의 효과

① ㄱ   ② ㄴ
③ ㄱ, ㄴ   ④ ㄴ, ㄷ
⑤ ㄱ, ㄴ, ㄷ

52. 등기청구권에 관한 설명으로 틀린 것은? (다툼이 있으면 판례에 따름)

① 매수인의 매도인에 대한 소유권이전등기청구권은 매도인의 동의 없이 제3자에게 양도할 수 없다.

② 매수인의 매도인에 대한 등기청구권은 매수인이 목적물을 인도받아 사용·수익을 계속하는 동안에는 소멸시효가 진행되지 않는다.

③ 가등기 권리자가 가등기에 의하지 않고 별도의 원인에 의하여 소유권이전등기를 경료한 후에도 가등기에 기한 본등기청구권은 혼동으로 소멸하지 않는다.

④ 점유취득시효 완성에 의한 소유권이전등기청구권은 시효완성자가 점유를 상실하면 즉시 소멸한다.

⑤ 매매계약을 합의해제한 매도인이 매수인에게 행사하는 말소등기청구권은 성질상 물권적 청구권이다.

53. 점유권에 관한 설명으로 <u>틀린</u> 것은? (다툼이 있으면 판례에 따름)

① 점유는 특별한 사정이 없는 한 계속된 것으로 추정된다.
② 소유권보존등기 명의자는 그 등기 무렵 점유를 이전받은 것으로 추정된다.
③ 계약형 명의신탁의 신탁자가 명의신탁의 목적인 부동산을 점유하는 경우, 이 점유는 타주점유에 해당한다.
④ 점유자가 전점유자의 점유를 아울러 주장하는 경우에는 그 하자도 승계하여야 한다.
⑤ 타인 소유 토지임을 알면서 무단점유를 개시한 자는 타주점유로 보아야 한다.

54. 물권적 청구권에 관한 설명으로 <u>틀린</u> 것을 모두 고른 것은? (다툼이 있으면 판례에 따름)

> ㄱ. 매도인은 등기하지 않고 매매 목적 부동산을 점유하고 있는 매수인에게 소유물반환청구권을 행사할 수 있다.
> ㄴ. 양자 간 명의신탁의 신탁자는 수탁자가 목적물을 제3자에게 처분하여 소유권을 상실한 후에는 더 이상 물권적 청구권을 행사하지 못한다.
> ㄷ. 유치권자가 점유를 침탈당한 경우, 침탈자에게 유치권에 기한 반환을 청구할 수 있다.

① ㄱ
② ㄷ
③ ㄱ, ㄴ
④ ㄱ, ㄷ
⑤ ㄴ, ㄷ

55. 전세권에 관한 설명으로 <u>틀린</u> 것을 모두 고른 것은? (다툼이 있으면 판례에 따름)

> ㄱ. 임대차 보증금 반환채권을 담보할 목적으로 경료된 전세권설정등기는 전세권과 임대차가 양립할 수 없는 범위 내에서는 효력이 발생될 수 없다.
> ㄴ. 토지의 일부에 전세권을 설정받은 자는 전세권설정자가 전세금 반환을 지체하더라도 토지 전부에 대한 경매를 청구할 수는 없다.
> ㄷ. 전세권 존속기간이 시작되기 전에 마친 전세권설정등기는 효력이 발생될 수 없다.

① ㄱ
② ㄷ
③ ㄱ, ㄴ
④ ㄱ, ㄷ
⑤ ㄴ, ㄷ

56. 지역권에 관한 설명으로 <u>틀린</u> 것은? (다툼이 있으면 판례에 따름)

① 요역지와 승역지는 서로 인접할 필요가 없다.
② 요역지는 한 필 토지의 전부라야 하고 토지의 일부를 위한 지역권을 설정할 수 없다.
③ 특별한 사정이 없는 한 지역권은 요역지 소유권에 부종하여 이전한다.
④ 요역지가 수인의 공유인 경우, 공유자 중 1인은 자신의 지분에 대한 지역권만을 소멸시킬 수 있다.
⑤ 타인이 개설한 통로를 장시간 통행한 사실만으로 통행지역권을 시효취득할 수 없다.

57. 법정지상권 또는 관습법상 법정지상권에 관한 설명으로 틀린 것을 모두 고른 것은? (다툼이 있으면 판례에 따름)

> ㄱ. 관습법상 법정지상권이 성립하기 위해서 토지와 건물이 원시적으로 동일인 소유일 필요는 없다.
>
> ㄴ. 동일인 소유의 토지와 건물에 공동저당권이 설정된 이후에 건물이 철거되고 새로 건물이 신축된 경우, 경매로 토지와 건물의 소유자가 달라지면 법정지상권이 성립된다.
>
> ㄷ. 토지에 저당권이 설정된 이후에 저당권자의 동의를 받아 그 지상에 건물이 신축된 경우, 저당권이 실행되면 법정지상권이 성립된다.

① ㄱ   ② ㄷ

③ ㄱ, ㄴ   ④ ㄱ, ㄷ

⑤ ㄴ, ㄷ

58. 甲과 乙이 공유하는 X토지에 관한 설명으로 틀린 것은? (다툼이 있으면 판례에 따름)

① 甲의 지분이 2/3인 경우, 甲은 乙의 동의 없이 X토지에 건물을 신축할 수 있다.

② 甲의 지분이 2/3인 경우, 甲은 乙의 동의 없이 X토지를 제3자에게 임대할 수 있다.

③ 甲의 지분이 1/2인 경우, 甲은 X토지를 배타적으로 점유하고 있는 乙에게 부당이득의 반환을 청구할 수 있다.

④ 甲의 지분이 1/2인 경우, 甲은 X토지를 배타적으로 점유하고 있는 乙에게 점유의 배제를 청구할 수 있다.

⑤ 甲의 지분이 1/2인 경우, 甲은 X토지를 배타적으로 점유하고 있는 乙에게 공유물의 인도를 청구할 수 없다.

59. 유치권에 관한 설명으로 틀린 것은? (다툼이 있으면 판례에 따름)

① 채무자를 직접점유자로 하여 채권자가 간접점유를 하는 방법으로도 유치권이 성립될 수 있다.

② 유치권 배제특약이 있으면 그 특약의 당사자가 아닌 경락인도 그 특약의 효력을 주장할 수 있다.

③ 경매개시 결정 전에 점유를 취득하였으나 경매개시 결정 후에 채권을 취득한 공사대금채권자는 유치권으로 경락인에게 대항하지 못한다.

④ 유치권자는 유치물이 경매되는 경우, 경락인에게 피담보채무의 변제를 청구할 수 없다.

⑤ 유치권자가 유치물인 주택에 거주하면서 사용·수익하였다면 유치물의 소유자에게 차임 상당의 부당이득반환의무를 부담한다.

60. 다음 중 취득시효의 대상이 될 수 없는 것은? (다툼이 있으면 판례에 따름)

① 자기 소유 부동산

② 1필 토지의 일부

③ 국유 일반재산

④ 부동산의 공유 지분

⑤ 집합건물의 공용부분

61. 甲 소유의 X건물을 乙이 권한 없이 점유하면서 사용·수익하고 있는 경우에 관한 설명으로 틀린 것은? (다툼이 있으면 판례에 따름)

① 乙이 권한이 없음을 알고 있었던 경우에도 X건물에 지출한 유익비의 상환을 甲에게 청구할 수 있다.
② 권한이 없음을 알고 있는 乙은 甲에게 통상의 필요비를 청구하지 못한다.
③ 甲이 乙에게 소유물반환을 청구하는 소송을 제기하여 甲이 승소한 경우에도 乙은 소제기 이전의 과실(果實)을 반환할 의무가 없다.
④ 乙이 X건물을 훼손한 경우에도 乙이 선의이며 자주점유자라면 현존이익을 한도로만 손해배상의 책임이 있다.
⑤ 乙이 X건물에 지출한 유익비는 乙이 지출액과 증가액을 입증하여 청구하면 甲의 선택에 따라 상환하게 된다.

62. 지상권에 관한 설명으로 틀린 것은? (다툼이 있으면 판례에 따름)

> ㄱ. 지상권은 토지소유자의 동의 없이 타인에게 담보로 제공할 수 있지만, 설정행위로 이를 금지할 수 있다.
> ㄴ. 지상권자의 지료지급 연체가 토지소유권 양도 전후에 걸쳐서 2년분에 이른 경우, 양수인에 대한 연체기간이 2년이 되지 않았다면 지상권설정자는 지상권의 소멸을 청구할 수 없다.
> ㄷ. 지상권이 저당권의 목적이 된 경우, 지상권자가 토지의 소유권을 취득하면 지상권은 소멸한다.

① ㄱ
② ㄷ
③ ㄱ, ㄴ
④ ㄱ, ㄷ
⑤ ㄴ, ㄷ

63. 근저당권에 관한 설명으로 틀린 것은? (다툼이 있으면 판례에 따름)

① 피담보채권이 확정된 이후에 기존의 피담보채권에서 발생된 이자는 근저당권으로 담보되지 않는다.
② 채권최고액은 근저당권의 필요적 등기사항이다.
③ 후순위권리자가 경매를 신청한 경우, 선순위근저당권의 피담보채권은 경락대금 완납 시에 확정된다.
④ 확정된 피담보채권액이 채권최고액을 초과한 경우, 근저당 목적물의 소유권을 양도받은 자는 채권최고액만을 변제하고 근저당권의 말소를 청구할 수 있다.
⑤ 근저당권자가 경매를 신청하였다가 경매 신청을 취하한 경우, 피담보채권 확정의 효과가 번복되지 않는다.

64. 저당권에 관한 설명으로 틀린 것은? (다툼이 있으면 판례에 따름)

① 건물에 설정된 저당권의 효력은 그 건물을 위한 지상권에도 미친다.
② 저당권보다 늦게 설정된 전세권은 후순위권리자가 신청한 경매절차가 완료되는 경우에도 소멸한다.
③ 채무자가 반대하는 경우에도 후순위저당권자는 선순위저당권의 피담보채무를 대위변제할 수 있다.
④ 저당권설정등기가 불법말소된 상태에서 경매절차가 완료되었다면 말소된 저당권설정등기의 회복을 청구하지 못한다.
⑤ 저당부동산에 전세권을 취득한 자는 경매절차에서 저당권자에 우선하여 목적물에 지출한 비용을 상환받을 수 있다.

65. 다음 중 동시이행관계가 인정되지 <u>않는</u> 것을 모두 고른 것은? (다툼이 있으면 판례에 따름)

> ㄱ. 임대인의 보증금 반환의무와 임차인의 목적물 반환의무
>
> ㄴ. 허가구역 내 토지 매매에서 토지거래허가 신청절차 협력의무와 매매대금 지급 의무
>
> ㄷ. 채무자의 채무 변제와 저당권자의 저당권 설정등기 말소 의무

① ㄱ
② ㄴ
③ ㄷ
④ ㄱ, ㄴ
⑤ ㄴ, ㄷ

66. 甲은 乙에게 건물을 매도하면서 대금은 乙이 甲의 채권자인 丙에게 지급하기로 약정하였고 丙은 수익의 의사표시를 하였다. 다음 설명 중 <u>틀린</u> 것은? (다툼이 있는 경우에는 판례에 따름)

① 甲이 乙에게 소유권을 이전하지 않으면 乙은 대금의 지급을 거절할 수 있다.

② 乙이 약속한 대금의 지급을 지체하면 甲은 계약을 해제할 수 있다.

③ 乙이 약속한 대금의 지급을 지체하면 丙은 계약을 해제할 수 있다.

④ 乙의 채무불이행이 있으면 甲은 乙에게 손해배상을 청구할 수 있다.

⑤ 乙의 채무불이행이 있으면 丙은 乙에게 손해배상을 청구할 수 있다.

67. 매매계약에 관한 설명으로 옳은 것은? (다툼이 있으면 판례에 따름)

① 매매계약이 성립하려면 매도인과 매수인 이외에 매매목적물과 대금이 계약 당시에 확정되어 있어야 한다.

② 매매목적물을 인도하기 전이라도 매수인이 대금을 완납한 이후에는 매매목적물에서 발생한 과실은 매수인에게 귀속된다.

③ 매도인이 매수인의 이행지체를 이유로 계약을 해제한 후에는 매수인은 착오를 이유로 한 취소권을 행사하지 못한다.

④ 매매대금을 지급받지 못한 매도인은 매매목적물을 점유하면서 유치권을 주장할 수 있다.

⑤ 물건의 하자로 인한 매도인의 담보책임에는 6개월의 제척기간이 적용되는 것이므로 소멸시효는 적용될 수 없다.

68. 다음 중 해제의 제3자로 보호받을 수 있는 자를 모두 고른 것은? (다툼이 있으면 판례에 따름)

> ㄱ. 매매계약 해제 전에 매매대금 채권을 전부명령에 의하여 취득한 자
>
> ㄴ. 토지 매매계약이 해제된 경우, 해제 전에 매수인이 그 지상에 신축한 건물을 매수하여 취득한 자
>
> ㄷ. 매매계약 해제 후에 해제 사실을 모르고 매수인으로부터 저당권설정등기를 받은 자

① ㄱ
② ㄴ
③ ㄷ
④ ㄱ, ㄴ
⑤ ㄴ, ㄷ

69. 甲이 乙에게 자신의 X토지를 10억원에 매도하겠다는 청약을 10월 15일에 발송하여 10월 20일에 도달하였다. 乙은 그 사실을 모른 채 甲의 X토지를 10억원에 매수하겠다는 청약을 10월 17일에 발송하여 10월 25일에 도달하였다. 계약이 성립된 시점은 언제인가?

① 10월 15일
② 10월 17일
③ 10월 20일
④ 10월 25일
⑤ 계약은 성립되지 않았다.

70. 甲 소유의 X토지를 乙이 5억원에 매수하면서 계약금 5천만원을 甲에게 지급하였다. 다음 내용 중 틀린 것을 모두 고른 것은? (다툼이 있으면 판례에 따름)

> ㄱ. 甲이 계약의 이행을 명백히 거절하였다면 乙은 계약금 지급 여부에 관계없이 계약을 해제할 수 있다.
> ㄴ. 만일 X토지가 토지거래허가구역에 있고 甲과 乙이 토지거래허가를 신청한 후에는 계약금에 의한 해제권이 인정되지 않는다.
> ㄷ. 乙이 계약금과 중도금을 모두 지급한 후에도 이행에 착수한 바가 없는 甲은 계약금의 배액을 상환하고 계약을 해제할 수 있다.

① ㄱ
② ㄴ
③ ㄷ
④ ㄱ, ㄴ
⑤ ㄴ, ㄷ

71. 해제에 관한 설명으로 틀린 것은? (다툼이 있으면 판례에 따름)

① 매매목적물이 매도인의 채권자에 의하여 가압류되어 있다는 사실만으로는 소유권 이전이 불가능한 것이라고 할 수 없다.
② 매수인의 귀책사유로 매도인의 소유권 이전이 불가능하게 된 경우, 매수인은 계약을 해제할 수 없다.
③ 계약의 해제는 손해배상청구에는 영향을 미치지 않는다.
④ 매수인의 잔금 채무 불이행으로 인하여 매도인이 계약을 적법하게 해제한 경우 매도인은 반환할 중도금에 이자를 가산하지 않아도 된다.
⑤ 계약 해제의 의사표시는 상대방에게 도달한 이후에는 철회하지 못한다.

72. 임대차에 관한 설명으로 틀린 것은? (다툼이 있으면 판례에 따름)

① 임대차 목적물에 하자가 발생된 경우, 임대인의 귀책사유가 없더라도 임대인이 유지 수선 의무를 부담한다.
② 임차인은 임대차 목적물에 지출한 필요비를 지출 즉시 임대인에게 청구할 수 있다.
③ 지상물매수청구권을 행사하지 않기로 하는 임대인과 임차인의 약정은 원칙적으로 효력이 없다.
④ 임대인 동의 없이 임대 목적물을 전대한 임차인은 전차인에게 임대인의 동의를 받아 줄 의무를 부담한다.
⑤ 임차인이 임대인의 동의 없이 목적물을 전대한 경우, 임대인은 임대차계약을 해지하지 않고 전차인에게 차임 상당의 부당이득반환을 청구할 수 있다.

73. 매도인의 담보책임에 관한 설명으로 옳은 것은? (다툼이 있으면 판례에 따름)

① 하자담보책임의 경우 매매목적물에 하자가 존재하는지의 여부는 이행기를 기준으로 판단해야 한다.
② 매매목적물의 일부가 타인 소유임으로 인한 매도인의 담보책임은 매수인이 선의인 경우에는 계약을 한 날로부터 1년 이내에 행사하여야 한다.
③ 매매목적물 전부가 타인의 소유임으로 인하여 매수인이 소유권을 취득하지 못하는 경우, 매도인에게 귀책사유가 없더라도 매수인은 계약을 해제할 수 있다.
④ 법률상 제한으로 인하여 매매 대상 토지상에 건물을 지을 수 없는 하자가 있는 경우 이는 권리의 하자에 해당한다.
⑤ 물건의 하자로 인한 담보책임은 매매계약뿐만 아니라 경매에도 그 적용이 있다.

74. 乙이 甲의 토지를 임차하여 그 지상에 X건물을 축조하여 보존등기를 경료하였다. 다음 설명 틀린 것은? (다툼이 있으면 판례에 따름)

① 임대차기간이 만료된 경우 乙이 임대차계약의 갱신을 청구하면 甲은 이를 거절할 수 있다.
② 乙의 2기 차임 연체로 甲이 임대차계약을 해지한 경우에는 乙의 지상물매수청구권은 인정될 수 없다.
③ X건물에 제3자의 저당권이 설정되어 있는 경우에도 乙의 지상물매수청구권이 인정될 수 있다.
④ 乙은 甲으로부터 토지를 양수한 제3자를 상대로 지상물매수청구권을 행사하지 못한다.
⑤ 乙이 지상물매수청구권에 따른 매매대금을 지급받지 못하여 임대차기간 만료 후에도 토지와 건물을 계속 사용하고 있다면 乙은 토지임대료를 지급할 책임이 있다.

75. 임차인 乙은 甲 소유의 X상가건물에 관하여 월차임 200만원, 기간 2024.4.15. ~ 2025.4.14.로 하는 임대차계약을 甲과 체결하였고, 乙이 기간만료 10일 전인 2025.4.4. 갱신거절의 통지를 하여 다음 날 甲에게 도달하였다. 임대차계약의 종료일은? (다툼이 있으면 판례에 따름)

① 2025.4.5.
② 2025.4.14.
③ 2025.7.4.
④ 2025.10.4.
⑤ 2026.4.14.

76. 집합건물의 소유 및 관리에 관한 법률에 관한 설명으로 틀린 것은? (다툼이 있으면 판례에 따름)

① 집합건물의 각 구분소유자는 집합건물의 대지와 공용부분을 용도에 따라 사용할 수 있다.
② 대지사용권은 원칙적으로 전유부분과 분리처분할 수 없지만, 규약으로 달리 정할 수 있다.
③ 구분소유자 중 1인이 공용부분의 일부를 관리단집회 결의 없이 배타적으로 점유·사용하는 경우, 다른 구분소유자들은 점유의 배제를 청구할 수 있다.
④ 전유부분의 설치·보존상의 하자로 인하여 제3자에게 손해가 발생된 경우 그 하자는 공용부분의 하자로 추정된다.
⑤ 공용부분의 변경에 관한 사항은 구분소유자 및 의결권의 각 4분의 3 이상에 의한 결의로 정한다.

77. 상가건물 임대차보호법상 권리금 규정을 적용할 수 있는 경우를 모두 고른 것은?

> ㄱ. 상가건물이 「국유재산법」에 의한 국유재산인 경우
> ㄴ. 상가건물이 「전통시장 및 상점가 육성을 위한 특별법」에 따른 전통시장인 경우
> ㄷ. 상가건물에 대한 전대차 계약
> ㄹ. 환산보증금이 20억원인 서울지역의 상가건물 임대차

① ㄱ
② ㄴ
③ ㄴ, ㄹ
④ ㄷ, ㄹ
⑤ ㄴ, ㄷ, ㄹ

78. 주택임대차보호법에 관한 설명으로 <u>틀린</u> 것은? (다툼이 있는 경우 판례에 따름)

① 「주택임대차보호법」상 주택인지 여부는 건물의 실지 용도를 기준으로 정한다.
② 다세대주택의 일부를 임차하여 전입신고를 하면서 동·호수를 누락하였다면 대항력을 취득하지 못한다.
③ 甲 소유의 주택을 乙이 임차하면서 존속기간을 1년으로 정한 경우, 甲은 1년의 기간이 유효함을 주장할 수 있다.
④ 임차인의 갱신요구권은 임대차기간 종료 전 6개월 전부터 2개월 전까지 사이에 행사하여야 한다.
⑤ 2기분의 차임을 연체한 임차인이 갱신을 요구하는 경우 임대인은 갱신을 거절할 수 있다.

79. 가등기담보 등에 관한 법률에 관한 설명으로 <u>틀린</u> 것을 모두 고른 것은? (다툼이 있으면 판례에 따름)

> ㄱ. 채권자가 담보 목적의 가등기나 소유권이전등기를 경료하지 않았다면, 채권자가 청산절차 없이 목적물을 타에 처분하더라도 가등기담보법을 위반한 것이라고 할 수 없다.
> ㄴ. 가등기담보권에 의하여 우선변제 받을 수 있는 채권은 담보 목적의 가등기가 경료된 이후에는 추가할 수 없다.
> ㄷ. 양도담보권자도 담보 목적물 멸실로 인하여 발생한 화재보험금 채권을 압류하여 물상대위할 수 있다.

① ㄱ
② ㄴ
③ ㄱ, ㄴ
④ ㄴ, ㄷ
⑤ ㄱ, ㄴ, ㄷ

80. 甲은 2025년에 乙에게 X건물을 매도하는 계약을 체결하였으나 세금 문제 등을 이유로 등기는 乙과 명의신탁약정을 맺은 丙에게 직접 이전해 주었다. 다음 설명 중 <u>틀린</u> 것은? (다툼이 있으면 판례에 따름)

① 乙의 甲에 대한 등기청구권은 丙 명의의 등기가 경료되었다는 사실만으로는 소멸하지 않는다.
② 乙은 甲을 대위하여 丙 명의의 등기에 대한 말소를 청구할 수 있다.
③ 乙의 甲에 대한 등기청구권은 乙이 X건물을 인도받아 점유·사용하는 동안에는 소멸시효가 진행되지 않는다.
④ 丙으로부터 X건물을 매수하고 소유권이전등기를 경료한 丁은 악의인 경우에도 소유권을 취득할 수 있다.
⑤ 甲과 매매계약을 체결하고 乙로부터 등기만 이전받은 외관을 갖춘 자의 등기는 유효가 될 수 없다.

삶의 순간순간이
아름다운 마무리이며
새로운 시작이어야 한다.

– 법정 스님

MEMO

여러분의 작은 소리
에듀윌은 크게 듣겠습니다.

본 교재에 대한 여러분의 목소리를 들려주세요.
공부하시면서 어려웠던 점, 궁금한 점,
칭찬하고 싶은 점, 개선할 점, 어떤 것이라도 좋습니다.

에듀윌은 여러분께서 나누어 주신 의견을
통해 끊임없이 발전하고 있습니다.

에듀윌 도서몰 book.eduwill.net
• 부가학습자료 및 정오표: 에듀윌 도서몰 → 도서자료실
• 교재 문의: 에듀윌 도서몰 → 문의하기 → 교재(내용, 출간) / 주문 및 배송

2025 에듀윌 공인중개사 1차 실전모의고사

발 행 일	2025년 5월 26일 초판
편 저 자	에듀윌 공인중개사 대표교수진
펴 낸 이	양형남
펴 낸 곳	(주)에듀윌
I S B N	979-11-360-3734-3
등록번호	제25100-2002-000052호
주 소	08378 서울특별시 구로구 디지털로34길 55 코오롱싸이언스밸리 2차 3층

www.eduwill.net
대표전화 1600-6700

( )년도 ( )제( )차 국가전문자격시험 답안카드

성명 (필적감정용)

교시 기재란
( )교시 ① ② ③

형별 기재란
A형 ●

선택과목 1

선택과목 2

수험번호

⓪	①	②	③	④	⑤	⑥	⑦	⑧	⑨
⓪	①	②	③	④	⑤	⑥	⑦	⑧	⑨
⓪	①	②	③	④	⑤	⑥	⑦	⑧	⑨
⓪	①	②	③	④	⑤	⑥	⑦	⑧	⑨
⓪	①	②	③	④	⑤	⑥	⑦	⑧	⑨
⓪	①	②	③	④	⑤	⑥	⑦	⑧	⑨
⓪	①	②	③	④	⑤	⑥	⑦	⑧	⑨

감독위원 확인
(인)

문번	1	2	3	4	5		문번	1	2	3	4	5		문번	1	2	3	4	5		문번	1	2	3	4	5		문번	1	2	3	4	5
1	①	②	③	④	⑤		21	①	②	③	④	⑤		41	①	②	③	④	⑤		61	①	②	③	④	⑤		81	①	②	③	④	⑤
2	①	②	③	④	⑤		22	①	②	③	④	⑤		42	①	②	③	④	⑤		62	①	②	③	④	⑤		82	①	②	③	④	⑤
3	①	②	③	④	⑤		23	①	②	③	④	⑤		43	①	②	③	④	⑤		63	①	②	③	④	⑤		83	①	②	③	④	⑤
4	①	②	③	④	⑤		24	①	②	③	④	⑤		44	①	②	③	④	⑤		64	①	②	③	④	⑤		84	①	②	③	④	⑤
5	①	②	③	④	⑤		25	①	②	③	④	⑤		45	①	②	③	④	⑤		65	①	②	③	④	⑤		85	①	②	③	④	⑤
6	①	②	③	④	⑤		26	①	②	③	④	⑤		46	①	②	③	④	⑤		66	①	②	③	④	⑤		86	①	②	③	④	⑤
7	①	②	③	④	⑤		27	①	②	③	④	⑤		47	①	②	③	④	⑤		67	①	②	③	④	⑤		87	①	②	③	④	⑤
8	①	②	③	④	⑤		28	①	②	③	④	⑤		48	①	②	③	④	⑤		68	①	②	③	④	⑤		88	①	②	③	④	⑤
9	①	②	③	④	⑤		29	①	②	③	④	⑤		49	①	②	③	④	⑤		69	①	②	③	④	⑤		89	①	②	③	④	⑤
10	①	②	③	④	⑤		30	①	②	③	④	⑤		50	①	②	③	④	⑤		70	①	②	③	④	⑤		90	①	②	③	④	⑤
11	①	②	③	④	⑤		31	①	②	③	④	⑤		51	①	②	③	④	⑤		71	①	②	③	④	⑤		91	①	②	③	④	⑤
12	①	②	③	④	⑤		32	①	②	③	④	⑤		52	①	②	③	④	⑤		72	①	②	③	④	⑤		92	①	②	③	④	⑤
13	①	②	③	④	⑤		33	①	②	③	④	⑤		53	①	②	③	④	⑤		73	①	②	③	④	⑤		93	①	②	③	④	⑤
14	①	②	③	④	⑤		34	①	②	③	④	⑤		54	①	②	③	④	⑤		74	①	②	③	④	⑤		94	①	②	③	④	⑤
15	①	②	③	④	⑤		35	①	②	③	④	⑤		55	①	②	③	④	⑤		75	①	②	③	④	⑤		95	①	②	③	④	⑤
16	①	②	③	④	⑤		36	①	②	③	④	⑤		56	①	②	③	④	⑤		76	①	②	③	④	⑤		96	①	②	③	④	⑤
17	①	②	③	④	⑤		37	①	②	③	④	⑤		57	①	②	③	④	⑤		77	①	②	③	④	⑤		97	①	②	③	④	⑤
18	①	②	③	④	⑤		38	①	②	③	④	⑤		58	①	②	③	④	⑤		78	①	②	③	④	⑤		98	①	②	③	④	⑤
19	①	②	③	④	⑤		39	①	②	③	④	⑤		59	①	②	③	④	⑤		79	①	②	③	④	⑤		99	①	②	③	④	⑤
20	①	②	③	④	⑤		40	①	②	③	④	⑤		60	①	②	③	④	⑤		80	①	②	③	④	⑤		100	①	②	③	④	⑤

문번	1	2	3	4	5		문번	1	2	3	4	5
101	①	②	③	④	⑤		121	①	②	③	④	⑤
102	①	②	③	④	⑤		122	①	②	③	④	⑤
103	①	②	③	④	⑤		123	①	②	③	④	⑤
104	①	②	③	④	⑤		124	①	②	③	④	⑤
105	①	②	③	④	⑤		125	①	②	③	④	⑤
106	①	②	③	④	⑤							
107	①	②	③	④	⑤							
108	①	②	③	④	⑤							
109	①	②	③	④	⑤							
110	①	②	③	④	⑤							
111	①	②	③	④	⑤							
112	①	②	③	④	⑤							
113	①	②	③	④	⑤							
114	①	②	③	④	⑤							
115	①	②	③	④	⑤							
116	①	②	③	④	⑤							
117	①	②	③	④	⑤							
118	①	②	③	④	⑤							
119	①	②	③	④	⑤							
120	①	②	③	④	⑤							

수험자 여러분의 합격을 기원합니다.

수험자 유의사항

1. 시험 중에는 통신기기(휴대전화·소형 무전기 등) 및 전자기기(초소형 카메라 등)를 소지하거나 사용할 수 없습니다.
2. 부정행위 예방을 위해 시험문제지에도 수험번호와 성명을 반드시 기재하시기 바랍니다.
3. 시험시간이 종료되면 즉시 답안작성을 멈춰야 하며, 종료시간 이후 계속 답안을 작성하거나 감독위원의 답안카드 제출지시에 불응할 때에는 당해 시험이 무효처리 됩니다.
4. 기타 감독위원의 정당한 지시에 불응하여 타 수험자의 시험에 방해가 될 경우 퇴실조치 될 수 있습니다.

답안카드 작성 시 유의사항

1. 답안카드 기재·마킹 시에는 반드시 검은색 사인펜을 사용해야 합니다.
2. 답안카드를 잘못 작성했을 시에는 카드를 교체하거나 수정테이프를 사용하여 수정할 수 있습니다.
   그러나 불완전한 수정처리로 인해 발생하는 전산자동판독불가 등 불이익은 수험자의 귀책사유입니다.
   - 수정테이프 이외의 수정액, 스티커 등은 사용 불가
   - 답안카드 왼쪽(성명·수험번호 등)을 제외한 '답안란'만 수정테이프로 수정 가능
3. 성명란은 수험자 본인의 성명을 정자체로 기재합니다.
4. 교시 기재란은 해당교시를 기재하고 해당 란에 마킹합니다.
5. 시험문제지 형별기재란에 표시된 형별(A형 공통)을 확인합니다.
6. 수험번호란은 숫자로 기재하고 아래 해당번호에 마킹합니다.
7. 시험문제지 형별 및 수험번호 등 마킹착오로 인한 불이익은 전적으로 수험자의 귀책사유입니다.
8. 감독위원의 날인이 없는 답안카드는 무효처리 됩니다.
9. 상단과 우측의 검은색 띠(▮▮▮) 부분은 낙서를 금지합니다.
10. 답안카드의 채점은 전산 판독결과에 따르며, 마킹누락, 마킹착오, 불완전한 마킹 등은 수험자의 귀책사유에 해당하므로 이의제기를 하더라도 받아들여지지 않습니다.

부정행위 처리규정

시험 중 다음과 같은 행위를 하는 자는 당해 시험을 무효처리하고 자격별 관련 규정에 따라 일정기간 동안 시험에 응시할 수 있는 자격을 정지합니다.

1. 시험과 관련된 대화, 답안카드 교환, 다른 수험자의 답안·문제지를 보고 답안 작성, 대리시험을 치르거나 치르게 하는 행위, 시험문제 내용과 관련된 물건을 휴대하거나 이를 주고받는 행위
2. 시험장 내외로부터 도움을 받아 답안을 작성하는 행위, 공인어학성적 및 응시자격서류를 허위기재하여 제출하는 행위
3. 통신기기(휴대전화·소형 무전기 등) 및 전자기기(초소형 카메라 등)를 휴대하거나 사용하는 행위
4. 다른 수험자와 성명 및 수험번호를 바꾸어 작성·제출하는 행위
5. 기타 부정 또는 불공정한 방법으로 시험을 치르는 행위

(예 시)

국가전문자격시험 답안카드

( )년도 ( )제( )차

성명 (필적감정용)

교시 기재란
( )교시 ① ② ③

형별 기재란
A형 ●

선 택 과 목 1

선 택 과 목 2

수험번호

⓪	①	②	③	④	⑤	⑥	⑦	⑧	⑨
⓪	①	②	③	④	⑤	⑥	⑦	⑧	⑨
⓪	①	②	③	④	⑤	⑥	⑦	⑧	⑨
⓪	①	②	③	④	⑤	⑥	⑦	⑧	⑨
⓪	①	②	③	④	⑤	⑥	⑦	⑧	⑨
⓪	①	②	③	④	⑤	⑥	⑦	⑧	⑨
①	②	③	④	⑤	⑥	⑦	⑧	⑨	

감독위원 확인
(인)

1	① ② ③ ④ ⑤	21	① ② ③ ④ ⑤	41	① ② ③ ④ ⑤	61	① ② ③ ④ ⑤	81	① ② ③ ④ ⑤	101	① ② ③ ④ ⑤	121	① ② ③ ④ ⑤
2	① ② ③ ④ ⑤	22	① ② ③ ④ ⑤	42	① ② ③ ④ ⑤	62	① ② ③ ④ ⑤	82	① ② ③ ④ ⑤	102	① ② ③ ④ ⑤	122	① ② ③ ④ ⑤
3	① ② ③ ④ ⑤	23	① ② ③ ④ ⑤	43	① ② ③ ④ ⑤	63	① ② ③ ④ ⑤	83	① ② ③ ④ ⑤	103	① ② ③ ④ ⑤	123	① ② ③ ④ ⑤
4	① ② ③ ④ ⑤	24	① ② ③ ④ ⑤	44	① ② ③ ④ ⑤	64	① ② ③ ④ ⑤	84	① ② ③ ④ ⑤	104	① ② ③ ④ ⑤	124	① ② ③ ④ ⑤
5	① ② ③ ④ ⑤	25	① ② ③ ④ ⑤	45	① ② ③ ④ ⑤	65	① ② ③ ④ ⑤	85	① ② ③ ④ ⑤	105	① ② ③ ④ ⑤	125	① ② ③ ④ ⑤
6	① ② ③ ④ ⑤	26	① ② ③ ④ ⑤	46	① ② ③ ④ ⑤	66	① ② ③ ④ ⑤	86	① ② ③ ④ ⑤	106	① ② ③ ④ ⑤		
7	① ② ③ ④ ⑤	27	① ② ③ ④ ⑤	47	① ② ③ ④ ⑤	67	① ② ③ ④ ⑤	87	① ② ③ ④ ⑤	107	① ② ③ ④ ⑤		
8	① ② ③ ④ ⑤	28	① ② ③ ④ ⑤	48	① ② ③ ④ ⑤	68	① ② ③ ④ ⑤	88	① ② ③ ④ ⑤	108	① ② ③ ④ ⑤		
9	① ② ③ ④ ⑤	29	① ② ③ ④ ⑤	49	① ② ③ ④ ⑤	69	① ② ③ ④ ⑤	89	① ② ③ ④ ⑤	109	① ② ③ ④ ⑤		
10	① ② ③ ④ ⑤	30	① ② ③ ④ ⑤	50	① ② ③ ④ ⑤	70	① ② ③ ④ ⑤	90	① ② ③ ④ ⑤	110	① ② ③ ④ ⑤		
11	① ② ③ ④ ⑤	31	① ② ③ ④ ⑤	51	① ② ③ ④ ⑤	71	① ② ③ ④ ⑤	91	① ② ③ ④ ⑤	111	① ② ③ ④ ⑤		
12	① ② ③ ④ ⑤	32	① ② ③ ④ ⑤	52	① ② ③ ④ ⑤	72	① ② ③ ④ ⑤	92	① ② ③ ④ ⑤	112	① ② ③ ④ ⑤		
13	① ② ③ ④ ⑤	33	① ② ③ ④ ⑤	53	① ② ③ ④ ⑤	73	① ② ③ ④ ⑤	93	① ② ③ ④ ⑤	113	① ② ③ ④ ⑤		
14	① ② ③ ④ ⑤	34	① ② ③ ④ ⑤	54	① ② ③ ④ ⑤	74	① ② ③ ④ ⑤	94	① ② ③ ④ ⑤	114	① ② ③ ④ ⑤		
15	① ② ③ ④ ⑤	35	① ② ③ ④ ⑤	55	① ② ③ ④ ⑤	75	① ② ③ ④ ⑤	95	① ② ③ ④ ⑤	115	① ② ③ ④ ⑤		
16	① ② ③ ④ ⑤	36	① ② ③ ④ ⑤	56	① ② ③ ④ ⑤	76	① ② ③ ④ ⑤	96	① ② ③ ④ ⑤	116	① ② ③ ④ ⑤		
17	① ② ③ ④ ⑤	37	① ② ③ ④ ⑤	57	① ② ③ ④ ⑤	77	① ② ③ ④ ⑤	97	① ② ③ ④ ⑤	117	① ② ③ ④ ⑤		
18	① ② ③ ④ ⑤	38	① ② ③ ④ ⑤	58	① ② ③ ④ ⑤	78	① ② ③ ④ ⑤	98	① ② ③ ④ ⑤	118	① ② ③ ④ ⑤		
19	① ② ③ ④ ⑤	39	① ② ③ ④ ⑤	59	① ② ③ ④ ⑤	79	① ② ③ ④ ⑤	99	① ② ③ ④ ⑤	119	① ② ③ ④ ⑤		
20	① ② ③ ④ ⑤	40	① ② ③ ④ ⑤	60	① ② ③ ④ ⑤	80	① ② ③ ④ ⑤	100	① ② ③ ④ ⑤	120	① ② ③ ④ ⑤		

기재하지 않습니다. 여러분이 응시자가 수험자

마킹 주의

바르게 마킹 : ●
잘못 마킹 : ⊗, ⊙, ⊘, ◐, ◑, ◦

성 명 (필적감정용)	
좌 동	기 당	동 당

교시 기재란

(1)교시	● ② ③
형별 기재란	A형
	●

선택 과목 1

선택 과목 2

수 험 번 호

0	1	3	2	9	8	0	1
⓪	⓪	⓪	⓪	⓪	⓪	●	⓪
●	①	①	①	①	①	①	●
②	②	②	②	●	②	②	②
③	③	●	●	③	③	③	③
④	④	④	④	④	④	④	④
⑤	⑤	⑤	⑤	⑤	⑤	⑤	⑤
⑥	⑥	⑥	⑥	⑥	⑥	⑥	⑥
⑦	⑦	⑦	⑦	⑦	⑦	⑦	⑦
⑧	⑧	⑧	⑧	⑧	⑧	⑧	●
⑨	⑨	⑨	⑨	⑨	●	⑨	⑨

감독위원 확인

감 독	왕 독

(예 시)

수험자 유의사항

1. 시험 중에는 통신기기(휴대전화·소형 무전기 등) 및 전자기기(초소형 카메라 등)를 소지하거나 사용할 수 없습니다.
2. 부정행위 예방을 위해 시험문제지에도 수험번호와 성명을 반드시 기재하시기 바랍니다.
3. 시험시간이 종료되면 즉시 답안작성을 멈춰야 하며, 종료시간 이후 계속 답안을 작성하거나 감독위원의 답안카드 제출지시에 불응할 때에는 당해 시험이 무효처리 됩니다.
4. 기타 감독위원의 정당한 지시에 불응하여 타 수험자의 시험에 방해가 될 경우 퇴실조치 될 수 있습니다.

답안카드 작성 시 유의사항

1. 답안카드 기재·마킹 시에는 반드시 검은색 사인펜을 사용해야 합니다.
2. 답안카드를 잘못 작성했을 시에는 카드를 교체하거나 수정테이프를 사용하여 수정할 수 있습니다.
   그러나 불완전한 수정처리로 인해 발생하는 전산자동판독불가 등 불이익은 수험자의 귀책사유입니다.
   - 수정테이프 이외의 수정액, 스티커 등은 사용 불가
   - 답안카드 왼쪽(성명·수험번호 등)을 제외한 '답안란'만 수정테이프로 수정 가능
3. 성명란은 수험자 본인의 성명을 정자체로 기재합니다.
4. 교시 기재란은 해당교시를 기재하고 해당 란에 마킹합니다.
5. 시험문제지 형별기재란에 표시된 형별(A형 공통형)을 확인합니다.
6. 수험번호란은 숫자로 기재하고 아래 해당번호에 마킹합니다.
7. 시험문제지 형별 및 수험번호 등 마킹착오로 인한 불이익은 전적으로 수험자의 귀책사유입니다.
8. 감독위원의 날인이 없는 답안카드는 무효처리 됩니다.
9. 상단과 우측의 검은색 띠(▮▮▮) 부분은 낙서를 금지합니다.
10. 답안카드의 채점은 전산 판독결과에 따르며, 마킹착오, 마킹누락, 불완전한 마킹 등은 수험자의 귀책사유에 해당하므로 이의제기를 하더라도 받아 들여지지 않습니다.

부정행위 처리규정

시험 중 다음과 같은 행위를 하는 자는 당해 시험을 무효처리하고 자격별 관련 규정에 따라 일정기간 동안 시험에 응시할 수 있는 자격을 정지합니다.

1. 시험과 관련된 대화, 답안카드 교환, 다른 수험자의 답안·문제지를 보고 답안 작성, 대리시험을 치르거나 치르게 하는 행위, 시험문제 내용과 관련된 물건을 휴대하거나 이를 주고받는 행위
2. 시험장 내외로부터 도움을 받아 답안을 작성하는 행위, 공인어학성적 및 응시자격서류를 허위기재하여 제출하는 행위
3. 통신기기(휴대전화·소형 무전기 등) 및 전자기기(초소형 카메라 등)를 휴대하거나 사용하는 행위
4. 다른 수험자와 성명 및 수험번호를 바꾸어 작성·제출하는 행위
5. 기타 부정 또는 불공정한 방법으로 시험을 치르는 행위

( )년도 ( )제( )차 국가전문자격시험 답안카드

성 명 (필적감정용)		

교시 기재란	( )교시 ① ② ③
형별 기재란	A형 ●
선 택 과 목 1	
선 택 과 목 2	

수 험 번 호	⓪ ① ② ③ ④ ⑤ ⑥ ⑦ ⑧ ⑨
	⓪ ① ② ③ ④ ⑤ ⑥ ⑦ ⑧ ⑨
	⓪ ① ② ③ ④ ⑤ ⑥ ⑦ ⑧ ⑨
	⓪ ① ② ③ ④ ⑤ ⑥ ⑦ ⑧ ⑨
	⓪ ① ② ③ ④ ⑤ ⑥ ⑦ ⑧ ⑨
	⓪ ① ② ③ ④ ⑤ ⑥ ⑦ ⑧ ⑨
	⓪ ① ② ③ ④ ⑤ ⑥ ⑦ ⑧ ⑨

감독위원 확인	(인)

1	① ② ③ ④ ⑤	21	① ② ③ ④ ⑤	41	① ② ③ ④ ⑤	61	① ② ③ ④ ⑤	81	① ② ③ ④ ⑤	101	① ② ③ ④ ⑤	121	① ② ③ ④ ⑤
2	① ② ③ ④ ⑤	22	① ② ③ ④ ⑤	42	① ② ③ ④ ⑤	62	① ② ③ ④ ⑤	82	① ② ③ ④ ⑤	102	① ② ③ ④ ⑤	122	① ② ③ ④ ⑤
3	① ② ③ ④ ⑤	23	① ② ③ ④ ⑤	43	① ② ③ ④ ⑤	63	① ② ③ ④ ⑤	83	① ② ③ ④ ⑤	103	① ② ③ ④ ⑤	123	① ② ③ ④ ⑤
4	① ② ③ ④ ⑤	24	① ② ③ ④ ⑤	44	① ② ③ ④ ⑤	64	① ② ③ ④ ⑤	84	① ② ③ ④ ⑤	104	① ② ③ ④ ⑤	124	① ② ③ ④ ⑤
5	① ② ③ ④ ⑤	25	① ② ③ ④ ⑤	45	① ② ③ ④ ⑤	65	① ② ③ ④ ⑤	85	① ② ③ ④ ⑤	105	① ② ③ ④ ⑤	125	① ② ③ ④ ⑤
6	① ② ③ ④ ⑤	26	① ② ③ ④ ⑤	46	① ② ③ ④ ⑤	66	① ② ③ ④ ⑤	86	① ② ③ ④ ⑤	106	① ② ③ ④ ⑤		
7	① ② ③ ④ ⑤	27	① ② ③ ④ ⑤	47	① ② ③ ④ ⑤	67	① ② ③ ④ ⑤	87	① ② ③ ④ ⑤	107	① ② ③ ④ ⑤		
8	① ② ③ ④ ⑤	28	① ② ③ ④ ⑤	48	① ② ③ ④ ⑤	68	① ② ③ ④ ⑤	88	① ② ③ ④ ⑤	108	① ② ③ ④ ⑤		
9	① ② ③ ④ ⑤	29	① ② ③ ④ ⑤	49	① ② ③ ④ ⑤	69	① ② ③ ④ ⑤	89	① ② ③ ④ ⑤	109	① ② ③ ④ ⑤		
10	① ② ③ ④ ⑤	30	① ② ③ ④ ⑤	50	① ② ③ ④ ⑤	70	① ② ③ ④ ⑤	90	① ② ③ ④ ⑤	110	① ② ③ ④ ⑤		
11	① ② ③ ④ ⑤	31	① ② ③ ④ ⑤	51	① ② ③ ④ ⑤	71	① ② ③ ④ ⑤	91	① ② ③ ④ ⑤	111	① ② ③ ④ ⑤		
12	① ② ③ ④ ⑤	32	① ② ③ ④ ⑤	52	① ② ③ ④ ⑤	72	① ② ③ ④ ⑤	92	① ② ③ ④ ⑤	112	① ② ③ ④ ⑤		
13	① ② ③ ④ ⑤	33	① ② ③ ④ ⑤	53	① ② ③ ④ ⑤	73	① ② ③ ④ ⑤	93	① ② ③ ④ ⑤	113	① ② ③ ④ ⑤		
14	① ② ③ ④ ⑤	34	① ② ③ ④ ⑤	54	① ② ③ ④ ⑤	74	① ② ③ ④ ⑤	94	① ② ③ ④ ⑤	114	① ② ③ ④ ⑤		
15	① ② ③ ④ ⑤	35	① ② ③ ④ ⑤	55	① ② ③ ④ ⑤	75	① ② ③ ④ ⑤	95	① ② ③ ④ ⑤	115	① ② ③ ④ ⑤		
16	① ② ③ ④ ⑤	36	① ② ③ ④ ⑤	56	① ② ③ ④ ⑤	76	① ② ③ ④ ⑤	96	① ② ③ ④ ⑤	116	① ② ③ ④ ⑤		
17	① ② ③ ④ ⑤	37	① ② ③ ④ ⑤	57	① ② ③ ④ ⑤	77	① ② ③ ④ ⑤	97	① ② ③ ④ ⑤	117	① ② ③ ④ ⑤		
18	① ② ③ ④ ⑤	38	① ② ③ ④ ⑤	58	① ② ③ ④ ⑤	78	① ② ③ ④ ⑤	98	① ② ③ ④ ⑤	118	① ② ③ ④ ⑤		
19	① ② ③ ④ ⑤	39	① ② ③ ④ ⑤	59	① ② ③ ④ ⑤	79	① ② ③ ④ ⑤	99	① ② ③ ④ ⑤	119	① ② ③ ④ ⑤		
20	① ② ③ ④ ⑤	40	① ② ③ ④ ⑤	60	① ② ③ ④ ⑤	80	① ② ③ ④ ⑤	100	① ② ③ ④ ⑤	120	① ② ③ ④ ⑤		

수험자 여러분의 합격을 기원합니다.

성 명
(필적감정용)

노 기 노
능 필 능

교시 기재란

(1)교시   ① ② ③

형별 기재란

A형   ●

선 택 과 목 1

선 택 과 목 2

수 험 번 호

	0	8	4	2	3	1	0
	⓪	⓪	⓪	⓪	⓪	⓪	●
	●	①	①	①	①	①	①
	②	②	②	②	②	●	②
	③	③	③	③	●	③	③
	④	④	④	④	④	④	④
	⑤	⑤	⑤	⑤	⑤	⑤	⑤
	⑥	⑥	⑥	⑥	⑥	⑥	⑥
	⑦	⑦	⑦	⑦	⑦	⑦	⑦
	⑧	●	⑧	⑧	⑧	⑧	⑧
	⑨	⑨	●	⑨	⑨	⑨	⑨

감독위원 확인

감 (인) 독

(예 시)

수험자 유의사항

1. 시험 중에는 통신기기(휴대전화·소형 무전기 등) 및 전자기기(초소형 카메라 등)를 소지하거나 사용할 수 없습니다.
2. 부정행위 예방을 위해 시험문제지에도 수험번호와 성명을 반드시 기재하시기 바랍니다.
3. **시험시간이 종료되면 즉시 답안작성을 멈춰야** 하며, 종료시간 이후 계속 답안을 작성하거나 감독위원의 답안카드 제출지시에 불응할 때에는 당해 시험이 무효처리 됩니다.
4. 기타 감독위원의 정당한 지시에 불응하여 타 수험자의 시험에 방해가 될 경우 퇴실조치 될 수 있습니다.

답안카드 작성 시 유의사항

1. 답안카드 기재·마킹 시에는 반드시 검은색 사인펜을 사용해야 합니다.
2. 답안카드를 잘못 작성했을 시에는 카드를 교체하거나 수정테이프를 사용하여 수정할 수 있습니다.
   그러나 불완전한 수정처리로 인해 발생하는 전산자동판독불가 등 불이익은 수험자의 귀책사유입니다.
   - 수정테이프 이외의 수정액, 스티커 등은 사용 불가
   - 답안카드 왼쪽(성명·수험번호 등)을 제외한 '답안란'만 수정테이프로 수정 가능
3. 성명란은 수험자 본인의 성명을 정자체로 기재합니다.
4. 교시 기재란은 해당교시를 기재하고 해당 란에 마킹합니다.
5. 시험문제지 형별기재란에 표시된 형별(A형 공통)을 확인합니다.
6. 수험번호란은 숫자로 기재하고 아래 해당번호에 마킹합니다.
7. 시험문제지 형별 및 수험번호 등 마킹착오로 인한 불이익은 전적으로 수험자의 귀책사유입니다.
8. 감독위원의 날인이 없는 답안카드는 무효처리 됩니다.
9. 상단과 우측의 검은색 띠(❚❚❚) 부분은 낙서를 금지합니다.
10. 답안카드의 채점은 전산 판독결과에 따르며, 마킹누락, 마킹착오, 불완전한 마킹 등은 수험자의 귀책사유에 해당하므로 이의제기를 하더라도 받아들여지지 않습니다.

부정행위 처리규정

시험 중 다음과 같은 행위를 하는 자는 당해 시험을 무효처리하고 자격별 관련 규정에 따라 일정기간 동안 시험에 응시할 수 있는 자격을 정지합니다.

1. 시험과 관련된 대화, 답안카드 교환, 다른 수험자의 답안·문제지를 보고 답안 작성, 대리시험을 치르거나 치르게 하는 행위, 시험문제 내용과 관련된 물건을 휴대하거나 이를 주고받는 행위
2. 시험장 내외로부터 도움을 받아 답안을 작성하는 행위, 공인어학성적 및 응시자격서류를 허위기재하여 제출하는 행위
3. 통신기기(휴대전화·소형 무전기 등) 및 전자기기(초소형 카메라 등)를 휴대하거나 사용하는 행위
4. 다른 수험자와 성명 및 수험번호를 바꾸어 작성·제출하는 행위
5. 기타 부정 또는 불공정한 방법으로 시험을 치르는 행위

국가전문자격시험 답안카드

( )년도 ( ) 제( )차

성 명 (필적감정용)		

교시 기재란

( )교시 ① ② ③

형별 기재란

A형 ● ④

선택과목 1

선택과목 2

수험번호

⓪ ① ② ③ ④ ⑤ ⑥ ⑦ ⑧ ⑨
⓪ ① ② ③ ④ ⑤ ⑥ ⑦ ⑧ ⑨
⓪ ① ② ③ ④ ⑤ ⑥ ⑦ ⑧ ⑨
⓪ ① ② ③ ④ ⑤ ⑥ ⑦ ⑧ ⑨
⓪ ① ② ③ ④ ⑤ ⑥ ⑦ ⑧ ⑨
⓪ ① ② ③ ④ ⑤ ⑥ ⑦ ⑧ ⑨
⓪ ① ② ③ ④ ⑤ ⑥ ⑦ ⑧ ⑨

감독위원 확인

(인)

1 ① ② ③ ④ ⑤	21 ① ② ③ ④ ⑤	41 ① ② ③ ④ ⑤	61 ① ② ③ ④ ⑤	81 ① ② ③ ④ ⑤	101 ① ② ③ ④ ⑤	121 ① ② ③ ④ ⑤
2 ① ② ③ ④ ⑤	22 ① ② ③ ④ ⑤	42 ① ② ③ ④ ⑤	62 ① ② ③ ④ ⑤	82 ① ② ③ ④ ⑤	102 ① ② ③ ④ ⑤	122 ① ② ③ ④ ⑤
3 ① ② ③ ④ ⑤	23 ① ② ③ ④ ⑤	43 ① ② ③ ④ ⑤	63 ① ② ③ ④ ⑤	83 ① ② ③ ④ ⑤	103 ① ② ③ ④ ⑤	123 ① ② ③ ④ ⑤
4 ① ② ③ ④ ⑤	24 ① ② ③ ④ ⑤	44 ① ② ③ ④ ⑤	64 ① ② ③ ④ ⑤	84 ① ② ③ ④ ⑤	104 ① ② ③ ④ ⑤	124 ① ② ③ ④ ⑤
5 ① ② ③ ④ ⑤	25 ① ② ③ ④ ⑤	45 ① ② ③ ④ ⑤	65 ① ② ③ ④ ⑤	85 ① ② ③ ④ ⑤	105 ① ② ③ ④ ⑤	125 ① ② ③ ④ ⑤
6 ① ② ③ ④ ⑤	26 ① ② ③ ④ ⑤	46 ① ② ③ ④ ⑤	66 ① ② ③ ④ ⑤	86 ① ② ③ ④ ⑤	106 ① ② ③ ④ ⑤	
7 ① ② ③ ④ ⑤	27 ① ② ③ ④ ⑤	47 ① ② ③ ④ ⑤	67 ① ② ③ ④ ⑤	87 ① ② ③ ④ ⑤	107 ① ② ③ ④ ⑤	
8 ① ② ③ ④ ⑤	28 ① ② ③ ④ ⑤	48 ① ② ③ ④ ⑤	68 ① ② ③ ④ ⑤	88 ① ② ③ ④ ⑤	108 ① ② ③ ④ ⑤	
9 ① ② ③ ④ ⑤	29 ① ② ③ ④ ⑤	49 ① ② ③ ④ ⑤	69 ① ② ③ ④ ⑤	89 ① ② ③ ④ ⑤	109 ① ② ③ ④ ⑤	
10 ① ② ③ ④ ⑤	30 ① ② ③ ④ ⑤	50 ① ② ③ ④ ⑤	70 ① ② ③ ④ ⑤	90 ① ② ③ ④ ⑤	110 ① ② ③ ④ ⑤	
11 ① ② ③ ④ ⑤	31 ① ② ③ ④ ⑤	51 ① ② ③ ④ ⑤	71 ① ② ③ ④ ⑤	91 ① ② ③ ④ ⑤	111 ① ② ③ ④ ⑤	
12 ① ② ③ ④ ⑤	32 ① ② ③ ④ ⑤	52 ① ② ③ ④ ⑤	72 ① ② ③ ④ ⑤	92 ① ② ③ ④ ⑤	112 ① ② ③ ④ ⑤	
13 ① ② ③ ④ ⑤	33 ① ② ③ ④ ⑤	53 ① ② ③ ④ ⑤	73 ① ② ③ ④ ⑤	93 ① ② ③ ④ ⑤	113 ① ② ③ ④ ⑤	
14 ① ② ③ ④ ⑤	34 ① ② ③ ④ ⑤	54 ① ② ③ ④ ⑤	74 ① ② ③ ④ ⑤	94 ① ② ③ ④ ⑤	114 ① ② ③ ④ ⑤	
15 ① ② ③ ④ ⑤	35 ① ② ③ ④ ⑤	55 ① ② ③ ④ ⑤	75 ① ② ③ ④ ⑤	95 ① ② ③ ④ ⑤	115 ① ② ③ ④ ⑤	
16 ① ② ③ ④ ⑤	36 ① ② ③ ④ ⑤	56 ① ② ③ ④ ⑤	76 ① ② ③ ④ ⑤	96 ① ② ③ ④ ⑤	116 ① ② ③ ④ ⑤	
17 ① ② ③ ④ ⑤	37 ① ② ③ ④ ⑤	57 ① ② ③ ④ ⑤	77 ① ② ③ ④ ⑤	97 ① ② ③ ④ ⑤	117 ① ② ③ ④ ⑤	
18 ① ② ③ ④ ⑤	38 ① ② ③ ④ ⑤	58 ① ② ③ ④ ⑤	78 ① ② ③ ④ ⑤	98 ① ② ③ ④ ⑤	118 ① ② ③ ④ ⑤	
19 ① ② ③ ④ ⑤	39 ① ② ③ ④ ⑤	59 ① ② ③ ④ ⑤	79 ① ② ③ ④ ⑤	99 ① ② ③ ④ ⑤	119 ① ② ③ ④ ⑤	
20 ① ② ③ ④ ⑤	40 ① ② ③ ④ ⑤	60 ① ② ③ ④ ⑤	80 ① ② ③ ④ ⑤	100 ① ② ③ ④ ⑤	120 ① ② ③ ④ ⑤	

수험자 여러분의 합격을 기원합니다.

마킹주의

바르게 마킹 : ●
잘못 마킹 : ⊗, ⊙, ⊘, ◎, ⊕, ◐, ●

———— (예 시) ————

수험자 유의사항

1. 시험 중에는 통신기기(휴대전화·소형 무전기 등) 및 전자기기(초소형 카메라 등)를 소지하거나 사용할 수 없습니다.
2. 부정행위 예방을 위해 시험문제지에도 수험번호와 성명을 반드시 기재하시기 바랍니다.
3. 시험시간이 종료되면 즉시 답안작성을 멈춰야 하며, 종료시간 이후 계속 답안을 작성하거나 감독위원의 답안카드 제출지시에 불응할 때에는 당해 시험이 무효처리 됩니다.
4. 기타 감독위원의 정당한 지시에 불응하여 타 수험자의 시험에 방해가 될 경우 퇴실조치 될 수 있습니다.

답안카드 작성 시 유의사항

1. 답안카드 기재·마킹 시에는 반드시 검은색 사인펜을 사용해야 합니다.
2. 답안카드를 잘못 작성했을 시에는 카드를 교체하거나 수정테이프를 사용하여 수정할 수 있습니다.
   그러나 불완전한 수정처리로 인해 발생하는 전산자동판독불가 등 불이익은 수험자의 귀책사유입니다.
   - 수정테이프 이외의 수정액, 스티커 등은 사용 불가
   - 답안카드 왼쪽(성명·수험번호 등)을 제외한 '답안란'만 수정테이프로 수정 가능
3. 성명란은 수험자 본인의 성명을 정자체로 기재합니다.
4. 교시 기재란은 해당교시를 기재하고 해당 란에 마킹합니다.
5. 시험문제지 형별기재란에 형별(A형 공통)을 확인합니다.
6. 수험번호란은 숫자로 기재하고 아래 해당번호에 마킹합니다.
7. 시험문제지 형별 및 수험번호 등 마킹착오로 인한 불이익은 전적으로 수험자의 귀책사유입니다.
8. 감독위원의 날인이 없는 답안카드는 무효처리 됩니다.
9. 상단과 우측의 검은색 띠(▮▮▮) 부분은 낙서를 금지합니다.
10. 답안카드의 채점은 전산 판독결과에 따르며, 마킹누락, 마킹착오, 불완전한 마킹 등은 수험자의 귀책사유에 해당하므로 이의제기를 하더라도 받아들여지지 않습니다.

부정행위 처리규정

시험 중 다음과 같은 행위를 하는 자는 당해 시험을 무효처리하고 자격별 관련 규정에 따라 일정기간 동안 시험에 응시할 수 있는 자격을 정지합니다.

1. 시험과 관련된 대화, 답안카드 교환, 다른 수험자의 답안·문제지를 보고 답안 작성, 대리시험을 치르거나 치르게 하는 행위, 시험문제 내용과 관련된 물건을 휴대하거나 이를 주고받는 행위
2. 시험장 내외로부터 도움을 받아 답안을 작성하는 행위, 공인어학성적 및 응시자격서류를 허위기재하여 제출하는 행위
3. 통신기기(휴대전화·소형 무전기 등) 및 전자기기(초소형 카메라 등)를 휴대하거나 사용하는 행위
4. 다른 수험자와 성명 및 수험번호를 바꾸어 작성·제출하는 행위
5. 기타 부정 또는 불공정한 방법으로 시험을 치르는 행위

( )년도 ( )제( )차 국가전문자격시험 답안카드

성 명 (필적감정용)	

교시 기재란	
( )교시	① ② ③
형별 기재란	A형 ●
선 택 과 목 1	
선 택 과 목 2	

수 험 번 호	
⓪ ① ② ③ ④ ⑤ ⑥ ⑦ ⑧ ⑨	
⓪ ① ② ③ ④ ⑤ ⑥ ⑦ ⑧ ⑨	
⓪ ① ② ③ ④ ⑤ ⑥ ⑦ ⑧ ⑨	
⓪ ① ② ③ ④ ⑤ ⑥ ⑦ ⑧ ⑨	
⓪ ① ② ③ ④ ⑤ ⑥ ⑦ ⑧ ⑨	
⓪ ① ② ③ ④ ⑤ ⑥ ⑦ ⑧ ⑨	
⓪ ① ② ③ ④ ⑤ ⑥ ⑦ ⑧ ⑨	

감독위원 확인
(인)

1	① ② ③ ④ ⑤	21	① ② ③ ④ ⑤	41	① ② ③ ④ ⑤	61	① ② ③ ④ ⑤	81	① ② ③ ④ ⑤	101	① ② ③ ④ ⑤	121	① ② ③ ④ ⑤
2	① ② ③ ④ ⑤	22	① ② ③ ④ ⑤	42	① ② ③ ④ ⑤	62	① ② ③ ④ ⑤	82	① ② ③ ④ ⑤	102	① ② ③ ④ ⑤	122	① ② ③ ④ ⑤
3	① ② ③ ④ ⑤	23	① ② ③ ④ ⑤	43	① ② ③ ④ ⑤	63	① ② ③ ④ ⑤	83	① ② ③ ④ ⑤	103	① ② ③ ④ ⑤	123	① ② ③ ④ ⑤
4	① ② ③ ④ ⑤	24	① ② ③ ④ ⑤	44	① ② ③ ④ ⑤	64	① ② ③ ④ ⑤	84	① ② ③ ④ ⑤	104	① ② ③ ④ ⑤	124	① ② ③ ④ ⑤
5	① ② ③ ④ ⑤	25	① ② ③ ④ ⑤	45	① ② ③ ④ ⑤	65	① ② ③ ④ ⑤	85	① ② ③ ④ ⑤	105	① ② ③ ④ ⑤	125	① ② ③ ④ ⑤
6	① ② ③ ④ ⑤	26	① ② ③ ④ ⑤	46	① ② ③ ④ ⑤	66	① ② ③ ④ ⑤	86	① ② ③ ④ ⑤	106	① ② ③ ④ ⑤		
7	① ② ③ ④ ⑤	27	① ② ③ ④ ⑤	47	① ② ③ ④ ⑤	67	① ② ③ ④ ⑤	87	① ② ③ ④ ⑤	107	① ② ③ ④ ⑤		
8	① ② ③ ④ ⑤	28	① ② ③ ④ ⑤	48	① ② ③ ④ ⑤	68	① ② ③ ④ ⑤	88	① ② ③ ④ ⑤	108	① ② ③ ④ ⑤		
9	① ② ③ ④ ⑤	29	① ② ③ ④ ⑤	49	① ② ③ ④ ⑤	69	① ② ③ ④ ⑤	89	① ② ③ ④ ⑤	109	① ② ③ ④ ⑤		
10	① ② ③ ④ ⑤	30	① ② ③ ④ ⑤	50	① ② ③ ④ ⑤	70	① ② ③ ④ ⑤	90	① ② ③ ④ ⑤	110	① ② ③ ④ ⑤		
11	① ② ③ ④ ⑤	31	① ② ③ ④ ⑤	51	① ② ③ ④ ⑤	71	① ② ③ ④ ⑤	91	① ② ③ ④ ⑤	111	① ② ③ ④ ⑤		
12	① ② ③ ④ ⑤	32	① ② ③ ④ ⑤	52	① ② ③ ④ ⑤	72	① ② ③ ④ ⑤	92	① ② ③ ④ ⑤	112	① ② ③ ④ ⑤		
13	① ② ③ ④ ⑤	33	① ② ③ ④ ⑤	53	① ② ③ ④ ⑤	73	① ② ③ ④ ⑤	93	① ② ③ ④ ⑤	113	① ② ③ ④ ⑤		
14	① ② ③ ④ ⑤	34	① ② ③ ④ ⑤	54	① ② ③ ④ ⑤	74	① ② ③ ④ ⑤	94	① ② ③ ④ ⑤	114	① ② ③ ④ ⑤		
15	① ② ③ ④ ⑤	35	① ② ③ ④ ⑤	55	① ② ③ ④ ⑤	75	① ② ③ ④ ⑤	95	① ② ③ ④ ⑤	115	① ② ③ ④ ⑤		
16	① ② ③ ④ ⑤	36	① ② ③ ④ ⑤	56	① ② ③ ④ ⑤	76	① ② ③ ④ ⑤	96	① ② ③ ④ ⑤	116	① ② ③ ④ ⑤		
17	① ② ③ ④ ⑤	37	① ② ③ ④ ⑤	57	① ② ③ ④ ⑤	77	① ② ③ ④ ⑤	97	① ② ③ ④ ⑤	117	① ② ③ ④ ⑤		
18	① ② ③ ④ ⑤	38	① ② ③ ④ ⑤	58	① ② ③ ④ ⑤	78	① ② ③ ④ ⑤	98	① ② ③ ④ ⑤	118	① ② ③ ④ ⑤		
19	① ② ③ ④ ⑤	39	① ② ③ ④ ⑤	59	① ② ③ ④ ⑤	79	① ② ③ ④ ⑤	99	① ② ③ ④ ⑤	119	① ② ③ ④ ⑤		
20	① ② ③ ④ ⑤	40	① ② ③ ④ ⑤	60	① ② ③ ④ ⑤	80	① ② ③ ④ ⑤	100	① ② ③ ④ ⑤	120	① ② ③ ④ ⑤		

수험자 여러분 합격을 기원합니다.

성 명 (필적감정용)	

보 기 도 형

선 택 과 목 1

선 택 과 목 2

			수 험 번 호					
	1	8	9	2	3		1	0
⓪	⓪	⓪	⓪	⓪	⓪	⓪	⓪	●
●	①	①	①	①	①	①	●	①
②	②	②	②	②	●	②	②	②
③	③	③	③	③	③	③	③	③
④	④	④	④	④	④	④	④	④
⑤	⑤	⑤	⑤	⑤	⑤	⑤	⑤	⑤
⑥	⑥	⑥	⑥	⑥	⑥	⑥	⑥	⑥
⑦	⑦	⑦	⑦	⑦	⑦	⑦	⑦	⑦
⑧	⑧	●	⑧	⑧	⑧	⑧	⑧	⑧
⑨	⑨	⑨	●	⑨	⑨	⑨	⑨	⑨

────── (예 시) ──────

수험자 유의사항

1. 시험 중에는 통신기기(휴대전화·소형 무전기 등) 및 전자기기(초소형 카메라 등)를 소지하거나 사용할 수 없습니다.
2. 부정행위 예방을 위해 시험문제지에도 수험번호와 성명을 반드시 기재하시기 바랍니다.
3. **시험시간이 종료되면 즉시 답안작성을 멈춰야** 하며, 종료시간 이후 계속 답안을 작성하거나 감독위원의 답안카드 제출지시에 불응할 때에는 당해 시험이 무효처리 됩니다.
4. 기타 감독위원의 정당한 지시에 불응하여 타 수험자의 시험에 방해가 될 경우 퇴실조치 될 수 있습니다.

답안카드 작성 시 유의사항

1. 답안카드 기재·마킹 시에는 반드시 검은색 사인펜을 사용해야 합니다.
2. 답안카드를 잘못 작성했을 시에는 카드를 교체하거나 수정테이프를 사용하여 수정할 수 있습니다.
   그러나 불완전한 수정처리로 인해 발생하는 전산자동판독불가 등 불이익은 수험자의 귀책사유입니다.
   - 수정테이프 이외의 수정액, 스티커 등은 사용 불가
   - 답안카드 왼쪽(성명·수험번호 등)을 제외한 '답안란'만 수정테이프로 수정 가능
3. 성명란은 수험자 본인의 성명을 정자체로 기재합니다.
4. 교시 기재란은 해당교시를 기재하고 해당 란에 마킹합니다.
5. 시험문제지 형별기재란에 표시된 형별(A형 공통)을 확인합니다.
6. 수험번호란은 숫자로 기재하고 아래 해당번호에 마킹합니다.
7. 시험문제지 형별 및 수험번호 등 마킹착오로 인한 불이익은 전적으로 수험자의 귀책사유입니다.
8. 감독위원의 날인이 없는 답안카드는 무효처리 됩니다.
9. 상단과 우측의 검은색 띠(▮▮▮) 부분은 낙서를 금지합니다.
10. 답안카드의 채점은 전산 판독결과에 따르며, 마킹누락, 마킹착오, 불완전한 마킹 등은 수험자의 귀책사유에 해당하므로 이의제기를 하더라도 받아들여지지 않습니다.

부정행위 처리규정

시험 중 다음과 같은 행위를 하는 자는 당해 시험을 무효처리하고 자격별 관련 규정에 따라 일정기간 동안 시험에 응시할 수 있는 자격을 정지합니다.

1. 시험과 관련된 대화, 답안카드 교환, 다른 수험자의 답안·문제지를 보고 답안 작성, 대리시험을 치르거나 치르게 하는 행위, 시험문제 내용과 관련된 물건을 휴대하거나 이를 주고받는 행위
2. 시험장 내외로부터 도움을 받아 답안을 작성하는 행위, 공인어학성적 및 응시자격서류를 허위기재하여 제출하는 행위
3. 통신기기(휴대전화·소형 무전기 등) 및 전자기기(초소형 카메라 등)를 휴대하거나 사용하는 행위
4. 다른 수험자와 성명 및 수험번호를 바꾸어 작성·제출하는 행위
5. 기타 부정 또는 불공정한 방법으로 시험을 치르는 행위

국가전문자격시험 답안카드

( )년도 ( )제( )차

성명 (필적감정용)	

교시 기재란
( )교시 ① ② ③

형별 기재란
A형 ●

선택과목 1

선택과목 2

수험번호
⓪ ① ② ③ ④ ⑤ ⑥ ⑦ ⑧ ⑨
⓪ ① ② ③ ④ ⑤ ⑥ ⑦ ⑧ ⑨
⓪ ① ② ③ ④ ⑤ ⑥ ⑦ ⑧ ⑨
⓪ ① ② ③ ④ ⑤ ⑥ ⑦ ⑧ ⑨
⓪ ① ② ③ ④ ⑤ ⑥ ⑦ ⑧ ⑨
⓪ ① ② ③ ④ ⑤ ⑥ ⑦ ⑧ ⑨
⓪ ① ② ③ ④ ⑤ ⑥ ⑦ ⑧ ⑨

감독위원 확인
(인)

번호	답란	번호	답란	번호	답란	번호	답란	번호	답란	번호	답란
1	① ② ③ ④ ⑤	21	① ② ③ ④ ⑤	41	① ② ③ ④ ⑤	61	① ② ③ ④ ⑤	81	① ② ③ ④ ⑤	101	① ② ③ ④ ⑤
2	① ② ③ ④ ⑤	22	① ② ③ ④ ⑤	42	① ② ③ ④ ⑤	62	① ② ③ ④ ⑤	82	① ② ③ ④ ⑤	102	① ② ③ ④ ⑤
3	① ② ③ ④ ⑤	23	① ② ③ ④ ⑤	43	① ② ③ ④ ⑤	63	① ② ③ ④ ⑤	83	① ② ③ ④ ⑤	103	① ② ③ ④ ⑤
4	① ② ③ ④ ⑤	24	① ② ③ ④ ⑤	44	① ② ③ ④ ⑤	64	① ② ③ ④ ⑤	84	① ② ③ ④ ⑤	104	① ② ③ ④ ⑤
5	① ② ③ ④ ⑤	25	① ② ③ ④ ⑤	45	① ② ③ ④ ⑤	65	① ② ③ ④ ⑤	85	① ② ③ ④ ⑤	105	① ② ③ ④ ⑤
6	① ② ③ ④ ⑤	26	① ② ③ ④ ⑤	46	① ② ③ ④ ⑤	66	① ② ③ ④ ⑤	86	① ② ③ ④ ⑤	106	① ② ③ ④ ⑤
7	① ② ③ ④ ⑤	27	① ② ③ ④ ⑤	47	① ② ③ ④ ⑤	67	① ② ③ ④ ⑤	87	① ② ③ ④ ⑤	107	① ② ③ ④ ⑤
8	① ② ③ ④ ⑤	28	① ② ③ ④ ⑤	48	① ② ③ ④ ⑤	68	① ② ③ ④ ⑤	88	① ② ③ ④ ⑤	108	① ② ③ ④ ⑤
9	① ② ③ ④ ⑤	29	① ② ③ ④ ⑤	49	① ② ③ ④ ⑤	69	① ② ③ ④ ⑤	89	① ② ③ ④ ⑤	109	① ② ③ ④ ⑤
10	① ② ③ ④ ⑤	30	① ② ③ ④ ⑤	50	① ② ③ ④ ⑤	70	① ② ③ ④ ⑤	90	① ② ③ ④ ⑤	110	① ② ③ ④ ⑤
11	① ② ③ ④ ⑤	31	① ② ③ ④ ⑤	51	① ② ③ ④ ⑤	71	① ② ③ ④ ⑤	91	① ② ③ ④ ⑤	111	① ② ③ ④ ⑤
12	① ② ③ ④ ⑤	32	① ② ③ ④ ⑤	52	① ② ③ ④ ⑤	72	① ② ③ ④ ⑤	92	① ② ③ ④ ⑤	112	① ② ③ ④ ⑤
13	① ② ③ ④ ⑤	33	① ② ③ ④ ⑤	53	① ② ③ ④ ⑤	73	① ② ③ ④ ⑤	93	① ② ③ ④ ⑤	113	① ② ③ ④ ⑤
14	① ② ③ ④ ⑤	34	① ② ③ ④ ⑤	54	① ② ③ ④ ⑤	74	① ② ③ ④ ⑤	94	① ② ③ ④ ⑤	114	① ② ③ ④ ⑤
15	① ② ③ ④ ⑤	35	① ② ③ ④ ⑤	55	① ② ③ ④ ⑤	75	① ② ③ ④ ⑤	95	① ② ③ ④ ⑤	115	① ② ③ ④ ⑤
16	① ② ③ ④ ⑤	36	① ② ③ ④ ⑤	56	① ② ③ ④ ⑤	76	① ② ③ ④ ⑤	96	① ② ③ ④ ⑤	116	① ② ③ ④ ⑤
17	① ② ③ ④ ⑤	37	① ② ③ ④ ⑤	57	① ② ③ ④ ⑤	77	① ② ③ ④ ⑤	97	① ② ③ ④ ⑤	117	① ② ③ ④ ⑤
18	① ② ③ ④ ⑤	38	① ② ③ ④ ⑤	58	① ② ③ ④ ⑤	78	① ② ③ ④ ⑤	98	① ② ③ ④ ⑤	118	① ② ③ ④ ⑤
19	① ② ③ ④ ⑤	39	① ② ③ ④ ⑤	59	① ② ③ ④ ⑤	79	① ② ③ ④ ⑤	99	① ② ③ ④ ⑤	119	① ② ③ ④ ⑤
20	① ② ③ ④ ⑤	40	① ② ③ ④ ⑤	60	① ② ③ ④ ⑤	80	① ② ③ ④ ⑤	100	① ② ③ ④ ⑤	120	① ② ③ ④ ⑤
										121	① ② ③ ④ ⑤
										122	① ② ③ ④ ⑤
										123	① ② ③ ④ ⑤
										124	① ② ③ ④ ⑤
										125	① ② ③ ④ ⑤

성 명
(필적감정용)

정 필 기

교시 기재란

(1)교시 ● ② ③

형별 기재란 A형 ●

선 택 과 목 1

선 택 과 목 2

수 험 번 호

0	1	3	2	9	8	0	1
●	⓪	⓪	⓪	⓪	⓪	⓪	⓪
①	①	①	①	①	①	●	①
②	②	●	②	②	②	②	②
③	③	③	●	③	③	③	③
④	④	④	④	④	④	④	④
⑤	⑤	⑤	⑤	⑤	⑤	⑤	⑤
⑥	⑥	⑥	⑥	⑥	⑥	⑥	⑥
⑦	⑦	⑦	⑦	⑦	⑦	⑦	⑦
⑧	⑧	⑧	⑧	●	⑧	⑧	⑧
⑨	⑨	⑨	⑨	⑨	●	⑨	⑨

감독위원 확인

기 (인) 독

(예 시)

수험자 유의사항

1. 시험 중에는 통신기기(휴대전화·소형 무전기 등) 및 전자기기(초소형 카메라 등)를 소지하거나 사용할 수 없습니다.
2. 부정행위 예방을 위해 시험문제지에도 수험번호와 성명을 반드시 기재하시기 바랍니다.
3. 시험시간이 종료되면 즉시 답안작성을 멈춰야 하며, 종료시간 이후 계속 답안을 작성하거나 감독위원의 답안카드 제출지시에 불응할 때에는 당해 시험이 무효처리 됩니다.
4. 기타 감독위원의 정당한 지시에 불응하여 타 수험자의 시험에 방해가 될 경우 퇴실조치 될 수 있습니다.

답안카드 작성 시 유의사항

1. 답안카드 기재·마킹 시에는 반드시 검은색 사인펜을 사용해야 합니다.
2. 답안카드를 잘못 작성했을 시에는 카드를 교체하거나 수정테이프를 사용하여 수정할 수 있습니다.
   그러나 불완전한 수정처리로 인해 발생하는 전산자동판독불가가 등 불이익은 수험자의 귀책사유입니다.
   - 수정테이프 이외의 수정액, 스티커 등은 사용 불가
   - 답안카드 왼쪽(성명·수험번호 등)을 제외한 '답안란'만 수정테이프로 수정 가능
3. 성명란은 수험자 본인의 성명을 정자체로 기재합니다.
4. 교시 기재란은 해당교시를 기재하고 해당 란에 마킹합니다.
5. 시험문제지 형별기재란에 표시된 형별(A형)을 확인합니다.
6. 수험번호란은 숫자로 기재하고 아래 해당번호에 마킹합니다.
7. 시험문제지 형별 및 수험번호 등 마킹착오로 인한 불이익은 전적으로 수험자의 귀책사유입니다.
8. 감독위원의 날인이 없는 답안카드는 무효처리 됩니다.
9. 상단과 우측의 검은색 띠(❚❚❚) 부분은 낙서를 금지합니다.
10. 답안카드의 채점은 전산 판독결과에 따르며, 마킹누락, 마킹착오, 불완전한 마킹 등은 수험자의 귀책사유에 해당하므로 이의제기를 하더라도 받아들여지지 않습니다.

부정행위 처리규정

시험 중 다음과 같은 행위를 하는 자는 당해 시험을 무효처리하고 자격별 관련 규정에 따라 일정기간 동안 시험에 응시할 수 있는 자격을 정지합니다.

1. 시험과 관련된 대화, 답안카드 교환, 다른 수험자의 답안·문제지를 보고 답안 작성, 문제지를 돌려보거나 베껴쓰는 행위, 시험문제 내용과 관련된 물건을 휴대하거나 이를 주고받는 행위
2. 시험장 내외로부터 도움을 받아 답안을 작성하는 행위, 공인어학성적 및 응시자격서류를 허위기재하여 제출하는 행위
3. 통신기기(휴대전화·소형 무전기 등) 및 전자기기(초소형 카메라 등)를 휴대하거나 사용하는 행위
4. 다른 수험자와 성명 및 수험번호를 바꾸어 작성·제출하는 행위
5. 기타 부정 또는 불공정한 방법으로 시험을 치르는 행위

국가전문자격시험 답안카드

( )년도 ( ) 제( )차

성 명
(필적감정용)

교시 기재란	
( )교시	① ② ③

형별 기재란: A형 ●

선 택 과 목 1

선 택 과 목 2

수험번호

⓪	①	②	③	④	⑤	⑥	⑦	⑧	⑨
⓪	①	②	③	④	⑤	⑥	⑦	⑧	⑨
⓪	①	②	③	④	⑤	⑥	⑦	⑧	⑨
⓪	①	②	③	④	⑤	⑥	⑦	⑧	⑨
⓪	①	②	③	④	⑤	⑥	⑦	⑧	⑨
⓪	①	②	③	④	⑤	⑥	⑦	⑧	⑨
⓪	①	②	③	④	⑤	⑥	⑦	⑧	⑨
⓪	①	②	③	④	⑤	⑥	⑦	⑧	⑨

감독위원 확인

(인)

수험자 여러분의 합격을 기원합니다.

1	① ② ③ ④ ⑤	21	① ② ③ ④ ⑤	41	① ② ③ ④ ⑤	61	① ② ③ ④ ⑤	81	① ② ③ ④ ⑤	101	① ② ③ ④ ⑤	121	① ② ③ ④ ⑤
2	① ② ③ ④ ⑤	22	① ② ③ ④ ⑤	42	① ② ③ ④ ⑤	62	① ② ③ ④ ⑤	82	① ② ③ ④ ⑤	102	① ② ③ ④ ⑤	122	① ② ③ ④ ⑤
3	① ② ③ ④ ⑤	23	① ② ③ ④ ⑤	43	① ② ③ ④ ⑤	63	① ② ③ ④ ⑤	83	① ② ③ ④ ⑤	103	① ② ③ ④ ⑤	123	① ② ③ ④ ⑤
4	① ② ③ ④ ⑤	24	① ② ③ ④ ⑤	44	① ② ③ ④ ⑤	64	① ② ③ ④ ⑤	84	① ② ③ ④ ⑤	104	① ② ③ ④ ⑤	124	① ② ③ ④ ⑤
5	① ② ③ ④ ⑤	25	① ② ③ ④ ⑤	45	① ② ③ ④ ⑤	65	① ② ③ ④ ⑤	85	① ② ③ ④ ⑤	105	① ② ③ ④ ⑤	125	① ② ③ ④ ⑤
6	① ② ③ ④ ⑤	26	① ② ③ ④ ⑤	46	① ② ③ ④ ⑤	66	① ② ③ ④ ⑤	86	① ② ③ ④ ⑤	106	① ② ③ ④ ⑤		
7	① ② ③ ④ ⑤	27	① ② ③ ④ ⑤	47	① ② ③ ④ ⑤	67	① ② ③ ④ ⑤	87	① ② ③ ④ ⑤	107	① ② ③ ④ ⑤		
8	① ② ③ ④ ⑤	28	① ② ③ ④ ⑤	48	① ② ③ ④ ⑤	68	① ② ③ ④ ⑤	88	① ② ③ ④ ⑤	108	① ② ③ ④ ⑤		
9	① ② ③ ④ ⑤	29	① ② ③ ④ ⑤	49	① ② ③ ④ ⑤	69	① ② ③ ④ ⑤	89	① ② ③ ④ ⑤	109	① ② ③ ④ ⑤		
10	① ② ③ ④ ⑤	30	① ② ③ ④ ⑤	50	① ② ③ ④ ⑤	70	① ② ③ ④ ⑤	90	① ② ③ ④ ⑤	110	① ② ③ ④ ⑤		
11	① ② ③ ④ ⑤	31	① ② ③ ④ ⑤	51	① ② ③ ④ ⑤	71	① ② ③ ④ ⑤	91	① ② ③ ④ ⑤	111	① ② ③ ④ ⑤		
12	① ② ③ ④ ⑤	32	① ② ③ ④ ⑤	52	① ② ③ ④ ⑤	72	① ② ③ ④ ⑤	92	① ② ③ ④ ⑤	112	① ② ③ ④ ⑤		
13	① ② ③ ④ ⑤	33	① ② ③ ④ ⑤	53	① ② ③ ④ ⑤	73	① ② ③ ④ ⑤	93	① ② ③ ④ ⑤	113	① ② ③ ④ ⑤		
14	① ② ③ ④ ⑤	34	① ② ③ ④ ⑤	54	① ② ③ ④ ⑤	74	① ② ③ ④ ⑤	94	① ② ③ ④ ⑤	114	① ② ③ ④ ⑤		
15	① ② ③ ④ ⑤	35	① ② ③ ④ ⑤	55	① ② ③ ④ ⑤	75	① ② ③ ④ ⑤	95	① ② ③ ④ ⑤	115	① ② ③ ④ ⑤		
16	① ② ③ ④ ⑤	36	① ② ③ ④ ⑤	56	① ② ③ ④ ⑤	76	① ② ③ ④ ⑤	96	① ② ③ ④ ⑤	116	① ② ③ ④ ⑤		
17	① ② ③ ④ ⑤	37	① ② ③ ④ ⑤	57	① ② ③ ④ ⑤	77	① ② ③ ④ ⑤	97	① ② ③ ④ ⑤	117	① ② ③ ④ ⑤		
18	① ② ③ ④ ⑤	38	① ② ③ ④ ⑤	58	① ② ③ ④ ⑤	78	① ② ③ ④ ⑤	98	① ② ③ ④ ⑤	118	① ② ③ ④ ⑤		
19	① ② ③ ④ ⑤	39	① ② ③ ④ ⑤	59	① ② ③ ④ ⑤	79	① ② ③ ④ ⑤	99	① ② ③ ④ ⑤	119	① ② ③ ④ ⑤		
20	① ② ③ ④ ⑤	40	① ② ③ ④ ⑤	60	① ② ③ ④ ⑤	80	① ② ③ ④ ⑤	100	① ② ③ ④ ⑤	120	① ② ③ ④ ⑤		

성 명 (필적감정용)	본

교시 기재란	
(1)교시	● ② ③
형별 기재란	A형 ●
선택과목 1	
선택과목 2	

수 험 번 호	0	1	3	7	2	4	9	8	0	1
	⓪	⓪	⓪	⓪	⓪	⓪	⓪	⓪	●	⓪
	①	①	①	●	①	①	①	①	①	①
	②	②	②	②	●	②	②	②	②	②
	③	③	●	③	③	③	③	③	③	③
	④	④	④	④	④	●	④	④	④	④
	⑤	⑤	⑤	⑤	⑤	⑤	⑤	⑤	⑤	⑤
	⑥	⑥	⑥	⑥	⑥	⑥	⑥	⑥	⑥	⑥
	⑦	⑦	⑦	⑦	⑦	⑦	⑦	⑦	⑦	⑦
	⑧	⑧	⑧	⑧	⑧	⑧	⑧	●	⑧	⑧
	⑨	⑨	⑨	⑨	⑨	⑨	●	⑨	⑨	⑨

감독위원 확인	(날인)

마킹주의

바르게 마킹: ●
잘못 마킹: ⊗ ⊙ ⊘ ◑ ⊕ ◐

(예 시)

수험자 유의사항

1. 시험 중에는 통신기기(휴대전화·소형 무전기 등) 및 전자기기(초소형 카메라 등)를 소지하거나 사용할 수 없습니다.
2. 부정행위 예방을 위해 시험문제지에도 수험번호와 성명을 반드시 기재하시기 바랍니다.
3. **시험시간이 종료되면 즉시 답안작성을 멈춰야** 하며, 종료시간 이후 계속 답안을 작성하거나 감독위원의 답안카드 제출지시에 불응할 때에는 당해 시험이 무효처리 됩니다.
4. 기타 감독위원의 정당한 지시에 불응하여 타 수험자의 시험에 방해가 될 경우 퇴실조치 될 수 있습니다.

답안카드 작성 시 유의사항

1. 답안카드 기재·마킹 시에는 반드시 검은색 사인펜을 사용해야 합니다.
2. 답안카드를 잘못 작성했을 시에는 카드를 교체하거나 수정테이프를 사용하여 수정할 수 있습니다.
   그러나 불완전한 수정처리로 인해 발생하는 전산자동판독불가 등 불이익은 수험자의 귀책사유입니다.
   - 수정테이프 이외의 수정액, 스티커 등은 사용 불가
   - 답안카드 왼쪽(성명·수험번호 등)을 제외한 '답안란'만 수정테이프로 수정 가능
3. 성명란은 수험자 본인의 성명을 정자체로 기재합니다.
4. 교시 기재란은 해당교시를 기재하고 해당 란에 마킹합니다.
5. 시험문제지 형별기재란에 표시된 형별(A형 공통)을 확인합니다.
6. 수험번호란은 숫자로 기재하고 아래 해당번호에 마킹합니다.
7. 시험문제지 형별 및 수험번호 등 마킹착오로 인한 불이익은 전적으로 수험자의 귀책사유입니다.
8. 감독위원의 날인이 없는 답안카드는 무효처리 됩니다.
9. 상단과 우측의 검은색 띠(▋) 부분은 낙서를 금지합니다.
10. 답안카드의 채점은 전산 판독결과에 따르며, 마킹누락, 마킹착오, 불완전한 마킹 등은 수험자의 귀책사유에 해당하므로 이의제기를 하더라도 받아들여지지 않습니다.

부정행위 처리규정

시험 중 다음과 같은 행위를 하는 자는 당해 시험을 무효처리하고 자격별 관련 규정에 따라 일정기간 동안 시험에 응시할 수 있는 자격을 정지합니다.

1. 시험과 관련된 대화, 답안카드 교환, 다른 수험자의 답안·문제지를 보고 답안 작성, 대리시험을 치르거나 치르게 하는 행위, 시험문제 내용과 관련된 물건을 휴대하거나 이를 주고받는 행위
2. 시험장 내외로부터 도움을 받아 답안을 작성하는 행위, 공인어학성적 및 응시자격서류를 허위기재하여 제출하는 행위
3. 통신기기(휴대전화·소형 무전기 등) 및 전자기기(초소형 카메라 등)를 휴대하거나 사용하는 행위
4. 다른 수험자와 성명 및 수험번호를 바꾸어 작성·제출하는 행위
5. 기타 부정 또는 불공정한 방법으로 시험을 치르는 행위

( )년도 ( )제( )차 국가전문자격시험 답안카드

수험자 여러분은 잊지마시고 기입한 답란이 확인하세요.

성 명 (필적감정용)	

교시 기재란
( )교시 ① ② ③
형별 기재란 A형 ① ② ③ ●④

선택과목 1

선택과목 2

수험번호

0	0	0	0	0	0	0
①	①	①	①	①	①	①
②	②	②	②	②	②	②
③	③	③	③	③	③	③
④	④	④	④	④	④	④
⑤	⑤	⑤	⑤	⑤	⑤	⑤
⑥	⑥	⑥	⑥	⑥	⑥	⑥
⑦	⑦	⑦	⑦	⑦	⑦	⑦
⑧	⑧	⑧	⑧	⑧	⑧	⑧
⑨	⑨	⑨	⑨	⑨	⑨	⑨

감독위원 확인 (인)

	1	2	3	4	5		21	1	2	3	4	5		41	1	2	3	4	5		61	1	2	3	4	5		81	1	2	3	4	5		101	1	2	3	4	5		121	1	2	3	4	5
1	①	②	③	④	⑤	21		①	②	③	④	⑤	41		①	②	③	④	⑤	61		①	②	③	④	⑤	81		①	②	③	④	⑤	101		①	②	③	④	⑤	121		①	②	③	④	⑤
2	①	②	③	④	⑤	22		①	②	③	④	⑤	42		①	②	③	④	⑤	62		①	②	③	④	⑤	82		①	②	③	④	⑤	102		①	②	③	④	⑤	122		①	②	③	④	⑤
3	①	②	③	④	⑤	23		①	②	③	④	⑤	43		①	②	③	④	⑤	63		①	②	③	④	⑤	83		①	②	③	④	⑤	103		①	②	③	④	⑤	123		①	②	③	④	⑤
4	①	②	③	④	⑤	24		①	②	③	④	⑤	44		①	②	③	④	⑤	64		①	②	③	④	⑤	84		①	②	③	④	⑤	104		①	②	③	④	⑤	124		①	②	③	④	⑤
5	①	②	③	④	⑤	25		①	②	③	④	⑤	45		①	②	③	④	⑤	65		①	②	③	④	⑤	85		①	②	③	④	⑤	105		①	②	③	④	⑤	125		①	②	③	④	⑤
6	①	②	③	④	⑤	26		①	②	③	④	⑤	46		①	②	③	④	⑤	66		①	②	③	④	⑤	86		①	②	③	④	⑤	106		①	②	③	④	⑤
7	①	②	③	④	⑤	27		①	②	③	④	⑤	47		①	②	③	④	⑤	67		①	②	③	④	⑤	87		①	②	③	④	⑤	107		①	②	③	④	⑤
8	①	②	③	④	⑤	28		①	②	③	④	⑤	48		①	②	③	④	⑤	68		①	②	③	④	⑤	88		①	②	③	④	⑤	108		①	②	③	④	⑤
9	①	②	③	④	⑤	29		①	②	③	④	⑤	49		①	②	③	④	⑤	69		①	②	③	④	⑤	89		①	②	③	④	⑤	109		①	②	③	④	⑤
10	①	②	③	④	⑤	30		①	②	③	④	⑤	50		①	②	③	④	⑤	70		①	②	③	④	⑤	90		①	②	③	④	⑤	110		①	②	③	④	⑤
11	①	②	③	④	⑤	31		①	②	③	④	⑤	51		①	②	③	④	⑤	71		①	②	③	④	⑤	91		①	②	③	④	⑤	111		①	②	③	④	⑤
12	①	②	③	④	⑤	32		①	②	③	④	⑤	52		①	②	③	④	⑤	72		①	②	③	④	⑤	92		①	②	③	④	⑤	112		①	②	③	④	⑤
13	①	②	③	④	⑤	33		①	②	③	④	⑤	53		①	②	③	④	⑤	73		①	②	③	④	⑤	93		①	②	③	④	⑤	113		①	②	③	④	⑤
14	①	②	③	④	⑤	34		①	②	③	④	⑤	54		①	②	③	④	⑤	74		①	②	③	④	⑤	94		①	②	③	④	⑤	114		①	②	③	④	⑤
15	①	②	③	④	⑤	35		①	②	③	④	⑤	55		①	②	③	④	⑤	75		①	②	③	④	⑤	95		①	②	③	④	⑤	115		①	②	③	④	⑤
16	①	②	③	④	⑤	36		①	②	③	④	⑤	56		①	②	③	④	⑤	76		①	②	③	④	⑤	96		①	②	③	④	⑤	116		①	②	③	④	⑤
17	①	②	③	④	⑤	37		①	②	③	④	⑤	57		①	②	③	④	⑤	77		①	②	③	④	⑤	97		①	②	③	④	⑤	117		①	②	③	④	⑤
18	①	②	③	④	⑤	38		①	②	③	④	⑤	58		①	②	③	④	⑤	78		①	②	③	④	⑤	98		①	②	③	④	⑤	118		①	②	③	④	⑤
19	①	②	③	④	⑤	39		①	②	③	④	⑤	59		①	②	③	④	⑤	79		①	②	③	④	⑤	99		①	②	③	④	⑤	119		①	②	③	④	⑤
20	①	②	③	④	⑤	40		①	②	③	④	⑤	60		①	②	③	④	⑤	80		①	②	③	④	⑤	100		①	②	③	④	⑤	120		①	②	③	④	⑤

성명
(필적감정용)

성명

교시 기재란		
(1)교시	● ② ③	
형별 기재란	A형 ●	

선택과목 1

선택과목 2

수험번호						
1	3	2	9	8	0	1
⓪	⓪	⓪	⓪	●	⓪	⓪
●	①	①	①	①	①	●
②	②	●	②	②	②	②
③	●	③	③	③	③	③
④	④	④	④	④	④	④
⑤	⑤	⑤	⑤	⑤	⑤	⑤
⑥	⑥	⑥	⑥	⑥	⑥	⑥
⑦	⑦	⑦	⑦	⑦	⑦	⑦
⑧	⑧	⑧	⑧	⑧	⑧	⑧
⑨	⑨	⑨	●	⑨	⑨	⑨

감독위원 확인
(인)

(예 시)

수험자 유의사항

1. 시험 중에는 통신기기(휴대전화·소형 무전기 등) 및 전자기기(초소형 카메라 등)를 소지하거나 사용할 수 없습니다.
2. 부정행위 예방을 위해 시험문제지에도 수험번호와 성명을 반드시 기재하시기 바랍니다.
3. **시험시간이 종료되면 즉시 답안작성을 멈춰야** 하며, 종료시간 이후 계속 답안을 작성하거나 감독위원의 답안카드 제출지시에 불응할 때에는 당해 시험이 무효처리 됩니다.
4. 기타 감독위원의 정당한 지시에 불응하여 타 수험자의 시험에 방해가 될 경우 퇴실조치 될 수 있습니다.

답안카드 작성 시 유의사항

1. 답안카드 기재·마킹 시에는 반드시 검은색 사인펜을 사용해야 합니다.
2. 답안카드를 잘못 작성했을 시에는 카드를 교체하거나 수정테이프를 사용하여 수정할 수 있습니다.
   그러나 불완전한 수정처리로 인해 발생하는 전산자동판독불가 등 문제이는 수험자의 귀책사유입니다.
   - 수정테이프 이외의 수정액, 스티커 등은 사용 불가
   - 답안카드 왼쪽(성명·수험번호 등)을 제외한 '답안란'만 수정테이프로 수정 가능
3. 성명란은 수험자 본인의 성명을 정자체로 기재합니다.
4. 교시 기재란은 해당교시를 기재하고 해당 란에 마킹합니다.
5. 시험문제지 형별기재란에 표시된 형별(A형 공통)을 확인합니다.
6. 수험번호란은 숫자로 기재하고 아래 해당번호에 마킹합니다.
7. 시험문제지 형별 및 수험번호 등 마킹착오로 인한 불이익은 전적으로 수험자의 귀책사유입니다.
8. 감독위원의 날인이 없는 답안카드는 무효처리 됩니다.
9. 상단과 우측의 검은색 띠(▮▮▮) 부분은 낙서를 금지합니다.
10. 답안카드의 채점은 전산 판독결과에 따르며, 마킹누락, 마킹착오, 불완전한 마킹 등은 수험자의 귀책사유에 해당하므로 이의제기를 하더라도 받아들여지지 않습니다.

부정행위 처리규정

시험 중 다음과 같은 행위를 하는 자는 당해 시험을 무효처리하고 자격별 관련 규정에 따라 일정기간 동안 시험에 응시할 수 있는 자격을 정지합니다.

1. 시험과 관련된 대화, 답안카드 교환, 다른 수험자의 답안·문제지를 보고 답안 작성, 대리시험을 치르거나 치르게 하는 행위, 시험문제 내용과 관련된 물건을 휴대하거나 이를 주고받는 행위
2. 시험장 내외로부터 도움을 받아 답안을 작성하는 행위, 공인어학성적 및 응시자격서류를 허위기재하여 제출하는 행위
3. 통신기기(휴대전화·소형 무전기 등) 및 전자기기(초소형 카메라 등)를 휴대하거나 사용하는 행위
4. 다른 수험자와 성명 및 수험번호를 바꾸어 작성·제출하는 행위
5. 기타 부정 또는 불공정한 방법으로 시험을 치르는 행위

2025년도 제36회 공인중개사 1차 국가자격시험
찐 실전모의고사

교 시	문제형별	시험시간	시험과목
1교시	A	100분	**1** 부동산학개론 **2** 민법 및 민사특별법 중 부동산 중개에 관련되는 규정

수험번호		성 명	

[수험자 유의사항]

1. 시험문제지는 **단일 형별(A형)**이며, 답안카드 형별 기재란에 표시된 형별(A형)을 확인하시기 바랍니다. 시험문제지의 **총면수, 문제번호 일련순서, 인쇄상태** 등을 확인하시고, 문제지 표지에 수험번호와 성명을 기재하시기 바랍니다.

2. 답은 각 문제마다 요구하는 **가장 적합하거나 가까운 답 1개**만 선택하고, 답안카드 작성 시 시험문제지 **마킹착오**로 인한 불이익은 전적으로 **수험자에게 책임**이 있음을 알려드립니다.

3. 답안카드는 국가전문자격 공통 표준형으로 문제번호가 1번부터 125번까지 인쇄되어 있습니다. 답안 마킹 시에는 반드시 **시험문제지의 문제번호와 동일한 번호**에 마킹하여야 합니다. (1차 1교시 : 1번~80번)

4. **감독위원의 지시에 불응하거나 시험시간 종료 후 답안카드를 제출하지 않을 경우** 불이익이 발생할 수 있음을 알려드립니다.

5. 시험문제지는 시험 종료 후 가져가시기 바랍니다.

6. 답안작성은 **시험 시행일(2025.10.25.) 현재 시행되는 법령** 등을 적용하시기 바랍니다.

7. 가답안 의견제시에 대한 개별회신 및 공고는 하지 않으며, **최종 정답 발표로 갈음합니다.**

8. 시험 중 **중간 퇴실은 불가**합니다. 단, 부득이하게 퇴실할 경우 **시험 포기각서 제출 후 퇴실은 가능**하나 **재입실이 불가**하며, **해당시험은 무효처리됩니다.**

제1과목: 부동산학개론

1 한국표준산업분류(KSIC)에 따른 부동산업의 세분류 항목에 해당하지 **않는** 것은?

① 부동산 임대업
② 부동산 관리업
③ 부동산 개발 및 공급업
④ 부동산 중개, 자문 및 감정평가업
⑤ 주거용 건물 건설업

2 토지의 용어에 관한 설명으로 **틀린** 것은?

① 대지(垈地)는 일정한 용도로 제공되고 있는 바닥토지를 말하며, 하천, 도로 등의 바닥토지에 사용되는 포괄적 용어이다.
② 필지(筆地)는 하나의 지번이 붙은 토지의 등록단위이다.
③ 획지(劃地)는 인위적·자연적·행정적 조건에 따라 다른 토지와 구별되는 것으로 가격수준이 비슷한 일단(一團)의 토지를 말한다.
④ 후보지(候補地)란 용도지역 상호간에 다른 지역으로 전환되고 있는 지역의 토지를 말한다.
⑤ 공지(空地)는 「건축법」에 따른 건폐율 등의 제한으로 인해 한 필지 내에 건물을 꽉 메워서 건축하지 않고 남겨 둔 토지이다.

3 부동산의 특성 중 부동성으로 인해 파생되는 특징에 관한 설명으로 옳은 것은?

① 토지에 생산비를 투입하여 생산할 수 없기 때문에 생산비의 법칙이 적용되지 않게 한다.
② 소유이익과 이용이익의 분리 및 임대차시장의 발달 근거가 된다.
③ 소유와 관련하여 경계문제를 불러일으키며, 개발이익의 사회적 환수 논리의 근거가 된다.
④ 대상부동산과 다른 부동산의 비교를 어렵게 하고 시장에서 상품 간 대체관계를 제약할 수 있다.
⑤ 부동산활동을 국지화시켜 지역적으로 특화되게 하며, 감정평가 시 지역분석의 필요성이 요구된다.

4 수요와 공급에 관한 내용으로 틀린 것을 모두 고른 것은?

> ㄱ. 소득이 증가할 때 부동산의 수요곡선이 우측으로 이동한다면 이 부동산은 정상재이며 수요의 소득탄력성은 양(+)의 값을 갖는다.
> ㄴ. 수요곡선이 우하향의 모양을 나타내는 것은 수요법칙을 반영한 것으로 가격과 수요량의 반비례관계를 의미한다.
> ㄷ. 해당 가격 이외의 요인 변화에 따른 수요량의 변화는 곡선상의 이동을 의미한다.
> ㄹ. 두 부동산이 대체재관계에 있다면 수요의 교차탄력성은 양(+)이 된다.
> ㅁ. 아파트와 보완재의 가격이 상승하면 아파트의 수요는 증가한다.

① ㄱ, ㄷ
② ㄴ, ㄷ
③ ㄷ, ㄹ
④ ㄷ, ㅁ
⑤ ㄹ, ㅁ

5 임대용 부동산의 수요함수가 $Q_d = 400 - \frac{2}{3}P$로 주어져 있다.

이 경우 임대사업자의 임대료총수입을 극대화하기 위한 임대용 부동산의 임대료는? (단, P는 임대료이고 단위는 만원/m², Q_d는 수요량이고 단위는 m², X축은 수량, Y축은 임대료이며, 주어진 조건에 한함)

① 200만원/m²
② 300만원/m²
③ 350만원/m²
④ 400만원/m²
⑤ 500만원/m²

6 부동산의 수요와 공급, 균형에 관한 설명으로 옳은 것은? (단, 다른 조건은 동일함)

① 부동산의 수요는 유효수요의 개념이 아니라, 단순히 부동산을 구입하고자 하는 의사만을 의미한다.
② 수요자의 소득이 변하여 수요곡선 자체가 이동하는 경우는 수요량의 변화에 해당한다.
③ 인구의 증가로 부동산 수요가 증가하는 경우 균형가격은 상승하고, 균형량은 감소한다.
④ 건축비의 하락 등 생산요소가격의 하락은 주택공급곡선을 좌측으로 이동시킨다.
⑤ 기술의 개발로 부동산 공급이 증가하는 경우 수요의 가격탄력성이 작을수록 균형가격의 하락폭은 커지고, 균형량의 증가폭은 작아진다.

7 수요와 공급의 탄력성에 관한 설명으로 옳은 것은 모두 몇 개인가? (단, 수요의 가격탄력성은 절댓값을 의미하며, 다른 조건은 동일함)

> ㄱ. 수요곡선이 수직이면 수요의 가격탄력성이 0이다.
> ㄴ. 우하향하는 직선의 수요곡선상 모든 점에서 가격탄력성은 같다.
> ㄷ. 가격탄력성이 1보다 크면 비탄력적이다.
> ㄹ. 수요의 소득탄력성이 1보다 작으면 해당 재화는 열등재이다.
> ㅁ. 수요의 교차탄력성이 1보다 크면 두 상품은 보완재 관계이다.

① 1개   ② 2개
③ 3개   ④ 4개
⑤ 5개

8 아파트 수요의 가격탄력성은 1.2, 아파트 수요의 소득탄력성은 0.6, 아파트 수요의 단독주택 가격에 대한 교차탄력성은 0.8이고 소비자들의 소득은 5% 증가한다고 하자. 그런데 아파트 가격이 5% 상승할 경우 전체 아파트의 수요량이 1% 감소하려면 단독주택의 가격은 몇 % 상승해야 하는가?

① 2.5%   ② 3%
③ 5%   ④ 6%
⑤ 10%

9 부동산경기순환에 관한 설명으로 <u>틀린</u> 것은?

① 건축허가량을 알면 경기순환의 국면을 예측할 수 있고, 그 허가량은 자재별·용도별·연면적별로 파악할 수 있다.
② 일반적으로 부동산경기는 일반경기에 비해 후순환적인 것으로 알려져 있으나 병행·역행·독립·선행할 수도 있다.
③ 부동산경기는 통상적으로는 지역적·국지적으로 나타나서 전국적·광역적으로 확대되는 경향이 일반적이다.
④ 상향시장에서 부동산매매 시 매도인은 거래성립시기를 앞당기려고 하고, 매수인은 미루려고 하는 경향이 있다.
⑤ 후퇴시장에서 과거의 사례가격은 새로운 거래의 기준가격이 되거나 상한선이 된다.

10 부동산시장에 관한 설명으로 옳은 것은?

① 약성 효율적 시장에서 과거의 역사적 정보를 통해 정상이윤을 초과하는 이윤을 획득할 수 있다.
② 준강성 효율적 시장에서 공표된 정보는 물론 공표되지 않은 정보도 시장가치에 반영된다.
③ 완전경쟁시장에서는 초과이윤이 발생할 수 있다.
④ 완전경쟁시장이나 강성 효율적 시장에서는 할당 효율적인 시장만 존재한다.
⑤ 할당 효율적 시장은 완전경쟁시장을 의미하며 불완전경쟁시장은 할당 효율적 시장이 될 수 없다.

11 지대론에 관한 설명으로 <u>틀린</u> 것은?

① 차액지대설에서 지대가 발생하는 이유는 비옥한 토지의 양이 상대적으로 희소하고, 토지에 수확체감현상이 있기 때문이다.
② 절대지대설에 따르면 최열등지에 대해서도 토지소유자의 요구로 지대가 발생한다.
③ 마찰비용이론에 의하면 교통수단이 좋을수록 공간의 마찰이 적어지며, 이때 토지이용자는 마찰비용으로 교통비와 지대를 지불한다고 본다.
④ 위치지대설에서 지대는 생산물의 가격과 생산비와는 관계없이 수송비에 의해서 결정된다.
⑤ 입찰지대설에서는 가장 높은 지대를 지불할 의사가 있는 용도에 따라 토지이용이 이루어진다.

12 도시공간구조이론에 관한 설명으로 <u>틀린</u> 것은?

① 버제스(Burgess)의 동심원이론에 의하면 중심지에서 멀어질수록 접근성·지대·인구밀도 등이 낮아지고, 범죄·인구이동·빈곤 등의 도시문제가 감소한다.
② 호이트(H. Hoyt)의 선형이론에 의하면 고소득층은 기존의 도심지역과 주요 교통노선을 축으로 하여 접근성이 양호한 지역에 입지하는 경향이 있다.
③ 해리스(Harris)와 울만(Ullman)의 다핵심이론에 의하면 도시는 하나의 중심이 아니라 여러 개의 전문화된 중심으로 이루어진다.
④ 다핵심이론에서 다핵의 발생요인으로 동종활동은 떨어져서 입지하고, 이종활동은 특정지역에 모여서 입지한다.
⑤ 다차원이론에서는 동심원이론, 선형이론, 다핵심이론 등의 이론을 종합하여 3개의 차원에서 파악해야 한다는 이론을 제시하였다.

13 레일리(W. Reilly)의 소매인력법칙을 적용할 경우, 다음과 같은 상황에서 ( )에 들어갈 숫자로 옳은 것은?

> ○ 인구가 1만명인 A시와 3만명인 B시가 있다. A시와 B시 사이에 인구 1천명의 마을 C가 있다. 마을 C로부터 A시, B시까지의 직선거리는 각각 2km, 6km이다.
> ○ 마을 C의 인구 중 비구매자는 없고 A시, B시에서만 구매활동을 한다고 가정할 때, 마을 C의 인구 중 A시로의 유인 규모는 (ㄱ)명이고, B시로의 유인 규모는 (ㄴ)명이다.

① ㄱ: 600, ㄴ: 400
② ㄱ: 650, ㄴ: 350
③ ㄱ: 700, ㄴ: 300
④ ㄱ: 750, ㄴ: 250
⑤ ㄱ: 800, ㄴ: 200

14 정부의 부동산시장 개입에 관한 설명으로 <u>틀린</u> 것은?

① 정부는 시장실패를 보완하고 자원배분의 효율성을 높이기 위해 개입할 수 있다.

② 공공재의 경우 과다생산의 문제가 발생될 수 있기 때문에 시장실패가 초래되어 정부가 시장에 개입할 수 있다.

③ 부동산시장에서 규모의 경제가 존재하면 자원배분의 비효율성으로 인해 시장실패가 초래될 수 있다.

④ 불완전경쟁으로 인한 시장실패 문제를 보완하기 위해 정부가 시장에 개입할 수 있다.

⑤ 외부효과로 인한 시장실패 문제를 보완하기 위해 정부가 시장에 개입할 수 있다.

15 외부효과에 관한 설명으로 <u>틀린</u> 것은?

① 부(−)의 외부효과가 발생하는 경우 세금 부과나 규제 등을 통해 자원배분의 비효율성을 감소시킬 수 있다.

② 정(+)의 외부효과든 부(−)의 외부효과든 외부효과가 존재하면 사적 비용과 사회적 비용이 달라져 자원배분의 왜곡이 발생한다.

③ 주택공급 부족으로 주택가격이 급등하는 것은 외부효과에 의한 시장실패라고 볼 수 있다.

④ 불분명한 환경재산권을 분명하게 해 준다면 정부의 개입 없이 시장기구가 스스로 외부효과 문제를 효율적으로 해결할 수 있다는 것을 코즈의 정리(Coase theorem)라고 한다.

⑤ 부(−)의 외부효과를 발생시키는 기업에는 세금을 부과하고, 정(+)의 외부효과를 발생시키는 기업에는 보조금을 지급함으로써 개입할 수 있다.

16 임대주택정책에 관한 설명으로 <u>틀린</u> 것은?

① 주택임대료보조는 임대주택에 대한 수요는 증가하고 시장임대료를 상승하게 하며, 장기적으로 임차인이 임대주택에 실제 부담하는 지불임대료를 원래보다 높아지게 하는 효과가 있다.

② 저소득층에게 임대료를 보조할 경우 주택 소비량은 증가하지만, 다른 재화의 소비량도 증가한다.

③ 주거 바우처(housing voucher) 제도는 임대료보조를 교환권으로 지급하는 제도를 말한다.

④ 공공임대주택의 공급 확대정책은 임대주택의 재산세가 임차인에게 전가되는 현상을 완화시킬 수 있다.

⑤ 정부가 공급하는 공공임대주택의 임대료가 사적 시장의 시장임대료보다 낮다면 임대료 차액만큼 임차가구에게 주거비를 보조하는 효과가 있다.

17 부동산조세에 관한 설명으로 옳은 것을 모두 고른 것은?

> ㄱ. 임대주택시장에서 수요가 탄력적이라면 주택소유자가 더 많이 부담한다.
>
> ㄴ. 임대주택시장에서 재산세가 부과되면 공급은 증가하여 주택임대료는 하락하고 거래량은 증가한다.
>
> ㄷ. 수요의 가격탄력성이 공급의 가격탄력성보다 큰 경우 수요자의 조세부담은 공급자에 비해 크다.
>
> ㄹ. 공공임대주택의 공급 확대정책은 임대주택시장에서 임대주택의 재산세가 임차인에게 전가되는 현상을 완화시킬 수 있다.

① ㄱ, ㄴ   ② ㄱ, ㄹ

③ ㄱ, ㄴ, ㄷ   ④ ㄱ, ㄴ, ㄹ

⑤ ㄱ, ㄴ, ㄷ, ㄹ

18 부동산투자 시 (ㄱ)타인자본을 활용하지 않는 경우와 (ㄴ) 타인자본을 60% 활용하는 경우, 각각의 1년간 자기자본수익률은? (단, 주어진 조건에 한함)

> ○ 기간 초 부동산가격: 2억원
> ○ 1년간 순영업소득(NOI): 연 600만원(기간 말 발생)
> ○ 1년간 부동산가격 상승률: 연 5%
> ○ 1년 후 부동산을 처분함
> ○ 대출조건: 이자율 연 4%, 대출기간 1년, 원리금은 만기 시 일시상환함

	ㄱ	ㄴ
①	5%	8%
②	5%	10%
③	5%	12%
④	8%	14%
⑤	8%	16%

19 부동산투자의 레버리지효과에 관한 설명으로 옳은 것을 모두 고른 것은? (단, 주어진 조건에 한함)

> ㄱ. 총자본수익률에서 지분수익률을 차감하여 정(+)의 수익률이 나오는 경우에는 정(+)의 레버리지가 발생한다.
>
> ㄴ. 정(+)의 레버리지가 나타날 때 차입이자율에 변화가 없을 경우 부채비율이 감소하면 지분수익률도 감소한다.
>
> ㄷ. 부(−)의 레버리지는 이자율이 하락함에 따라 정(+)의 레버리지로 변화될 수 있다.
>
> ㄹ. 차입이자율과 부채비율이 모두 변한다면 총자본수익률도 변할 수 있다.

① ㄱ, ㄷ   ② ㄴ, ㄷ

③ ㄴ, ㄹ   ④ ㄱ, ㄴ, ㄷ

⑤ ㄱ, ㄷ, ㄹ

20 시장상황별 수익률의 예상치가 다음과 같은 경우 기대수익률과 분산은?

시장상황	수익률	확률
불황	20%	30%
보통	30%	40%
호황	40%	30%

① 기대수익률: 20%, 분산: 0.004
② 기대수익률: 20%, 분산: 0.006
③ 기대수익률: 25%, 분산: 0.004
④ 기대수익률: 30%, 분산: 0.005
⑤ 기대수익률: 30%, 분산: 0.006

21 포트폴리오 이론에 관한 설명으로 틀린 것은? (단, 투자자는 위험회피형으로서 기대수익률과 위험을 기준으로 투자결정을 한다고 가정함)

① 포트폴리오의 구성에서 상관계수가 +1이 아니라면 구성자산 수가 많을수록 통계학적으로 비체계적 위험을 제거할 확률이 높아진다.
② 2개의 투자자산의 수익률이 서로 같은 방향으로 움직일 경우, 상관계수는 양(+)의 값을 가지므로 위험분산효과가 작아진다.
③ 평균-분산지배원리로 투자 선택을 할 수 없을 때는 변동계수(변이계수)를 활용하여 투자안의 우위를 판단하기 어렵다.
④ 효율적 프론티어(efficient frontier)란 평균-분산지배원리를 만족시키는 효율적 포트폴리오의 집합을 말한다.
⑤ 효율적 프론티어(efficient frontier)의 우상향의 모양은 투자자가 높은 수익률을 얻기 위해 많은 위험을 감수하는 것을 의미한다.

22 영업의 현금흐름 계산 시 영업경비에 포함되지 않는 것은?

① 건물 유지수선비
② 재산세
③ 화재보험료
④ 수도·전기료
⑤ 부채서비스액

23 할인현금흐름 분석기법에 관한 설명으로 틀린 것은?

① 재투자율로 내부수익률법에서는 내부수익률을 사용하지만, 순현재가치법에서는 요구수익률을 사용한다.
② 부동산 보유기간 동안 예상되는 매년의 세후현금흐름의 현재가치와 부동산의 처분 시에 예상되는 세후지분복귀액의 현재가치의 합이 현재의 투자금액보다 크다는 것은 순현가가 '0'보다 크다는 것을 의미한다.
③ 내부수익률이란 순현가를 '0'으로 만드는 할인율이다.
④ 내부수익률법을 이용하여 투자안의 경제성을 평가하는 것이 기업의 부(富)의 극대화에 부합되는 의사결정방법이 된다.
⑤ 일반적으로 순현가법이 내부수익률법보다 투자판단의 준거로서 선호된다.

24 저당의 상환방법 중 원리금균등상환방식에 관한 설명으로 옳은 것은?

① 부채서비스액은 매년 일정하지 못하다고 가정한다.
② 원금상환액은 대략 만기의 50% 정도 경과되면, 그 원금의 3분의 2가 상환된다.
③ 원금상환곡선의 기울기는 기간이 지남에 따라 작아진다.
④ 부채서비스액 중 원금상환분은 만기에 가까울수록 그 액수가 커진다.
⑤ 부채서비스액 중 이자지급액은 상환기간이 경과함에 따라 그 액수가 커진다.

25 甲은 아파트를 구입하기 위해 A은행으로부터 연초에 3억원을 대출받았다. 甲이 받은 대출의 조건이 다음과 같을 때, 대출금리 (ㄱ)와 2회차에 상환할 원금(ㄴ)은? (단, 주어진 조건에 한함)

○ 대출금리: 고정금리
○ 대출기간: 20년
○ 연간 저당상수: 0.09
○ 1회차 원금상환액: 900만원
○ 원리금상환조건: 원리금균등상환방식, 매년 말 연단위 상환

	ㄱ	ㄴ
①	연간 5%	935만원
②	연간 6%	954만원
③	연간 6%	1,050만원
④	연간 6.5%	1,065만원
⑤	연간 6.5%	1,260만원

26 프로젝트 사업주(sponsor)가 특수목적회사인 프로젝트 회사를 설립하여 특정 프로젝트 수행에 필요한 자금을 금융회사로부터 대출받는 방식의 프로젝트 금융(PF)에 관한 설명으로 옳은 것을 모두 고른 것은?

> ㄱ. 기업 전체의 자산 또는 신용을 바탕으로 자금을 조달하고, 기업의 수익으로 원리금을 상환하거나 수익을 배당하는 방식의 자금조달기법이다.
> ㄴ. 프로젝트 사업주는 기업 또는 개인일 수 있으나, 법인은 될 수 없다.
> ㄷ. 프로젝트 사업주는 대출기관으로부터 상환청구를 받지는 않으나, 이러한 방식으로 조달한 부채는 사업주의 재무상태표에는 부채로 계상된다.
> ㄹ. 프로젝트 회사가 파산 또는 청산할 경우, 채권자들은 프로젝트 회사에 대해 원리금상환을 청구할 수 없다.
> ㅁ. 프로젝트 사업주의 도덕적 해이를 방지하기 위해 금융기관은 제한적 소구금융의 장치를 마련해두기도 한다.

① ㅁ
② ㄷ, ㄹ
③ ㄹ, ㅁ
④ ㄱ, ㄴ, ㄷ
⑤ ㄴ, ㄷ, ㄹ

27 부동산 증권에 관한 설명으로 틀린 것은?

① MPTS(mortgage pass-through securities)는 지분을 나타내는 증권으로서 유동화기관의 부채로 표기되지 않는다.
② MPTS(mortgage pass-through securities)는 주택담보대출의 원리금이 회수되면 MPTS의 원리금으로 지급되므로 유동화기관의 자금관리 필요성이 원칙적으로 제거된다.
③ MBB(mortgage backed bond)는 주택저당채권집합물(mortgage pool)에서 발생하는 현금흐름과 관련된 위험을 투자자에게 이전하는 채권이다.
④ MBB(mortgage backed bond)는 주택저당대출차입자의 채무불이행이 발생하더라도 MBB에 대한 원리금을 발행자가 투자자에게 지급하여야 한다.
⑤ CMO(collateralized mortgage obligation)는 동일한 주택저당채권집합물(mortgage pool)에서 상환우선순위와 만기가 다른 다양한 증권을 발행할 수 있다.

28 부동산투자회사법상 부동산투자회사에 관한 설명으로 틀린 것은?

① 자기관리 부동산투자회사는 그 자산을 투자·운용할 때에는 전문성을 높이고 주주를 보호하기 위하여 대통령령으로 정하는 바에 따라 자산운용 전문인력을 상근으로 두어야 한다.
② 부동산투자회사는 「상법」에 따른 해당 연도 이익배당한도의 100분의 90 이상을 주주에게 배당하여야 한다. 이 경우 이익준비금은 적립하지 아니한다.
③ 부동산투자회사는 최저자본금 준비기간이 끝난 후에는 매 분기 말 현재 총자산의 100분의 80 이상을 부동산, 부동산 관련 증권 및 현금으로 구성하여야 한다.
④ 주주 1인과 그 특별관계자는 최저자본금 준비기간이 끝난 후에는 부동산투자회사가 발행한 주식 총수의 100분의 50을 초과하여 주식을 소유하지 못한다.
⑤ 자금차입 및 사채발행은 자기자본의 2배를 초과할 수 없으나 주주총회의 특별결의를 한 경우에는 그 합계가 자기자본의 5배를 넘지 아니하는 범위에서 자금차입 및 사채발행을 할 수 있다.

29 금융기관이 대출비율 50%와 총부채상환비율 40% 중에서 적은 금액을 한도로 주택담보대출을 제공하고 있다. 다음과 같은 상황일 때 차입자의 첫 월 불입액은? (단, 주어진 조건에 한함)

> ○ 주택가격이 5억원이고 차입자의 연소득은 6,000만원이다.
> ○ 대출기간은 20년, 대출이자율은 연 6%, 상환방법은 원리금균등상환방식이다(월 저당상수: 0.007265).
> ○ 차입자는 대출을 최대한 많이 받고 싶어한다.
> ○ 숫자는 소수점 첫째 자리 이하에서 절상한다.

① 1,816,250원
② 1,835,250원
③ 1,865,350원
④ 1,873,650원
⑤ 1,892,550원

30 부동산개발의 경제적 타당성 분석에 관한 설명으로 틀린 것은?

① 부동산개발의 타당성 분석의 순서는 개발사업에 대한 시장분석을 먼저 하고, 다음에는 경제성 분석을 실시한다.
② 시장분석은 개발업자가 투자결정을 하기 위해 필요한 모든 정보를 제공하는 데 목적이 있다.
③ 시장분석을 통해 개발사업에 대한 수익성 여부를 평가하여 특정 개발사업에 대한 최종적인 투자결정을 한다.
④ 부동산개발의 타당성 분석은 법률적·경제적·기술적 타당성 분석이 행해지는데, 일반적으로 경제적 타당성 분석이 가장 중요시된다.
⑤ 경제성 분석은 시장분석 결과 주어진 자료를 토대로 개발사업에 대한 최종적인 투자결정을 한다.

31 다음에서 설명하고 있는 민간투자사업방식은?

> ○ 시설을 준공한 후, 소유권을 정부 또는 지방자치단체에 귀속시키고, 그 대가로 받은 시설의 관리운영권을 가지고 해당 시설을 직접 운영하여 수익을 획득하는 방식이다.
> ○ 대표적인 사업으로 도로, 터널, 철도, 항만 등이 있으며, 시설 이용자로부터 이용료를 징수할 수 있어 자체적으로 수익을 낼 수 있는 사회기반시설의 사업방식으로 활용되고 있다.

① BOT(build-operate-transfer) 방식
② BTO(build-transfer-operate) 방식
③ BLT(build-lease-transfer) 방식
④ BTL(build-transfer-lease) 방식
⑤ BOO(build-own-operate) 방식

32 부동산신탁에 관한 설명으로 틀린 것을 모두 고른 것은?

> ㄱ. 신탁회사의 전문성을 통해 이해관계자들에게 안전성과 신뢰성을 제공해 줄 수 있다.
> ㄴ. 부동산신탁의 수익자란 신탁행위에 따라 신탁이익을 받는 자를 말하며, 일반적으로 수익자는 위탁자가 되나 제3자가 될 수는 없다.
> ㄷ. 부동산신탁계약에서의 소유권 이전은 등기부상의 형식적 소유권 이전이 아니라 실질적 이전이다.
> ㄹ. 신탁재산은 법률적으로 수탁자에게 귀속되지만 수익자를 위한 재산이므로 수탁자의 고유재산 및 위탁자의 고유재산으로부터 독립된다.
> ㅁ. 부동산담보신탁은 저당권 설정보다 소요되는 경비가 많고, 채무불이행 시 부동산 처분 절차가 복잡하다.

① ㄱ, ㄴ
② ㄱ, ㄹ, ㅁ
③ ㄴ, ㄷ, ㅁ
④ ㄷ, ㄹ, ㅁ
⑤ ㄱ, ㄴ, ㄹ, ㅁ

33 부동산마케팅에 관한 설명으로 옳은 것은?

① 표적시장(target market)은 목표시장에서 고객의 욕구를 파악하여 경쟁 제품과 차별성을 가지도록 제품 개념을 정하고 소비자의 지각 속에 적절히 위치시키는 것이다.
② 포지셔닝(positioning)은 세분화된 시장 중 가장 좋은 시장기회를 제공해 줄 수 있는 특화된 시장이다.
③ 4P에 의한 마케팅 믹스 전략의 구성요소는 제품(product), 유통경로(place), 판매촉진(promotion), 포지셔닝(positioning)이다.
④ STP란 시장세분화(segmentation), 표적화(targeting), 가격(price)을 표상하는 약자이다.
⑤ 고객점유 마케팅 전략은 AIDA(attention, interest, desire, action)원리를 적용하여 소비자의 욕구를 충족시키기 위한 마케팅 전략이다.

34 감정평가에 관한 규칙상 대상물건별 주된 감정평가방법으로 틀린 것은? (단, 대상물건은 본래 용도의 효용가치가 있음을 전제함)

① 선박 – 거래사례비교법
② 항공기 – 원가법
③ 건설기계 – 원가법
④ 자동차 – 거래사례비교법
⑤ 동산 – 거래사례비교법

35 부동산 평가활동에서 부동산가격의 원칙에 관한 설명으로 옳은 것을 모두 고른 것은?

> ㄱ. 예측의 원칙이란 평가활동에서 가치형성요인의 변동추이 또는 동향을 주시해야 한다는 것을 말한다.
> ㄴ. 경쟁의 원칙이란 부동산의 가격이 대체관계의 유사 부동산으로부터 영향을 받는다는 것을 말한다.
> ㄷ. 균형의 원칙이란 부동산의 유용성이 최고도로 발휘되기 위해서는 부동산이 외부환경과 균형을 이루어야 한다는 것을 말한다.
> ㄹ. 변동의 원칙이란 가치형성요인이 시간의 흐름에 따라 지속적으로 변화함으로써 부동산가격도 변화한다는 것을 말한다.
> ㅁ. 기여의 원칙이란 부동산의 가격이 대상부동산의 각 구성요소가 기여하는 정도의 합으로 결정된다는 것을 말한다.

① ㄱ, ㄴ
② ㄴ, ㄷ
③ ㄷ, ㅁ
④ ㄱ, ㄹ, ㅁ
⑤ ㄴ, ㄹ, ㅁ

36 지역분석에 관한 설명으로 틀린 것은?

① 지역분석이란 대상부동산의 특성이 지역 내의 다른 부동산 가치형성에 대하여 전반적으로 어떠한 관련성을 갖는가를 분석하는 것이다.
② 지역분석은 인근지역, 유사지역 및 동일수급권을 대상으로 한다.
③ 인근지역이란 대상부동산이 속하지 아니하는 지역으로서 부동산의 이용이 동질적이고 가치형성요인 중 지역요인을 공유하는 지역을 말한다.
④ 유사지역이란 대상부동산이 속하지 아니하는 지역으로서 인근지역과 유사한 특성을 갖는 지역을 말한다.
⑤ 동일수급권이란 대상부동산과 대체·경쟁관계가 성립하고 가치형성에 서로 영향을 미치는 관계에 있는 다른 부동산이 존재하는 권역(圈域)을 말하며, 인근지역과 유사지역을 포함한다.

37 다음 자료를 활용하여 원가법으로 산정한 대상건물의 시산가액은? (단, 주어진 조건에 한함)

○ 대상건물 현황: 철근콘크리트조, 단독주택, 연면적 250m²
○ 기준시점: 2025.7.20.
○ 사용승인일: 2020.7.20.
○ 사용승인일의 신축공사비: 1,000,000원/m²(신축공사비는 적정함)
○ 건축비지수(건설공사비지수)
  − 2020.7.20.: 100
  − 2025.7.20.: 120
○ 경제적 내용연수: 50년
○ 감가수정방법: 정액법
○ 내용연수 만료 시 잔존가치 없음

① 240,000,000원   ② 250,000,000원
③ 270,000,000원   ④ 320,000,000원
⑤ 350,000,000원

38 감정평가방법 중 거래사례비교법과 관련된 설명으로 **틀린** 것은?

① 거래사례비교법은 대상부동산과 동질·동일성이 있어서 비교 가능한 사례를 채택하는 것이 중요하다.
② 거래사례는 위치에 있어서 동일성 내지 유사성이 있어야 하며, 인근지역에 소재하는 경우에는 지역요인비교를 하여야 한다.
③ 거래사례비교법과 관련된 가격원칙은 대체의 원칙이고, 구해진 가액은 비준가액이라 한다.
④ 거래사례에 사정보정요인이 있는 경우 우선 사정보정을 하고, 거래시점과 기준시점 간의 시간적 불일치를 정상화하는 작업인 시점수정을 하여야 한다.
⑤ 거래사례비교법은 실제 거래되는 가격을 준거하므로 현실성이 있으며 설득력이 풍부하다는 장점이 있다.

39 다음의 자료와 같이 주어진 조건에서 대상부동산의 수익가액은?

○ 유효총소득: 100,000,000원
○ 재산세: 3,000,000원
○ 화재보험료: 2,000,000원
○ 재산관리 수수료: 1,000,000원
○ 수선유지비: 1,000,000원
○ 영업소득세: 2,000,000원
○ 관리직원 인건비: 3,000,000원
○ 부채서비스액(debt service): 연 45,000,000원
○ 가격구성비: 토지, 건물 각각 50%
○ 토지환원율: 연 5%, 건물환원율: 연 7%

① 1,200,000,000원   ② 1,300,000,000원
③ 1,400,000,000원   ④ 1,500,000,000원
⑤ 1,600,000,000원

40 공시지가에 관한 설명으로 **틀린** 것은?

① 표준지로 선정된 토지에 대하여는 해당 토지의 공시지가를 개별공시지가로 본다.
② 표준지에 건물 또는 그 밖의 정착물이 있거나 지상권 또는 그 밖의 토지의 사용·수익을 제한하는 권리가 설정되어 있을 때에는 해당 정착물 또는 권리가 존재하는 것으로 보고 적정가격을 평가한다.
③ 시장·군수 또는 구청장은 공시기준일 이후에 분할·합병 등이 발생한 토지에 대하여는 대통령령으로 정하는 날을 기준으로 하여 개별공시지가를 결정·공시하여야 한다.
④ 비주거용 표준부동산가격은 국가·지방자치단체 등이 그 업무와 관련하여 비주거용 개별부동산가격을 산정하는 경우에 그 기준이 된다.
⑤ 비주거용 개별부동산가격 및 비주거용 집합부동산가격은 비주거용 부동산시장에 가격정보를 제공하고, 국가·지방자치단체 등이 과세 등의 업무와 관련하여 비주거용 부동산의 가격을 산정하는 경우에 그 기준으로 활용될 수 있다.

41 다음 중 서로 잘못 짝지어진 것은?

① 전세권의 설정 – 설정적 승계
② 재단법인설립행위 – 상대방 없는 단독행위
③ 점유취득시효의 완성에 의한 소유권의 취득 – 승계취득
④ 청약자가 하는 승낙연착의 통지 – 관념의 통지
⑤ 무권대리에서 추인 여부에 대한 확답의 최고 – 의사의 통지

42 다음 중 전주(前主)의 하자나 부담이 소멸하는 것은?

① 지상권설정 ② 무허가 건물의 매수
③ 재산상속 ④ 혼화
⑤ 채권양도

43 甲은 자신의 X토지를 乙에게 매도하고 계약금을 지급받은 다음 이러한 사정을 잘 아는 丙에게 이를 다시 매도하고 이전등기를 경료해 주었다. 이에 관한 설명으로 틀린 것은? (다툼이 있으면 판례에 따름)

① 乙은 甲과의 매매계약을 최고 없이 해제할 수 있다.
② 부동산물권변동은 매매의 합의뿐만 아니라 이전등기까지 필요하므로 丙만이 소유권을 취득한다.
③ 만약 乙이 X토지를 인도받아 점유하고 있는 경우 丙의 토지 명도청구에 대하여 乙은 甲에 대한 손해배상청구권을 피담보채권으로 하는 유치권을 주장하여 토지의 명도를 거부할 수 없다.
④ 만약 丙이 甲의 제2매매행위에 적극가담한 경우에는 丙으로부터 목적물을 전득한 丁이 선의인 경우라도 丁은 소유권을 취득하지 못한다.
⑤ 乙은 직접 丙을 상대로 소유권이전등기의무의 이행을 청구할 수 없고 甲을 대위하여 소유권이전등기절차의 이행을 청구할 수 있다.

44 甲은 자기 소유 아파트에 대해 채권자 A의 강제집행을 면탈할 목적으로 乙과 통정하여 乙 명의로 이전등기를 하였다. 그 후 乙은 이 사정을 모르는 丙에게 그 아파트를 매도하여 丙 명의로 이전등기가 경료되었다. 이에 관한 설명으로 틀린 것은?

① 甲은 허위표시의 무효를 丙에게 주장할 수 없다.
② 乙은 丙에 대해 원인행위의 무효를 이유로 말소등기를 청구할 수 없다.
③ 丙이 취득한 아파트는 A에 의한 강제집행의 대상이 될 수 없다.
④ 甲은 乙에게 원인무효를 이유로 부당이득반환을 청구할 수 없다.
⑤ 甲·乙 사이의 허위표시에 앞선 甲 소유 아파트의 가등기권리자는 허위표시에서의 제3자로 볼 수 없다.

45 수권행위의 해석에 관한 판례의 태도와 다른 것은?

① 토지매각의 대리권은 중도금이나 잔금을 수령하고 소유권이전등기를 할 권한을 포함한다.
② 부동산처분에 관한 소요서류를 준 행위는 특단의 사정이 없는 한 그 부동산처분에 관한 대리권을 준 것으로 볼 수 있다.
③ 대리인이 본인으로부터 매매계약의 체결과 이행에 관하여 포괄적으로 대리권을 수여받았더라도 약정된 대금지급기일을 연기할 권한을 가지지 않는다.
④ 대여금의 영수권한만을 위임받은 대리인이 그 대여금채무의 일부를 면제하기 위하여는 본인의 특별수권이 필요하다.
⑤ 통상 사채알선업자가 전주(錢主)를 위하여 금전소비대차계약과 그 담보를 위한 담보권설정계약을 체결할 대리권을 수여받은 것으로 인정되는 경우라고 하더라도 특별한 사정이 없는 한 일단 금전소비대차계약과 그 담보를 위한 담보권설정계약이 체결된 후에 이를 해제할 권한까지 당연히 가지고 있다고 볼 수는 없다.

46 대리에 관한 설명으로 옳은 것은?

① 임의대리인은 본인의 승낙이 있는 경우에 한하여 복대리인을 선임할 수 있다.
② 본인의 지명에 의하여 복대리인을 선임한 경우에는 임의대리인은 선임·감독상의 과실책임만 진다.
③ 무권대리인의 상대방이 본인에게 추인 여부의 확답을 최고한 경우 상대방이 상당한 기간 내에 확답을 받지 못한 때에는 추인을 거절한 것으로 본다.
④ 타인의 대리인으로 계약을 한 자가 그 대리권을 증명하지 못하거나 본인의 추인을 얻지 못한 때에는 상대방의 선택에 좇아 계약의 이행 또는 손해배상의 책임이 있다.
⑤ 무권대리인에게 행위능력이 없는 경우 계약의 이행 또는 손해배상책임이 인정되지 않는다.

47 甲과 乙은 토지거래허가구역 내의 甲 소유 토지에 대한 매매계약을 체결하였다. 이에 관한 설명으로 **틀린** 것은? (다툼이 있으면 판례에 따름)

① 토지거래허가를 받기 전에 乙은 甲의 소유권이전등기의무 불이행을 이유로 계약을 해제할 수 없다.

② 乙은 매매대금의 제공 없이 甲에게 토지거래허가신청절차에 협력할 것을 청구할 수 있다.

③ 토지거래허가신청 전에 甲이 乙에게 계약해제통지를 하자 乙이 계약금 상당액을 청구금액으로 하여 토지를 가압류한 경우, 그 매매계약은 여전히 유동적 무효이다.

④ 乙이 토지거래허가신청절차에 협력하지 않고 매매계약을 일방적으로 철회한 경우, 甲은 乙에 대하여 협력의무 불이행과 인과관계 있는 손해의 배상을 청구할 수 있다.

⑤ 계약이 유동적 무효상태인 경우 乙은 甲에게 이미 지급한 계약금을 부당이득으로 반환청구할 수 없다.

48 무효에 관한 설명으로 **틀린** 것은?

① 법률행위로서 성립조차 하지 않은 경우에는 무효행위의 전환이 문제될 여지가 없다.

② 무효행위에 있어 당사자가 이를 알고 추인한 경우에는 새로운 법률행위로 본다.

③ 무효행위의 추인은 소급효가 없는 것이 원칙이나 당사자의 약정에 의하여 소급효를 인정하는 것은 허용된다.

④ 법률행위가 가분적이고 당사자의 가상적 의사가 인정되는 경우에는 법률행위의 일부분만 유효하게 될 수 있다.

⑤ 판례는 「부동산 거래신고 등에 관한 법률」상의 토지거래허가구역 내의 토지를 관할관청의 허가를 받지 않고 이를 배제할 목적으로 매매계약을 체결한 경우에는 유동적 무효로 판단하고 있다.

49 취소할 수 있는 법률행위의 법정추인사유가 **아닌** 것은?

① 취소권자가 취소할 수 있는 행위에 의하여 생긴 채무를 이행한 경우

② 취소권자의 상대방이 그 법률행위로 인해 취득한 권리를 양도한 경우

③ 취소권자가 상대방에게 이행을 청구한 경우

④ 취소권자가 상대방으로부터 담보를 제공받은 경우

⑤ 취소권자가 채권자로서 강제집행을 한 경우

50 착오에 관한 설명으로 **틀린** 것을 모두 고른 것은? (다툼이 있으면 판례에 따름)

ㄱ. 매도인의 하자담보책임이 성립하더라도 착오를 이유로 한 매수인의 취소권은 배제되지 않는다.

ㄴ. 경과실로 인해 착오에 빠진 표의자가 착오를 이유로 의사표시를 취소한 경우, 상대방에 대하여 불법행위로 인한 손해배상책임을 진다.

ㄷ. 상대방이 표의자의 착오를 알고 이용한 경우, 표의자는 착오가 중대한 과실로 인한 것이더라도 의사표시를 취소할 수 있다.

ㄹ. 매도인이 매수인의 채무불이행을 이유로 계약을 적법하게 해제한 후에는 매수인은 착오를 이유로 취소권을 행사할 수 없다.

① ㄱ, ㄴ   ② ㄱ, ㄷ
③ ㄱ, ㄹ   ④ ㄴ, ㄷ
⑤ ㄴ, ㄹ

51 조건 및 기한에 관한 설명으로 **틀린** 것은? (다툼이 있으면 판례에 따름)

① 정지조건과 불확정기한은 의사표시의 해석을 통해 구별할 수 있다.

② 기한은 채무자의 이익을 위한 것으로 본다.

③ 채무자가 담보제공의 의무를 이행하지 않는 때에는 기한의 이익을 주장하지 못한다.

④ 취소나 해제에는 일반적으로 조건을 붙일 수 없다.

⑤ 기한도래의 효과는 전혀 소급효가 인정되지 않는다.

52 물권의 객체에 관한 설명으로 **틀린** 것은? (다툼이 있으면 판례에 따름)

① 「입목에 관한 법률」에 의하여 등기된 수목의 집단은 토지와 별개로 저당권의 목적이 될 수 있다.

② 장래에 생길 물건에 대해서는 물권이 절대로 성립할 수 없다.

③ 구분등기를 하지 않는 한 1동의 건물 중 일부에 관한 소유권 보존등기는 허용되지 않는다.

④ 甲이 임차한 乙의 토지에서 경작한 쪽파를 수확하지 않은 채 丙에게 매도한 경우, 丙이 명인방법을 갖추지 않더라도 그 쪽파의 소유권을 취득한다.

⑤ 지상권과 전세권을 목적으로 저당권이 성립할 수 있다.

53 물권적 청구권에 관한 설명으로 틀린 것은? (다툼이 있으면 판례에 따름)

① 유치권에 기한 물권적 청구권은 인정되지 않는다.
② 미등기 건물의 매수인은 건물의 매매대금을 전부 지급하더라도 건물의 불법점유자에 대해 직접 소유물반환청구를 할 수 없다.
③ 지역권과 저당권에는 반환청구권이 인정되지 않는다.
④ 물권적 청구권이 인정되기 위해서는 물권에 대한 침해 또는 침해할 염려만 있으면 족하고, 침해자의 고의·과실은 요구되지 않는다.
⑤ 甲의 노트북을 乙이 절취하여 이를 丙에게 빌려 준 경우 甲은 丙에 대해서만 반환청구를 할 수 있다.

54 등기를 해야 물권변동이 일어나는 경우를 모두 고른 것은?

> ㄱ. 존속기간의 만료에 의한 전세권의 소멸
> ㄴ. 증여에 의한 부동산 소유권 취득
> ㄷ. 피담보채권의 소멸에 의한 저당권의 소멸
> ㄹ. 부동산소유권이전등기청구소송에서 원고의 승소판결이 확정된 경우
> ㅁ. 집합건물의 구분소유권을 취득하는 자의 공용부분에 대한 지분 취득

① ㄱ, ㄴ   ② ㄱ, ㄷ
③ ㄴ, ㄹ   ④ ㄷ, ㅁ
⑤ ㄹ, ㅁ

55 혼동에 관한 설명으로 옳은 것은? (다툼이 있으면 판례에 따름)

① 甲 소유 건물에 乙이 임차권의 대항요건을 갖춘 다음 날 丙의 저당권이 설정된 때에 乙이 그 소유권을 취득하면 임차권은 소멸한다.
② 甲의 지상권에 대하여 乙이 저당권을 취득한 경우, 甲이 지상권의 목적물에 대한 소유권을 취득하더라도 甲의 지상권은 소멸하지 않는다.
③ 토지소유자 甲이 담보목적의 소유권이전등기를 그 토지의 지상권자 乙에게 경료해 준 경우, 乙의 지상권은 소멸한다.
④ 甲 소유 토지에 저당권을 취득한 乙이 그 토지의 소유권을 취득하여도 저당권은 소멸하지 않는다.
⑤ 乙이 甲 소유 토지를 점유한 상태에서 그것을 매수한 경우, 乙의 점유권은 소멸한다.

56 점유에 관한 설명으로 옳은 것은?

① 지상권, 지역권, 전세권, 질권, 사용대차, 임대차, 임치 기타의 관계로 타인으로 하여금 물건을 점유하게 한 자는 간접으로 점유권이 있다.
② 가사상, 영업상 기타 유사한 관계에 의하여 타인의 지시를 받아 물건에 대한 사실상의 지배를 하는 때에는 그 사실상의 지배를 하는 자만을 점유자로 한다.
③ 점유자는 소유의 의사로, 평온·공연 및 선의·무과실로 점유한 것으로 추정한다.
④ 점유물반환청구권은 선의의 특별승계인에게는 행사할 수 없고, 악의의 특별승계인에게는 행사할 수 있다.
⑤ 점유자가 점유의 방해를 받을 염려가 있는 때에는 그 방해의 예방 및 손해배상의 담보를 청구할 수 있다.

57 甲은 그의 X건물을 乙에게 매도하여 점유를 이전하였고, 乙은 X건물을 사용·수익하면서 X건물의 보존·개량을 위하여 비용을 지출하였다. 甲과 乙 사이의 계약이 무효인 경우의 법률관계에 관한 설명으로 옳은 것은? (다툼이 있으면 판례에 따름)

① 선의의 乙은 甲에 대하여 통상의 필요비의 상환을 청구할 수 없다.
② 乙이 악의인 경우에도 과실수취권이 인정된다.
③ 가액의 증가가 현존하지 않더라도 乙은 甲에 대하여 유익비의 상환을 청구할 수 있다.
④ 선의의 乙은 甲에 대하여 점유·사용으로 인한 이익을 반환할 의무가 있다.
⑤ 乙의 비용상환청구권은 비용을 지출할 때 즉시 이행기가 도래한다.

58 乙은 甲 명의의 토지를 20년간 소유의 의사로 평온·공연하게 점유함으로써 취득시효의 완성을 이유로 甲에 대하여 소유권이전등기를 청구할 수 있게 되었다. 이에 관한 설명으로 <u>틀린</u> 것은? (다툼이 있으면 판례에 따름)

① 乙이 취득시효 완성으로 인한 등기를 경료하지 아니하고 있는 사이에 甲이 제3자 丙에게 위 토지를 처분하여 이전등기까지 마쳤다면, 乙은 취득시효 완성을 가지고 丙에게 대항할 수 없다.

② 乙이 甲에 대한 등기청구권을 취득하였지만 자신 명의로 등기를 하지 않은 상태에서, 乙로부터 위 토지를 매수한 丁은 甲에 대하여 乙의 甲에 대한 소유권이전등기청구권을 대위행사할 수 있을 뿐, 乙의 취득시효 완성의 효과를 주장하여 직접 자기에게 소유권이전등기를 청구할 권원은 없다.

③ 乙이 취득시효기간의 만료로 소유권이전등기청구권을 취득하였다고 하더라도 그 후 점유를 상실하였다면 소유권이전등기청구권은 소멸한다.

④ 甲이 취득시효가 완성된 사실을 알고 제3자 丙에게 위 토지를 처분하여 소유권이전등기를 넘겨줌으로써 취득시효 완성을 원인으로 한 소유권이전등기의무가 이행불능에 빠지게 되어 乙이 손해를 입었다면 불법행위를 구성한다.

⑤ 乙이 취득시효 완성으로 인한 등기를 경료하지 아니하고 있는 사이에 甲이 제3자 丙에게 위 토지를 처분하여 이전등기가 경료되었다가 그 후 어떠한 사유로 甲에게로 소유권이 회복되었다면, 乙은 甲에게 시효취득의 효과를 주장할 수 있다.

59 법정지상권에 관한 설명으로 <u>틀린</u> 것은? (다툼이 있으면 판례에 따름)

① 甲 소유의 토지에 존재하는 그 소유 건물에만 설정된 저당권 실행으로 乙이 건물의 소유권을 취득한 경우, 乙은 법정지상권을 취득한다.

② 위 ①의 경우, 乙로부터 건물을 양수하여 지상권까지 넘겨받기로 한 丙에 대하여 甲은 건물철거 및 대지의 인도를 구할 수 없다.

③ 甲 소유의 나대지에 乙이 저당권을 취득한 후 甲이 그 나대지에 건물을 신축한 경우, 저당권 실행으로 토지와 건물의 소유자가 다르게 되어도 법정지상권은 성립하지 않는다.

④ 乙이 甲으로부터 甲 소유 토지와 지상의 미등기 건물을 매수하여 토지에 대해서만 소유권이전등기를 받은 후, 토지에 乙이 설정해준 저당권이 실행되어 토지와 건물의 소유자가 다르게 된 경우, 법정지상권이 성립한다.

⑤ 甲 소유 토지 및 그 지상건물에 乙이 공동저당권을 취득한 후 甲이 건물을 철거하고 그 토지에 건물을 신축한 경우, 특별한 사정이 없는 한 저당권의 실행으로 토지와 신축건물의 소유자가 다르게 되면 신축건물을 위한 법정지상권이 성립하지 않는다.

60 지상권에 관한 설명으로 <u>틀린</u> 것은?

① 수목의 소유를 목적으로 하는 구분지상권을 설정하는 것도 가능하다.

② 지상권은 양도성과 상속성이 있다.

③ 지상권에는 부종성이 없다.

④ 지상권자는 지상권설정자의 동의 없이 지상권을 양도, 임대 및 담보로 제공할 수 있다.

⑤ 기존의 건물 기타 공작물 또는 수목이 멸실하더라도 지상권은 존속한다.

61 전세권에 관한 설명으로 <u>틀린</u> 것은? (다툼이 있으면 판례에 따름)

① 법정지상권이 성립한 후에도 대지소유자는 타인에게 그 대지 전부를 목적으로 한 전세권을 설정할 수 있다.

② 전세금의 지급은 현실적으로 수수되어야 하는 것은 아니고, 기존의 채권으로 전세금의 지급에 갈음할 수 있다.

③ 전세권이 법정갱신된 경우 전세권자는 갱신의 등기 없이도 전세목적물을 취득한 제3자에 대하여 전세권을 주장할 수 있다.

④ 건물의 일부에 대하여 전세권이 설정되어 있는 경우 그 전세권자는 건물 전부에 대하여 후순위권리자 기타 채권자보다 전세금의 우선변제를 받을 권리가 있다.

⑤ 장래 전세권이 소멸하는 경우에 전세금반환채권이 발생하는 것을 조건으로 전세권과 분리하여 그 조건부채권을 전세권 존속 중에도 양도할 수 있다.

62 유치권에 관한 설명으로 <u>틀린</u> 것을 모두 고른 것은? (다툼이 있으면 판례에 따름)

ㄱ. 건물임차인이 점유할 권원이 없음을 알면서 계속 건물을 점유하여 유익비를 지출한 경우, 그 비용상환청구권에 관하여 유치권은 성립하지 않는다.

ㄴ. 유치권자 甲이 채무자의 승낙 없이 유치물을 乙에게 임대한 경우, 乙은 경매절차에서의 매수인(경락인)에게 그 임대차의 효력을 주장할 수 없다.

ㄷ. 임대인 甲과 임차인 乙 사이에 계약종료 시 권리금을 반환하기로 약정한 경우, 권리금반환청구권을 피담보채권으로 하여 乙은 건물에 대하여 유치권을 주장할 수 없다.

ㄹ. 어떤 물건을 점유하기 전에 그에 관하여 발생한 채권에 대해서는 후에 채권자가 그 물건의 점유를 취득하더라도 유치권이 성립하지 않는다.

① ㄷ
② ㄹ
③ ㄱ, ㄷ
④ ㄴ, ㄹ
⑤ ㄱ, ㄴ, ㄷ, ㄹ

63 저당권에 관한 설명으로 **틀린** 것은? (다툼이 있으면 판례에 따름)

① 목적부동산의 부합물과 종물에는 저당권의 효력이 미치는 것이 원칙이다.

② 저당권의 피담보채권에는 원본과 이자뿐만 아니라 위약금과 채무불이행으로 인한 손해배상이 포함되며 저당권의 실행비용은 포함되지 않는다.

③ 피담보채권과 분리하여 저당권만을 양도할 수 없다.

④ 1필지의 일부에 대해서는 저당권을 설정할 수 없다.

⑤ 저당물의 멸실로 인하여 받을 금전이 저당물의 소유자에게 지급되기 전에 그 지급청구권이 압류된 경우, 저당권자는 물상대위권을 행사할 수 있다.

64 저당권에 관한 설명으로 **옳은** 것은? (다툼이 있으면 판례에 따름)

① 불법말소된 저당권등기가 회복되기 전에 경매가 행하여져 매수인이 매각대금을 완납하였다면 저당권말소등기의 회복등기를 청구할 수 없다.

② 토지저당권의 효력은 제3자가 무단으로 경작한 수확기의 농작물에도 미친다.

③ 저당권의 효력은 저당부동산에 부합된 물건에 미치므로, 명인방법을 갖춘 수목에도 토지저당권의 효력이 미친다.

④ 토지에 관하여 저당권이 설정될 당시 존재하는 건물이 미등기 상태라면 법정지상권이 성립할 수 없다.

⑤ 근저당권이전의 부기등기가 경료된 경우, 피담보채무의 소멸을 원인으로 한 근저당권설정등기 말소청구의 상대방은 양도인이다.

65 부합에 관한 설명으로 **틀린** 것을 모두 고른 것은? (다툼이 있으면 판례에 따름)

> ㄱ. 지상권자가 지상권에 기하여 토지에 부속시킨 물건은 지상권자의 소유로 된다.
> ㄴ. 적법한 권원 없이 타인의 토지에 경작한 성숙한 배추의 소유권은 경작자에게 속한다.
> ㄷ. 적법한 권원 없이 타인의 토지에 식재한 수목의 소유권은 토지소유자에게 속한다.
> ㄹ. 건물임차인이 권원에 기하여 증축한 부분은 구조상·이용상 독립성이 없더라도 임차인의 소유에 속한다.

① ㄱ

② ㄹ

③ ㄴ, ㄹ

④ ㄱ, ㄴ, ㄷ

⑤ ㄴ, ㄷ, ㄹ

66 다음 중 요물계약인 것은? (다툼이 있으면 다수설에 따름)

① 증여계약

② 교환계약

③ 매매계약

④ 대물변제

⑤ 임대차계약

67 甲은 승낙기간을 2025.5.8.로 하여 자신의 X주택을 乙에게 5억원에 팔겠다고 하고, 그 청약은 乙에게 2025.5.1. 도달하였다. 이에 관한 설명으로 **틀린** 것은? (다툼이 있으면 판례에 따름)

> ㄱ. 甲이 청약을 발송한 후 사망하였다면, 그 청약은 효력을 상실한다.
> ㄴ. 甲이 乙에게 "2025.5.8.까지 이의가 없으면 승낙한 것으로 본다."고 표시한 경우, 乙이 그 기간까지 이의하지 않더라도 계약은 성립하지 않는다.
> ㄷ. 乙이 2025.5.15. 승낙한 경우, 甲은 乙이 새로운 청약을 한 것으로 보고 이를 승낙함으로써 계약을 성립시킬 수 있다.

① ㄱ

② ㄷ

③ ㄱ, ㄴ

④ ㄴ, ㄷ

⑤ ㄱ, ㄴ, ㄷ

68 동시이행의 항변권이 인정되지 **않는** 계약을 모두 고른 것은?

> ㄱ. 매매
> ㄴ. 무상소비대차
> ㄷ. 임대차
> ㄹ. 현상광고

① ㄴ

② ㄱ, ㄷ

③ ㄴ, ㄷ

④ ㄴ, ㄹ

⑤ ㄷ, ㄹ

69 계약의 해제에 관한 판례의 입장과 **다른** 것은?

① 계약을 해제한 채권자의 손해배상청구는 채무불이행으로 인한 손해배상과 그 성질을 같이 한다.

② 계약조항상의 부수적 의무위반을 이유로 약정해제권을 행사한 경우 손해배상을 청구할 수 없다.

③ 계약해제의 효과로서 발생하는 원상회복의무의 범위는 이익이 현존하는 한도 내에서만 하면 족하다.

④ 계약이 해제되면 그 계약의 이행으로 변동이 생겼던 물권은 당연히 그 계약이 없었던 원상태로 복귀한다.

⑤ 해제계약(합의해제)에는 민법의 해제권에 관한 규정은 적용되지 않는다.

70 甲과 乙은 그들의 공유토지를 계약금만 받은 상태에서 매수인 丙에게 이전등기를 해 주었다. 이에 관한 설명으로 <u>틀린</u> 것은? (다툼이 있으면 판례에 따름)

① 잔금지급기일 경과 후 甲과 乙은 丙에 대하여 상당한 기간을 정하여 그 지급을 최고한 후 그 기간 내에 이행이 없으면 계약을 해제할 수 있다.

② 지체기간 중에 지가가 폭등하여도 甲과 乙은 사정변경을 이유로 매매계약을 해제할 수 없다.

③ 甲은 乙로부터 대리권을 수여받아 乙을 대리하여 해제의 의사표시를 할 수 있다.

④ 계약이 해제되면 甲과 乙은 선의·악의에 관계없이 원상회복의무가 있다.

⑤ 계약이 해제된 후 丙이 丁에게 위 토지를 양도한 경우, 丁의 선의·악의를 묻지 않고 甲과 乙은 계약해제를 이유로 등기의 말소를 청구할 수 있다.

71 甲은 乙에게 자신의 아파트를 매도하면서 매매대금은 乙이 직접 甲의 채권자인 丙에게 지급하기로 약정하였다. 丙의 수익의 의사표시 이후의 법률관계에 관한 설명으로 <u>틀린</u> 것을 모두 고른 것은? (다툼이 있으면 판례에 따름)

ㄱ. 甲과 乙이 매매대금을 감액하기로 합의하였더라도 그 효력은 丙에게 미치지 아니한다.
ㄴ. 乙이 甲에 대한 대금지급의무를 지체하더라도 이를 이유로 丙이 매매계약을 해제할 수 없다.
ㄷ. 乙의 기망에 의한 착오 여부는 丙을 기준으로 판단하여야 한다.
ㄹ. 甲이 착오로 乙과 매매계약을 체결하였더라도 丙이 이러한 사실을 몰랐다면 甲은 착오를 이유로 乙과의 매매계약을 취소할 수 있으나, 丙에게 대항할 수 없다.

① ㄱ, ㄴ ② ㄱ, ㄹ
③ ㄴ, ㄷ ④ ㄴ, ㄹ
⑤ ㄷ, ㄹ

72 甲이 乙에게 자신의 건물을 매도하는 계약을 체결한 경우에 관한 설명으로 <u>틀린</u> 것은? (다툼이 있으면 판례에 따름)

① 계약체결 후 甲의 과실로 건물이 멸실한 경우에 乙은 계약을 해제할 수 있다.

② 계약체결 후 乙의 과실로 인하여 건물이 현저히 훼손된 경우, 甲의 채무불이행을 이유로 한 乙의 해제권은 소멸한다.

③ 甲의 계약해제는 甲의 乙에 대한 손해배상청구에 영향을 미치지 않는다.

④ 이미 지급받은 매매대금을 계약해제로 인하여 甲이 반환해야 하는 경우에 그 받은 날로부터의 이자를 가산할 필요는 없다.

⑤ 계약체결 시에 이미 건물에 하자가 존재한 경우, 甲이 부담하는 담보책임은 무과실책임이지만 공평의 원칙상 하자의 발생에 乙의 잘못이 있다면 이를 참작하여 손해배상의 범위를 정함이 상당하다.

73 해약금에 의한 계약해제(제565조)에 관한 설명으로 <u>틀린</u> 것은? (다툼이 있으면 판례에 따름)

① 계약금계약은 계약에 부수하여 행해지는 종된 계약이다.

② 매도인이 매수인에게 매매계약의 이행을 최고하고 매매잔대금의 지급을 구하는 소송을 제기한 것만으로 이행에 착수하였다고 볼 수 없다.

③ 매도인이 이행에 전혀 착수하지 않았다면 매수인은 중도금을 지급한 후에도 계약금을 포기하고 계약을 해제할 수 있다.

④ 계약금을 위약금으로 하는 당사자의 특약이 있으면 계약금은 위약금의 성질이 있다.

⑤ 계약금을 포기하고 행사할 수 있는 해제권은 당사자의 합의로 배제할 수 있다.

74 매도인의 담보책임에 관한 설명으로 <u>틀린</u> 것은? (다툼이 있으면 판례에 따름)

① 매매계약 당시 이미 목적물의 일부가 멸실된 경우, 선의의 매수인은 대금의 감액만을 청구할 수 있다.

② 종류로 지정된 매매목적물이 특정된 후에 하자가 발견된 경우, 선의·무과실의 매수인은 하자 없는 물건을 청구할 수 있다.

③ 매매목적물이 전세권의 목적이 된 경우, 선의의 매수인은 계약의 목적을 달성할 수 없는 경우에 한하여 계약을 해제할 수 있다.

④ 저당권이 설정된 목적물의 매수인이 출재하여 그 소유권을 보존한 경우, 매수인은 매도인에 대하여 그 상환을 청구할 수 있다.

⑤ 매매목적인 권리의 일부가 타인에게 속하여 매도인이 매수인에게 이전할 수 없는 경우, 선의의 매수인은 계약해제 외에도 손해배상을 청구할 수는 있다.

75 보증금에 관한 설명으로 <u>틀린</u> 것은? (다툼이 있으면 판례에 따름)

① 특별한 사정이 없는 한 임대차계약이 종료되었으나 그 목적물이 명도되지 않은 경우 임차인은 임대차보증금이 있음을 이유로 연체차임의 지급을 거절할 수 없다.

② 임대차계약에 기한 보증금 및 임료의 지급 사실에 대한 증명책임은 임차인에게 있다.

③ 임차인이 임대차종료 후 임차건물을 계속 점유하였으나 본래 임대차계약상의 목적에 따라 사용·수익하지 아니한 경우라도 이로 인하여 임대인에게 손해가 발생하였다면 임차인에게 부당이득반환의무가 있는 것으로 보아야 한다.

④ 부동산임대차에 있어서 수수된 보증금은 임대차관계에 따른 임차인의 모든 채무를 담보하는 것으로서, 그 피담보채무 상당액은 임대차관계의 종료 후 목적물이 반환될 때에 특별한 사정이 없는 한 별도의 의사표시 없이 보증금에서 당연히 공제된다.

⑤ 임대차보증금에서 공제될 차임채권 등의 발생원인에 관한 주장·증명책임은 임대인에게 있다.

76 주택임대차보호법에 관한 설명으로 **틀린** 것은? (다툼이 있으면 판례에 따름)

① 주택임차인이 사망한 경우, 그 주택에서 가정공동생활을 하던 사실혼 배우자는 2촌 이내의 상속권자에 우선하여 임차인의 권리와 의무를 승계한다.

② 주택임대차가 묵시적으로 갱신된 경우, 임차인은 갱신된 임대차존속기간이 2년임을 주장할 수 있다.

③ 임차권등기명령에 의해 임차권이 등기된 경우, 임대인의 보증금반환의무와 임차인의 등기말소의무는 동시이행의 관계가 아니다.

④ 주택임차인에게 대항력이 발생하는 시점은 인도와 주민등록을 모두 갖춘 다음 날의 오전 0시부터이다.

⑤ 주택임차인이 대항력을 갖춘 후 임대인이 소유권을 양도한 경우, 임차인의 이의제기가 없는 한 보증금의 반환의무자는 양수인이다.

77 집합건물의 소유 및 관리에 관한 법률에 관한 설명으로 **틀린** 것은? (다툼이 있으면 판례에 따름)

① 구분소유자는 건물의 보존에 해로운 행위 기타 건물의 관리 및 사용에 관하여 구분소유자의 공동의 이익에 반하는 행위를 하여서는 아니 된다.

② 공용부분은 구분소유자 전원의 공유에 속하나, 일부의 구분소유자만의 공용에 제공되는 것임이 명백한 공용부분은 그들 구분소유자의 공유에 속한다.

③ 각 공유자는 규약에 달리 정함이 없는 한 그 지분의 비율에 따라 공용부분의 관리비용 기타 의무를 부담하며 공용부분에서 생기는 이익을 취득한다.

④ 아파트의 특별승계인은 전 입주자의 체납관리비 전액을 승계한다.

⑤ 규약의 설정, 변경 및 폐지는 관리단집회에서 구분소유자의 4분의 3 이상 및 의결권의 4분의 3 이상의 찬성을 얻어 행한다.

78 가등기담보 등에 관한 법률이 적용되지 <u>않는</u> 경우를 모두 고른 것은? (다툼이 있으면 판례에 따름)

> ㄱ. 동산의 양도담보
> ㄴ. 전세권
> ㄷ. 저당권
> ㄹ. 질권
> ㅁ. 예약 당시의 가액이 채권액에 미달하는 경우

① ㄱ 　　　　　　② ㄱ, ㄴ
③ ㄱ, ㄴ, ㄷ 　　④ ㄱ, ㄴ, ㄷ, ㄹ
⑤ ㄱ, ㄴ, ㄷ, ㄹ, ㅁ

79 주택임대차에 관한 설명으로 **틀린** 것은? (다툼이 있으면 판례에 따름)

① 주민등록 직권말소 후 「주민등록법」상 소정의 이의절차에 의하여 재등록이 이루어진 경우, 그 재등록이 이루어지기 전에 임차주택에 새로운 이해관계를 맺은 선의의 제3자에 대해서는 기존의 주택임차권의 대항력은 유지되지 않는다.

② 임차인이 착오로 임대차건물의 지번과 다른 지번에 주민등록(전입신고)을 하였다가 그 후 관계공무원이 직권정정을 하여 실제 지번에 맞게 주민등록이 정리되었다면 임차인은 주민등록이 정리된 이후에 비로소 대항력을 취득하게 된다.

③ 경매목적 부동산이 매각된 경우에는 소멸된 선순위저당권보다 뒤에 대항력을 갖춘 임차권은 함께 소멸하므로 임차인은 그 매수인(경락인)에 대하여 임차권의 효력을 주장할 수 없다.

④ 甲의 주택을 1년간 임차하기로 한 乙이 계약기간이 종료되었음을 이유로 甲에게 보증금반환을 청구한 경우, 甲은 주택임대차의 존속기간은 2년간 보장된다는 「주택임대차보호법」을 이유로 이를 거절할 수는 없다.

⑤ 임대인의 임대권원의 바탕이 되는 매매계약이 해제되기 전에 甲이 임대인으로부터 주택을 임차받아 주택의 인도와 주민등록을 마쳤다면, 甲은 임대인에게 있어서 임대권원의 바탕이 되는 매매계약의 해제에도 불구하고 자신의 임차권을 새로운 소유자에게 주장할 수 있다.

80 부동산경매절차에서 丙 소유의 X건물을 취득하려는 甲은 친구 乙과 명의신탁약정을 맺고 2025.3. 乙 명의로 매각허가결정을 받아 자신의 비용으로 매각대금을 완납하였다. 그 후 乙 명의로 X건물의 소유권이전등기가 마쳐졌다. 이에 관한 설명으로 **틀린** 것은? (다툼이 있으면 판례에 따름)

① 丙이 甲과 乙 사이의 명의신탁약정이 있다는 사실을 안 경우에는 乙은 X건물의 소유권을 취득할 수 없다.

② 甲은 乙에 대하여 X건물에 관한 소유권이전등기말소를 청구할 수 없다.

③ 甲은 乙에 대하여 부당이득으로 X건물에 대한 반환을 청구할 수 없다.

④ X건물을 점유하는 甲은 乙로부터 매각대금을 반환받을 때까지 X건물에 대해 유치권을 행사할 수 없다.

⑤ X건물을 점유하는 甲이 丁에게 X건물을 매도하는 계약을 체결하더라도 그 계약은 유효하다.

2025

에듀윌
공인중개사
실전모의고사

1차 부동산학개론 | 민법 및 민사특별법

고객의 꿈, 직원의 꿈, 지역사회의 꿈을 실현한다

에듀윌 도서몰
book.eduwill.net

• 부가학습자료 및 정오표: 에듀윌 도서몰 > 도서자료실
• 교재 문의: 에듀윌 도서몰 > 문의하기 > 교재(내용, 출간) / 주문 및 배송

에듀윌 직영학원에서
합격을 수강하세요

언제나 전문 학습 매니저와 상담이 가능한 안내데스크

고품질 영상 및 음향 장비를 갖춘 최고의 강의실

재충전을 위한 카페 분위기의 아늑한 휴게실

에듀윌의 상징 노란색의 환한 학원 입구

에듀윌 직영학원 대표전화

공인중개사 학원	02)815-0600	공무원 학원	02)6328-0600	편입 학원	02)6419-0600
주택관리사 학원	02)815-3388	소방 학원	02)6337-0600	부동산아카데미	02)6736-0600
전기기사 학원	02)6268-1400				

공인중개사학원
바로가기

에듀윌 공인중개사
동문회 특권

1. 에듀윌 공인중개사 합격자 모임

2. 성공 DREAM 지원금 가입 자격 부여

3. 동문회 인맥북

업계 최대 네트워크

4. 개업 축하 선물

5. 온라인 커뮤니티

부동산 정보 실시간 공유

6. 오프라인 커뮤니티

지부/기수 정기모임

7. 공인중개사 취업박람회

8. 동문회 주최 실무 특강

9. 프리미엄 복지혜택

숙박/자기계발/의료 및 소식지 무료 구독

10. 마이오피스

동문 사무소 등록/조회

11. 동문회와 함께하는 사회공헌활동

※ 성공 DREAM 지원금 신청은 에듀윌 공인중개사 VVIP 프리미엄 성공패스 수강 후 2027년까지 공인중개사 최종 합격자에 한해 가능합니다. (상세 내용 홈페이지 유의사항 확인 필수)
※ 본 특권은 회원별로 상이하며, 예고 없이 변경될 수 있습니다.

에듀윌 공인중개사 동문회 | dongmun.eduwill.net
문의 | 1600-6700

2025

에듀윌
공인중개사
실전모의고사

1차 부동산학개론 | 민법 및 민사특별법

약점 보완! 실력 향상!

정답 및 해설

eduwill

2025

에듀윌
공인중개사
실전모의고사

1차 부동산학개론 | 민법 및 민사특별법

2025

에듀윌
공인중개사
실전모의고사

1차 부동산학개론 | 민법 및 민사특별법

약점 보완! 실력 향상!

정답 및 해설

빠른! 정답체크

제 1 회

제1과목 | 부동산학개론　　pp.10~19

01	⑤	02	①	03	⑤	04	②	05	③
06	④	07	③	08	④	09	②	10	③
11	④	12	⑤	13	③	14	④	15	⑤
16	③	17	④	18	⑤	19	①	20	⑤
21	②	22	③	23	①	24	②	25	③
26	②	27	⑤	28	①	29	③	30	①
31	④	32	③	33	①	34	④	35	⑤
36	③	37	④	38	②	39	③	40	①

제2과목 | 민법 및 민사특별법 중 부동산 중개에 관련되는 규정　　pp.19~28

41	①	42	②	43	③	44	②	45	①
46	①	47	①	48	⑤	49	④	50	①
51	②	52	①	53	②	54	③	55	⑤
56	①	57	③	58	①	59	⑤	60	⑤
61	②	62	⑤	63	①	64	③	65	②
66	①	67	④	68	③	69	④	70	③
71	②	72	②	73	①	74	⑤	75	④
76	④	77	③	78	①	79	①	80	④

제 2 회

제1과목 | 부동산학개론　　pp.30~39

01	②	02	②	03	⑤	04	①	05	③
06	⑤	07	④	08	①	09	③	10	②
11	②	12	②	13	④	14	①	15	④
16	⑤	17	①	18	④	19	⑤	20	①
21	④	22	⑤	23	②	24	②	25	⑤
26	⑤	27	④	28	②	29	②	30	④
31	①	32	①	33	③	34	③	35	②
36	③	37	①	38	⑤	39	④	40	⑤

제2과목 | 민법 및 민사특별법 중 부동산 중개에 관련되는 규정　　pp.39~48

41	⑤	42	①	43	①	44	④	45	⑤
46	③	47	⑤	48	②	49	①	50	①
51	①	52	⑤	53	⑤	54	③	55	④
56	⑤	57	②	58	②	59	⑤	60	③
61	③	62	①	63	⑤	64	①	65	②
66	⑤	67	②	68	④	69	①	70	③
71	②	72	⑤	73	②	74	④	75	①
76	②	77	④	78	③	79	①	80	①

제 3 회

제1과목 | 부동산학개론   pp.50~59

01	④	02	④	03	③	04	⑤	05	①
06	④	07	④	08	④	09	④	10	②
11	⑤	12	②	13	①	14	⑤	15	⑤
16	③	17	②	18	①	19	③	20	③
21	③	22	①	23	④	24	④	25	①
26	④	27	②	28	②	29	④	30	⑤
31	⑤	32	③	33	⑤	34	①	35	①
36	②	37	③	38	③	39	③	40	①

제2과목 | 민법 및 민사특별법 중 부동산 중개에 관련되는 규정   pp.59~68

41	④	42	⑤	43	②	44	④	45	①
46	②	47	⑤	48	④	49	④	50	④
51	①	52	②	53	③	54	⑤	55	④
56	②	57	⑤	58	①	59	②	60	④
61	①	62	⑤	63	②	64	③	65	④
66	⑤	67	④	68	⑤	69	③	70	②
71	⑤	72	②	73	②	74	①	75	③
76	⑤	77	④	78	②	79	⑤	80	④

제 4 회

제1과목 | 부동산학개론   pp.70~79

01	②	02	③	03	①	04	①	05	④
06	⑤	07	①	08	⑤	09	④	10	②
11	①	12	③	13	③	14	②	15	②
16	④	17	⑤	18	④	19	⑤	20	③
21	⑤	22	④	23	⑤	24	⑤	25	①
26	①	27	⑤	28	③	29	②	30	③
31	③	32	④	33	②	34	②	35	④
36	②	37	③	38	②	39	④	40	①

제2과목 | 민법 및 민사특별법 중 부동산 중개에 관련되는 규정   pp.79~89

41	③	42	①	43	②	44	①	45	②
46	⑤	47	②	48	①	49	②	50	②
51	③	52	②	53	⑤	54	⑤	55	③
56	③	57	④	58	④	59	⑤	60	④
61	①	62	③	63	④	64	②	65	②
66	①	67	④	68	②	69	①	70	①
71	⑤	72	②	73	①	74	⑤	75	⑤
76	②	77	③	78	②	79	②	80	①

제 5 회

제1과목 | 부동산학개론 pp.92~101

01	①	02	④	03	⑤	04	①	05	②
06	③	07	②	08	⑤	09	③	10	①
11	⑤	12	⑤	13	⑤	14	②	15	③
16	④	17	⑤	18	①	19	③	20	④
21	③	22	④	23	②	24	③	25	②
26	③	27	⑤	28	①	29	③	30	②
31	④	32	①	33	③	34	④	35	④
36	⑤	37	③	38	①	39	④	40	②

제2과목 | 민법 및 민사특별법 중 부동산 중개에 관련되는 규정 pp.101~111

41	①	42	①	43	③	44	③	45	①
46	④	47	③	48	①	49	⑤	50	⑤
51	④	52	⑤	53	⑤	54	①	55	④
56	⑤	57	③	58	④	59	②	60	④
61	③	62	②	63	③	64	⑤	65	④
66	②	67	②	68	③	69	③	70	②
71	①	72	⑤	73	④	74	⑤	75	⑤
76	③	77	⑤	78	④	79	③	80	②

제 6 회

제1과목 | 부동산학개론 pp.114~122

01	②	02	③	03	⑤	04	②	05	④
06	③	07	④	08	①	09	⑤	10	②
11	④	12	①	13	③	14	③	15	④
16	②	17	④	18	①	19	⑤	20	③
21	④	22	④	23	⑤	24	⑤	25	②
26	①	27	③	28	④	29	①	30	⑤
31	②	32	②	33	④	34	②	35	③
36	①	37	④	38	④	39	①	40	②

제2과목 | 민법 및 민사특별법 중 부동산 중개에 관련되는 규정 pp.123~132

41	③	42	②	43	⑤	44	⑤	45	②
46	④	47	①	48	①	49	①	50	③
51	④	52	④	53	②	54	④	55	②
56	④	57	⑤	58	①	59	①	60	⑤
61	②	62	④	63	①	64	⑤	65	⑤
66	③	67	②	68	③	69	④	70	⑤
71	④	72	⑤	73	③	74	④	75	②
76	⑤	77	③	78	③	79	②	80	⑤

찐 실전모의고사

제1과목 | 부동산학개론 부록 pp.3~9

01	⑤	02	①	03	⑤	04	④	05	②
06	⑤	07	①	08	①	09	④	10	④
11	④	12	④	13	④	14	②	15	③
16	①	17	②	18	④	19	②	20	⑤
21	③	22	⑤	23	④	24	④	25	②
26	①	27	③	28	⑤	29	①	30	③
31	②	32	③	33	⑤	34	①	35	④
36	③	37	③	38	②	39	④	40	②

제2과목 | 민법 및 민사특별법 중 부동산 중개에 관련되는 규정 부록 pp.10~16

41	③	42	④	43	⑤	44	④	45	③
46	⑤	47	③	48	⑤	49	②	50	⑤
51	②	52	④	53	⑤	54	③	55	②
56	④	57	①	58	③	59	④	60	①
61	①	62	②	63	②	64	①	65	②
66	④	67	①	68	④	69	③	70	⑤
71	⑤	72	④	73	③	74	①	75	③
76	①	77	④	78	⑤	79	①	80	①

제1과목 | 부동산학개론									pp.10~19
01	⑤	02	①	03	⑤	04	②	05	③
06	④	07	③	08	④	09	②	10	③
11	④	12	⑤	13	③	14	④	15	⑤
16	③	17	④	18	③	19	①	20	③
21	②	22	③	23	①	24	②	25	③
26	②	27	⑤	28	①	29	③	30	①
31	④	32	②	33	①	34	④	35	⑤
36	③	37	④	38	②	39	③	40	①

점수: _____ 점

1 답 ⑤

부동산학 총론 > 부동산학

⑤ 종합식 접근방법에 대한 설명이다. 부동산학의 접근방법 중 분산식 접근방법은 일반적 주변과학(법학·경제학·공학 등)에 의하여 각기 개별적·부분적으로 부동산을 다루는 접근방법이다. 즉, 각 학문분야별로 각기 개별적 또는 부분적으로 부동산을 다루는 방법이다.

2 답 ①

부동산학 총론 > 부동산의 개념과 분류

옳은 것은 'ㄴ' 1개이다.

ㄴ. 획지(劃地)는 인위적·자연적·행정적 조건에 의해 다른 토지와 구별되는 가격수준이 비슷한 일단의 토지로 하나의 필지가 여러 개의 획지로 이용될 수도 있고, 여러 개의 필지가 하나의 획지로 이용될 수도 있다.

ㄱ. 나지(裸地)는 토지에 건물이나 그 밖의 정착물이 없고, 지상권 등 토지의 사용·수익을 제한하는 사법상의 권리가 설정되어 있지 아니한 토지를 말한다. 공법상 제한은 존재할 수 있다.

ㄷ. 지가의 공시를 위해 가치형성요인이 같거나 유사하다고 인정되는 일단의 토지 중에서 선정한 토지는 표준지이다. '표본지(標本地)'란 지가변동률 조사·산정 대상지역에서 행정구역별·용도지역별·이용상황별로 지가변동을 측정하기 위하여 선정한 대표적인 필지를 말한다(지가변동률 조사·산정에 관한 규정 제2조 제1호).

ㄹ. 건부지(建敷地)는 건축물의 부지로 이용 중인 토지를 말한다. 따라서 건축물의 부지로 이용가능한 토지는 건부지의 개념에 해당되지 않는다.

ㅁ. 일단지(一團地)는 용도상 불가분의 관계에 있는 두 필지 이상의 토지를 말한다. 그러나 합병한 토지를 말하지 않는다.

3 답 ⑤

부동산학 총론 > 부동산의 특성

⑤ 용도의 다양성은 최유효이용을 선택할 수 있는 근거가 되며, 인접성은 외부효과의 원인이 된다. 분할·합병의 가능성은 부동산의 가치를 변화시키며, 부동성은 인근지역과 유사지역의 분류를 가능하게 하고, 영속성은 부동산활동을 장기적으로 고려하게 한다. 따라서 모두 옳은 내용이다.

4 답 ②

부동산학 각론 > 부동산경제론

② 주택공급자의 가격 상승 예상은 가격이 오른 후에 공급하려고 하므로 주택의 공급을 감소시킨다.
① 부동산의 수요는 단순히 부동산을 구입하고자 하는 의사만을 의미하는 것이 아니라 구매력이 뒷받침된 유효수요를 의미한다.
③ 건축비의 하락 등 생산요소가격의 하락은 주택공급곡선을 우측으로 이동시킨다.
④ 기술의 개발로 부동산공급이 증가하는 경우 수요의 가격탄력성이 작을수록 균형가격의 하락폭은 커지고, 균형량의 증가폭은 작아진다.
⑤ 인구의 증가로 부동산수요가 증가하는 경우 균형가격은 상승하고, 균형량은 증가한다.

5 답 ③

부동산학 각론 > 부동산경제론

최초(단기) 균형점은 수요함수 $Q_D = 400 - \frac{1}{2}P$와 단기공급함수 $Q_S = 300$과 같은 점에서 결정된다.

즉, $\frac{1}{2}P = 100$으로 $P = 200$, $Q = 300$이다.

따라서 균형가격은 200, 균형거래량은 300이다.

그런데 아파트시장의 장기공급함수가 $Q_S = P + 250$이므로 새로운(장기) 균형점은 수요함수 $Q_D = 400 - \frac{1}{2}P$와 새로운 공급함수 $Q_S = P + 250$이 같은 점에서 결정된다. 즉, $400 - \frac{1}{2}P = P + 250$으로 $1.5P = 150$이며, $P = 100$, $Q = 350$이다. 따라서 균형가격은 100, 균형거래량은 350이다. 결국 장기에는 단기보다 균형가격은 100 하락, 균형거래량은 50 증가하였다.

6 답 ④

부동산학 각론 > 부동산경제론

① 공급이 가격에 대해 탄력적일수록 수요가 증가하면 균형가격은 작게 상승하고 균형거래량은 크게 증가한다.
② 수요가 가격에 대해 비탄력적일수록 공급이 증가하면 균형가격은 크게 하락하고 균형거래량은 작게 증가한다.
③ 공급이 가격에 대해 비탄력적일수록 수요가 감소하면 균형가격은 크게 하락하고 균형거래량은 작게 감소한다.
⑤ 수요가 가격에 대해 완전탄력적인 경우, 공급이 증가하면 균형가격은 변하지 않고 균형거래량만 증가한다.

7 답 ③

부동산학 각론 > 부동산경제론

1. 아파트 공급의 가격탄력성 $= \frac{4\%}{5\%} = 0.8$
   아파트 공급의 가격탄력성(A)은 0.8이며, 비탄력적이다.
2. 연립주택 수요의 교차탄력성 $= \frac{3\%}{5\%} = 0.6$
   연립주택 수요의 교차탄력성은 0.6으로 양(+)의 값을 가지며, 아파트와 연립주택의 관계(B)는 대체재 관계이다.
3. 참고로 아파트 수요의 가격탄력성 $= \left| \frac{-7\%}{5\%} \right| = 1.4$
   아파트 수요의 가격탄력성은 1.4이며, 탄력적이다.

8 답 ④

부동산학 각론 > 부동산경제론

1. A주택시장은 수요함수가 $Q_d = 500 - 3P$, 공급함수가 $Q_S = -20 + 5P$로 주어졌다.
   기울기를 구하기 위해 이를 P에 대해 정리하면
   수요함수는 $3P = 500 - Q_d$이며, $P = \frac{500}{3} - \frac{1}{3}Q_d$,
   공급함수가 $5P = 20 + Q_S$이며, $P = 4 + \frac{1}{5}Q_S$이다.

따라서 수요곡선의 기울기의 절댓값$\left(\frac{1}{3} \right)$이 공급곡선의 기울기의 절댓값$\left(\frac{1}{5} \right)$보다 크므로, 수요의 가격탄력성보다 공급의 가격탄력성이 크다는 의미이며, 발산형이 된다.

2. B주택시장은 수요함수가 $Q_d = 100 - P$,
   공급함수가 $Q_S = -5 + \frac{1}{2}P$로 주어졌다.
   기울기를 구하기 위해 이를 P에 대해 정리하면
   수요함수는 $P = 100 - Q_d$, 공급함수가 $P = 10 + 2Q_S$이다.
   따라서 수요곡선의 기울기의 절댓값(1)보다 공급곡선의 기울기의 절댓값(2)이 크므로, 수요의 가격탄력성이 공급의 가격탄력성보다 크다는 의미이며, 수렴형이 된다.

9 답 ②

부동산학 각론 > 부동산시장론

② 부동산시장은 부동산이 지니는 지리적 위치의 고정성·개별성·부증성 등의 특성으로 인해 불완전경쟁시장에 해당한다. 다만, 부동산시장을 분석할 경우 완전경쟁시장을 가정하여 분석하는 것이지, 현실의 부동산시장이 완전경쟁시장을 의미하는 것은 아니다.

10 답 ③

부동산학 각론 > 부동산시장론

① 부동산시장은 지리적 위치의 고정성으로 인해 일정지역에 국한되는 국지성의 특성을 가지며, 해당 지역 또는 주변지역의 사회적·경제적·행정적 요인의 변화에 크게 영향을 받는다.
② 부동산은 거래의 비공개성으로 인해 부동산가격이 불합리하게 형성되는 주요 원인으로 작용하고, 부동산 내의 정보수집을 어렵게 하며, 정보탐색비용이 들게 한다.
④ 부동산에는 법적 제한이 많아 시장을 불완전시장으로 만든다.
⑤ 부동산은 자금의 유용성과 밀접한 관계로, 원활한 자금의 융통은 더 많은 공급자와 수요자를 시장에 참여하게 한다.

11 답 ④

부동산학 각론 > 부동산시장론

④ 건축비용이 주택착공량에 따라 일정하다고 하면, 일정 수준 이하의 주택가격은 장기적으로 불변이나 하향여과로 인해 주택량은 증가한다.

12 답 ⑤

부동산학 각론 > 부동산시장론

⑤ 현재의 부동산가격이 부동산에 관한 모든 정보, 즉 이미 투자자들에게 공개된 정보뿐만 아니라 공표되지 않은 정보까지도 신속하고 정확하게 반영하는 완벽한 시장을 강성 효율적 시장이라 하며, 강성 효율적 시장에서도 정상이윤은 얻을 수 있다.

빈출개념 체크 효율적 시장이론

효율적 시장	반영되는 정보	분석 방법	정상 이윤	초과이윤	정보 비용
약성 효율적 시장	과거의 정보	기술적 분석	획득 가능	획득 불가능 (현재나 미래의 정보를 분석하면 가능)	존재
준강성 효율적 시장	공표된 정보(과거·현재)	기본적 분석	획득 가능	획득 불가능 (미래의 정보를 분석하면 가능)	존재
강성 효율적 시장	공표된 정보(과거·현재) 및 공표되지 않은 정보 (미래)	분석 불필요	획득 가능	어떤 경우도 획득 불가능	없음

13 답 ③

부동산학 각론 > 부동산시장론

ㄱ. 동심원이론에 따르면 주택지불능력이 낮을수록 고용기회가 많은 도심지역과 접근성이 양호한 지역에 주거입지를 선정하는 경향이 있다. 선형이론에서는 주택지불능력이 높을수록 기존의 도심지역과 주요 교통노선을 축으로 하여 접근성이 양호한 지역에 입지하는 경향이 있다고 주장한다.

ㄷ. 다핵심이론에서는 상호편익을 가져다주는 활동(들)의 집적지향성(집적이익)을 다핵입지 발생 요인 중 하나로 본다.

ㅁ. 동심원이론에 따르면 중심지에서 멀어질수록 지대 및 인구밀도가 낮아진다.

14 답 ④

부동산학 각론 > 부동산정책론

④ 공공재는 시장기구에 맡겨둘 경우 비경합성과 비배제성으로 인하여 무임승차(free ride)현상이 발생할 수 있다.

15 답 ⑤

부동산학 각론 > 부동산정책론

⑤ 분양가상한제로 인해 분양주택에 대한 프리미엄이 형성되면 분양권을 불법으로 전매하는 등의 현상이 나타날 수 있으므로 분양주택의 전매제한을 강화해야 한다.

16 답 ③

부동산학 각론 > 부동산정책론

③ 임대료보조정책은 임대주택의 수요를 증가시켜 임대료가 상승한다. 따라서 다른 조건이 같을 경우 임대주택의 공급을 증가시킨다.

17 답 ④

부동산학 각론 > 부동산정책론

④ 임대인에게 재산세가 부과되면 일반적으로 임대인과 임차인이 함께 세금을 부담한다. 즉, 재산세의 일부만 임대인이 부담하고, 일부는 전가를 통하여 임차인이 조세를 부담하므로 임대료는 재산세 부과액보다 적게 상승한다.

18 답 ⑤

부동산학 각론 > 부동산투자론

⑤ 위험회피형 투자자 중에서 공격적인 투자자는 보수적인 투자자에 비해 위험이 높더라도 기대수익률이 높은 투자안을 선호한다.

19 답 ①

부동산학 각론 > 부동산투자론

② 시장의 전반적인 상황과 관련이 있는 위험으로 분산투자를 하여도 제거할 수 없는 위험은 체계적 위험(systematic risk)이다.

③ 부동산투자의 위험에는 피할 수 있는 위험과 피할 수 없는 위험이 있는데, 전자는 비체계적 위험이고, 후자는 체계적 위험이다.

④ 상관계수가 +1의 값을 갖는 경우를 제외하면, 구성자산의 수를 많이 하여 포트폴리오를 구성한다면 비체계적 위험은 감소될 수 있다.

⑤ 최적 포트폴리오는 효율적 프론티어와 투자자의 무차별곡선이 접하는 점에서 결정된다.

20 답 ③

부동산학 각론 > 부동산투자론

2년 동안 매년 연말 1,000만원씩 불입하는 투자상품의 현재 가치이므로 연금의 현가계수(2년)를 이용하여 구할 수 있다. 즉, 2,000만원 × 연금의 현가계수(2년)로 구한다.

연금의 현가계수(2년) = $\dfrac{1-(1+0.1)^{-2}}{0.1} = 1.7356$

따라서 1,000만원 × 1.7356 = 1,735만 6천원이며, 천원 단위 이하는 절사하라고 했으므로 1,735만원이 된다.

21 답 ②

부동산학 각론 > 부동산투자론

1,000만원의 현금지출이 이루어졌고, 3년차까지 900만원이 회수된다. 4년차에는 400만원을 회수하게 되는데, 현금지출 1,000만원이 회수되기 위해서는 100만원만 더 회수하면 된다. 현금흐름은 기간 중에는 균등하게 발생하므로 1년의 4분의 1(3개월) 기간이 필요하게 된다. 따라서 단순회수기간법으로 계산한 자본회수기간은 3년 3개월이 된다.

22 답 ③　　　고난도

부동산학 각론 > 부동산투자론

ㄱ. 투자가치가 시장가치보다 큰 경우에 투자가 결정된다. 투자가치는 순수익 2,000만원을 요구수익률로 나눈 값이므로, 투자가치가 2억원이고 시장가치가 1억 5,000만원인 경우에는 투자가치가 시장가치보다 크므로 투자가 채택된다.

ㄴ. 순현가는 현금유입의 현가합에서 현금유출의 현가합(지분투자액)을 뺀 값이다. 투자안의 현금유입이 2억 2,000만원이므로, 이를 요구수익률(10%)로 나눈 값이 현금유입의 현가합(2억원)이 된다. 따라서 순현가는 현금유입의 현가합(2억원)에서 현금유출의 현가합(1억 5,000만원)을 뺀 5,000만원이며, 순현가가 '0'보다 크므로 투자가 채택된다.

ㄷ. 내부수익률이 요구수익률보다 큰 경우에 투자가 채택된다. 따라서 투자안의 내부수익률이 10%이고 요구수익률이 8%(= 4% + 3% + 1%)인 경우에는 투자가 채택된다.

ㄹ. 수익성지수가 '1'보다 큰 경우에 투자가 결정된다. 따라서 수익성지수가 0.85인 경우에는 투자가 기각된다.

ㅁ. 투자대안의 회수기간은 기업의 목표회수기간보다 짧을 때 투자가 결정된다. 따라서 투자안의 회수기간이 6년이고 목표회수기간이 5년인 경우에는 투자가 기각된다.

23 답 ①

부동산학 각론 > 부동산투자론

단위면적당 월임대료	20,000원
×임 대 면 적 ×	100m²
×개 월 ×	12개월
가 능 총 소 득	24,000,000원
-공실 손실상당액 -	1,200,000원(=24,000,000원×0.05)
유 효 총 소 득	22,800,000원
-영 업 경 비 -	9,120,000원(=22,800,000원×0.4)
순 영 업 소 득	13,680,000원
-부 채 서 비 스 액 -	6,000,000원
세 전 현 금 흐 름	7,680,000원
-영 업 소 득 세 -	1,536,000원
세 후 현 금 흐 름	6,144,000원

• 영업소득세 계산

순 영 업 소 득	13,680,000원
- 이 자 지 급 분 -	4,000,000원
- 감 가 상 각 액 -	2,000,000원
과 세 소 득	7,680,000원
× 세 율 ×	0.2
영 업 소 득 세	1,536,000원

24 답 ②

부동산학 각론 > 부동산투자론

ㄴ. 내부수익률(IRR)은 투자로부터 발생하는 현금흐름의 순현재가치를 '0'으로 만드는 할인율을 말한다.

ㄷ. 순현가법에서는 재투자율로 요구수익률을 사용하고, 내부수익률법에서는 내부수익률을 사용한다.

25 답 ③　　　고난도

부동산학 각론 > 부동산투자론

〈2회차에 상환할 원금상환액〉

원리금균등상환에서 원리금은 저당대부액에 저당상수를 곱하여 구한다.

즉, 원리금(저당지불액) = 저당대부액 × 저당상수이다.

• 매 기간의 원리금(저당지불액): 3억원 × 0.094 = 2,820만원
• 1회 지급해야 할 이자: 3억원 × 0.07 = 2,100만원
• 1회 상환해야 할 원금: 2,820만원 − 2,100만원 = 720만원
• 1회 말 대출잔액(저당잔금): 3억원 − 720만원
　　　　　　　　　 = 292,800,000원
• 2회 지급해야 할 이자: 292,800,000원 × 0.07
　　　　　　　　　 = 20,496,000원

따라서, 2회차에 상환해야 할 원금액은
2,820만원 − 20,496,000원 = 7,704,000원이다.
〈3회차에 납부할 이자액〉
• 2회 말 대출잔액(저당잔금): 292,800,000원 − 7,704,000원
                                    = 285,096,000원
따라서 3회차에 납부해야 할 이자액은
285,096,000원 × 0.07 = 19,956,720원이다.

26 답 ②

부동산학 각론 > 부동산금융론(부동산금융·증권론)

② 총부채원리금상환비율(DSR)은 차주의 소득을 중심으로 대출규모와 채무불이행위험을 측정하는 지표이다. 그러나 담보인정비율(LTV)은 담보가치를 중심으로 대출규모와 채무불이행위험을 측정하는 지표이다.

27 답 ⑤

부동산학 각론 > 부동산금융론(부동산금융·증권론)

⑤ 대출조건이 동일하다면 대출기간 동안 차입자의 총원리금상환액은 원금균등분할상환방식이 원리금균등분할상환방식보다 작다. 이는 차입자의 총원리금상환액 중 상환되는 원금은 동일하나 이자지급액은 원금균등분할상환방식보다 원리금균등분할상환방식이 많기 때문이다.

28 답 ①

부동산학 각론 > 부동산금융론(부동산금융·증권론)

② MPTB(mortgage pay-through bond)의 주택저당채권 집합물은 발행자가 보유하고 원리금 수취권은 투자자에게 이전된다.
③ MBB(mortgage backed bond)의 조기상환위험과 채무불이행 위험은 발행자가 부담한다.
④ CMO(collateralized mortgage obligation)는 MPTS와 MBB를 혼합한 성격의 주택저당증권이다. 따라서 지분형과 채권형이 혼합된 성격의 주택저당증권이다.
⑤ MBB는 주택저당대출차입자의 채무불이행이 발생하더라도 MBB에 대한 원리금을 발행자가 투자자에게 지급하여야 한다.

29 답 ③

부동산학 각론 > 부동산금융론(부동산금융·증권론)

③ 개발사업주와 개발사업의 현금흐름을 분리시킬 수 있어 개발사업주의 파산이 개발사업에 영향을 미치지 못하게 할 수 있으며, 개발사업에 참여한 모기업에 대한 소구권 행사가 적용되지 않으므로 대출받은 모기업의 신용도 및 재무구조에 영향을 미치지 않는다.

30 답 ①

부동산학 각론 > 부동산개발 및 관리론

① 도시개발사업의 시행방식 중 대지로서의 효용증진과 공공시설의 정비를 위하여 토지의 교환·분할·합병, 그 밖의 구획변경, 지목 또는 형질의 변경이나 공공시설의 설치·변경이 필요한 경우 또는 도시개발사업을 시행하는 지역의 지가가 인근의 다른 지역에 비하여 현저히 높아 수용 또는 사용방식으로 시행하는 것이 어려운 경우는 환지방식으로 하는 것을 원칙으로 한다(도시개발법 시행령 제43조 제1항 제1호).

31 답 ④

부동산학 각론 > 부동산개발 및 관리론

④ 부동산개발과정의 시장분석은 속성상 지리적·공간적 범위에 국한되며, 대상개발사업의 경쟁력분석을 분석하는 것은 시장성분석에 해당한다.

32 답 ②

부동산학 각론 > 부동산개발 및 관리론

① 토지소유자의 자체사업일 경우에는 자금조달, 사업시행, 이익귀속의 주체는 모두 토지소유자이다.
③ 사업위탁방식은 토지소유자가 개발업자에게 사업시행을 의뢰하고, 개발업자는 사업시행에 대한 수수료를 취하는 방식이다.
④ 토지신탁형은 토지소유자로부터 형식적인 소유권을 이전받은 신탁회사가 토지를 개발·관리·처분하여 그 수익을 수익자에게 돌려주는 방식이다.
⑤ 공사비를 분양금으로 정산하는 사업방식에서는 자금조달은 개발업자가, 사업시행은 토지소유자가 하며, 이익은 토지소유자와 개발업자에게 귀속된다.

33 답 ①

부동산학 각론 > 부동산개발 및 관리론

① 재산관리(property management)란 부동산의 운영수익을 극대화하고 자산가치를 증진시키기 위한 임대차관리 등의 일상적인 건물운영 및 관리를 말한다. 부동산투자의 위험관리와 프로젝트 금융 등의 업무는 자산관리(asset management)에 해당한다.

34 답 ④

부동산 감정평가론 > 감정평가의 기초이론

④ 장래에 도달할 확실한 일정시점을 기준으로 한 평가로서 그 시점에서의 가치를 상정하여 평가하는 것은 기한부평가이다. 조건부평가란 부동산가치의 증감요인이 되는 새로운 상황의 발생을 상정하여 그 조건이 성취되는 경우를 전제로 부동산을 평가하는 것을 말한다.

35 답 ⑤

부동산 감정평가론 > 부동산가격이론

⑤ 부동산의 이전성(양도가능성)이란 부동산의 물리적인 이동이나 경제적 측면의 이전을 말하는 것이 아니라, 부동산의 소유자에 의해 부동산소유권에 대한 명의가 자유롭게 이전될 수 있어야 한다는 것이다. 즉, 이전성이란 법률적 측면에서 권리의 이전이 가능해야 한다는 것이다.

36 답 ③

부동산 감정평가론 > 부동산가격이론

ㄱ. 변동의 원칙은 부동산의 가치도 일반재화와 마찬가지로 가치형성요인의 변화에 따라 상호 인과관계의 변동과정에서 형성된다는 것이라는 원칙으로, 감정평가 시 기준시점 및 시점수정과 관련이 있다.

ㄴ. 기여의 원칙은 부동산가치는 부동산 각 구성요소의 가치에 대한 공헌도에 따라 영향을 받는다는 원칙이다.

ㄷ. 수익배분의 원칙은 토지의 가치는 자본과 노동의 비용을 지불하고 남은 잉여소득에 의해서 결정된다는 평가원칙으로, 수익방식 및 토지잔여법의 근거가 되는 원칙이다.

37 답 ④

부동산 감정평가론 > 감정평가의 방식

경과연수 5년이고 사용승인시점의 신축공사비는 $400,000,000$원($= 2,000,000$원 $\times 200\text{m}^2$)이며, 건축비지수에 의한 시점수정치가 $1.1(= 110/100)$이므로
- 재조달원가 $= 400,000,000$원 $\times 1.1 = 440,000,000$원
- 내용연수 만료 시 잔존가치 없으므로

  매년의 감가액 $= \dfrac{440,000,000원}{40년} = 11,000,000$원
- 감가누계액 $= 11,000,000$원 $\times 5$년(경과연수)

  $= 55,000,000$원

따라서 적산가액 $= 440,000,000$원 $- 55,000,000$원

$= 385,000,000$원이다.

38 답 ②

부동산 감정평가론 > 감정평가의 방식

표준지공시지가를 기준으로 평가하므로 사정보정은 필요가 없다. 제시된 자료에 의하면 표준지공시지가는 $10,000,000$원/m^2, 시점수정치는 2025.1.1. ~ 2025.4.30. 동안 -5%이므로 0.95, 2025.5.1. ~ 2025.9.30. 기간동안 -2%이므로 0.98이다. 개별요인비교치 중 가로조건은 1.1, 환경조건은 0.97이다. 그 밖의 요인으로 20% 증액 보정하면 1.2이다. 이를 계산하면
$10,000,000$원/$\text{m}^2 \times 0.95 \times 0.98 \times 1.1 \times 0.97 \times 1.2$
$= 11,920,524$원/m^2이 되는데, 천원 미만은 버리라고 했으므로 $11,920,000$원/m^2이 된다.

39 답 ③

부동산 감정평가론 > 감정평가의 방식

가 능 총 소 득	3,000만원
− 공실 · 불량부채	− 300만원($= 3,000$만원 $\times 0.1$)
유 효 총 소 득	2,700만원
− 영 업 경 비	− 1,080만원($= 2,700$만원 $\times 0.4$)
순 영 업 소 득	1,620만원

따라서 순영업소득은 1,620만원이다.
그런데 환원이율 = (토지가격구성비 $\times$ 토지환원율) + (건물가격구성비 $\times$ 건물환원율)이므로,
환원이율 $= (0.5 \times 5\%) + (0.5 \times 7\%) = 6\%(0.06)$이다.

따라서 수익가액 $= \dfrac{순영업소득}{환원이율} = \dfrac{1,620만원}{0.06}$

$= 270,000,000$원이 된다.

40 답 ①

부동산 감정평가론 > 부동산가격공시제도

② 표준지공시지가와 개별공시지가 모두 이의신청을 할 수 있다.

③ 시장·군수 또는 구청장은 공시기준일 이후에 분할·합병 등이 발생한 토지에 대하여는 대통령령으로 정하는 날을 기준으로 하여 개별공시지가를 결정·공시하여야 한다.

④ 표준주택에 전세권 또는 그 밖에 단독주택의 사용·수익을 제한하는 권리가 설정되어 있을 때에는 그 권리가 존재하지 아니하는 것으로 보고 적정가격을 산정하여야 한다.

⑤ 공동주택가격은 표준주택가격과 개별주택가격으로 구분하지 않는다.

제2과목 | 민법 및 민사특별법 중 부동산 중개에 관련되는 규정 pp.19~28

41	①	42	②	43	③	44	②	45	①
46	①	47	①	48	⑤	49	④	50	①
51	②	52	①	53	②	54	③	55	⑤
56	①	57	③	58	⑤	59	⑤	60	⑤
61	②	62	⑤	63	①	64	③	65	②
66	①	67	④	68	③	69	④	70	③
71	②	72	②	73	①	74	⑤	75	④
76	④	77	③	78	①	79	①	80	④

점수: _____ 점

41 답 ①

민법총칙 > 권리변동 일반

① 임차인의 비용상환청구권은 청구권에 해당한다.

② 지명채권의 양도는 준물권행위에 해당한다.

③ 부동산매매에 의한 소유권취득은 승계취득에 해당한다.

④ 부동산 점유취득시효완성으로 인한 소유권취득은 원시취득에 해당한다.

⑤ 등기된 임차권의 대항력은 권리의 작용의 변경에 해당한다.

42 답 ②

민법총칙 > 법률행위의 대리

② 대리인은 행위능력자임을 요하지 아니한다(제117조). 따라서 甲은 乙이 제한능력자임을 이유로 매매계약을 취소할 수 없다.

① 제116조 제1항, 제110조 제1항

③ 제115조 본문

④ 제115조 단서

⑤ 제110조 제1항

빈출개념 체크	대리인의 능력
권리능력	필요(∵ 법률행위를 하는 자이므로)
의사능력	필요(∵ 법률행위를 하는 자이므로)
행위능력	불요(∵ 법률효과를 받는 자가 아니므로)

43 답 ③

민법총칙 > 무효와 취소

③ 취소권은 추인할 수 있는 날로부터 3년 내에, 법률행위를 한 날로부터 10년 내에 행사하여야 한다(제146조).

44 답 ②

민법총칙 > 조건과 기한

② 조건을 붙이는 것이 허용되지 않는 법률행위에 조건을 붙인 경우, <u>조건뿐만 아니라 법률행위 전체가 무효로 된다.</u>
① 단독행위라도 상대방의 동의가 있는 경우와 상대방에게 이익만 주는 경우(채무면제, 유증) 및 상대방이 결정할 수 있는 사실을 조건으로 하는 경우에는 조건을 붙일 수 있다.
③ 대판 1983.4.12, 81다카692
④ 임대차계약을 체결함에 있어서 임대기한을 '임차인에게 매도할 때까지'로 정하였다면 별다른 사정이 없는 한 기한을 정한 것이라고 볼 수 없으므로 위 임대차계약은 기간의 약정이 없는 것이라고 해석함이 상당하다(대판 1974.5.14, 73다631).
⑤ 대판 2005.10.7, 2005다38546

45 답 ①

민법총칙 > 의사표시

① 채무자는 상당한 기간을 정하여 제3자에게 계약이익의 향수 여부의 확답을 최고하였는데, 채무자가 그 <u>기간 내에 확답을 받지 못한 때</u>에는 제3자가 계약의 이익을 받을 것을 거절한 것으로 본다(제540조).
② 제15조
③ 제455조
④ 제531조
⑤ 제71조

46 답 ①

민법총칙 > 의사표시

① 통정허위표시의 무효로 대항할 수 없는 제3자란 <u>허위표시의 당사자 및 그 포괄승계인을 제외하고 허위표시를 기초로 법률상 새로운 이해관계를 맺은 자</u>를 말한다. 따라서 <u>채권의 가장양도에 있어서의 채무자는 제108조 제2항의 제3자에 해당하지 않는다</u>(대판 1983.1.18, 82다594).
② 대판 2004.5.28, 2003다70041
③ 허위표시에 기한 법률행위가 반사회적 법률행위에 해당하지 않으므로 허위표시에 기하여 상대방에게 급부한 것 역시 불법원인급여가 아니다. 따라서 표의자는 무효를 주장하여 자신이 상대방에게 급부한 것의 반환을 청구할 수 있다.
④ 허위표시의 당사자 및 포괄승계인 이외의 자로서 허위표시에 의하여 외형상 형성된 법률관계를 토대로 실질적으로 새로운 법률상 이해관계를 맺은 선의의 제3자에 대하여는 허위표시의 당사자뿐만 아니라 그 누구도 허위표시의 무효로 대항할 수 없다(대판 1996.4.26, 94다12074).

⑤ 제3자는 특별한 사정이 없는 한 선의로 추정할 것이므로 제3자가 악의라는 사실에 관한 주장·입증책임은 그 허위표시의 무효를 주장하는 자에게 있다(대판 2006.3.10, 2002다1321).

47 답 ①

민법총칙 > 법률행위의 대리

① <u>선의의 상대방은 본인의 추인이 있을 때까지 본인이나 그 대리인에 대하여 계약을 철회할 수 있다</u>(제134조).
② 상대방이 계약을 철회한 경우 무권대리행위는 확정적으로 무효가 된다(대판 2017.6.29, 2017다213838).
③ 계약상 채무의 이행으로 당사자가 상대방에게 급부를 행하였는데 계약이 무효이거나 취소되는 등으로 효력을 가지지 못하는 경우, 당사자들은 각각 부당이득반환의무를 진다. 그러나 이득자에게 실질적으로 이득이 귀속된 바 없다면 부당이득반환의무를 부담시킬 수 없다(대판 2017.6.29, 2017다213838). 따라서 위 사안의 경우 丙은 乙을 상대로 계약금 상당의 부당이득반환을 청구하여야 한다.
④ 상대방이 유효한 철회를 한 경우 대리인에게 대리권이 없음을 알았다는 점에 대한 주장·입증책임은 철회의 효과를 다투는 본인에게 있다(대판 2017.6.29, 2017다213838).
⑤ 대리권한 없이 타인의 부동산을 매도한 자가 그 부동산을 상속한 후 소유자의 지위에서 자신의 대리행위가 무권대리로 무효임을 주장하여 등기말소나 부당이득반환을 청구하는 것은 신의칙에 반하므로 허용될 수 없다(대판 1994.9.27, 94다20617).

빈출개념 체크	표현대리 일반	
의의	대리권이 있는 것 같은 외관이 존재하고 외관 발생에 대해 본인이 어느 정도 원인을 제공하여 상대방이 정당한 대리권이 있는 것으로 신뢰한 경우 무권대리행위에 의한 법률효과에 대해 본인이 책임을 지는 제도	
취지	상대방 보호가 취지이므로, 상대방만 표현대리를 주장할 수 있을 뿐 본인 쪽에서 먼저 표현대리를 주장할 수는 없다.	
성질	법정무과실책임(본인의 귀책사유는 요건이 아님)	
적용범위	• 표현대리규정은 공법행위, 소송행위에는 적용되지 않는다. • 표현대리규정은 어음행위와 상행위에는 적용된다. • 제125조는 임의대리에만 적용되고 법정대리에는 적용되지 않는다. • 제126조와 제129조는 임의대리, 법정대리에 모두 적용된다. • 복대리에도 제125조, 제126조, 제129조 모두 적용된다.	

48 답 ⑤

민법총칙 > 무효와 취소

⑤ 취소할 수 있는 법률행위를 추인한 경우 이는 취소권을 포기하는 것이므로 취소권자가 수인인 경우 <u>1인이 취소할 수 있는 행위에 대해 추인을 하면 다른 취소권자는 취소를 할 수 없다.</u>
① 제141조 단서
② 대판 1998.11.27, 98다7421
③ 대판 1994.7.29, 93다58431
④ 제145조 제1호

49 답 ④

민법총칙 > 법률행위

④ 매도인의 대리인이 매매한 경우에 있어서 그 매매가 불공정한 법률행위인가를 판단함에는 매도인의 경솔, 무경험은 그 대리인을 기준으로 하여 판단하여야 하고, 궁박상태에 있었는지의 여부는 매도인 본인의 입장에서 판단되어야 한다(대판 1972.4.25, 71다2255).
① 불공정한 법률행위가 되기 위해서는, 급부와 반대급부 사이에 현저한 불균형이 있어야 하고, 피해자에게 궁박, 경솔 또는 무경험한 사정이 있어야 하며, 폭리행위자가 피해자의 사정을 알고 이용하려는 의사(폭리행위의 악의)가 있어야 한다(대판 2002.10.22, 2002다38927).
② 무상계약은 반대급부가 존재하지 않으므로 제104조가 적용되지 않는다.
③ 판례는 불공정한 법률행위에 무효행위 전환의 법리가 적용될 수 있다고 본다(대판 2010.7.15, 2009다50308).
⑤ 불공정한 법률행위에 해당하는지는 법률행위 성립 당시를 기준으로 판단하므로 매매계약이 불공정한 법률행위에 해당하는지는 계약체결 당시를 기준으로 판단한다(대판 전합체 2013.9.26, 2011다53683·53690).

50 답 ①

민법총칙 > 무효와 취소

① 불법원인급여의 경우 급여자는 <u>부당이득반환을 청구할 수 없음은 물론 소유권에 기한 반환청구도 할 수 없다</u>(대판 전합체 1979.11.13, 79다483).
② 대판 1998.3.27, 97다36996
③ 대판 1971.11.15, 71다1983
④ 대판 1990.3.9, 89므389
⑤ 대판 1997.7.25, 97다4357

51 답 ② `고난도`

물권법 > 용익물권

② 법정지상권이 붙은 건물의 소유자가 건물을 제3자에게 처분한 경우에는 법정지상권에 관한 등기를 경료하지 아니한 자로서는 건물의 소유권을 취득한 사실만 가지고는 <u>법정지상권을 취득하였다고 할 수 없다</u>(대판 1995.4.11, 94다39925).
① 대판 1978.8.22, 78다630
③ 대판 전합체 2012.10.18, 2010다52140
④ 대판 전합체 2003.12.18, 98다43601
⑤ 대판 전합체 1985.4.9, 84다카1131·1132

빈출개념 체크	제366조의 법정지상권
의의	토지와 건물이 동일인의 소유에 속한 경우에 토지 또는 건물에 저당권이 설정된 후 토지와 건물의 소유자가 다르게 된 경우 건물소유자가 당연히 취득하게 되는 지상권이다.
성질	법정지상권에 관한 규정은 강행규정이다(당사자의 특약으로 배제 불가).
성립요건	• 저당권설정 당시에 토지 위에 건물이 있을 것 • 저당권설정 당시에 토지와 건물이 동일인 소유일 것 • 토지 또는 건물에 저당권이 설정되었을 것 • 담보권실행경매로 토지소유자와 건물소유자가 달라질 것
성립시기와 등기	• 매수인이 매각대금을 다 낸 때에 법정지상권이 성립한다. • 법정지상권의 취득 시에는 등기가 필요 없으나, 이를 처분하는 경우에는 등기가 필요하다.
효력	• 법정지상권의 범위는 반드시 그 건물의 대지에 한정되는 것은 아니며, 건물 이용에 필요한 한도 내에서 대지 이외의 부분까지 미친다. • 법정지상권의 존속기간에 대해서는 지상권에 관한 규정이 유추적용된다. • 지료는 당사자의 협의로 이를 정하나, 협의가 이루어지지 않은 때에는 당사자의 청구에 의하여 법원이 이를 정한다.

52 답 ①

물권법 > 점유권

① 점유물의 과실을 취득한 점유자는 <u>통상의 필요비의 상환을 청구하지 못한다</u>(제203조 제1항). 따라서 <u>특별필요비와 유익비에 대해서는 상환을 청구할 수 있다.</u>
② 제202조 제1문 전단
③ 제201조 제2항
④ 제203조 제2항
⑤ 대판 2003.7.25, 2001다64752

53 답 ②

물권법 > 소유권

② 「건축법」에 건축과 관련하여 도로에 관한 폭 등의 제한규정이 있다 하더라도 이는 건물 신축이나 증·개축 허가 시 그와 같은 범위의 도로가 필요하다는 행정법규에 불과할 뿐 위 규정만으로 당연히 포위된 토지소유자에게 그 반사적 이익으로서 「건축법」에서 정하는 도로의 폭이나 면적 등과 일치하는 주위토지통행권이 바로 생긴다고 할 수 없다(대판 1991.6.11, 90다12007).

① 대판 2008.5.8, 2007다22767
③ 대판 1995.6.13, 95다1088·1095
④ 대판 1991.9.10, 91다19623
⑤ 대판 1998.3.10, 97다47118

54 답 ③

물권법 > 소유권

③ 소유자는 물권적 청구권에 의하여 방해의 제거 또는 방해의 예방이나 손해배상의 담보를 청구할 수는 있으나(제214조), 방해제거비용이나 방해예방비용을 청구할 수는 없다.

① 제204조 제2항
② 간접점유자는 점유보호청구권이 인정되지만(제207조 제1항), 점유보조자에게는 점유보호청구권이 인정되지 않는다(제195조).
④ 대판 2003.3.28, 2003다5917
⑤ 대판 전합체 1969.5.27, 68다725

55 답 ⑤

물권법 > 소유권

⑤ 매수인이 제3자와의 도급계약에 따라 매도인에게 소유권이 유보된 자재를 제3자의 건물에 부합한 경우, 매도인은 선의·무과실의 제3자에게 보상을 청구할 수 없다(대판 2018.3.15, 2017다282391).

① 부동산에의 부합에 있어서 부합물은 동산에 한하지 않고 부동산도 포함된다(대판 1962.1.31, 4294민상445).
② 대판 1979.8.28, 79다784
③ 대판 2002.10.25, 2000다63110
④ 대판 1989.7.11, 88다카9067

56 답 ①

물권법 > 용익물권

① 최단존속기간에 관한 규정(제280조)은 지상권자가 건물이나 수목 등의 소유를 목적으로 지상권을 설정하는 경우를 그 대상으로 하는 것이므로 기존건물의 사용을 목적으로 지상권을 설정하는 경우에는 그 적용이 없다(대판 1996.3.22, 95다49318).

② 대판 1999.9.3, 99다24874
③ 지료의 지급은 지상권의 성립요건이 아니며(제279조), 지상권에는 부종성이 없다(대판 1991.11.18, 90다15716).
④ 대판 1993.6.29, 93다10781
⑤ 제285조 제2항

57 답 ③

물권법 > 점유권

③ 甲이 乙로부터 임차한 건물을 乙의 동의 없이 丙에게 전대한 경우, 乙과 甲이 간접점유자에 해당한다.

① 대판 1990.12.26, 90다5733
② 제195조
④ 대판 1991.12.10, 91다27655
⑤ 대판 2000.9.29, 99다50705

58 답 ①

물권법 > 물권의 변동

① 중간생략등기의 합의는 적법한 등기원인이 될 수 없다(대판 1999.2.26, 98다50999).
② 근저당권설정등기가 불법말소된 후 목적 부동산이 경매절차에서 경락된 경우 근저당권은 당연히 소멸한다. 이 경우 근저당권자는 경매절차에서 실제로 배당받은 자에 대하여 부당이득반환청구로서 그 배당금의 한도 내에서 그 근저당권설정등기가 말소되지 아니하였더라면 배당받았을 금액의 지급을 구할 수 있을 뿐이고, 현소유자를 상대로 말소회복등기를 청구할 수는 없다(대판 1998.10.2, 98다27197).
③ 대결 2018.1.25, 2017마1093
④ 대판 1980.7.22, 80다791
⑤ 대판 2005.4.29, 2003다66431

59 답 ⑤

물권법 > 소유권

⑤ 과반수지분권자가 단독으로 공유토지를 임대하였더라도 공유물을 전혀 사용·수익하지 않고 있는 다른 공유자에 대하여 그 지분에 상응하는 부당이득반환의무는 있다(대판 1991.9.24, 88다카33855).
① 대판 1994.11.11, 94다35008
② 공유자가 공유물을 타인에게 임대하는 행위 및 그 임대차계약을 해지하는 행위는 공유물의 관리행위에 해당하므로 제265조 본문에 의하여 공유자의 지분의 과반수로써 결정하여야 한다(대판 2010.9.9, 2010다37905).
③ 공유지분의 포기는 상대방 있는 단독행위에 해당하고, 부동산 공유자의 공유지분 포기의 의사표시가 다른 공유자에게 도달하더라도 제186조에 의하여 등기를 하여야 공유지분 포기에 따른 물권변동의 효력이 발생한다(대판 2016. 10.27, 2015다52978).
④ 대판 1991.9.24, 88다카33855

60 답 ⑤

물권법 > 용익물권

⑤ 지역권은 배타성이 없으므로 하나의 승역지에 수개의 지역권이 설정될 수 있다.
① 대판 1995.6.13, 95다1088
② 대판 1976.10.29, 76다1694
③ 소유권에 기한 소유물반환청구권에 관한 규정은 지역권에 준용되지 않는다. 따라서 지역권에는 반환청구권은 인정되지 않고, 방해제거 및 방해예방청구권만이 인정된다(제301조).
④ 제295조 제2항

61 답 ②

물권법 > 담보물권

저당권은 원본, 이자, 위약금, 채무불이행으로 인한 손해배상 및 저당권의 실행비용을 담보한다. 그러나 지연배상에 대하여는 원본의 이행기일을 경과한 후의 1년분에 한하여 저당권을 행사할 수 있다(제360조). 따라서 ㄷ. 저당물의 보존비용과 ㄹ. 저당목적물의 하자로 인한 손해배상금은 피담보채권의 범위에 속하지 않는다.

62 답 ⑤

물권법 > 담보물권

⑤ 확정된 피담보채권액이 채권최고액을 초과하는 경우에 채무자 겸 근저당권설정자는 확정된 피담보채권액 전부를 변제하여야 근저당권의 소멸을 청구할 수 있고, 그 이외의 자(물상보증인이나 제3취득자)는 채권최고액까지만 변제하고 근저당권의 소멸을 청구할 수 있다(대판 1974.12.10, 74다998).
① 대판 2004.5.28, 2003다70041
② 채권최고액이란 근저당권에 의하여 담보되는 한도액, 즉 담보목적물로부터 우선변제를 받을 수 있는 한도액을 말하는 것이지 최고액의 범위 내의 채권에 한해서만 변제를 받을 수 있다는 책임의 한도액을 말하는 것이 아니다(대판 1992.5.26, 92다1896).
③ 대판 2002.11.26, 2001다73022
④ 대판 1999.9.21, 99다26085

63 답 ①

물권법 > 담보물권

ㄱ. 보증금반환청구권은 채권과 목적물 사이의 견련성이 인정되지 않으므로 유치권이 성립할 수 없다(대판 1976.5.11, 75다1305).
ㄴ. 임대인과 임차인 사이에 건물명도 시 권리금을 반환하기로 하는 약정이 있었다 하더라도 그와 같은 권리금반환청구권은 건물에 관하여 생긴 채권이라 할 수 없으므로 그와 같은 채권을 가지고 건물에 대한 유치권을 행사할 수 없다(대판 1994.10.14, 93다62119).
ㄷ. 부속물매수청구권의 행사로 취득한 매매대금채권은 목적물과의 견련성이 인정되지 않으므로 유치권이 성립하지 않는다(대판 1977.12.13, 77다115).
ㄹ. 임대차종료 시에 임차인이 건물을 원상으로 복구하여 임대인에게 명도하기로 약정한 것은 건물에 지출한 각종 유익비 또는 필요비의 상환청구권을 미리 포기하기로 한 취지의 특약이라고 볼 수 있어 임차인은 유치권을 주장할 수 없다(대판 1975.4.22, 73다2010).

64 답 ③

물권법 > 담보물권

③ 대판 1981.5.26, 80다2109
① 저당권설정자는 피담보채권의 채무자뿐만 아니라 제3자(물상보증인)도 포함된다.
② 저당권의 효력은 저당부동산에 대한 압류가 있은 후에 저당권설정자가 그 부동산으로부터 수취한 과실 또는 수취할 수 있는 과실에 미친다(제359조).

④ 지상권과 전세권은 저당권의 객체가 되나, 지역권과 임차권은 저당권의 객체가 될 수 없다(제371조).

⑤ 후순위근저당권자는 제364조의 저당권소멸청구권을 행사할 수 있는 제3취득자에 해당하지 않는다(대판 2006.1.26, 2005다17341).

빈출개념 체크 **물상대위권 관련 중요 판례**

1. 물상대위는 우선변제적 효력이 인정되는 질권과 저당권에만 인정되고, 유치권에는 인정되지 않는다.
2. 물상대위는 추급력이 끝나는 곳에서 시작된다. 따라서 목적물의 매매로 인한 매매대금에 대해서는 물상대위를 할 수 없다.
3. 물상대위를 행사하기 위해서는 목적물에 갈음하는 금전 기타 물건의 지급 또는 인도받기 전에 압류하여야 한다.
4. 저당권자는 물상대위권을 행사하려면, 저당권설정자가 받을 금전 기타 물건을 지급 또는 인도 전에 압류하여야 한다. 압류는 특정성(特定性)을 보존하기 위한 것이므로 제3자가 압류하여도 저당권자는 물상대위권을 행사할 수 있다(대판 2002.10.11, 2002다33137).

65 답 ②

계약법 > 계약법 총론

② 청약은 장차 계약의 일방당사자가 될 특정인에 의하여 행하여져야 한다.

① 청약은 상대방 있는 의사표시이므로 상대방에게 도달한 때에 효력이 생긴다(제111조 제1항).

③ 불특정 다수인에 대한 청약도 유효하다.

④ 불특정 다수인에 대한 승낙은 있을 수 없다.

⑤ 청약자가 청약의 의사표시를 발신한 후 사망하거나 제한능력자가 되어도 청약의 효력에 영향을 미치지 않는다(제111조 제2항).

66 답 ①

계약법 > 임대차

① 임대인의 수선의무에 관한 규정은 임의규정이므로 당사자의 특약으로 이를 배제할 수 있다(대판 1994.12.9, 94다34692).

② 제646조, ③④ 제643조, ⑤ 제635조는 제652조에 따라 임차인에게 불리한 약정은 효력이 없다.

67 답 ④

계약법 > 계약법 총론

④ 임대인의 임대차보증금반환의무와 임차인의 「주택임대차보호법」 제3조의3에 의한 임차권등기말소의무는 동시이행관계가 아니라, 임대인의 임대차보증금반환의무가 임차인의 임차권등기말소의무보다 먼저 이행되어야 할 의무이다(대판 2005.6.9, 2005다4529).

① 제317조

② 제568조 제2항

③ 대판 2005.8.19, 2003다22042

⑤ 계약해제에 있어서 각 당사자의 원상회복의무는 동시이행관계이다(대판 2024.2.29, 2023다289720).

68 답 ③

계약법 > 계약법 총론

③ 계약의 합의해제로 인하여 반환할 금전에는 그 받은 날로부터 이자를 가하여야 할 의무가 없다(대판 1996.7.30, 95다16011).

① 제545조

② 제547조 제1항

④ 대판 2001.11.13, 2001다20394

⑤ 대판 1991.2.26, 90다19664

69 답 ④

계약법 > 임대차

④ 임대인은 임대차계약을 해지하지 않는 동안에는 여전히 임차인에 대하여 차임의 지급을 청구할 수 있으므로, 전차인에 대하여 불법행위로 인한 손해배상청구권이나 부당이득반환청구권을 행사할 수 없다.

① 임대인의 동의가 없더라도 전대인과 전차인 사이의 채권계약으로서 특별한 사정이 없는 한 유효하다(대판 1986.2.25, 85다카1812 참조).

② 제629조 제2항

③ 제630조 제1항

⑤ 제647조 제1항

| 빈출개념 체크 | 임대인의 동의가 있는 전대의 법률관계 |

임대인의 동의	1. 동의의 의미 　• 임차인에 대하여 그 목적물에 대한 용익권능을 　　승계적으로 이전할 수 있는 권능을 주는 임대 　　인의 의사표시이다. 　• 임대인의 동의는 임대인 기타 제3자에 대한 대 　　항요건에 해당한다. 2. 동의의 방식: 불요식 3. 동의의 상대방: 임차인 + 양수인 또는 전차인 4. 동의의 철회 여부: 한 번 한 동의는 철회할 수 없다.
법률관계	1. 임차인이 임대인의 동의를 얻어 임차물을 전대 한 때에는 전차인은 직접 임대인에 대하여 의무 를 부담한다(임대인은 전차인에 대하여 차임지 급청구 가능). 2. 이 경우에 전차인은 전대인에 대한 차임의 지급 으로써 임대인에게 대항하지 못한다. 3. 임차인의 전대행위에 대해 임대인의 동의가 있 더라도 임대인의 임차인에 대한 권리행사에 영 향이 없다.

70 답 ③

계약법 > 계약법 총론

③ 당사자 쌍방의 귀책사유 없는 이행불능으로 매매계약이
종료된 경우, 매도인은 이미 지급받은 계약금을 반환하여
야 한다(제741조).
① 제537조
② 쌍무계약의 당사자 일방의 채무가 당사자 쌍방의 책임 없
는 사유로 이행할 수 없게 된 때에는 채무자는 상대방의
이행을 청구하지 못한다(제537조).
④ 제538조 제1항 제2문
⑤ 사용자의 귀책사유로 인하여 해고된 근로자가 해고기간
중에 다른 직장에서 근무하여 지급받은 임금은 제538조
제2항에 규정된 자기채무를 면함으로써 얻은 이익에 해당
하므로 사용자는 근로자에게 해고기간 중의 임금을 지급
함에 있어 위와 같은 이익(이른바 중간수입)을 공제할 수
있다(대판 1993.11.9, 93다37915).

71 답 ②

계약법 > 매매

② 가등기의 목적이 된 부동산의 매수인이 그 뒤 가등기에 기
한 본등기가 경료됨으로써 소유권을 상실하게 된 경우 이는
저당권 또는 전세권의 행사로 인하여 매수인이 취득한 소유
권을 상실한 경우와 유사하므로 제576조 규정(저당권에 의
한 제한)이 준용된다(대판 1992.10.27, 92다21784).
① 대판 1979.4.24, 77다2290
③ 대판 2002.9.4, 2002다11151
④⑤ 대판 2000.1.18, 98다18506

72 답 ②

계약법 > 계약법 총론

② 낙약자는 요약자와의 계약(보상관계 또는 기본관계)에 기
한 항변으로 제3자에게 대항할 수 있다(제542조).
① 제3자의 수익의 의사표시는 제3자 권리발생요건이지, 제
3자를 위한 계약의 성립요건은 아니다(제539조 제2항).
③ 대판 2003.12.11, 2003다49771
④ 대판 2005.7.22, 2005다7566
⑤ 대판 1966.6.21, 66다674

73 답 ①

계약법 > 매매

① 담보책임에 관한 규정은 임의규정이므로 담보책임의 면책
특약은 원칙적으로 유효하다. 다만, 매도인이 하자를 알고
도 이를 매수인에게 고지하지 않은 경우에는 담보책임을
진다(제584조).
② 매매의 목적물은 물건과 권리이다. 따라서 지상권은 매매
의 대상이 될 수 있다.
③ 제585조
④ 제587조
⑤ 대판 2000.10.13, 99다18725

74 답 ⑤ 　　　　　　　　　　　　　　고난도

계약법 > 임대차

⑤ 임대인과 임차인의 합의로 임대차계약을 해지하고 임차인
이 지상건물을 철거하기로 약정한 경우에는 지상물매수청
구권을 행사할 수 없다(대판 1969.6.24, 69다617).
① 제643조
② 대판 1996.6.14, 96다14517
③ 대판 1993.7.27, 93다6386
④ 대판 2002.11.13, 2002다46003

75 답 ④

민사특별법 > 주택임대차보호법

④ 임차주택의 양도담보권자는 임차주택의 양수인에 해당하
지 않는다(대판 1993.11.23, 93다4083). 따라서 甲으로
부터 채권담보를 목적으로 임차주택을 양수한 丙은 임차
주택의 양수인에 해당하지 않는다. 따라서 이 경우 甲은
여전히 乙에 대해 보증금반환의무를 진다.

① 주택임차인이 제3자에 대한 대항력을 갖춘 후 임차주택의 소유권이 양도되어 그 양수인이 임대인의 지위를 승계하는 경우에는, 보증금반환채무도 부동산소유권과 결합하여 일체로서 이전하는 것(면책적 채무인수에 해당한다)이므로 양도인의 임대인으로서의 지위나 보증금반환채무는 소멸한다(대판 1996.2.27, 95다35616).

② 임차주택의 양수인이 임대인의 지위를 승계하더라도 임차주택의 양도 전에 발생한 연체차임이나 관리비는 원칙적으로 양수인에게 승계되지 않는다(대판 2017.3.22, 2016다218874).

③ 丙은 임차주택의 양수인으로서 임대인의 지위를 승계하므로 乙은 임대차가 종료한 후 丙에게 보증금의 반환을 청구하여야 한다.

⑤ 임차주택의 양수인은 임대인의 보증금반환채무를 면책적으로 인수하므로 임차인에게 보증금을 반환하더라도 임대인에게 부당이득반환을 청구할 수 없다(대판 1996.2.27, 95다35616).

76 답 ④

민사특별법 > 주택임대차보호법

④ 「주택임대차보호법」 제3조의3 제1항

① 주택임대차가 법정갱신된 경우 임대차의 존속기간은 2년으로 본다(주택임대차보호법 제6조 제2항).

② 건물 기타 공작물의 임대차에는 임차인의 차임연체액이 2기의 차임액에 달하는 때에는 임대인은 계약을 해지할 수 있다(제640조).

③ 임대차계약이 묵시적으로 갱신된 경우, 임차인 乙만 甲에게 계약해지를 통지할 수 있다(주택임대차보호법 제6조의2 제1항).

⑤ 차임 등의 증액청구는 임대차계약 또는 약정한 차임 등의 증액이 있은 후 1년 이내에는 하지 못한다(주택임대차보호법 시행령 제8조 제2항).

77 답 ③

민사특별법 > 상가건물 임대차보호법

③ 대항요건을 갖추고 임대차계약서상의 확정일자를 받은 임차인은 「민사집행법」에 따른 경매 또는 「국세징수법」에 따른 공매 시 임차건물의 환가대금에서 후순위권리자나 그 밖의 채권자보다 우선하여 보증금을 변제받을 권리가 있다(상가건물 임대차보호법 제5조 제2항).

① 「상가건물 임대차보호법」 제10조 제2항

② 「상가건물 임대차보호법」 제10조 제5항

④ 대판 2007.6.28, 2007다25599

⑤ 「상가건물 임대차보호법」이 적용되는 상가건물의 공유자인 임대인이 같은 법 제10조 제4항에 의하여 임차인에게 갱신거절의 통지를 하는 행위는 실질적으로 임대차계약의 해지와 같이 공유물의 임대차를 종료시키는 것이므로 공유물의 관리행위에 해당하여 공유자의 지분의 과반수로써 결정하여야 한다(대판 2010.9.9, 2010다37905).

78 답 ①

민사특별법 > 집합건물의 소유 및 관리에 관한 법률

① 각 공유자는 공용부분을 그 용도에 따라 사용할 수 있다(집합건물의 소유 및 관리에 관한 법률 제11조).

② 「집합건물의 소유 및 관리에 관한 법률」 제12조 제1항

③ 「집합건물의 소유 및 관리에 관한 법률」 제32조

④ 「집합건물의 소유 및 관리에 관한 법률」 제22조

⑤ 대판 2006.6.29, 2004다3598·3604

79 답 ①   고난도

민사특별법 > 가등기담보 등에 관한 법률

① 채권자가 나름대로 평가한 청산금의 액수가 객관적인 청산금의 평가액에 미치지 못한다고 하더라도 담보권 실행통지로서의 효력은 인정된다(대판 1996.7.30, 96다6974).

② 대판 2002.4.23, 2002다9127

③ 「가등기담보 등에 관한 법률」 제7조 제1항

④ 후순위권리자는 청산기간에 한정하여 그 피담보채권의 변제기 도래 전이라도 담보목적부동산의 경매를 청구할 수 있다(가등기담보 등에 관한 법률 제12조 제2항).

⑤ 乙의 채무변제의무와 甲의 가등기말소의무는 동시이행의 관계가 아니므로 乙의 채무변제의무는 선이행의무이다(대판 1969.9.30, 69다1173).

80 답 ④

민사특별법 > 부동산 실권리자명의 등기에 관한 법률

④ 대외적 소유권은 수탁자 乙이 보유하므로 제3자는 선의·악의를 불문하고 소유권을 취득한다.

제2회 정답 및 해설

• **집필진** [부동산학개론] 장혁 교수, [민법 및 민사특별법] 신대운 교수

제1과목	부동산학개론								pp.30~39
01	②	02	②	03	⑤	04	①	05	③
06	⑤	07	④	08	①	09	③	10	②
11	②	12	②	13	④	14	①	15	④
16	⑤	17	①	18	④	19	⑤	20	①
21	④	22	⑤	23	②	24	②	25	⑤
26	⑤	27	③	28	③	29	②	30	④
31	①	32	①	33	③	34	③	35	②
36	③	37	①	38	⑤	39	④	40	⑤

점수: _____ 점

1 답 ②

부동산학 총론 > 부동산의 특성

① 영속성에 대한 설명이다.
③ 부증성으로 물리적으로 증가할 수 없다.
④ 부증성에 대한 설명이다.
⑤ 외부효과는 부동성과 인접성에서 기인된다.

2 답 ②

부동산학 총론 > 부동산의 개념과 분류

옳은 것은 'ㄹ' 1개이다.
ㄱ. 맹지에 대한 설명이다.
ㄴ. 면적단위 ⇨ 등록단위
ㄷ. 공한지에 대한 설명이다.
ㅁ. 휴한지는 정상적으로 지력의 회복을 위해 휴경하는 토지
를 말하며, 공한지는 지가상승만을 기대하고 장기간 방치
하는 토지를 말한다.

3 답 ⑤

부동산학 총론 > 부동산의 개념과 분류

⑤ 부동산의 개념은 3차원 공간으로 이해해야 하며, 영속성
과 밀접한 관련이 있다.

4 답 ①

부동산학 각론 > 부동산경제론

• 수요의 증가요인: ㄷ, ㄹ
• 수요의 감소요인: ㄱ, ㄴ, ㅁ, ㅂ

5 답 ③

부동산학 각론 > 부동산경제론

• 임대료탄력성 $0.6 = \left| \dfrac{x}{2\%} \right|$, $x = 1.2\%$ 감소

• 교차탄력성 $0.4 = \dfrac{\text{빌라 수요량 } x}{\text{아파트가격 } 6\%}$, $x = 2.4\%$ 증가

따라서 $(-1.2) + 2.4 = \underline{1.2\%}$만큼 증가한다.

6 답 ⑤

부동산학 각론 > 부동산경제론

① 임대인의 임대주택에 대한 전체 수입이 감소한다.
② 임대인의 전체 수입은 불변이다.
③ 임차인의 임대주택에 대한 지출은 늘어나서 임대인 수입
이 증가된다.
④ 임대주택의 임대료가 10% 인상되자 임대주택에 대한 수요
량이 15% 감소한다면, 탄력적(15% ÷ 10% = 1.5)이어서
임대료 인상 전에 비하여 임대인의 전체 수입은 감소한다.

7 답 ④

부동산학 각론 > 부동산경제론

① 수요량(quantity demanded)이란 구입하고자 하는 최대
수량을 의미한다.
② 예상 인플레이션보다 실제 인플레이션이 높으면 화폐가치
의 하락으로 인해 임대인의 실질 임대료는 줄어든다.
③ 주택건설용 토지가격의 상승은 생산비 상승으로 주택가격
의 상승의 요인이다.
⑤ 단기공급곡선의 기울기가 급한 것은 가용생산요소가 장기
공급곡선에 비해 상대적으로 제한되어 있기 때문이다.

8 답 ①

부동산학 각론 > 부동산경제론

- 변화 전 A지역의 아파트 시장의 수요함수는

  $P = -Q_d + 40$, 공급함수는 $P = \frac{2}{3}Q_s + 20$이라면

  균형점에서 $-Q_d + 40 = \frac{2}{3}Q_s + 20$이므로

  $Q = 12$이고, $P = 28$이다.

- 변화 후 A지역의 아파트 시장의 수요함수는

  $P = -Q_d + 40$, 공급함수는 $P = \frac{2}{3}Q_s + 10$이라면

  균형점에서 $-Q_d + 40 = \frac{2}{3}Q_s + 10$이므로

  $Q = 18$이고, $P = 22$이다.

따라서 균형가격(ㄱ)은 28에서 22로, 6만큼 하락하였고, 균형거래량(ㄴ)은 12에서 18로, 6만큼 증가하였다.

9 답 ③

부동산학 각론 > 부동산시장론

① 주택시장에서의 가격의 왜곡현상은 장기보다 단기에 더 심하게 나타난다.
② 주택은 서비스를 소비하는 것으로 서비스 측면에서는 동질적인 상품으로 취급이 가능하다.
④ 부동성으로 인해 추상적 시장과 정보에 있어서 시장을 비공개시장으로 만든다.
⑤ 부동산시장은 추상적 시장과 더불어 위치의 고정성으로 인해 지리적 공간을 중심으로 형성되기에 구체적 시장이 되기도 한다.

10 답 ②

부동산학 각론 > 부동산시장론

컨버스(P. Converse)의 분기점 모형에서

A시로부터의 분기점 $= \dfrac{\text{A와 B의 거리}}{1 + \sqrt{\text{B의 질량} \div \text{A의 질량}}}$ 이다.

따라서 A시로부터의 분기점은

$\dfrac{30\text{km}}{1 + \sqrt{15\text{만명} \div 60\text{만명}}} = \dfrac{30\text{km}}{1 + \sqrt{0.25}} = \dfrac{30\text{km}}{1 + 0.5}$

$= \dfrac{30\text{km}}{1.5} = 20\text{km}$이다.

11 답 ②

부동산학 각론 > 부동산시장론

① 불완전경쟁시장도 할당 효율적 시장이 될 수 있다.
③ 강성 효율적 시장은 정보비용이 필요 없지만 할당 효율적 시장은 정보비용이 들어갈 수 있다.
④ 부동산시장에서 소수의 투자자가 다른 사람보다 값싸게 정보를 획득할 수 있다면 이 시장은 할당 효율적 시장이 될 수 없다.
⑤ 독점을 획득하기 위해 지불하는 기회비용이 모든 투자자들에게 동일하다고 하면 독점시장도 할당 효율적 시장이 될 수 있다.

12 답 ②

부동산학 각론 > 부동산정책론

② 정보의 비대칭성이 시장실패의 원인이다.

13 답 ④

부동산학 각론 > 부동산경제론

④ 하향시장에서의 부동산 활동은 매수인 중시화 현상이 일어나기 때문에 매수인은 거래를 늦추려 할 것이다.

14 답 ①

부동산학 각론 > 부동산시장론

① 공간(거리)마찰계수가 커지면 유인력은 작아진다.

15 답 ④

부동산학 각론 > 부동산시장론

④ 수송비가 증가하더라도 노동비를 더 크게 감소시킬 수 있다면 최적입지점은 변할 수 있으며 이 경우 노동지향형 입지라고 한다.

16 답 ⑤

부동산학 각론 > 부동산시장론

① 준지대는 단기적 성격을 가지고 있다.
② 차액지대의 설명이다.
③ 절대지대의 설명이다.
④ 전용수입의 설명이다.

17 답 ①

부동산학 각론 > 부동산정책론

① 부(−)의 외부효과가 발생하는 재화의 경우 시장에만 맡겨 두면 지나치게 많이 생산될 수 있다.

18 답 ④

부동산학 각론 > 부동산정책론

④ 임대료 규제를 장기적으로 시행할 때 사회적 후생손실이 발생한다.

19 답 ⑤

부동산학 각론 > 부동산정책론

⑤ 정부의 정책적 효용측면에서는 소득보조방식보다 집세보조방식이 훨씬 효과가 크다.

20 답 ①　고난도

부동산학 각론 > 부동산투자론

옳은 것은 'ㄷ' 1개이다.
ㄱ. 일시불의 현재가치계수는 할인율이 상승할수록 작아진다.
ㄴ. 연금의 현재가치계수와 저당상수는 역수관계에 있다.
ㄹ. 잔금비율과 상환비율의 합은 '1'이 된다.
ㅁ. 일시불의 미래가치계수를 사용하여 계산할 수 있다.

21 답 ④

부동산학 각론 > 부동산투자론

④ 회수불가능한 임대료 수입은 영업경비에 포함되지 않는다.

22 답 ⑤

부동산학 각론 > 부동산투자론

변이계수 $= \dfrac{\text{표준편차}}{\text{기대수익률}}$ 이므로 A의 변이계수는 $\dfrac{7}{15} ≒ 0.47$,

B의 변이계수는 $\dfrac{5}{13} ≒ 0.38$, C의 변이계수는 $\dfrac{3}{11} ≒ 0.27$이다.

① C의 경우, 기대수익률 단위당 위험도가 가장 낮았다.
② 투자대상 중 위험이 높을수록 더 높은 기대수익률을 얻을 수 있다.
③ 위험회피형 투자자이므로 투자안 C를 선택한다.
④ 상대적 위험(변이계수)이 가장 작은 C가 합리적이다.

23 답 ②

부동산학 각론 > 부동산투자론

- 순현가 $= \dfrac{3{,}240\text{만원}}{1.08} - 3{,}000\text{만원}$

  $= 3{,}000\text{만원} - 3{,}000\text{만원} = 0\text{원}$

- 내부수익률 $= \dfrac{3{,}240\text{만원}}{1 + r} = 3{,}000\text{만원}$에서

  $\dfrac{3{,}240}{3{,}000} = 1 + r$

  $1.08 = 1 + r, \ r = 0.08(8\%)$

24 답 ②

부동산학 각론 > 부동산투자론

① 순현가가 '0'보다 크다는 것을 의미한다.
③ 순현가법에서는 요구수익률로, 내부수익률법은 내부수익률로 할인된다는 가정을 하고 있다.
④ 일반적으로 순현가법을 이용하여 투자안의 경제성을 평가하는 것이 기업의 부의 극대화에 부합되는 의사결정방법이 된다.
⑤ 일반적으로 순현가법이 내부수익률법보다 투자판단의 준거로서 선호된다.

25 답 ⑤

부동산학 각론 > 부동산투자론

총투자액은 5억원, 저당은 2억원, 지분은 3억원이다.

가 능 총 소 득		8,000만원
− 공실손실상당액 및 대손충당금	−	1,000만원
유 효 총 소 득		7,000만원
− 영 업 경 비	−	2,000만원
순 영 업 소 득		5,000만원
− 부 채 서 비 스 액	−	1,500만원
세 전 현 금 흐 름		3,500만원
− 영 업 소 득 세	−	500만원
세 후 현 금 흐 름		3,000만원

> 영업경비 2,000만원 = 수선유지비 1,200만원 + 전기료 250만원 + 재산세 300만원 + 직원인건비 250만원

ㄱ. 순소득승수 $= \dfrac{\text{총투자액 5억원}}{\text{순영업소득 5천만원}} = 10$

ㄴ. 세후현금흐름승수 $= \dfrac{\text{지분투자액 3억원}}{\text{세후현금흐름 3천만원}} = 10$

26 답 ⑤

부동산학 각론 > 부동산투자론

① 위험한 투자일수록 높은 할인율을 적용한다.
② 투자 대안별 수익률 변동이 상이한 방향으로 나타나는 것끼리 분산투자하는 것이 좋다.
③ 투자자산 간의 상관계수가 '1'일 경우, 위험 절감효과가 나타나지 않는다.
④ 최적의 포트폴리오는 투자자의 무차별곡선과 효율적 프론티어의 접점에서 선택된다.

27 답 ③

부동산학 각론 > 부동산개발 및 관리론

③ 사업수탁방식의 경우 사업 시행에 따른 수수료를 취하는 형식이며, 지분을 공유하는 방식은 등가교환방식이다.

28 답 ③

부동산학 각론 > 부동산개발 및 관리론

① 시장성분석의 내용이다.
② 시장분석의 내용이다.
④ 예비적 타당성분석은 수입과 비용을 개략적으로 분석하여 수익성을 검토하는 것이다.
⑤ 흡수율분석의 궁극적인 목적은 미래의 추세를 정확하게 파악하는 데 있다.

29 답 ②

부동산학 각론 > 부동산개발 및 관리론

① 상업용 부동산의 내용이다.
③ 사전적 유지활동은 예방적 유지활동이다.
④ 책임소재가 불분명한 단점이 있다.
⑤ 자가관리방식에 대한 설명이다.

30 답 ④

부동산학 각론 > 부동산개발 및 관리론

• 매년 원금상환액: 5억원 ÷ 25년 = 2,000만원
• 1회차 원리금상환액: 2,000만원(원금상환액) + 2,500만원(이자상환액) = 4,500만원
• 대출금리: $\dfrac{2,500만원}{5억원}$ = 5%
• 융자잔금: 5억원 − 4,000만원(2회차까지 원금상환분) = 4억 6천만원

• 3회차 이자상환분: 4억 6천만원(융자잔금) × 5% = 2,300만원
• 3회차 원리금상환액: 2,000만원(원금상환분) + 2,300만원(이자상환분) = 4,300만원

31 답 ①   고난도

부동산학 각론 > 부동산금융론(부동산금융 · 증권론)

② 저당이체증권(MPTS)의 설명이다.
③ 저당직불채권(MPTB)은 발행기관이 저당채권을 보유하고, 투자자가 원리금 수취권을 가진다.
④ 저당이체증권(MPTS)의 설명이다.
⑤ 다계층채권(CMO)은 저당이체증권(MPTS)과 저당담보부채권(MBB)의 혼합형이다.

32 답 ①

부동산학 각론 > 부동산금융론(부동산금융 · 증권론)

ㄱ. 위탁관리 부동산투자회사는 본점 외의 지점을 설치할 수 없다.
ㄷ. 공인중개사로서 해당 분야에 5년 이상 종사한 사람은 자기관리 부동산투자회사의 자산운용 전문인력이 될 수 있다.
ㄹ. 위탁관리 부동산투자회사 및 기업구조조정 부동산투자회사의 설립 자본금은 3억원 이상으로 한다.
ㅁ. 현물출자를 하는 재산은 부동산 외에 지상권, 임차권, 신탁수익권도 가능하다.

33 답 ③

부동산학 각론 > 부동산투자론

1. 대부비율(LTV) 60%를 적용하면 3억원 × 60% = 1억 8천만원이다.
2. 총부채상환비율(DTI) 40% = $\dfrac{총부채상환액}{연소득}$ = $\dfrac{x}{5천만원}$ 에서 총부채상환액(x)은 2천만원이다.

   DTI 조건에 의한 대출가능액 = $\dfrac{총부채상환액}{저당상수}$

   = $\dfrac{2천만원}{0.1}$ = 2억원
3. LTV 조건의 1억 8천만원과 DTI 조건의 2억원 중 적은 금액인 1억 8천만원이 대출가능금액이다.
4. 기존대출액 8천만원을 빼면 대출가능한 최대금액은 1억원이다.

34 답 ③

부동산학 각론 > 부동산개발 및 관리론

③ 4P mix 전략은 시장점유 마케팅에 해당한다.

35 답 ②

부동산 감정평가론 > 부동산가격이론

② 시점수정과 기준시점의 근거가 되는 원칙은 변동의 원칙이다.

36 답 ③

부동산 감정평가론 > 감정평가의 방식

ㄱ. 매년 감가액이 일정한 것은 정액법이다.

ㄴ. 정률법으로 구한 감가액은 첫해에 가장 크고 내용연수가 지날수록 작아진다.

ㅁ. 감가수정과 관련된 내용연수는 물리적 내용연수가 아닌 경제적 내용연수를 의미한다.

37 답 ①

부동산 감정평가론 > 부동산가격이론

② 가치형성요인이란 대상물건의 경제적 가치에 영향을 미치는 일반요인, 지역요인 및 개별요인 등을 말한다.

③ 인근지역이란 감정평가의 대상이 된 부동산이 속한 지역으로서 부동산의 이용이 동질적이고 가치형성요인 중 지역요인을 공유하는 지역을 말한다.

④ 유사지역이란 대상부동산이 속하지 않는 지역으로서 인근지역과 유사한 특성을 갖는 지역을 말한다.

⑤ 동일수급권(同一需給圈)이란 대상부동산과 대체·경쟁 관계가 성립하고 가치 형성에 서로 영향을 미치는 관계에 있는 다른 부동산이 존재하는 권역(圈域)을 말하며, 인근지역과 유사지역을 포함한다.

38 답 ⑤　　　　　　　　　　　고난도

부동산 감정평가론 > 감정평가의 방식

$$5억원(사례가격) \times \frac{90}{100} (사정보정) \times \frac{105}{100} (시점수정) \times \frac{95}{100}$$

$$(개별요인) \times \frac{200}{300} (면적) = 299,250,000원$$

39 답 ④

부동산 감정평가론 > 감정평가의 방식

기준시점으로 시점수정을 하면

$$3억원 \times \frac{125}{100} = 3억 7,500만원이다.$$

따라서 m^2당 재조원가 $= \dfrac{3억 7,500만원}{1,250} = 300,000원이다.$

40 답 ⑤

부동산 감정평가론 > 부동산가격공시제도

① 과세의 기준은 개별주택가격이나 공동주택가격으로 한다.

② 표준지로 선정된 토지에 대하여 개별공시지가를 결정·공시하지 아니할 수 있다.

③ 표준주택가격은 국가·지방자치단체 등의 기관이 그 업무와 관련하여 개별주택가격을 산정하는 경우에 그 기준이 된다.

④ 감정평가법인등이 타인의 의뢰에 의하여 개별적으로 토지를 감정평가하는 경우에 표준지공시지가를 기준으로 한다.

41	⑤	42	①	43	①	44	④	45	⑤
46	③	47	⑤	48	②	49	①	50	①
51	①	52	⑤	53	⑤	54	③	55	④
56	⑤	57	②	58	②	59	⑤	60	③
61	③	62	⑤	63	⑤	64	①	65	②
66	⑤	67	②	68	④	69	①	70	③
71	②	72	⑤	73	②	74	④	75	①
76	②	77	④	78	③	79	①	80	①

점수: _____ 점

41 답 ⑤

민법총칙 > 법률행위

⑤ 요물계약이 성립하기 위해서는 그 계약에서 요구하는 일정한 행위의 완료나 기타의 급부가 있어야 한다. 즉, 특별성립요건이다.

① 대리에서 대리인에게 대리권이 존재할 것은 법률행위의 특별 효력발생요건에 해당한다.

② 조건(특히 정지조건)과 기한(특히 시기)이 부가된 법률행위에서 조건의 성취, 기한이 도래할 것은 법률행위의 특별 효력발생요건에 해당한다.

③ 유언에서 유언자가 사망할 것은 법률행위의 특별 효력발생요건에 해당한다.

④ 토지거래허가구역 내의 토지매매에서 관할관청의 허가가 있을 것은 법률행위의 특별 효력발생요건에 해당한다.

42 답 ①

민법총칙 > 법률행위

① 반사회적 법률행위는 절대적 무효이므로 당사자가 무효인 줄 알고 추인하더라도 추인의 효과는 발생하지 않는다. 즉, 추인하더라도 유효가 될 수 없다(판례).

② 양도소득세의 일부를 회피할 목적으로 매매계약서에 실제로 거래한 가액을 매매대금으로 기재하지 아니하고 그보다 낮은 금액으로 기재하였다 하여, 그것만으로 그 매매계약이 반사회질서 법률행위로서 무효로 된다고 할 수 없다(대판 2007.6.14, 2007다3285).

③ 부동산이중매매가 반사회적 법률행위로서 무효가 되는 경우, 제1매수인은 채권자에 불과하므로 직접 제2매수인 명의로 된 소유권이전등기의 말소를 청구할 수 없고 매도인을 대위해서 말소등기를 청구할 수 있다(판례).

④ 반사회질서법률행위는 불법원인급여에 해당한다. 첩 계약의 대가로 아파트 소유권을 이전하여 주었다면 이는 불법원인급여에 해당하므로 불법원인급여자에게 부당이득반환청구권이 인정되지 않는다(판례).

⑤ 강제집행을 면할 목적으로 부동산에 허위의 근저당권설정등기를 경료하는 행위는 통정허위표시에 해당할지언정 특별한 사정이 없는 한 반사회적 법률행위에 해당하지는 않는다(대판 2004.5.28, 2003다70041).

43 답 ①

민법총칙 > 법률행위

① 불공정한 법률행위로서 무효인 경우, 무효행위 전환의 법리가 적용될 수 있다(대판 2011.4.28, 2010다106702).

② 증여계약은 급부만 존재하고 반대급부가 없으므로 불공정한 법률행위에 해당될 수 없다(대판 2000.2.11, 99다56833).

③ 불공정한 법률행위가 성립되기 위한 요건인 궁박, 경솔, 무경험은 모두 구비되어야 하는 요건이 아니라 그중 일부만 갖추어져도 충분하다(대판 2002.10.22, 2002다38927).

④ 궁박은 경제적 원인에 기인할 수도 있고 정신적 또는 심리적 원인에 기인할 수도 있다(대판 2002.10.22, 2002다38927).

⑤ 폭리행위의 악의가 필요하므로 폭리행위의 악의가 없다면 불공정한 법률행위는 성립할 수 없다(대판 2011.1.13, 2009다21058).

44 답 ④

민법총칙 > 의사표시

④ 丙이 가장매매라는 것을 모르고 취득한 경우, 선의의 丙은 소유권을 취득한다. 다만, 가장매매는 무효이고 불법원인급여가 아니므로 甲은 乙에게 부당이득반환을 청구할 수 있다(판례).

① 丙이 악의이면 보호받지 못한다. 丙이 가장매매라는 것을 알고 취득한 경우, 甲은 丙에게 소유권에 기한 반환을 청구할 수 있다.

② 丙이 선의이면 보호받는다. 丙이 가장매매라는 것을 모르고 취득한 경우, 甲은 丙에게 말소등기를 청구할 수 없다.

③ 제3자의 선의는 추정된다(판례). 선의는 추정되므로 丙은 스스로 선의임을 입증할 책임을 부담하지 않는다.

⑤ 제3자가 선의이면 소유권을 취득했고 제3자로부터 부동산을 매수한 전득자는 소유권자 지위를 승계하므로 선의·악의를 불문하고 소유권을 취득하므로 甲은 전득자에게 무효를 주장할 수 없다.

45 답 ⑤

ㄱ. 착오자에게 중대한 과실이 있으면 취소하지 못한다. 따라서 경과실만 있다면 취소할 수 있다.

ㄴ. 동기의 착오를 이유로 표의자가 법률행위를 취소하려면 동기가 표시되어 법률행위의 내용이 되면 충분하고 동기를 의사표시의 내용으로 삼기로 하는 합의까지는 요하지 않는다(대판 1998.2.10, 97다44737).

ㄹ. 토지의 현황, 경계에 관한 착오는 법률행위의 중요부분에 관한 착오이다(대판 1989.7.25, 88다카9364).

ㄷ. 착오제도와 담보책임은 서로 별개의 제도이다. 따라서 매도인의 하자담보책임이 성립하더라도 착오를 이유로 한 매수인의 취소권은 배제되지 않는다(대판 2018.9.13, 2015다78703).

46 답 ③

③ 대리행위가 해제된 경우, 그 해제로 인한 원상회복의무는 본인과 상대방이 부담한다(대판 2011.8.18, 2011다30871).

① 대판 1994.2.8, 93다39379

② 계약체결과 이행에 대한 포괄적 대리권이 있으므로 연기해줄 권한도 있다(대판 1992.4.14, 91다43107).

④ 계약체결권한만 위임받았기 때문에 처분할 수 있는 대리권은 없다(대판 1992.6.23, 91다14987).

⑤ 매매계약을 체결할 권한을 수여받았으므로 해제와 관련된 권한은 없다(대판 1987.4.28, 85다카971)

47 답 ⑤

ㄱ. 권한을 정하지 아니한 대리인은 보존행위뿐만이 아니라 이용행위, 개량행위를 할 수 있다(제118조).

ㄴ. 대리행위의 모든 효과(주된 효과, 부수적 효과)는 본인에게 귀속한다. 따라서 대리행위의 하자로 인한 취소권(부수적 효과)도 본인에게 귀속된다.

ㄷ. 대리행위의 하자 유무는 대리인을 기준으로 결정하므로 대리인이 사기나 강박을 당하지 않는 한, 본인이 사기나 강박을 당했다 할지라도 본인은 대리행위를 취소할 수 없다.

48 답 ②

② 최고권은 상대방이 본인에게 추인 여부에 대해서 촉구하는 행위이므로 선의·악의를 불문하고 본인에게 최고할 수 있다. 따라서 丙은 선의·악의 불문하고 甲에게 추인 여부의 확답을 최고할 수 있다.

① 乙의 대리행위는 무권대리행위이므로 본인의 추인이 없으면 원칙적으로 甲에 대해 아무런 효력을 발생하지 않는다.

③ 본인이 추인을 했을지라도 상대방이 추인사실을 알기 전까지는 추인의 효과는 발생하지 않으므로 甲이 乙에게 추인한 경우, 丙이 추인사실을 알기 전이라면 계약을 철회할 수 있다.

④ 무권대리인 乙은 일정한 요건하에서 상대방 丙에게 계약의 이행 또는 손해배상책임을 지는데 무권대리인 선택이 아니라 상대방 선택이다(제135조).

⑤ 무권대리인이 본인의 지위를 승계한 경우 무권대리인은 본인의 지위에서 무권대리행위에 대해서 추인을 거절하지 못한다(판례). 즉, 무효를 주장하지 못한다. 따라서 본인 甲을 상속하게 된 무권대리인 乙은 丙으로부터 토지를 매수하여 이전등기를 경료한 丁에 대하여 대리행위의 무효를 이유로 등기말소를 청구할 수 없다.

49 답 ①

ㄱ. 강행규정 위반으로 무효인 경우에는 그 법이 의도하는 목적을 달성하기 위하여 무효행위의 추인이 인정되지 않는다. 따라서 강행법규 위반으로 무효인 법률행위를 추인한 때에는 다른 정함이 없는 한 그 법률행위는 여전히 무효이다. 즉, 유효가 될 수 없다.

ㄴ. 무효인 가등기를 유효한 등기로 전용하기로 약정한 경우에도 그 가등기는 소급하여 유효한 등기가 될 수는 없다. 즉, 소급효는 인정되지 않는다(대판 91다26546).

ㄷ. 제한능력자에게 취소권이 인정되고 단독으로 취소할 수 있다. 따라서 제한능력자가 제한능력을 이유로 자신의 법률행위를 취소하기 위해서 법정대리인의 동의는 요하지 않는다.

50 답 ①

① 취소권자가 상대방에게 이행을 청구하는 것은 법정추인사유에 해당하지만 취소권자가 상대방으로부터 이행청구를 받는 것은 법정추인사유에 해당하지 않는다(제145조).

51 답 ①

물권법 > 물권법 일반

① 본등기를 경료한 경우, 본등기의 순위는 가등기 시로 소급하지만 물권변동은 본등기 시에 발생한다(대판 1982.6.22, 81다1298).
② 무권대리행위에 대해서 본인이 추인하면 처음부터 유효인 대리행위가 된다.
③ 계약을 취소하면 계약체결 시로 소급해서 계약은 무효가 된다.
④ 점유개시 시로 소급한다.
⑤ 계약을 해제하면 계약체결 시로 소급해서 계약은 소멸한다.

52 답 ⑤

물권법 > 물권법 일반

ㄱ. 물권적 청구권이 인정되기 위해서는 물권이 있어야 한다. 따라서 소유권을 상실한 전 소유자는 더 이상 물권자가 아니기 때문에 소유권에 기한 물권적 청구권을 행사할 수 없다(대판 1980.9.9, 80다7).
ㄴ. 비용청구권은 물권적 청구권에 포함되지 않는다.
ㄹ. 유치권자는 유치권에 의한 물권적 청구권을 행사할 수는 없다. 다만, 유치권자는 점유권에 기한 물권적 청구권을 행사할 수 있다.
ㄷ. 물권적 청구권의 행사요건에서 침해자의 고의 또는 과실 불문하고 손해발생도 불문한다. 이 점이 불법행위로 인한 손해배상청구권과 차이점이다. 즉, 불법행위를 원인으로 손해배상을 청구하기 위해서는 침해자의 고의 또는 과실을 요하고 손해발생을 요한다. 따라서 침해자의 고의 또는 과실이 있고 손해가 발생했다면 물권적 청구권과 불법행위로 인한 손해배상청구권은 병존할 수 있다.

53 답 ⑤

물권법 > 물권의 변동

⑤ 甲이 점유취득시효를 완성했지만 소유권이전등기를 경료하지 않는 경우에는 소유권을 취득하지 못한다. 즉, 시효완성자가 소유권을 취득하기 위해서는 등기를 요한다(제245조 제1항). 따라서 소유권자는 乙이다.
① 甲이 매수했으므로 甲 명의의 등기는 실체관계에 부합하므로 유효등기이다 따라서 甲이 소유권을 취득한다.
② 경매는 법률의 규정에 의한 물권의 취득이므로 등기를 요하지 않는다. 따라서 甲이 경락받아 경락대금을 완납하였다면 이전등기 전이라도 소유권을 취득한다.
③ 건물의 신축은 법률의 규정에 의한 물권의 취득이므로 등기를 요하지 않는다. 따라서 甲이 건물을 완성했으면 등기 전이라도 甲이 소유권을 취득한다.

④ 매매는 법률행위이므로 매수인이 소유권을 취득하기 위해서는 등기를 요한다. 따라서 매수인 甲이 이전등기는 경료받았으므로 소유권을 취득한다.

54 답 ③

물권법 > 점유권

③ 착오로 인접 토지의 일부를 그가 매수 취득한 대지에 속하는 것으로 믿고 위 인접 토지의 일부를 현실적으로 인도받아 점유하여 왔다면 특별한 사정이 없는 한 인접 토지에 대한 점유 역시 소유의 의사가 있는 자주점유라고 보아야 한다(대판 2000.9.29, 99다58570·58587).
① 소유의 의사의 유무는 점유자의 내심의 의사가 아니라 점유취득권원의 성질에 의하여 외형적·객관적으로 결정된다(대판 전합체 1997.8.21, 95다28625).
② 명의수탁자는 명의신탁자인 소유권자가 있음을 알고 점유하고 있으므로 그 점유는 타주점유이다(대판 2022.5.12, 2019다249428).
④ 매매대상 대지의 면적이 등기부상의 면적을 상당히 초과한 경우에는 오신할 만한 정당한 이유가 없으므로 타주점유에 해당한다(대판 2009.12.10, 2006다55784).
⑤ 부동산을 타인에게 매도하여 그 인도의무를 지고 있는 매도인의 점유는 특별한 사정이 없는 한 타주점유로 전환된다(대판 1997.4.11, 97다5824).

55 답 ④

물권법 > 점유권

④ 점유매개관계는 반드시 유효할 필요가 없다. 따라서 점유매개관계를 발생시키는 법률행위가 무효인 경우에도 간접점유는 인정될 수 있다.
① 점유권은 상속인에게 당연히 이전한다(제193조).
② 점유보조자는 점유권이 없으므로 점유보호청구권을 행사할 수 없다.
③ 직접점유자의 점유가 제3자에 의해서 침탈당한 경우에는 간접점유자도 점유권이 있으므로 점유보호청구권을 행사할 수 있다.
⑤ 침탈 여부는 직접점유자를 기준으로 판단하기 때문에 직접점유자가 그 점유를 임의로 양도한 경우, 그 점유이전은 의사에 의한 것이므로 침탈된 것은 아니다(대판 1993.3.9, 92다5300).

56 답 ⑤

⑤ 악의의 점유자가 과실(過失)로 인하여 점유물의 과실(果實)을 수취하지 못한 경우 그 과실(果實)의 대가를 보상해야 한다. 따라서 과실(過失) 없이 점유물의 과실(果實)을 수취하지 못한 경우에는 그 과실(果實)의 대가를 보상할 필요가 없다.
① 제197조 제2항
② 제199조
③ 민법 제198조 소정의 점유계속추정은 동일인이 전후 양 시점에 점유한 것이 증명된 때에만 적용되는 것이 아니고 전후 양 시점의 점유자가 다른 경우에도 점유의 승계가 입증되는 한 점유계속은 추정된다(대판 1996.9.20, 96다24279·24286).
④ 제200조

57 답 ②

② 취득시효 완성 후 등기 전에 원소유자가 시효완성된 토지에 저당권을 설정하였고, 등기를 마친 시효취득자가 피담보채무를 변제한 경우, 시효완성자는 자신을 위해서 변제를 한 것이기 때문에 원소유자에게 부당이득반환을 청구할 수 없다(대판 2006.5.12, 2005다75910).
① 취득시효 완성 전에 소유자가 변경된 경우에도 시효중단사유는 아니기 때문에 점유자는 시효기간완성 후에 그 제3자를 상대로 소유권이전등기를 청구할 수 있다(판례).
③ 점유계속은 권리행사로 볼 수 있기 때문에 소유권이전등기청구권의 소멸시효는 진행되지 않는다(대판 1999.3.18, 98다32175).
④ 취득시효가 완성된 사실을 알면서도 이를 제3자에게 처분한 경우, 불법행위에 해당하고 제3자가 적극가담하였다면 그 처분은 반사회적 법률행위로 무효에 해당한다(대판 1995.6.30, 94다52416).
⑤ 자주점유는 추정되므로 점유자는 스스로 그 점유권원의 성질에 의하여 자주점유임을 입증할 책임이 없다(대판 1987.4.14, 85다카2230).

58 답 ②

② 제3자가 공유물을 불법 점유한 경우, 공유자가 공유물의 반환을 청구하는 행위는 보존행위에 해당하기 때문에 각 공유자는 보존행위를 원인으로 단독으로 공유물 전부의 반환을 청구할 수 있다(판례).

① 대판 전합체 2020.5.21, 2018다287522
③ 제3자가 공유물을 불법 점유한 경우, 공유자는 단독으로 공유물 전부의 반환을 청구할 수 있지만 부당이득에 대해서는 전부가 아니라 각자 지분의 범위 내에서 반환을 청구할 수 있다(판례).
④ 과반수지분권자는 단독으로 공유물의 관리방법을 정할 수 있으므로 과반수지분권자가 공유물의 전부 또는 일부를 배타적 독점적으로 사용하는 경우, 이는 적법한 관리 방법으로 적법점유에 해당하므로 다른 공유자는 단독으로 공유물 전부의 반환을 청구할 수 없다(대판 2015.11.26, 2015다206584).
⑤ 공유자는 각자 지분처분의 자유가 있으므로 부동산 공유자는 자기 지분 위에 다른 공유자의 동의 없이 저당권을 설정할 수 있다.

59 답 ⑤　고난도

⑤ 丙은 등기 없이도 물권인 법정지상권을 취득했으므로 등기 없이도 당연히 경락인 丁의 건물철거청구에 대항할 수 있다. 판례에 의하면 甲이 대지에 乙에게 저당권을 설정할 당시 그 지상에 건물이 존재하였고 그 양자가 동일인의 소유였다가 그 후 저당권의 실행으로 대지가 낙찰되기 전에 건물이 제3자 丙에게 양도된 경우, 일단 매매를 통해서 대지와 건물소유자가 달라졌으므로 丙은 대지에 대해서 관습법상의 법정지상권을 취득하지만 乙의 저당권보다는 후순위이다. 따라서 이후에 저당권자 乙이 경매를 들어갔으므로 후순위 丙의 관습법상의 법정지상권은 소멸한다. 다만 저당권설정 당시 토지와 건물이 동일인 소유였으므로 건물소유자 丙은 제366조의 법정지상권을 취득한다(판례).

60 답 ③

③ 요역지의 불법점유자는 보호가치가 없으므로 지역권을 시효취득할 수 없다(판례).
① 지역권의 존속기간이나 지료에 대해서 민법에 아무런 규정이 없다.
② 취득상의 불가분성으로 인해서 공유자의 1인이 지역권을 취득하면 다른 공유자도 이를 취득한다(제295조 제1항).
④ 지역권(종)은 요역지(주)의 편익을 위해서 존재하므로 지역권을 요역지와 분리하여 이를 양도하거나 다른 권리의 목적으로 하지 못한다(제292조).
⑤ 지역권자는 배타적인 점유권이 없으므로 설령 지역권이 침해당한 경우에도 반환청구권을 행사할 수 없다.

61 답 ③

물권법 > 용익물권

③ 전세권자는 스스로 목적물의 현상을 유지하고 그 통상의 관리를 해야 할 의무가 있다(제309조). 따라서 목적물의 현상을 유지하고 그 통상의 관리에 지출한 비용을 전세권설정자에게 반환을 청구할 수는 없다.

① 전세금의 지급은 전세권 성립의 요소가 되는 것이지만 그렇다고 하여 전세금의 지급이 반드시 현실적으로 수수되어야만 하는 것은 아니고 기존의 채권으로 전세금의 지급에 갈음할 수도 있다(대판 1995.2.10, 94다18508).

② 전세권이 소멸한 때에는 전세권설정자는 전세권자로부터 목적물의 인도 및 전세권설정등기의 말소등기에 필요한 서류의 교부를 받는 동시에 전세금을 반환하여야 한다(제317조).

④ 전세권이 성립된 후 목적물의 소유권이 이전된 경우, 종전 소유자는 원칙적으로 전세권설정자의 지위를 상실하여 전세금반환의무를 면하고 신소유자가 전세금반환의무를 부담한다(대판 2006.5.11, 2006다6072).

⑤ 건물의 일부에 대하여 전세권이 설정되어 있는 경우 그 전세권자는 건물 전부에 대한 매각대금에 대해서 후순위권리자 기타 채권자보다 전세금의 우선변제를 받을 권리가 있다(대결 1992.3.10, 91마256).

62 답 ⑤

물권법 > 담보물권

⑤ 유치권이 성립하기 위해서는 채권자가 목적물을 점유해야 하는데 점유는 직접점유이든 간접점유이든 불문한다. 다만, 채권자가 채무자를 직접점유자로 하여 간접점유하는 경우에는 유치권은 성립할 수 없다(대판 2008.4.11, 2007다27236).

① 유치권이 성립하기 위해서는 채권이 발생해야 하는데 반드시 목적물 점유 중에 발생할 필요는 없으므로, 물건의 점유 전에 관련되는 채권이 발생하고 후에 그 물건의 점유를 취득한 경우에도 유치권이 성립한다.

② 유치권자는 자기 소유 물건이 아니므로 채무자의 승낙이 없으면 유치물을 임의로 임대하지 못한다. 즉, 임대할 권한이 없다. 따라서 유치권자가 소유자의 승낙 없이 제3자에게 유치물을 임대한 경우에는 임차인은 임대권한이 없는 자로부터 임차한 것이므로 소유자에게 임대차의 효력을 주장할 수 없다(대판 2011.2.10, 2010다94700).

③ 공사대금채권에 기하여 유치권을 행사하는 자가 스스로 유치물인 주택에 거주하며 사용하는 것은 특별한 사정이 없는 한 유치물인 주택의 보존에 도움이 되는 행위로서 유치물의 보존에 필요한 사용에 해당한다. 따라서 소유자는 유치권소멸을 청구할 수 없다(대판 2009.9.24, 2009다40684).

④ 임차인의 임대인에 대한 보증금의 반환청구권은 목적물과의 견련성이 인정되지 않으므로 임차물에 대한 유치권을 행사할 수 없다(판례).

63 답 ⑤

물권법 > 담보물권

⑤ 경락인은 채무자가 아니므로 유치권자는 경락인을 상대로 채권변제를 청구할 수는 없다(대판 1996.8.23, 95다8713).

① 보존에 필요한 사용은 채무자의 승낙을 요하지 않는다(제324조 제2항).

② 압류의 효력이 발생하기 전에 유치권이 성립한 경우, 유치권자는 경락인에게 대항할 수 있지만 압류의 효력이 발생한 후에 유치권이 성립한 경우, 유치권자는 경락인에게 대항할 수 없다(대판 2013.6.27, 2011다50165).

③ 유치권은 물권이므로 모든 자에게 주장할 수 있다. 따라서 유치권의 목적부동산이 제3자에게 양도된 경우, 유치권자는 특별한 사정이 없는 한 제3자에게 유치권을 주장할 수 있다.

④ 유치권은 법정담보물권이므로 등기를 요하지 않는다.

64 답 ①

물권법 > 담보물권

① 저당권의 효력은 종물에 대해서 미친다. 그리고 종된 권리에도 미친다. 따라서 건물에 대한 저당권의 효력은 그 건물에 종된 권리인 건물의 소유를 목적으로 하는 지상권에도 미친다(대판 1992.7.14, 92다527).

② 주와 종은 운명을 함께하기 때문에 저당권은 그 담보한 채권과 분리하여 타인에게 양도할 수 없다(제361조).

③ 저당권의 효력은 부합물에 대해서도 미친다(제358조). 그리고 저당권설정 전후는 불문한다(판례).

④ 저당부동산에 대한 압류가 있으면 압류 이후에 저당권설정자의 저당부동산에 관한 차임채권에도 저당권의 효력이 미친다(대판 2016.7.27, 2015다230020).

⑤ 저당권이 설정된 부동산에 대해서 경매가 들어오면 그 부동산에 존재하는 저당권은 순위를 불문하고 모두 소멸하고 배당에 참가해서 순위에 따른 배당을 받는다.

65 답 ②

② 계약금계약은 계약금을 지급해야 성립하는 요물계약에 해당한다.
① 교환계약, ③ 매매계약, ④ 증여계약, ⑤ 임대차계약은 모두 낙성계약에 해당한다.

66 답 ⑤

⑤ 부동산매매계약에 있어서 실제면적이 계약면적에 미달하는 경우에는 그 매매가 수량지정매매에 해당할 때에 한하여 민법 제574조, 제572조에 의한 대금감액청구권을 행사함은 별론으로 하고, 그 매매계약이 그 미달 부분만큼 일부 무효임을 들어 이와 별도로 일반 부당이득반환청구를 하거나 그 부분의 원시적 불능을 이유로 민법 제535조가 규정하는 계약체결상의 과실에 따른 책임의 이행을 구할 수 없다(대판 2002.4.9, 99다47396).

67 답 ②

② 부동산 매매계약에 있어 매수인이 부가가치세를 부담하기로 약정한 경우, 부가가치세를 매매대금과 별도로 지급하기로 했다는 등의 특별한 사정이 없는 한 부가가치세를 포함한 매매대금 전부와 부동산의 소유권이전등기의무가 동시이행의 관계에 있다(대판 2006.2.24, 2005다58656·58663).
① 채권자의 저당권설정등기의 말소의무와 채무자의 피담보채무의 변제의무는 채무자의 피담보채무변제의무가 선이행의무이다. 즉, 동시이행관계에 있지 않다(대판 1969.9.30, 69다1173).
③ 동시이행관계에 있던 채무 중 어느 한 채무의 이행불능으로 발생한 손해배상채무는 반대채무와 여전히 동시이행관계에 있다. 왜냐하면 애초에 쌍방의 채무가 동시이행관계에 있었고 이행불능으로 발생한 손해배상채무도 기존의 채무와 동일성이 인정되므로 여전히 상대방의 채무와 동시이행관계에 있다(대판 2014.4.30, 2010다11323).
④ 계약이 무효 또는 취소된 경우에 각 당사자의 부당이득반환의무는 서로 동시에 이행하는 것이 공평하다(대판 1996.6.14, 95다54693). 즉, 동시이행관계에 있다.
⑤ 매매계약에서 매도인은 완전한 소유권을 이전해주어야 할 의무가 있다. 따라서 저당권이 설정된 부동산의 매매계약에서 매도인의 소유권이전등기의무 및 저당권등기말소의무는 특별한 사정이 없는 한 매수인의 대금지급의무와 동시이행관계에 있다(대판 1979.11.13, 79다1562).

68 답 ④

④ 乙의 과실로 인하여 화재가 발생한 경우, 채권자 乙이 위험을 부담한다. 乙은 대금지급의무가 있으므로 甲은 乙에게 매매대금을 청구할 수 있다.
① 甲의 책임 있는 사유로 화재가 발생한 경우 채무불이행(이행불능)이므로 乙은 최고 없이 매매계약을 해제하고 甲에게 손해배상을 청구할 수 있다.
② 양 당사자의 책임 없는 사유로 화재가 발생한 경우, 채무자와 채권자의 의무는 소멸하게 된다. 따라서 甲은 乙에게 매매대금을 청구할 수 없고 乙도 甲에게 소유권이전을 청구할 수 없다.
③ 甲은 乙에 대해서 대금지급청구권을 상실한다. 따라서 이미 지급한 계약금에 대해서 乙은 甲에게 부당이득반환청구권을 행사할 수 있다.
⑤ 乙의 채권자지체 중에 양 당사자의 책임 없는 사유로 화재가 발생한 경우에도 채권자 乙이 위험을 부담하므로 甲은 乙에게 매매대금을 청구할 수 있다.

69 답 ①

① 계약이 해제된 경우, 계약관계의 청산은 계약의 당사자인 요약자와 낙약자 사이에 이루어진다. 따라서 낙약자 乙이 수익자 丙에게 대금을 지급한 후 계약이 해제된 경우, 특별한 사정이 없는 한 낙약자 乙은 수익자 丙에게 대금의 반환을 청구할 수 없다(대판 2010.8.19, 2010다31860·31877).
② 낙약자의 채무불이행이 있으면 계약의 당사자인 요약자는 계약을 해제할 수 있다(대판 1970.2.24, 69다1410).
③ 수익자는 낙약자에게 수익의 의사를 표시한 때 권리를 취득한다.
④ 낙약자가 수익자에게 상당한 기간을 정해서 최고했음에도 아무런 확답이 없으면 수익거절의 의사를 표시한 것으로 본다.
⑤ 낙약자는 보상관계(요약자와 낙약자 사이)에 기한 항변을 가지고 수익자에게 대항할 수 있다. 다만, 대가관계(요약자와 수익자 사이)에 기한 항변을 가지고 수익자에게 대항할 수는 없다. 따라서 낙약자 乙은 甲의 丙에 대한 항변, 즉 대가관계에 기한 항변으로 수익자 丙에게 대항할 수 없다(대판 2003.12.11, 2003다49771).

70 답 ③

계약법 > 계약법 총론

ㄴ. 이행불능은 이행의 기회를 주어도 이행하지 못하기 때문에 최고는 의미가 없기 때문에 최고 없이 해제할 수 있다.

ㄷ. 제547조

ㄱ. 계약이 합의해제된 경우에는 다른 사정이 없는 한 채무불이행으로 인한 손해배상을 청구할 수 없다(대판 2021.5.7, 2017다220416).

ㄹ. 계약이 합의해제된 경우에는 특약이 없는 한 반환할 금전에 그 받은 날로부터 이자를 붙여 지급할 의무는 없다(대판 1996.7.30, 95다16011).

71 답 ②

계약법 > 매매

② 계약금계약은 요물계약에 해당하기 때문에 계약금 전액을 지급해야 계약금계약이 성립한다. 따라서 3천만원을 지급했다면 계약금계약은 성립하지 않기 때문에 계약금에 기한 해제는 인정되지 않는다. 결국 甲은 乙에게 6천만원을 상환하고 계약을 해제할 수 없다.

① 계약금에 기한 해제는 이행의 착수 전까지 가능하다. 따라서 乙이 중도금을 지급했다면 이행에 착수한 것이므로 이후에는 甲은 계약금의 배액상환으로 계약을 해제할 수 없다(대판 1993.1.19, 92다31323).

③ 甲이 계약해제의 의사표시와 함께 계약금의 배액을 제공했으면 충분하므로 乙이 이를 수령하지 않는 경우에 공탁까지 할 필요는 없다(대판 1992.5.12, 91다2151).

④ 계약금계약은 매매계약의 종된 계약이다. 그리고 주와 종은 운명을 함께하기 때문에 甲과 乙 사이의 매매계약이 무효이거나 취소되면 계약금계약의 효력도 소멸한다.

⑤ 계약금은 당연히 증약금의 성질을 가진다.

72 답 ⑤

계약법 > 매매

⑤ 매매계약 후 인도 전에 목적물로부터 생긴 과실은 매도인에게 속한다(제587조).

① 매매계약비용은 당사자 쌍방이 균분하여 부담한다(제566조).

② 타인 소유물에 대한 매매계약도 유효이다(제569조). 왜냐하면 단순히 의무를 부담하는 채권계약에 불과하므로 처분권한이 없을지라도 유효하다.

③ 제586조

④ 제585조

73 답 ②

계약법 > 교환

ㄴ. 보충금에 관하여는 매매대금에 관한 규정을 준용한다(제597조).

ㄷ. 교환계약도 유상계약에 해당하기 때문에 매매규정, 즉 담보책임규정이 준용된다. 따라서 다른 약정이 없는 한 각 당사자는 목적물의 하자에 대해 담보책임을 부담한다.

ㄱ. 교환계약은 유상·쌍무계약이다(제596조).

ㄹ. 교환계약의 당사자가 목적물의 시가를 묵비하거나 허위로 시가보다 높은 가액을 시가라고 고지하였다 하더라도 이는 상대방의 의사결정에 불법적 간섭을 한 것이라고 볼 수 없다(대판 2002.9.4, 2000다54406·54413). 즉, 위법한 기망행위에 해당하지 않는다.

74 답 ④

계약법 > 임대차

④ 필요비상환청구권은 임대차계약의 존속 중에도 행사할 수 있다. 그러나 유익비상환청구권은 임대차계약의 존속 중에 행사할 수 없고 종료 시에 행사할 수 있다.

① 임대차는 유상·쌍무·낙성·불요식 계약이며, 계속적 채권계약에 해당한다.

② 차임지급이 임대차의 성립요소이다.

③ 유익비에 대해서 법원은 임대인의 청구에 의하여 상당한 상환기간을 허여할 수 있다(제626조 제2항). 그러나 필요비는 허여할 수 없다.

⑤ 대판 2010.4.29, 2009다96984

75 답 ①

민사특별법 > 주택임대차보호법

ㄴ. 전대를 한 경우 임차인이 대항력을 취득하기 위해서는 직접점유자인 전차인 명의로 주민등록을 해야 한다. 따라서 임차인 甲이 임대인의 승낙을 받아 乙에게 임대주택을 적법하게 전대한 경우, 전차인 乙이 주택을 인도받고 자신의 주민등록을 마쳤다면 임차인 甲은 제3자에 대하여 대항력을 취득한다(대판 1994.6.24, 94다3155).

ㄱ. 주민등록의 신고는 행정청이 수리한 때 효력이 발생한다(대판 2009.1.30, 2006다17850).

ㄷ. 주민등록이 직권말소되어 존재하지 않고 있다면 일단 대항력은 상실된다. 다만, 재등록이 된 경우에는 대항력을 취득하는데 「주민등록법」 소정의 이의 절차에 의해서 재등록이 된 경우에는 처음의 대항력이 그대로 유지된다. 즉, 소급효가 인정된다. 다만, 주민등록이 직권말소된 후 임차인 甲이 「주민등록법」 소정의 이의절차에 의하여 말소된 주민등록을 회복한 것이 아니라면, 소급효가 없으므로 직

권말소 후 재등록이 이루어지기 이전에 이해관계를 맺은
선의의 제3자 乙에 대하여 임차인 甲은 임차권으로 대항
할 수 없다(대판 2002.10.11, 2002다20957).

76 답 ②

민사특별법 > 주택임대차보호법

② 「주택임대차보호법」은 주택뿐만이 아니라 대지에 대해서
도 적용된다. 다만, 대지에 대해서 먼저 저당권이 설정된
후에 주택을 신축했고 임대차계약이 체결된 경우에는 대
지에 대해서는 「주택임대차보호법」이 적용되지 않으므로
소액임차인은 대지 매각대금에 대해서 우선변제권이 인정
되지 않는다(대판 1999.7.23, 99다25532).

① 「주택임대차보호법」 제11조

③ 「주택임대차보호법」 제3조의3 제1항

④ 「주택임대차보호법」 제8조 제1항

⑤ 기간의 정함이 없거나 기간을 2년 미만으로 정한 임대차는
그 기간을 2년으로 본다. 따라서 임차인은 2년을 주장할
수도 있고 또는 2년 미만으로 정한 기간의 유효함을 주장
할 수도 있다(주택임대차보호법 제4조 제1항).

77 답 ④

민사특별법 > 상가건물 임대차보호법

④ 서울특별시는 환산보증금액이 9억원 이하인 경우에 적용
된다. 따라서 7억원 + (150만원 × 100) = 8억 5천만원
이므로 「상가건물 임대차보호법」이 적용된다.

① 「상가건물 임대차보호법」 제10조 제2항

② 「상가건물 임대차보호법」 제3조 제1항

③ 임대차기간을 1년 미만으로 정한 특약이 있는 경우, 임차
인은 1년을 주장하거나 1년 미만의 그 기간의 유효함을 주
장할 수 있다(상가건물 임대차보호법 제9조 제1항).

⑤ 「상가건물 임대차보호법」 제2조 제3항

78 답 ③

민사특별법 > 가등기담보 등에 관한 법률

③ 「가등기담보 등에 관한 법률」은 채권자의 폭리행위를 규제
하는 법이다. 따라서 대물반환의 예약 당시 담보물의 가액
이 차용액 및 이에 붙인 이자의 합산액에 미달하는 경우에
는 폭리행위가 아니므로 이 법은 적용되지 않는다(가등기
담보 등에 관한 법률 제1조 참고).

① 청산금은 채권자가 주관적 기준에 의해서 평가를 하게 된
다. 따라서 채권자가 나름대로 평가한 청산금액이 객관적
인 평가액에 미치지 못할 경우에도 담보권실행을 위한 통
지는 효력이 있다(대판 1996.7.30, 96다6974).

② 가등기담보권자가 소유권을 취득하기 위해서는 청산절차
를 모두 경료하고 등기를 경료해야 한다. 따라서 동법 소정
의 청산절차를 거치지 아니하고 가등기담보권자가 경료한
소유권이전등기는 원칙적으로 무효이다(대판 1994.1.25,
92다20132).

④ 「가등기담보 등에 관한 법률」 제3조 제1항

⑤ 「가등기담보 등에 관한 법률」 제12조 제2항

79 답 ①

민사특별법 > 집합건물의 소유 및 관리에 관한 법률

ㄴ. 「집합건물소유 및 관리에 관한 법률」 제24조

ㄱ. 전(前) 구분소유자의 특별승계인은 체납된 공용부분 관리
비는 승계하지만 그에 대한 연체료는 승계하지 않는다(대
판 2006.6.29, 2004다3598・3604).

ㄷ. 전 입주자의 공용부분에 대한 체납관리비만 승계한다(대
판 전합체 2001.9.20, 2001다8677).

80 답 ①

민사특별법 > 부동산 실권리자명의 등기에 관한 법률

① 甲과 丙 사이의 매매계약은 유효이므로 매수인 甲은 매도
인 丙에게 X토지의 소유권이전을 청구할 수 있다.

② 명의신탁이 무효이므로 乙 명의 등기는 무효이다.

③ 여전히 소유권자는 丙이므로 丙은 명의수탁자 乙에게 X토
지의 소유권이전등기말소를 청구할 수 있다.

④ 수탁자로부터 매수한 제3자는 선의・악의를 불문하고 보
호받는다.

⑤ 甲은 진정소유자가 아니므로 丙이 가지고 있는 말소등기
청구권을 대위행사할 수 있을 뿐이다.

제3회 정답 및 해설

집필진 [부동산학개론] 이영방 교수, [민법 및 민사특별법] 심정욱 교수

제1과목 | 부동산학개론

pp.50~59

01	④	02	④	03	③	04	⑤	05	①
06	④	07	④	08	④	09	④	10	②
11	⑤	12	②	13	①	14	⑤	15	⑤
16	③	17	②	18	①	19	③	20	③
21	③	22	①	23	④	24	④	25	①
26	④	27	②	28	③	29	④	30	⑤
31	⑤	32	③	33	⑤	34	①	35	①
36	②	37	③	38	③	39	③	40	①

점수: _____점

1 답 ④

부동산학 총론 > 부동산의 개념과 분류

ㄷ. 부동산의 법률적·경제적·물리적 측면을 결합한 개념을 복합개념의 부동산이라고 한다.

2 답 ④

부동산학 총론 > 부동산의 개념과 분류

① 나지(裸地)란 토지에 건물이나 그 밖의 정착물이 없고, 지상권 등 토지의 사용·수익을 제한하는 사법상의 권리가 설정되어 있지 않은 토지이다.
② 건부지(建敷地)란 건물 등 토지상의 부가물의 부지로 제공되고 있는 토지로서, 건부지의 평가액은 나지로서의 평가액을 한도로 한다.
③ 이행지(移行地)란 용도지역 내에서 지역 간 용도변경이 진행되고 있는 토지로서, 지목변경이 뒤따를 수도 있고 그렇지 않을 수도 있다.
⑤ 포락지(浦落地)에 대한 설명이다. 공한지(空閑地)란 도시 토지로서 지가상승만을 기대하고 장기간 방치하는 토지이다.

3 답 ③

부동산학 총론 > 부동산의 특성

③ 부동산의 특성 중 영속성은 소모를 전제로 하는 재생산이론이나 사고방식을 토지에는 적용할 수 없게 한다.

4 답 ⑤

부동산학 각론 > 부동산경제론

① 부동산의 수요는 부동산을 구입하고자 하는 의사와 능력이 뒷받침된 유효수요를 의미한다.
② 수요자의 소득이 변하여 수요곡선 자체가 이동하는 경우는 수요의 변화에 해당한다.
③ 인구의 증가로 부동산수요가 증가하는 경우 균형가격은 상승하고, 균형량은 증가한다.
④ 건축비의 하락 등 생산요소 가격의 하락은 주택공급곡선을 우측으로 이동시킨다.

5 답 ①

부동산학 각론 > 부동산경제론

① 가격이 상승하면서 동시에 거래량이 증가했다는 것은 공급은 불변인 상태에서 수요가 증가하거나 수요와 공급이 동시에 변동할 때 수요 증가가 공급의 변화보다 큰 경우이다. 따라서 수요 증가의 요인에 해당한다.
② 수요 감소의 요인이다.
③ 공급 감소의 요인이다.
④ 공급 증가의 요인이다.
⑤ 수요 감소와 공급 증가가 동시에 나타나므로 가격은 하락하나, 거래량은 알 수 없다.

6 답 ④

부동산학 각론 > 부동산경제론

① 수요의 가격탄력성이 완전탄력적일 때, 수요곡선의 모양은 수평선이 된다.
② 수요의 가격탄력성이 1보다 클 때, 가격 상승은 기업의 총수입 감소를 가져오게 된다.
③ 정상재의 경우, 수요의 소득탄력성은 일반적으로 양(+)의 값을 가지게 된다.
⑤ 두 부동산에서 수요의 교차탄력성이 음(−)의 값을 가질 때, 두 부동산은 보완재이다.

7 답 ④

부동산학 각론 > 부동산경제론

아파트에 대한 수요의 가격탄력성(ε_d)

$$= \left| \frac{수요량변화율}{가격변화율} \right| = \left| \frac{-x\%}{5\%} \right| = 0.2이므로$$

가격이 5% 상승하면 수요량은 1% 감소한다.
그런데 전체 수요량이 2% 증가했다는 것은 소득 증가에 따른
수요량 증가가 3%라는 의미이다. 따라서

수요의 소득탄력성($\varepsilon_{d,\,I}$) $= \dfrac{수요량변화율}{소득변화율} = \dfrac{3\%}{x\%} = 0.5$

이므로 소득의 증가율(x) = 6%이다.
즉, 수요량이 3% 증가하기 위해서는 소득이 6% 증가해야 한다.

8 답 ④

부동산학 각론 > 부동산경제론

④ 수요곡선의 기울기의 절댓값보다 공급곡선의 기울기의 절
댓값이 작을 경우, 가격과 수요량은 진동하면서 균형으로
부터 이탈하여 발산한다.

9 답 ④

부동산학 각론 > 부동산시장론

부동산시장이 할당 효율적이라면 정보가치와 정보비용은 같
다. 따라서 합리적인 투자자가 최대한 지불할 수 있는 정보비
용의 현재가치는 정보의 현재가치와 같다.
• 1년 후의 기댓값의 현재가치(불확실성하의 현재가치)

$$= \frac{(2억\ 7,500만원 \times 0.6) + (9,350만원 \times 0.4)}{1 + 0.1}$$

$$= 1억\ 8,400만원$$

• 1년 후 도시·군 계획시설(도로)이 개설될 경우 토지의 현재
가치

$$= \frac{2억\ 7,500만원}{1 + 0.1} = 2억\ 5,000만원$$

따라서 정보의 현재가치는 2억 5,000만원 − 1억 8,400만원
= 6,600만원이다.

10 답 ②

부동산학 각론 > 부동산시장론

① 부동산거래에 정보비용이 수반되는 것은 시장이 불완전하
기 때문이다.
③ 소수의 투자자가 다른 사람보다 값싸게 정보를 획득할 수
있는 시장은 할당 효율적 시장이 되지 못한다.

④ 독점을 획득하기 위한 기회비용이 모든 투자자에게 동일하
다고 한다면, 독점시장은 할당 효율적 시장이 될 수 있다.
⑤ 부동산투기가 성립되는 것은 시장이 할당 효율적이지 못
하기 때문이다.

11 답 ⑤

부동산학 각론 > 부동산시장론

⑤ 지대의 상승이 곡물가격을 상승시킨다는 입장은 절대지대
설과 관련이 있다. 차액지대설에서는 지대가 곡물가격을
결정하는 것이 아니라, 곡물가격이 지대를 결정한다.

12 답 ②

부동산학 각론 > 부동산시장론

② 다수의 판매자와 다수의 구매자가 존재한다는 것은 완전
경쟁시장의 성립조건에 해당한다. 부동산시장은 불완전경
쟁시장에 해당하므로 판매자와 구매자가 한정되어 있다.

13 답 ①

부동산학 각론 > 부동산시장론

1. 작년 기준
   • A도시의 고객유인력 $= \dfrac{18,000}{3^2} = 2,000$

   • B도시의 고객유인력 $= \dfrac{50,000}{5^2} = 2,000$

   • B도시의 시장점유율(%) $= \dfrac{2,000}{2,000 + 2,000} \times 100(\%)$
     $= 50\%$

   • B도시의 이용객 수 = 20,000명 × 0.5 = 10,000명
2. 금년 기준
   • A도시의 고객유인력 $= \dfrac{18,000}{3^2} = 2,000$

   • B도시의 고객유인력 $= \dfrac{75,000}{5^2} = 3,000$

   • B도시의 시장점유율(%) $= \dfrac{3,000}{2,000 + 3,000} \times 100(\%)$
     $= 60\%$

   • B도시의 이용객 수 = 30,000명 × 0.6 = 18,000명
3. 작년에 비해 금년에 C도시로부터 B도시의 구매활동에 유
   인되는 인구수의 증가는 8,000명이다.

14 답 ⑤

부동산학 각론 > 부동산시장론

⑤ 소비시장에 재고량을 확보할 수 있으며 수요에 민감한 제품을 생산하는 산업은 시장지향형 입지를 하고 있다.

15 답 ⑤

부동산학 각론 > 부동산정책론

⑤ 종합부동산세와 재산세의 과세기준일은 매년 6월 1일이다.

16 답 ③

부동산학 각론 > 부동산정책론

③ 개발부담금제의 근거법률은 「개발이익 환수에 관한 법률」이다.

17 답 ②

부동산학 각론 > 부동산정책론

② 분양가상한제는 최고가격제에 해당하므로 상한가격을 통제하는 정책이다. 따라서 균형가격보다 규제가격이 높을 경우, 초과공급이 발생하지 않으며 현재의 균형수준을 유지한다. 즉, 균형가격과 균형거래량에는 아무런 영향을 미치지 않는다.

18 답 ①

부동산학 각론 > 부동산정책론

② 공급의 가격탄력성은 탄력적인 반면 수요의 가격탄력성은 비탄력적인 시장에서 세금이 부과될 경우, 실질적으로 수요자가 공급자보다 더 많은 세금을 부담하게 된다.
③ 양도소득세가 중과되면, 주택공급의 동결효과(lock-in effect)로 인해 주택가격이 상승할 수 있다.
④ 임대주택의 공급곡선이 완전비탄력적일 경우 주택에 부과되는 재산세는 전부 임대인에게 귀착된다.
⑤ 수요곡선이 변하지 않을 때, 세금부과에 의한 경제적 순손실(사회적 후생손실)은 공급이 비탄력적일수록 작아진다.

19 답 ③

부동산학 각론 > 부동산투자론

① 인플레이션, 경기변동 등의 시장 전체와 관련된 위험, 즉 체계적 위험은 분산투자를 통해 제거가 불가능하다.

② 포트폴리오에 편입되는 투자자산 수를 늘림으로써 비체계적 위험을 줄여나갈 수 있으며, 그 결과로 총위험은 줄어들게 된다.
④ 상관계수가 +1의 값을 갖는 경우를 제외하면, 구성자산 수를 많이 하여 포트폴리오를 구성한다면 비체계적 위험은 감소될 수 있다.
⑤ 효율적 프론티어(efficient frontier)와 투자자의 무차별곡선이 접하는 지점에서 최적 포트폴리오가 결정된다.

20 답 ③　　　　　　　　　고난도

부동산학 각론 > 부동산투자론

③ 금융상품과 결합한 포트폴리오를 구성할 경우, 타 금융상품 수익률과의 상관계수가 낮은 B부동산이 다른 부동산보다 좋은 포트폴리오 구성대상이 된다.
⑤ 변이계수란 표준편차를 기대수익률로 나눈 것으로

A부동산의 변이계수는 $\dfrac{7}{10} = 0.7$,

B부동산의 변이계수는 $\dfrac{16}{15} ≒ 1.07$,

C부동산의 변이계수는 $\dfrac{17}{14} ≒ 1.21$이다.

따라서 A부동산이 B부동산보다 더 우월한 투자상품이라고 할 수 있다.

21 답 ③

부동산학 각론 > 부동산투자론

③ 지분배당률 $= \dfrac{\text{세전현금흐름}}{\text{지분투자액}}$

$= \dfrac{\text{1억 5,000만원}}{\text{5억원}} \times 100(\%) = \underline{30\%}$

① 유효총소득 $= \dfrac{\text{총투자액}}{\text{유효총소득승수}}$

$= \dfrac{\text{10억원}}{4} = \text{2억 5,000만원}$

② 부채비율 $= \dfrac{\text{부채총계}}{\text{자본총계}} = \dfrac{\text{5억원}}{\text{5억원}} \times 100(\%) = 100\%$

④ 순소득승수 $= \dfrac{\text{총투자액}}{\text{순영업소득}} = \dfrac{\text{10억원}}{\text{2억원}} = 5$

⑤ 종합환원율 $= \dfrac{\text{순영업소득}}{\text{총투자액}} = \dfrac{\text{2억원}}{\text{10억원}} \times 100(\%) = 20\%$

22 답 ①

② 순현가법에서는 재투자율로 요구수익률을 사용하고, 내부수익률법에서는 내부수익률을 사용한다.

③ 순현재가치법은 가치가산원리가 적용되나 내부수익률법은 적용되지 않는다.

④ 어림셈법 중 순소득승수법의 경우 승수값이 작을수록 자본회수기간이 짧아진다.

⑤ 회수기간은 투자시점에서 발생한 비용을 회수하는 데 걸리는 기간을 말하며, 회수기간법에서는 투자안 중에서 회수기간이 가장 단기인 투자안을 선택한다.

빈출개념 체크 **순현가법과 내부수익률법의 비교**

1. 재투자율: 순현가법에서는 모든 예상되는 미래현금흐름이 요구수익률로 재투자된다는 가정을 하고 있지만, 내부수익률법에서는 내부수익률로 재투자된다는 가정을 하고 있다.

2. 가치의 가산원칙(value additivity principle): 순현가법은 가치의 가산원칙이 성립하는 반면, 내부수익률법은 가치의 가산원칙이 성립하지 않는다.

3. 부(富)의 극대화: 순현가법을 이용하여 투자안의 경제성을 평가하는 것이 내부수익률법보다 투자자의 부(富)의 극대화에 부합되는 의사결정방법이 된다.

23 답 ④

연금의 현재가치를 계산하는 문제이다. 그런데 '매년' 받는 연금이 아닌 '매월' 받는 연금이므로 월로 환산하여야 한다. 따라서 이자율(6%)은 12개월로 나누어야 하고 30년은 12개월을 곱하여 월로 환산하여야 한다.

즉, 이자율이 r%이고, 기간은 n년인 매년 받는 연금의 현재가치를 계산하기 위한 연금의 현가계수는

$$\frac{1 - (1 + r)^{-n}}{r} = \frac{1 - (1 + 0.06)^{-30}}{0.06}$$ 이며,

이를 매월 받는 연금의 현재가치를 계산하기 위한 연금의 현가계수로 바꾸면 $\left\{ \dfrac{1 - \left(1 + \dfrac{0.06}{12}\right)^{-30 \times 12}}{\dfrac{0.06}{12}} \right\}$ 이다.

따라서 연금의 현재가치를 계산하기 위한 식은

$50만원 \times \left\{ \dfrac{1 - \left(1 + \dfrac{0.06}{12}\right)^{-30 \times 12}}{\dfrac{0.06}{12}} \right\}$ 이다.

24 답 ④

가 능 총 소 득	5,000만원
− 공실손실상당액 및 대손충당금	− 1,000만원 (= 5,000만원 × 0.2)
유 효 총 소 득	4,000만원
− 영 업 경 비	− 1,000만원 (= 4,000만원 × 0.25)
순 영 업 소 득	3,000만원

④ 채무불이행률(DR) $= \dfrac{영업경비 + 부채서비스액}{유효총소득}$

$= \dfrac{1,000만원 + 2,000만원}{4,000만원} = 0.75$

① 담보인정비율(LTV) $= \dfrac{부채잔금(융자액)}{부동산가치}$

$= \dfrac{1억\ 8,000만원}{3억원} = 0.6(60\%)$

② 부채감당률(DCR) $= \dfrac{순영업소득}{부채서비스액(원리금상환액)}$

$= \dfrac{3,000만원}{2,000만원} = 1.5$

③ 총부채상환비율(DTI) $= \dfrac{연간\ 부채상환액}{연간소득액}$

$= \dfrac{2,000만원}{5,000만원} = 0.4$

⑤ 영업경비비율(OER, 유효총소득 기준) $= \dfrac{영업경비}{유효총소득}$

$= \dfrac{1,000만원}{4,000만원}$

$= 0.25$

25 답 ①

- 담보인정비율(LTV) $= \dfrac{융자액}{부동산가치} = \dfrac{x}{5억원} = 60\%$

따라서 대출가능금액(x)은 3억원이다. 즉, 부동산가치가 5억원이므로 LTV 60%를 적용할 경우 최대 대출가능금액은 3억원이다.

- 총부채상환비율(DTI) $= \dfrac{연간\ 부채상환액}{연간\ 소득액}$

$= \dfrac{x}{6,000만원} = 40\%$

따라서 연간 부채상환액(x) = 6,000만원 × 0.4 = 2,400만원이다. 즉, A의 연간 소득이 6,000만원이고 DTI를 40% 적용할 경우 총부채의 연간 원리금상환액이 2,400만원을 초과하지 않도록 대출규모가 제한된다.

따라서 연간 부채상환액 2,400만원을 우선 부채서비스액으로 간주한다면 저당대부액 × 저당상수 = 부채서비스액이므로 DTI 조건에 의한 대출가능액(저당대부액)

$$= \frac{\text{부채서비스액}}{\text{저당상수}} = \frac{2,400\text{만원}}{0.1} = 2\text{억 } 4,000\text{만원이다.}$$

• 두 가지의 대출승인기준을 모두 충족시켜야 하므로 LTV 조건의 3억원과 DTI 조건의 2억 4,000만원 중 적은 2억 4,000만원이 최대 대출 가능금액이 된다. 그런데 기존 주택담보대출이 1억원 존재하므로 추가 대출 가능한 최대금액은 2억 4,000만원에서 기존 주택담보대출 1억원을 뺀 금액이 된다. 따라서 추가로 대출 가능한 최대금액은 2억 4,000만원 − 1억원 = 1억 4,000만원이다.

26 답 ④

부동산학 각론 > 부동산금융론(부동산금융 · 증권론)

④ 대출기간 만기까지 대출기관의 총이자수입 크기는 '점증(체증)상환방식 > 원리금균등상환방식 > 원금균등상환방식' 순이다.

27 답 ②

부동산학 각론 > 부동산금융론(부동산금융 · 증권론)

② 금융기관의 주택자금조달 확대로 주택자금 차입기회는 증대되고, 장기적으로는 주택자금 공급 증가에 따른 금리인하로 차입비용이 절감된다.

28 답 ②

부동산학 각론 > 부동산금융론(부동산금융 · 증권론)

② 주택저당담보부채권(MBB; mortgage backed bond)의 경우는 대출금의 조기상환에 따른 위험을 발행기관이 부담한다.

29 답 ④

부동산학 각론 > 부동산금융론(부동산금융 · 증권론)

④ 영업인가를 받거나 등록을 한 날부터 6개월이 지난 부동산투자회사의 자본금은 자기관리 부동산투자회사는 70억원 이상, 위탁관리 부동산투자회사 및 기업구조조정 부동산투자회사는 50억원 이상이 되어야 한다.

30 답 ⑤

부동산학 각론 > 부동산정책론

⑤ 후분양제도는 선분양제도에 비해 개발업자의 부도 가능성이 확대되어 개발업자의 시장위험부담이 증가하는 문제가 발생할 수 있다. 반면에 개발부동산의 선분양제도는 준공 전 분양대금의 유입으로 개발업자의 초기자금부담을 완화할 수 있는 등 후분양제도에 비해 개발업자가 부담하는 시장위험을 줄일 수 있다.

31 답 ⑤

부동산학 각론 > 부동산개발 및 관리론

ㄱ. B지역 X산업의 입지계수(LQ)

$$LQ = \frac{\dfrac{1,400}{2,000}}{\dfrac{2,400}{4,000}} = 1.16666\ldots$$

결과값은 소수점 셋째자리에서 반올림한다고 했으므로 1.17이 된다.

ㄴ. A지역 Y산업의 입지계수(LQ)

$$LQ = \frac{\dfrac{1,000}{2,000}}{\dfrac{1,600}{4,000}} = 1.25$$

32 답 ③

부동산학 각론 > 부동산개발 및 관리론

ㄱ. 사회기반시설의 준공과 동시에 해당 시설의 소유권이 국가 또는 지방자치단체에 귀속되며, 사업시행자에게 일정기간의 시설관리운영권을 인정하는 방식은 BTO(build-transfer-operate) 방식이다.

ㄴ. 사회기반시설의 준공과 동시에 해당 시설의 소유권이 국가 또는 지방자치단체에 귀속되며, 사업시행자에게 일정기간의 시설관리운영권을 인정하되, 그 시설을 국가 또는 지방자치단체 등이 협약에서 정한 기간 동안 임차하여 사용·수익하는 방식은 BTL(build-transfer-lease) 방식이다.

ㄷ. 사회기반시설의 준공 후 일정기간 동안 사업시행자에게 해당 시설의 소유권이 인정되며 그 기간이 만료되면 시설 소유권이 국가 또는 지방자치단체에 귀속되는 방식은 BOT(build-operate-transfer) 방식이다.

ㄹ. 사회기반시설의 준공과 동시에 소유권 및 관리운영권이 사업시행자에게 귀속되는 방식은 BOO(build-own-operate) 방식이다.

33 답 ⑤

부동산학 각론 > 부동산개발 및 관리론

① STP전략은 시장세분화(segmentation), 표적시장 선정 (targeting), 포지셔닝(positioning)으로 구성된다.
② 4P-Mix전략은 제품(product), 가격(price), 유통경로 (place), 판매촉진(promotion)으로 구성된다.
③ 고객점유마케팅전략은 AIDA원리에 기반을 두면서 소비자의 욕구를 파악하여 마케팅효과를 극대화하는 전략이다.
④ 시장점유마케팅전략은 공급자 중심의 마케팅전략으로 표적시장을 선정하거나 틈새시장을 점유하는 전략이다.

34 답 ①

부동산 감정평가론 > 감정평가의 기초이론

② 가치형성요인에 대한 정의이다. 가치발생요인은 부동산의 효용, 부동산의 상대적 희소성, 부동산의 유효수요, 부동산의 이전성을 말한다.
③ 인근지역에 관한 정의이다. 유사지역이란 대상부동산이 속하지 아니하는 지역으로서 인근지역과 유사한 특성을 갖는 지역을 말한다.
④ 임대사례비교법에 대한 정의이다. 거래사례비교법이란 대상물건과 가치형성요인이 같거나 비슷한 물건의 거래사례와 비교하여 대상물건의 현황에 맞게 사정보정, 시점수정, 가치형성요인 비교 등의 과정을 거쳐 대상물건의 가액을 산정하는 감정평가방법을 말한다.
⑤ 수익환원법에 대한 정의이다. 수익분석법이란 일반기업경영에 의하여 산출된 총수익을 분석하여 대상물건이 일정한 기간에 산출할 것으로 기대되는 순수익에 대상물건을 계속하여 임대하는 데에 필요한 경비를 더하여 대상물건의 임대료를 산정하는 감정평가방법을 말한다.

35 답 ①

부동산 감정평가론 > 부동산가격이론

① 지역분석에서는 가격수준을 판정하며, 개별분석을 통해 구체적인 가격을 산정한다.

36 답 ②

부동산 감정평가론 > 부동산가격이론

ㄷ. 부동산의 유용성이 최고도로 발휘되기 위해서는 부동산이 외부환경과 균형을 이루어야 한다는 것은 적합의 원칙이다. 균형의 원칙이란 부동산의 유용성(수익성 또는 쾌적성)이 최고도로 발휘되기 위해서는 그 내부구성요소의 결합상태가 균형을 이루고 있어야 한다는 원칙이다.

37 답 ③

부동산 감정평가론 > 감정평가의 방식

경과연수가 2년이며 경제적 잔존내용연수가 48년이므로 경제적 내용연수는 50년이다. 또한, 매년 공사비가 5% 상승했으며, 내용연수 만료 시 잔존가치는 10%이다.
- 재조달원가는 4억원 × $(1 + 0.05)^2$ = 441,000,000원이고, 잔존가치율이 10%이므로 잔존가액은 44,100,000원이다.
- 매년의 감가액 $= \dfrac{441,000,000원 - 44,100,000원}{50년(= 2년 + 48년)}$

  $= 7,938,000원$
- 감가누계액 = 7,938,000원 × 2년(경과연수) = 15,876,000원

따라서 적산가액 = 441,000,000원 − 15,876,000원

$= 425,124,000원$이다.

38 답 ③

부동산 감정평가론 > 감정평가의 방식

직접환원법으로 평가한 대상부동산의 수익가액을 구하기 위해서는 먼저 순영업소득을 구해야 한다.

가 능 총 소 득	20,000,000원
− 공실 및 대손충당금	− 2,000,000원(= 20,000,000원 × 0.1)
유 효 총 소 득	18,000,000원
− 영 업 경 비	− 5,400,000원(= 18,000,000원 × 0.3)
순 영 업 소 득	12,600,000원

또한, 토지환원율이 5%, 건물환원율이 7%이며, 대상부동산의 가치구성비율이 토지, 건물 각각 50%이므로 물리적 투자결합법으로 환원이율을 산정하면

환원이율 = (토지환원율 × 토지가격구성비) + (건물환원율 × 건물가격구성비)

$= (5\% × 0.5) + (7\% × 0.5) = 6\%(0.06)$이다.

따라서 수익가액 $= \dfrac{순영업소득}{환원이율} = \dfrac{12,600,000원}{0.06}$

$= 210,000,000원$이다.

39 답 ③

부동산 감정평가론 > 감정평가의 방식

③ 엘우드(Ellwood)법에 대한 설명이다. 부채감당법은 저당투자자의 입장에서 부채감당률에 근거하여 자본환원율을 구하는 방법(자본환원율 = 부채감당률 × 대부비율 × 저당상수)이다.

40 답 ①

부동산 감정평가론 > 부동산가격공시제도

① 국토교통부장관은 표준주택을 선정할 때에는 일반적으로 유사하다고 인정되는 일단의 단독주택 중에서 해당 일단의 단독주택을 대표할 수 있는 주택을 선정하여야 한다. 공동주택은 표준주택과 개별주택으로 구분하지 않는다.

제2과목 | 민법 및 민사특별법 중 부동산 중개에 관련되는 규정   pp.59~68

41	④	42	⑤	43	②	44	④	45	①
46	②	47	⑤	48	④	49	④	50	④
51	①	52	②	53	③	54	⑤	55	④
56	②	57	⑤	58	①	59	②	60	④
61	①	62	⑤	63	②	64	③	65	④
66	⑤	67	④	68	⑤	69	③	70	②
71	⑤	72	③	73	②	74	①	75	③
76	⑤	77	④	78	②	79	⑤	80	④

점수: _____ 점

41 답 ④

민법총칙 > 권리변동 일반

④⑤ 저당권의 순위승진과 등기된 임차권의 대항력은 작용의 변경에 해당한다.
① 매매계약에 의해 소유권이전등기청구권을 취득하는 것은 채권을 취득하는 것으로 이는 종전에 없던 권리가 처음 생기는 경우이므로 원시취득에 해당한다.
② 甲의 소유권이 없어지고 乙에게 소유권이 이전하는 것을 상대적 소멸이라 한다.
③ 지상권 설정은 사용가치만 넘겨받는 경우이므로 설정적 승계에 해당한다.

42 답 ⑤

민법총칙 > 법률행위

⑤ 공인중개사 자격이 없는 자가 우연한 기회에 단 1회 타인 간의 거래행위를 중개한 경우 등과 같이 '중개를 업으로 한' 것이 아니라면 그에 따른 중개수수료 지급약정이 강행법규에 위배되어 무효라고 할 것은 아니다. 다만, 이 경우 중개수수료 약정이 부당하게 과다하여 민법상 신의성실원칙이나 형평의 원칙에 반한다고 볼 만한 사정이 있는 경우에는 상당하다고 인정되는 범위 내로 감액된 보수액만을 청구할 수 있다(대판 2012.6.14, 2010다86525).
① 대판 전합체 2015.7.23, 2015다200111
② 제535조
③ 대판 2010.2.11, 2009다72643
④ 대판 2006.1.27, 2005다59871

43 답 ②

민법총칙 > 법률행위의 대리

② 자기계약과 쌍방대리가 허용되는 경우는 본인의 허락이 있는 경우와 채무의 이행이다(제124조). 따라서 부득이한 사유는 자기계약과 쌍방대리가 허용되는 경우가 아니다.
① 무권대리제도는 상대방을 보호하는 데 제도의 취지가 있다. 따라서 상대방 없는 단독행위는 능동대리·수동대리를 불문하고 언제나 확정적으로 무효이다.
③ 제116조 제1항
④ 제127조 제2호
⑤ 제118조 제1호

44 답 ④

민법총칙 > 법률행위의 대리

④ 매매계약체결의 대리권에는 계약해제권 등의 처분권을 포함한다고 볼 수 없다(대판 1987.4.28, 85다카971).
① 대리인이 성년후견개시의 심판을 받으면 대리권은 소멸한다(제127조).
② 임의대리인은 본인의 승낙이 있거나 부득이한 사유가 있는 때가 아니면 복대리인을 선임하지 못한다(제120조).
③ 부동산의 소유자로부터 매매계약을 체결할 대리권을 수여받은 대리인은 특별한 사정이 없는 한 그 매매계약에서 약정한 바에 따라 대금을 수령할 권한도 있다고 보아야 한다(대판 1994.2.8, 93다39379). 따라서 乙이 丙으로부터 대금 전부를 지급받고 아직 甲에게 전달하지 않았더라도 특별한 사정이 없는 한 丙의 대금지급의무는 변제로 소멸한다.
⑤ 대리인은 행위능력자임을 요하지 아니한다(제117조). 따라서 乙이 미성년자이더라도 甲은 乙이 제한능력자임을 이유로 계약을 취소할 수 없다.

45 답 ①

민법총칙 > 무효와 취소

① 귀속재산이 아닌데도 공무원이 귀속재산이라고 하여 토지를 국가에 증여한 경우는 착오를 이유로 취소할 수 있다(대판 1978.7.11, 78다719).
② 원시적 불능을 목적으로 한 법률행위로서 무효이다.
③ 불능조건이 정지조건인 경우 그 법률행위는 무효이다(제151조 제3항 후단).
④ 대판 1959.10.15, 4291민상262
⑤ 대판 1995.7.14, 94다51994

46 답 ②

민법총칙 > 조건과 기한

ㄷ. 기한이익 상실특약은 정지조건부 기한이익 상실특약으로 볼 만한 특별한 사정이 없는 한 형성권적 기한이익 상실특약으로 추정된다(대판 2002.9.4, 2002다28340).
ㄱ. 조건이 법률행위의 당시에 이미 성취할 수 없는 것인 경우에는 그 조건이 해제조건이면 조건 없는 법률행위로 하고 정지조건이면 그 법률행위는 무효로 한다(제151조 제3항).
ㄴ. 조건이 법률행위의 당시 이미 성취한 것인 경우에는 그 조건이 정지조건이면 조건 없는 법률행위로 하고 해제조건이면 그 법률행위는 무효로 한다(제151조 제2항).

47 답 ⑤

민법총칙 > 법률행위

⑤ 매도인의 대리인이 매매한 경우에 있어서 그 매매가 불공정한 법률행위인가를 판단함에는 매도인의 경솔, 무경험은 그 대리인을 기준으로 하여 판단하여야 하고, 궁박상태에 있었는지의 여부는 매도인 본인의 입장에서 판단되어야 한다(대판 1972.4.25, 71다2255).
① 대판 2015.1.15, 2014다216072
② 대판 1994.6.24, 94다10900
③ 대판 2011.4.28, 2010다106702
④ 대판 2000.2.11, 99다56833

48 답 ④

민법총칙 > 법률행위

④ 이중매매가 반사회적 법률행위에 해당되어 무효가 되는 경우 그 무효는 절대적 무효로써 선의의 제3자에게도 대항할 수 있으므로, 당해 부동산을 제2매수인으로부터 다시 취득한 제3자는 설사 제2매수인이 당해 부동산의 소유권을 유효하게 취득한 것으로 믿었다고 하더라도 부동산의 소유권을 취득하지 못한다(대판 1996.10.25, 96다29151). 따라서 선의의 丁이 X부동산을 丙으로부터 매수하여 이전등기를 받았더라도 丁은 甲과 丙의 매매계약의 유효를 주장할 수 없다.
① 이중매매는 원칙적으로 유효하고, 丙이 위 사실을 알고 계약을 한 것만으로는 甲의 배임행위에 丙이 적극적으로 가담한 것으로 볼 수 없으므로 丙은 X부동산의 소유권을 취득한다(대판 1995.2.10, 94다2534).
② 乙은 이행불능을 이유로 최고 없이 甲과의 매매계약을 해제할 수 있다(제546조).

③ 이중매매가 반사회적 법률행위로 되는 경우 제1매수인은 제2매수인에 대해 직접 그 명의의 소유권이전등기의 말소를 청구할 수는 없고, 매도인을 대위(代位)하여 제2매수인에 대해 그 명의의 소유권이전등기의 말소를 청구할 수 있다(대판 1983.4.26, 83다카57).

⑤ 해약금에 의한 계약해제는 이행착수 전까지만 할 수 있다(제565조). 중도금을 지급한 것은 이행의 착수에 해당하므로 甲은 계약금의 배액을 상환하고 乙과 체결한 매매계약을 해제할 수 없다.

49 답 ④

민법총칙 > 의사표시

ㄱ. 상대방이 표의자의 착오를 알고 이용한 경우에는 표의자의 착오가 중대한 과실로 인한 경우라도 표의자는 착오를 이유로 자신의 의사표시를 취소할 수 있다(대판 2014.11.27, 2013다49794).

ㄷ. 이 경우 매수인은 담보책임상의 권리와 착오에 의한 취소권을 선택적으로 주장할 수 있다(대판 2018.9.13, 2015다78703).

ㄴ. 경과실로 인해 착오에 빠진 표의자가 착오를 이유로 의사표시를 취소하더라도, 이는 적법한 행위에 해당하므로 상대방에 대하여 불법행위로 인한 손해배상책임을 지지 않는다(대판 1997.8.22, 97다13023).

50 답 ④

민법총칙 > 무효와 취소

④ 타인의 권리를 자기의 이름으로 처분하거나 또는 자기의 권리로 처분한 경우에 본인이 후일 그 처분행위를 인정하면 특단의 사유가 없는 한 무권대리에 있어서의 본인의 추인과 같이 그 처분행위의 효력이 본인에게 미친다(대판 1988.10.11, 87다카2238). 따라서 본인이 추인하면 법률행위의 성립 당시로 소급하여 유효한 행위로 된다.

① 대판 1992.5.12, 91다26546

② 매도인이 매매계약을 적법하게 해제한 후라도 매수인은 손해배상책임을 지거나 매매계약에 따른 계약금의 반환을 받을 수 없는 불이익을 면하기 위하여 착오를 이유로 매매계약을 취소할 수 있다(대판 1996.12.6, 95다24982·24999).

③ 제139조

⑤ 대판 1997.12.12, 95다38240; 대판 1994.6.24, 94다10900

51 답 ①

물권법 > 물권의 변동

① 공유물분할의 소송절차 또는 조정절차에서 공유자 사이에 공유토지에 관한 현물분할의 협의가 성립하여 그 합의사항을 조서에 기재함으로써 조정이 성립하였다고 하더라도, 그와 같은 사정만으로 재판에 의한 공유물분할의 경우와 마찬가지로 그 즉시 공유관계가 소멸하고 각 공유자에게 그 협의에 따른 새로운 법률관계가 창설되는 것은 아니고, 공유자들이 협의한 바에 따라 토지의 분필절차를 마친 후 각 단독소유로 하기로 한 부분에 관하여 다른 공유자의 공유지분을 이전받아 등기를 마침으로써 비로소 그 부분에 대한 대세적 권리로서의 소유권을 취득하게 된다고 보아야 한다(대판 전합체 2013.11.21, 2011두1917).

② 법정지상권의 취득은 등기를 요하지 않는다.

③ 분묘기지권을 시효취득한 경우 등기는 필요 없다.

④ 경매로 인한 소유권 취득은 등기를 요하지 않는다.

⑤ 공용징수로 인한 소유권의 취득은 등기를 요하지 않는다.

52 답 ②

물권법 > 점유권

①② 과실취득권이 인정되는 선의의 점유자란 과실취득권을 포함하는 권원이 있다고 오신한 점유자를 말하고, 다만 그와 같은 오신을 함에는 오신할 만한 정당한 근거가 있어야 한다(대판 2000.3.10, 99다63350).

③ 대판 1976.3.23, 76다172

④ 선의의 점유자는 비록 법률상 원인 없이 타인의 건물을 점유·사용하고 이로 말미암아 그에게 손해를 입혔다고 하더라도 그 점유·사용으로 인한 이득을 반환할 의무는 없다(대판 1996.1.26, 95다44290).

⑤ 제202조

빈출개념 체크	점유자와 회복자의 관계
점유자의 과실취득권 (제201조)	• 선의의 점유자는 점유물의 과실을 취득한다. • 악의의 점유자는 수취한 과실을 반환하여야 하며 소비하였거나 과실로 인하여 훼손 또는 수취하지 못한 경우에는 그 과실의 대가를 보상하여야 한다. • 전항의 규정은 폭력 또는 은비에 의한 점유자에 준용한다.
목적물의 멸실·훼손에 대한 책임 (제202조)	점유물이 점유자의 책임 있는 사유로 인하여 멸실 또는 훼손한 때에는 악의의 점유자는 그 손해의 전부를 배상하여야 하며 선의의 점유자는 이익이 현존하는 한도에서 배상하여야 한다. 소유의 의사가 없는 점유자는 선의인 경우에도 손해의 전부를 배상하여야 한다.

점유자의 비용상환 청구권 (제203조)	• 점유자가 점유물을 반환할 때에는 회복자에 대하여 점유물을 보존하기 위하여 지출한 금액 기타 필요비의 상환을 청구할 수 있다. 그러나 점유자가 과실을 취득한 경우에는 통상의 필요비는 청구하지 못한다. • 점유자가 점유물을 개량하기 위하여 지출한 금액 기타 유익비에 관하여는 그 가액의 증가가 현존한 경우에 한하여 회복자의 선택에 좇아 그 지출금액이나 증가액의 상환을 청구할 수 있다. • 전항의 경우에 법원은 회복자의 청구에 의하여 상당한 상환기간을 허여할 수 있다.

53 답 ③

물권법 > 점유권

③ 점유계속 추정은 동일인이 전후 양 시점에 점유한 것이 증명된 때에만 적용되는 것이 아니고 전후 양 시점의 점유자가 다른 경우에도 점유의 승계가 입증되는 한 점유계속은 추정된다(대판 1996.9.20, 96다24279 · 24286).
① 점유의 소와 본권의 소는 전혀 별개이므로 점유권에 기인한 소는 본권에 관한 이유로 재판하지 못한다(제208조 제2항).
② 제197조 제1항
④ 제197조 제2항
⑤ 제200조

54 답 ⑤

물권법 > 용익물권

⑤ 전세권이 존속기간의 만료로 소멸한 경우 목적물에 부속시킨 물건이 전세권설정자의 동의를 얻어 부속시킨 경우이거나 전세권설정자로부터 매수한 것인 때에는 전세권자는 전세권설정자에 대하여 그 부속물의 매수를 청구할 수 있다(제316조 제2항). 따라서 부속물매수청구의 대상에는 제한이 있다.
① 제304조 제1항
② 제312조 제4항
③ 제313조
④ 전세권만의 양도는 인정되지 않는다. 따라서 전세권을 전세금반환청구권과 분리하여 양도하는 것은 허용되지 않는다(대판 1997.11.25, 97다29790).

55 답 ④

물권법 > 용익물권

④ 요역지가 수인의 공유인 경우에 그 1인에 의한 지역권 소멸시효의 중단 또는 정지는 다른 공유자를 위하여 효력이 있다(제296조).
① 요역지는 반드시 1필의 토지이어야 한다. 따라서 1필 토지의 일부를 위한 지역권은 설정할 수 없다.
② 지역권은 요역지소유권에 부종하여 이전하며 또는 요역지에 대한 소유권 이외의 권리의 목적이 된다. 그러나 다른 약정이 있는 때에는 그 약정에 의한다(제292조 제1항).
③ 제293조 제2항
⑤ 제295조 제1항

56 답 ②

물권법 > 용익물권

② 지상권소멸청구권은 지상권설정자의 권리이다(제287조).

57 답 ⑤   고난도

물권법 > 소유권

ㄷ. 공유자가 공유물을 타인에게 임대하는 행위 및 그 임대차계약을 해지하는 행위는 공유물의 관리행위에 해당하므로 제265조 본문에 의하여 공유자의 지분의 과반수로써 결정하여야 한다(대판 2010.9.9, 2010다37905).
ㄹ. 과반수지분권자가 단독으로 공유토지를 임대하였더라도 공유물을 전혀 사용·수익하지 않고 있는 다른 공유자에 대하여 그 지분에 상응하는 부당이득반환의무는 있다(대판 1991.9.24, 88다카33855).
ㄱ. 공유지분의 포기는 상대방 있는 단독행위에 해당하고, 부동산 공유자의 공유지분 포기의 의사표시가 다른 공유자에게 도달하더라도 제186조에 의하여 등기를 하여야 공유지분 포기에 따른 물권변동의 효력이 발생한다(대판 2016.10.27, 2015다52978).
ㄴ. 대판 1991.9.24, 88다카33855

빈출개념 체크 공유 관련 중요 판례

1. 공유자의 1인은 공유물에 관한 보존행위로서 제3자에 대하여 등기 전부의 말소를 청구할 수 있다(대판 1993.5.11, 92다52870).
2. 공유자 중의 1인이 부정한 방법으로 공유물 전부에 관한 소유권이전등기를 그 단독명의로 경료한 경우 다른 공유자는 공유물의 보존행위로서 단독명의로 등기를 경료하고 있는 공유자에 대하여 그 공유자의 공유지분을 제외한 나머지 공유지분 전부에 관하여 소유권이전등기 말소등기절차의 이행을 청구할 수 있다(대판 1988.2.23, 87다카961).

3. 과반수지분권자는 공유물의 관리에 관한 사항을 단독으로 결정할 수 있으므로 공유물의 특정부분을 배타적으로 사용·수익할 것을 정할 수 있다. 다만, 이 경우에도 공유물을 전혀 사용·수익하지 않고 있는 다른 공유자에 대하여 그 지분에 상응하는 부당이득반환의무는 있다(대판 1991. 9.24, 88다카33855).
4. 공유물의 소수지분권자가 다른 공유자와의 협의 없이 공유물을 배타적으로 점유하는 경우 다른 소수지분권자는 공유물의 인도를 청구할 수는 없고, 공유물에 대한 공동점유·사용을 방해하는 소수지분권자의 행위에 대한 방해금지나 소수지분권자가 설치한 지상물의 제거 등 방해제거만을 청구할 수 있다(대판 전합체 2020.5.21, 2018다287522).

58 답 ①

물권법 > 담보물권

① 지상권과 전세권은 저당권의 객체가 될 수 있으나, 지역권과 임차권(등기 여부 불문)은 저당권의 객체가 될 수 없다(제371조).
② 제364조
③ 대판 1969.3.18, 68다2334
④ 제362조
⑤ 제367조

59 답 ②　　　　　　　　　　　[고난도]

물권법 > 용익물권

② 丙은 乙을 대위하여 甲에게 관습법상의 법정 지상권설정등기절차의 이행을 청구할 수 있다 하더라도 대지의 점거·사용으로 얻은 실질적 이득을 대지소유자에게 부당이득으로 반환하여야 한다. 따라서 甲은 丙에게 지료 상당의 부당이득반환을 청구할 수 있다.
① 乙은 관습법상의 법정지상권을 등기 없이 취득한다(제187조).
③ 丙은 지상권에 관한 등기가 없으므로 乙이 여전히 관습법상의 법정지상권을 가지며, 관습법상의 법정지상권자는 그 대지의 소유자가 변경되었을 때 그 지상권의 등기 없이도 그 대지의 신소유자에게 대하여 지상권을 주장할 수 있다(대판 1967.11.28, 67다1831). 따라서 乙은 丁에게 관습법상의 법정지상권을 주장할 수 있다.
④ 법정지상권을 가진 건물소유자로부터 건물을 양수하면서 지상권까지 양도받기로 한 자에 대하여 대지소유자가 건물철거청구를 하는 것은 신의칙에 반하므로 허용되지 않는다(대판 전합체 1985.4.9, 84다카1131·1132). 따라서 甲의 丙에 대한 건물철거 및 토지인도청구는 신의성실의 원칙상 허용될 수 없다.

⑤ 만약 丙이 경매에 의하여 건물의 소유권을 취득한 경우라면, 특별한 사정이 없는 한 丙은 등기 없이도 관습상의 법정지상권을 취득한다(제187조).

빈출개념 체크	법정지상권 성립 후의 법률관계
토지가 양도된 경우	건물소유자는 법정지상권을 취득할 당시의 토지소유자로부터 토지소유권을 전득한 제3자에 대하여도 등기 없이 법정지상권을 주장할 수 있다.
건물이 양도된 경우	1. 법정지상권을 처분하려면 등기하여야 한다. 2. 법정지상권설정등기를 경료하지 않고 건물만 양도한 경우 • 건물소유권이전의 합의에는 지상권이전의 합의는 당연히 포함된다. • 건물양수인은 등기하여야 지상권을 취득한다. • 건물양수인은 양도인을 대위하여 토지소유자에게 지상권설정등기를 청구할 수 있다(직접 청구 불가). • 이때 토지소유자는 법정지상권부 건물양수인에 대해 건물철거를 청구하는 것은 신의칙에 반한다(부당이득반환청구는 가능).

60 답 ④

물권법 > 소유권

④ 타인의 동산에 가공한 경우 가공으로 인한 가액의 증가가 원재료의 가액보다 현저히 다액인 때에는 가공자의 소유로 한다(제259조 제1항).
① 제257조 제1문
② 제257조 제2문
③ 대판 1999.7.27, 99다14518
⑤ 대판 1998.4.24, 97도3425

61 답 ①

물권법 > 소유권

① 건물을 축조함에는 특별한 관습이 없으면 경계로부터 반 미터 이상의 거리를 두어야 한다. 인접지소유자는 이에 위반한 자에 대하여 건물의 변경이나 철거를 청구할 수 있다. 그러나 건축에 착수한 후 1년을 경과하거나 건물이 완성된 후에는 손해배상만을 청구할 수 있다(제242조).
② 제243조
③ 제244조 제1항
④ 제237조 제2항
⑤ 제240조 제3항

62 답 ⑤

물권법 > 담보물권

⑤ 유치권자에게는 <u>법률상 우선변제권이 없다</u>.
① 제322조 제1항
② 제323조 제1항
③ 제325조
④ 제322조 제2항

63 답 ②

물권법 > 담보물권

② 유치권자의 의무위반을 원인으로 하는 유치권소멸청구권은 형성권이나, 다른 담보제공을 원인으로 하는 유치권소멸청구권은 청구권이다.
① <u>유치권의 행사</u>는 피담보채권의 시효중단사유가 아니므로 채권자가 유치권을 행사하더라도 <u>피담보채권의 소멸시효는 그와 관계없이 진행</u>한다(제326조).
③ 유치권자가 유치물을 점유하기 전에 발생된 채권이라도 그 후 그 물건의 점유를 취득한 경우에는 <u>유치권이 성립</u>한다(대판 1965.3.30, 64다1977).
④ 채권자가 채무자를 직접점유자로 하여 간접점유하는 경우에는 <u>유치권은 성립할 수 없다</u>(대판 2008.4.11, 2007다27236).
⑤ 건축자재를 매도한 자는 자신의 대금채권을 확보하기 위하여 그 자재로 건축된 건물에 대해 <u>유치권을 행사할 수 없다</u>(대판 2012.1.26, 2011다96208).

64 답 ③

물권법 > 담보물권

③ 후순위근저당권자가 경매를 신청한 경우 선순위근저당권의 피담보채권은 그 근저당권이 소멸하는 시기, 즉 <u>경락인이 경락대금을 완납한 때</u>에 확정된다(대판 1999.9.21, 99다26085).

65 답 ④

계약법 > 계약법 총론

④ 격지자 간의 계약은 승낙의 통지를 발송한 때에 성립한다(제531조). 이때에 발신주의가 적용되는 것은 승낙이고, 격지자 간에 청약은 도달주의에 의한다(제111조 제1항).
① 계약이 성립하기 위하여는 <u>계약의 본질적 사항이나 중요 사항에 관해서만 의사의 합치</u>가 있으면 된다(대판 2001. 3.23, 2000다51650).
② 예금계약은 예금자가 예금의 의사를 표시하면서 금융기관에 돈을 제공하고 금융기관이 그 의사에 따라 그 돈을 받아 확인을 하면 그로써 성립하며, 금융기관의 직원이 그 받은 돈을 금융기관에 입금하지 아니하고 이를 횡령하였다고 하더라도 예금계약의 성립에는 아무런 소장이 없다(대판 1996.1.26, 95다26919).
③ 당사자 간에 동일한 내용의 청약이 상호 교차된 경우에는 양 청약이 상대방에게 도달한 때에 계약이 성립한다(제533조).
⑤ 청약자가 미리 정한 기간 내에 이의를 하지 아니하면 승낙한 것으로 본다는 뜻을 청약 시 표시하였더라도 이는 특별한 사정이 없는 한 <u>상대방을 구속하지 않는다</u>(대판 1999. 1.29, 98다48903).

66 답 ⑤

계약법 > 계약법 총론

⑤ 계약금계약과 현상광고계약은 <u>요물계약</u>이다.
① 쌍무계약은 모두 유상계약이다. 한편 유상계약에는 쌍무계약에 해당하는 계약도 있고(매매 등), 편무계약에 해당하는 계약도 있다(현상광고 등).

67 답 ④

계약법 > 매매

ㄴ. 담보책임에 대한 권리행사기간은 매수인이 그 사실을 안 날로부터 <u>1년</u> 이내이다(제573조).
ㄹ. 잔존한 부분만이면 매수인이 이를 매수하지 않았을 경우, 매수인은 <u>선의인 경우에 한해 계약 전부를 해제할 수 있다</u>(제572조 제2항, 제574조).

68 답 ⑤

계약법 > 임대차

⑤ 법정갱신의 경우 종전의 임대차와 동일한 조건으로 다시 임대차한 것으로 보나, 존속기간은 약정하지 않은 것으로 본다. 따라서 이 경우에는 각 당사자는 언제든지 해지통고를 할 수 있다(제639조 제1항 단서).

① 임대인은 목적물이 통상의 사용·수익에 필요한 상태를 유지하여 주면 족하고, 계약 당시 예상하지 아니한 임차인의 특별한 용도를 위한 사용·수익에 적합한 상태를 유지하게 할 의무는 없다(대판 1996.11.26, 96다28172).

② 부속물매수청구권은 임대차가 종료한 때에 행사할 수 있다(제646조).

③ 삼계탕집을 경영하기 위하여 지급한 비용, 간이음식점을 경영하기 위하여 지출한 간판설치비는 필요비 또는 유익비에 해당하지 않는다(대판 1968.12.17, 68다1923; 대판 1993.10.8, 93다25738; 대판 1994.9.30, 94다20389).

④ 임차인은 목적물을 인도할 때까지 선량한 관리자의 주의로 목적물을 보관하여야 한다(제374조).

69 답 ③

계약법 > 계약법 총론

③ 낙약자는 상당한 기간을 정하여 계약의 이익의 향수 여부의 확답을 제3자에게 최고할 수 있다. 낙약자가 그 기간 내에 확답을 받지 못한 때에는 제3자가 계약의 이익을 받을 것을 거절한 것으로 본다(제540조).

① 대가관계(원인관계 또는 출연관계)란 요약자와 제3자 사이의 관계를 말한다. 대가관계는 계약의 내용이 아니므로 대가관계의 흠결이나 하자는 제3자를 위한 계약에 영향을 미치지 않는다.

② 제3자를 위한 계약은 그 성질상 낙약자의 행위 자체가 불법행위가 되거나 약속이 무효인 경우에는 제3자는 특별한 사정이 없는 한 위 불법행위나 채무불이행을 이유로 하는 손해배상청구는 할 수 없다(대판 1966.6.21, 66다674).

④ 낙약자는 요약자와 제3자 사이의 법률관계에 기한 항변으로 제3자에게 대항하지 못하고, 요약자도 대가관계의 부존재나 효력의 상실을 이유로 자신이 기본관계에 기하여 낙약자에게 부담하는 채무의 이행을 거부할 수 없다(대판 2003.12.11, 2003다49771).

⑤ 제541조

70 답 ②

계약법 > 매매

② 매매계약에 관한 비용은 특별한 사정이 없는 한 당사자 쌍방이 균분하여 부담한다(제566조). 따라서 당사자는 특약으로 이를 달리 정할 수 있다.

① 제586조

③ 대판 1995.6.30, 94다23920

④ 제591조 제2항

⑤ 제592조

71 답 ⑤

계약법 > 교환

⑤ 교환계약의 당사자가 목적물의 시가를 묵비하거나 허위로 시가보다 높은 가액을 시가라고 고지하였다 하더라도 기망행위에 해당하지 않는다(대판 2002.9.4, 2000다54406·54413).

① 교환계약은 쌍무계약이므로 위험부담의 법리가 적용된다.

② 제597조

③ 교환계약은 유상계약이므로 매도인의 담보책임에 관한 규정이 적용된다.

④ 교환은 쌍무계약이므로 동시이행의 항변권(제536조)에 관한 규정이 준용된다.

72 답 ③

계약법 > 매매

③ 토지거래허가구역 내 토지에 관하여 매매계약을 체결하고 계약금만 주고받은 상태에서 토지거래허가를 받은 경우, 이는 이행에 착수한 것이 아니므로 매도인은 제565조의 규정에 의하여 계약을 해제할 수 있다(대판 2009.4.23, 2008다62427).

① 대판 2008.3.13, 2007다73611

② 대판 2008.10.23, 2007다72274

④ 대판 2010.4.29, 2007다24930

⑤ 계약금의 일부만이 지급된 경우 수령자가 매매계약을 해제할 수 있다고 하더라도 해약금의 기준이 되는 금원은 '실제 교부받은 계약금'이 아니라 '약정 계약금'이라고 봄이 타당하다(대판 2015.4.23, 2014다231378).

73 답 ②

계약법 > 계약법 총론

② 계약이 해제되기 전에 계약상의 채권을 양수하고 이를 피
보전권리로 하여 처분금지가처분결정을 받은 자는 제548조
제1항 단서의 제3자에 해당하지 않는다(대판 2000.8.22,
2000다23433).

① 약정해제권의 유보 또는 위약벌에 관한 특약은 채무불이
행으로 인한 법정해제권의 성립에 아무런 영향을 미치지
않는다(대결 1990.3.27, 89다카14110).

③ 대판 2002.4.26, 2000다50497

④ 대판 2003.2.26, 2000다40995

⑤ 대판 1993.8.24, 93다7204

빈출개념 체크	해제의 효과
소급효	계약을 해제하는 경우 계약은 소급적으로 소멸한다.
원상회복의무	• 계약을 해제한 경우 각 당사자에게는 제548조에 따라 원상회복의무가 주어진다. • 각 당사자가 부담하는 원상회복의무는 동시이행관계에 있다. • 계약의 해제는 손해배상의 청구에 영향을 미치지 아니한다(이때의 해제는 법정해제만을 의미함).
물권변동과의 관련성	계약이 해제되면 그 계약의 이행으로 변동이 생겼던 물권은 당연히 그 계약이 없었던 원상태로 복귀한다(판례).
제3자 보호	• 계약해제에 있어서 제3자란 해제된 계약을 기초로 법률상 새로운 이해관계를 맺은 자로서 물권자에 한한다. • 해제 전이면 제3자는 선의·악의를 불문하고 보호된다. • 해제 후 말소등기 전이면 제3자는 선의인 경우에만 보호된다.

74 답 ①

계약법 > 매매

① 예약완결권의 제척기간이 도과하였는지 여부는 소위 직권
조사사항으로서 이에 대한 당사자의 주장이 없더라도 법
원이 당연히 직권으로 조사하여 재판에 고려하여야 한다
(대판 2000.10.13, 99다18725).

② 제564조 제1항

③ 대판 2015.8.27, 2013다28247

④ 제564조 제2항·제3항

⑤ 본계약은 채권계약일 수도 있고, 물권계약일 수도 있고,
가족법상의 계약일 수도 있다. 그러나 예약은 언제나 채권
계약이다.

75 답 ③

민사특별법 > 주택임대차보호법

ㄴ. 경락대금에 대한 우선변제는 임차인의 우선변제권 취득시
기와 각 저당권자의 등기를 비교하여 결정한다. 따라서 경
락대금에 대한 우선변제의 순서는 乙, 甲, 丁 순이다.

ㄷ. 이 문제에서의 경락인은 「주택임대차보호법」상의 임차주
택의 양수인에 해당하지 않는다(대판 2000.2.11, 99다
59306). 따라서 戊도 임대인 丙의 지위를 승계하지 않는다.

ㄱ. 경락인은 「주택임대차보호법」상의 임차주택의 양수인에
해당하지 않으므로 甲은 戊에게 자신의 임차권을 주장할
수 없다.

ㄹ. 후순위저당권의 실행으로 주택이 경락된 경우, 선순위저당
권까지 당연히 소멸한다(대판 1999.4.23, 98다32939).

76 답 ⑤

민사특별법 > 주택임대차보호법

⑤ 「주택임대차보호법」 제3조의2 제3항

① 임차권등기명령의 집행에 따른 임차권등기가 끝난 주택
(임대차의 목적이 주택의 일부분인 경우에는 해당 부분으
로 한정한다)을 그 이후에 임차한 임차인은 최우선변제권
이 인정되지 않는다(주택임대차보호법 제3조의3 제6항).

② 임차인은 1회에 한하여 계약갱신요구권을 행사할 수 있다
(주택임대차보호법 제6조의3 제2항).

③ 임대차가 묵시적으로 갱신된 경우, 그 존속기간은 2년으
로 본다(주택임대차보호법 제6조 제2항).

④ 임차인은 보증금 중 일정액을 다른 담보물권자보다 우선
하여 변제받을 권리가 있다(주택임대차보호법 제8조 제1
항 전단). 이 경우 임차인은 주택에 대한 경매신청의 등기
전에 대항요건을 갖추어야 한다(주택임대차보호법 제8조
제1항 후단).

77 답 ④

④ 이 문제의 경우 보증금이 10억원이므로 이 임대차는 「상가건물 임대차보호법」이 적용되지 않는다(상가건물 임대차보호법 제2조 제1항·제3항). 따라서 X건물이 경매로 매각된 경우라도 甲은 특별한 사정이 없는 한 보증금에 대해 일반채권자보다 우선하여 변제받을 수는 없다.

① 이 문제의 경우 보증금이 10억원이므로 이 임대차는 「상가건물 임대차보호법」이 적용되지 않는다(상가건물 임대차보호법 제2조 제1항·제3항). 다만, 이 경우에도 임차인의 계약갱신요구권은 인정된다(상가건물 임대차보호법 제10조 제2항).

② 이 문제의 경우 보증금이 10억원이므로 이 임대차는 「상가건물 임대차보호법」이 적용되지 않는다(상가건물 임대차보호법 제2조 제1항·제3항). 따라서 임대인도 6개월의 기간이 유효함을 주장할 수 있다.

③ 임차인의 계약갱신요구권 행사에 의하여 갱신되는 임대차는 전 임대차와 동일한 조건으로 다시 임대차한 것으로 본다(상가건물 임대차보호법 제10조 제3항).

⑤ 이 문제의 경우 보증금이 10억원이므로 이 임대차는 「상가건물 임대차보호법」이 적용되지 않는다(상가건물 임대차보호법 제2조 제1항·제3항). 따라서 임차인은 임차권등기명령을 신청할 수 없다.

78 답 ②

ㄱ. 규약의 설정·변경 및 폐지는 관리단집회에서 구분소유자의 4분의 3 이상 및 의결권의 4분의 3 이상의 찬성을 얻어서 한다(집합건물의 소유 및 관리에 관한 법률 제29조 제1항).

ㄹ. 공동의 이익에 어긋나는 행위를 한 자에 대한 구분소유자의 전유부분에 대한 사용금지청구는 구분소유자의 4분의 3 이상 및 의결권의 4분의 3 이상의 결의로써 결정한다(집합건물의 소유 및 관리에 관한 법률 제44조 제2항).

ㄴ. 재건축의 결의는 구분소유자의 5분의 4 이상 및 의결권의 5분의 4 이상의 결의에 따른다(집합건물의 소유 및 관리에 관한 법률 제47조 제2항).

ㄷ. 공용부분의 관리에 관한 사항은 원칙적으로 통상의 집회결의(구분소유자의 과반수 및 의결권의 과반수)로써 결정한다(집합건물의 소유 및 관리에 관한 법률 제16조 제1항).

79 답 ⑤

⑤ 재산권이전의 예약 당시 재산에 대하여 선순위근저당권이 설정되어 있는 경우에는 재산의 가액에서 피담보채무액을 공제한 나머지 가액이 차용액과 이에 붙인 이자를 합한 액수를 초과하는 경우에만 적용된다(대판 2006.8.24, 2005다61140).

① 이 법은 차용물의 반환에 관하여 차주가 차용물을 갈음하여 다른 재산권을 이전할 것을 예약할 때 그 재산의 예약 당시 가액이 차용액과 이에 붙인 이자를 합산한 액수를 초과하는 경우에 이에 따른 담보계약과 그 담보의 목적으로 마친 가등기 또는 소유권이전등기의 효력을 정함을 목적으로 한다(가등기담보 등에 관한 법률 제1조).

② 「가등기담보 등에 관한 법률」은 소비대차에 기초한 채권에 대하여 적용된다(동법 제1조).

③ 「가등기담보 등에 관한 법률」 제3조 제1항

④ 「가등기담보 등에 관한 법률」 제7조 제1항

80 답 ④ 고난도

ㄴ. 대외적인 관계에 있어서는 수탁자만이 소유권자로서 그 재산에 대한 제3자의 침해에 대하여 배제를 구할 수 있으며, 신탁자는 수탁자를 대위하여 수탁자의 권리를 행사할 수 있을 뿐 직접 제3자에게 신탁재산에 대한 침해의 배제를 구할 수 없다(대판 전합체 1979.9.25, 77다1079).

ㄹ. 대내적인 관계에 있어서 신탁자가 소유자이므로 명의신탁자가 신탁부동산을 매도하더라도 타인 권리의 매매에 해당하지 않는다(대판 1996.8.20, 96다18656).

ㄱ. 신탁자와 수탁자 사이의 내부관계에 있어서 그 목적물의 소유권은 언제나 신탁자가 보유한다(대판 1996.5.31, 94다35985).

ㄷ. 명의신탁재산이 처분된 경우 수탁자로부터 부동산을 양수한 제3자는 선의·악의를 불문하고 소유권을 취득한다(대판 1987.3.10, 85다카2508).

제1과목 | 부동산학개론 pp.70~79

01	②	02	③	03	①	04	①	05	④
06	⑤	07	①	08	⑤	09	④	10	②
11	①	12	③	13	③	14	②	15	②
16	④	17	⑤	18	④	19	⑤	20	③
21	⑤	22	④	23	⑤	24	⑤	25	①
26	①	27	⑤	28	③	29	②	30	⑤
31	③	32	④	33	②	34	②	35	④
36	②	37	③	38	②	39	④	40	①

점수: _____ 점

1 답 ②

부동산학 총론 > 부동산의 개념과 분류

ㄱ. 매년 경작노력을 요하지 않는 수목은 부동산의 정착물로 간주된다.

ㅁ. 구거, 담장, 교량 등은 토지와 서로 다른 부동산(독립정착물)으로 간주되는 정착물이 아니고 종속정착물에 해당한다.

빈출개념 체크 부동산의 개념

법적 개념	• 협의의 부동산: 토지 및 그 정착물, 「민법」상 개념 • 독립정착물: 건물, 명인방법 갖춘 수목, 농작물, 입목 등 • 광의의 부동산: 토지 및 그 정착물 + 준부동산 • 준부동산: 자동차, 건설기계, 선박, 항공기, 공장재단, 광업재단 등 「민법」 이외의 물건으로서 등기 또는 등록의 공시수단을 갖는 물건
경제적 개념	• 상품 • 소비재 • 자본 • 생산재(생산요소) • 자산
기술적 개념	• 공간 • 위치 • 자연 • 환경

2 답 ③

부동산학 총론 > 부동산의 개념과 분류

① 주거지·상업지·공업지의 건물부지로 이용되고 있거나 이용될 것이 사회적·행정적으로 합리적이라고 인정되는 토지는 택지이다.

② 택지경계와 인접한 경사된 토지로 사실상 사용이 불가능한 토지는 법지이다.

④ 하나의 지번을 가진 토지로서 등기의 한 단위는 필지이다.

⑤ 도로와 접하고 있지 않는 구획 내부의 토지는 맹지이다.

빈출개념 체크 부동산 분류

택지	주거지·상업지·공업지의 건물부지로 이용되고 있거나 이용 가능한 토지
부지	건축용지뿐만 아니라 하천부지, 철도부지, 수도부지 등 일반적 바닥토지로서 포괄적 개념
후보지	택지지역, 농지지역, 임지지역 등 용도적 지역 상호간에 전환되고 있는 지역의 토지
이행지	용도적 지역의 세분된 지역(소분류) 상호간 그 용도에 따라 이행되고 있는 지역의 토지
필지	토지소유자의 권리를 구분하기 위한 법적 개념으로서 등기·등록의 단위
획지	인위적·자연적·행정적 조건에 따라 다른 토지와 구별되는 가격수준이 같거나 비슷한 일단의 토지로서 경제적 개념
법지	경사진 토지에서 법으로만 소유할 뿐 활용실익이 없거나 적은 토지
빈지 (바닷가)	활용실익은 있지만 소유권이 인정되지 않는 토지로서 해안선으로부터 지적공부에 등록된 지역까지의 사이의 토지

3 답 ①

부동산학 총론 > 부동산의 특성

① 부증성으로 인해 토지의 집약적 이용이 촉진된다.

빈출개념 체크 토지의 자연적 특성 파생현상

부동성	국지성, 지역분석, 외부효과와 경제적 감가, 임장활동, 정보활동
부증성	물리적 공급 불가, 희소성, 입지경쟁과 집약적 이용, 최유효이용, 생산비법칙 적용 불가
영속성	물리적 감가 불가, 임대차시장 발달, 자본이득과 소득이득, 재생산이론 적용 불가

4 답 ①

부동산학 총론 > 부동산의 개념과 분류

② 다세대주택은 주택으로 쓰는 1개 동의 바닥면적 합계가 660m² 이하이고, 층수가 4개 층 이하인 주택(2개 이상의 동을 지하주차장으로 연결하는 경우에는 각각의 동으로 본다)이다.

③ 세대구분형 공동주택은 주택 내부 공간의 일부를 세대별로 구분하여 생활이 가능한 구조이어야 하며, 그 구분된 공간의 일부를 구분소유할 수 없다.

④ 주택 외의 건축물과 그 부속토지로서 주거시설로 이용가능한 시설 등은 준주택을 말한다.

⑤ 다가구주택은 주택으로 쓰는 층수(지하층은 제외)가 3개 층 이하이며, 1개 동의 바닥면적(부설주차장 면적 제외)이 660m² 이하인 단독주택이다.

5 답 ④

부동산학 각론 > 부동산경제론

① 아파트시장의 수요변화는 해당 재화 가격 외의 요인 변화에 따라 수요곡선의 이동으로 표시된다.

② 아파트의 건축에 대한 용적률 및 건폐율의 감소는 공급 감소요인이다.

③ 아파트에 대한 가격 상승의 예상은 기존 아파트 보유자들이 아파트의 공급을 감소시키는 요인이다.

⑤ 대부비율(LTV)이 하락하면 대출받을 수 있는 한도가 줄어들므로 아파트 수요가 감소한다. 그리고 총부채상환비율(DTI)은 차입자의 연소득 중 원리금 지불액으로 쓸 수 있는 한도를 말한다. 즉, 이 비율이 낮으면 연소득 중 원리금 지불액으로 쓸 수 있는 금액이 감소하게 된다. 따라서 총부채상환비율(DTI)이 하락하면 대출받을 수 있는 한도가 낮아지므로 아파트 수요는 감소한다.

빈출개념 체크 — 수요량의 변화와 수요의 변화

수요량의 변화	수요의 변화
해당 재화의 가격 변화에 따르는 수요량의 변화 = 가격효과 = 소득효과 + 대체효과 ※ 수요곡선상의 점의 이동	해당 재화의 가격 이외의 요인의 변화에 따르는 수요량의 변화 ※ 수요곡선 자체의 이동(새로운 수요곡선을 그려서 나타냄)
1. 소득효과: 실질소득 변화 효과 2. 대체효과: 상대가격 변화에 따른 효과	1. 소득증가 시 • 정상재 ⇨ 수요 증가 • 열등재 ⇨ 수요 감소 2. 대체재 가격 상승 ⇨ 해당 재화 수요 증가 3. 보완재 가격 상승 ⇨ 해당 재화 수요 감소 4. 해당 재화의 가격 상승 예상 ⇨ 해당 재화의 수요 증가

6 답 ⑤

부동산학 각론 > 부동산경제론

⑤ $Q_S = 300$과 같이 P가 없이 상수로만 되어 있는 그래프는 수직(완전비탄력적)인 그래프이다. 이러한 경우 수요함수(수요곡선)가 아무리 변하더라도 균형량은 300에서 아무런 변화가 없다.

빈출개념 체크 — 균형의 이동 계산

1. 균형의 변화를 묻는 문제는 연립방정식을 두 번 계산하여야 한다.
2. 수요곡선이 이동하는 경우 공급곡선은 두 번 사용하여 연립방정식을 만든다.
3. 균형상태에서는 '수요량 = 공급량'을 이용하여 계산한다.
4. $Q_S = 300$과 같이 P가 없이 상수로만 되어 있는 그래프는 수직(완전비탄력적)인 그래프이고, $P = 200$과 같이 Q가 없이 상수로만 되어 있는 그래프는 수평(완전탄력적)인 그래프이다.

7 답 ①

부동산학 각론 > 부동산경제론

• 아파트 가격변화율에 따른 수요량변화율
  = 10%(↑) × 0.5
  = 5%[5% 수요량 감소(↓)]

• 오피스텔 가격변화율에 따른 수요량변화율
  = 10%(↑) × 0.4
  = 4%[4% 수요량 증가(↑)]

따라서 전체 수요량변화율은 [−5% + 4% = −1%(↓)]이므로, 1% 감소이다.

빈출개념 체크 — 탄력성 계산

1. 탄력성의 크기를 묻는 계산문제
   (1) 문제에서 %를 알려 주는 경우: 공식에 바로 대입하여 계산한다.
   (2) %를 계산해야 하는 경우: 최초값을 기준으로 하는 경우 최초값을 분모로 사용하고, 중간값을 기준으로 하는 경우 중간값을 분모로 사용하여 %를 계산한다.
2. 문제에서 탄력성 크기를 알려 주고 수요량 변화를 묻는 문제
   (1) 가격탄력성과 가격변화율을 곱하여 변화의 크기를 계산하되, 가격 변화와 수요량 변화는 항상 반대 방향임에 주의한다.
   (2) 소득탄력성과 교차탄력성을 제시하는 경우 소득탄력성이 양수이면 정상재, 음수이면 열등재임에 주의한다. 또한, 교차탄력성이 양수이면 대체재, 음수이면 보완재임에 주의한다.

8 답 ⑤

⑤ 부동산 공급이 증가하면, 부동산수요곡선이 탄력적일수록 균형량이 더 <u>많이</u> 증가한다.

9 답 ④

구분	개발되는 경우	개발되지 않는 경우
2년 후 예상	758,430,000원	252,810,000원
확률	0.4	0.6

(1) 요구수익률 = 0.06(6%)

(2) 2년 후 기댓값

= 758,430,000 × 0.4 + 252,810,000 × 0.6

= 455,058,000원

(3) 현재 기댓값(불확실성하의 현가)

$= \dfrac{455,058,000}{(1+0.06)^2} = 405,000,000$원

(4) 현재 확실값(정보를 아는 경우 현가)

$= \dfrac{758,430,000}{(1+0.06)^2} = 675,000,000$원

(5) 개발정보의 현재가치 = (4) − (3)

= 675,000,000 − 405,000,000 = <u>270,000,000원</u>

※ 간편 풀이법

> 정보의 현재가치
>
> = (성공 예상값 − 실패 예상값) × 실패확률
>
> $\div (1 + 요구수익률)^n$
>
> = (758,430,000원 − 252,810,000원) × 0.6
>
> $\div (1 + 0.06)^2$
>
> = 270,000,000원

빈출개념 체크 | **정보가치 계산 간편식**

정보의 현재가치

= (성공 예상값 − 실패 예상값) × 실패확률

$\div (1 + 요구수익률)^n$

---

10 답 ②

① 준지대는 토지가 아닌 기계, 기구 등에 귀속되는 소득으로서 <u>일시적으로(단기적으로)</u> 고정되어 있는 생산요소에 귀속되는 소득이다.

③ 차액지대론에 따르면, 지대는 토지의 <u>비옥도 차이</u>에 따라 달라진다. 토지의 위치 차이에 따라 지대가 달라진다는 이론은 위치지대론(입지교차지대론)이다.

④ 어떤 생산요소가 전용되지 않도록 지불하여야 하는 최소한의 대가는 <u>전용수입(이전수입)</u>이다. 경제지대는 어떤 생산요소가 얻는 총수입에서 전용수입을 제외한 잉여를 말한다.

⑤ 입찰지대는 토지이용자가 지불하고자 하는 <u>최대한의 지불용의액</u>을 말한다. 이는 토지이용자의 총수입에서 생산비와 정상이윤을 제외한 초과이윤이 0이 되는 수준의 지대이다.

11 답 ①

① 호이트(H. Hoyt)의 선형이론에 따르면, 도시공간구조의 성장과 분화는 <u>교통망을 따라 부채꼴 모양</u>으로 확대되면서 나타난다.

12 답 ③

공간마찰계수가 3이라는 것에 주의하여 A할인점을 방문할 확률을 구하고 A할인점을 이용하는 고객 수를 구한 후 1인당 월 할인점 소비액을 곱하여 A할인점의 추정 매출액을 계산한다.

• A할인점 유인력 $= \dfrac{400}{1^3} = 400$

• B할인점 유인력 $= \dfrac{1,600}{2^3} = \dfrac{1,600}{8} = 200$

• A할인점 추정 매출액

= 6,000명 × 400 ÷ (400 + 200) × 25만원

= <u>100,000만원(10억원)</u>

13 답 ③

③ 부(−)의 외부효과를 발생시키는 <u>시멘트공장에 대한 규제</u>는 시멘트 <u>공급곡선을 상향으로 이동(좌측이동)</u>시킨다.

빈출개념 체크 | **외부효과**

1. 외부효과는 어떤 경제주체의 경제활동으로 의도하지 않은 결과가 시장을 통하지 않고(대가를 주고받지 않고) 다른 경제주체(제3자)의 후생(효용 또는 만족도)에 영향을 주는 것을 말한다.
2. 외부효과가 시장 내에서 대가를 주고받게 되는 경우에는 '내부화'된다고 한다.

정(+)의 외부효과(외부경제)	부(−)의 외부효과(외부 불경제)
의도하지 않는 이익을 주면서도 그 대가를 받지 않는 현상	의도하지 않는 손해를 주면서도 그 대가를 주지 않는 현상
• 과소생산의 비효율 발생 • 주로 보조를 통해 시장 개입	• 과다생산의 비효율 발생 • 주로 규제를 통해 시장 개입
PIMFY 현상 발생	NIMBY 현상 발생

• 생산과정: 양봉업자 ⇨
  과수원업자
• 소비과정: 아름다운 정원 ⇨
  이웃주민
	• 생산과정: 공장의 폐수 ⇨
	  양식업자
	• 소비과정: 쓰레기 배출 ⇨
	  이웃주민

14 답 ②

부동산학 각론 > 부동산정책론

①③④⑤ 개발부담금, 부동산조세, 임대료 보조, 담보대출 규제 등은 간접적 시장개입방식에 해당한다.

빈출개념 체크 **시장개입 수단**

1. 직접적 개입: 공공부문이 직접 공급자나 수요자의 역할을 수행하면서 부동산시장에 개입하는 방법으로서 도시개발, 토지은행, 토지수용(협의매수, 선매), 택지공영개발, 공공임대주택 공급 등이 이에 해당한다. 그리고 가격통제로서 임대료 규제, 분양가 규제도 직접적 개입방법에 해당한다.
2. 간접적 개입: 시장의 틀을 유지하면서 시장 기능을 통해 그 목적을 달성하고자 하는 방법으로서 각종 세제금, 부담금, 금융제도, 보조금 지원 등이 이에 해당한다.
3. 토지이용 규제: 토지소유자의 토지이용행위를 바람직한 방향으로 유도하기 위한 용도지역·지구제 등이 이에 해당한다.

15 답 ②

부동산학 각론 > 부동산정책론

ㄱ, ㄹ은 현재 우리나라에서 시행되고 있지 않는 정책이다.

빈출개념 체크 **우리나라에서 시행하지 않는 정책**

1. 개발권양도제
2. 종합토지세제
3. 택지소유상한제
4. 토지초과이득세제

16 답 ④

부동산학 각론 > 부동산투자론

ㄱ. 부(−)의 지렛대효과가 나타난다면 타인자본 사용을 줄이는 것이 지분수익률을 증가시킨다.
ㄷ. 정(+)의 지렛대효과가 나타난다면 '이자율 < 총자본수익률 < 지분수익률'이 성립한다. 이러한 상황에서 이자율이 상승하게 되면 '이자율 > 총자본수익률 > 지분수익률'로 변할 수 있다. 즉, 부(−)의 지렛대효과가 나타날 수 있다.
ㅁ. 부채비율이 증가한다는 것은 타인자본을 더 많이 사용한다는 것을 의미하므로 이는 투자자의 금융적 위험을 증가시킨다.
ㄴ. 정(+)의 지렛대효과가 나타나든 부(−)의 지렛대효과가 나타나든 부채비율 변화는 총자본수익률에 영향을 미치지 않는다.
ㄹ. 부채비율의 변화는 지분수익률의 크기에는 영향을 미칠 수 있으나 정(+)의 지렛대효과를 부(−)의 지렛대효과로 변화시키거나 부(−)의 지렛대효과를 정(+)의 지렛대효과로 변화시킬 수는 없다.

빈출개념 체크 **지렛대효과**

1. 지렛대효과의 의의: 타인자본을 이용할 경우 부채비율의 증감이 자기자본수익률에 미치는 효과를 말한다.
2. 지렛대효과와 금융적 위험: 대부비율이 높을수록 지분수익률을 크게 할 수 있으나 그에 따라 금융적 위험도 상승한다.
3. 분류

정(+)의 지렛대효과	이자율(저당수익률) < 총자본수익률(부동산수익률) < 지분수익률
부(−)의 지렛대효과	이자율(저당수익률) > 총자본수익률(부동산수익률) > 지분수익률
영(0)의 지렛대효과	이자율(저당수익률) = 총자본수익률(부동산수익률) = 지분수익률

(1) 차입 이자율의 변화는 총자본수익률에 영향을 미치지 않는다.
(2) 부채비율의 변화는 총자본수익률에 영향을 미치지 않는다.
(3) 차입 이자율의 변화는 지분수익률을 변화시킨다.
(4) 부채비율의 변화는 지분수익률을 변화시킨다.

17 답 ⑤

부동산학 각론 > 부동산정책론

⑤ 모두 옳은 내용이다.

빈출개념 체크 부동산조세

1. 단계별 국세와 지방세

구분	취득단계	보유단계	처분단계
지방세	취득세, 등록면허세	재산세	–
국세	상속세, 증여세	종합부동산세	양도소득세

2. 보통징수와 신고납부
   (1) 보통징수: 과세권자가 세액을 산출하여 납세의무자에게 부과하는 징수방법
   (2) 신고납부: 납세의무자가 납부하여야 할 세금의 과세표준액 및 세액을 스스로 계산하여 신고하고, 그 신고액을 세금으로 납부하는 방식

구분	취득단계	보유단계	처분단계
보통징수	–	재산세, 종합부동산세(원칙)	–
신고납부	취득세, 등록면허세	종합부동산세(예외)	양도소득세

18 답 ④

부동산학 각론 > 부동산투자론

① 체계적 위험은 분산투자를 하더라도 피할 수 없다.
② 어떤 부동산에 대한 투자자의 요구수익률이 기대수익률보다 큰 경우 대상부동산에 대한 수요가 감소하여 대상부동산 가격이 하락함에 따라 기대수익률이 점차 상승하게 된다.
③ 투자에 대한 위험이 주어졌을 때, 투자자가 투자부동산에 대하여 자금을 투자하기 위해 충족되어야 할 최소한의 수익률은 요구수익률을 말한다.
⑤ 무위험률의 하락은 투자자의 요구수익률을 하락시키는 요인이다.

빈출개념 체크 위험관리기법

위험한 투자 제외	• 무위험자산에만 투자하는 방법 • 진정한 의미의 투자라 하기 곤란
위험의 전가	• 인플레이션에 임대료가 연동되도록 임대차계약을 함으로써 인플레이션 위험을 임차인에게 전가 • 대출자가 변동금리로 대출함으로써 금리변동 위험을 차입자에게 전가 • 보험에 가입

보수적 예측	• 비용은 가능한 한 높게, 수익은 가능한 한 낮게 추계하는 방법 • 부의 극대화를 달성하기는 곤란 • 기대수익률을 하향조정하는 방법
위험조정 할인율 사용	• 기대되는 미래수익을 현재가치화할 때 위험할수록 보다 높은 할인율을 사용 • 개념적으로 가장 우수한 방법 • 요구수익률을 상향조정하는 방법
민감도 분석 (감응도 분석)	• 사업수익에 영향을 미치는 여러 변수 중 나머지 변수를 고정시키고 어느 한 변수만을 변동시킬 때, 순현가 또는 내부수익률이 어느 정도 민감하게 변화하는지를 분석 • 사업수익에 영향을 미치는 여러 변수를 동시에 변동시킬 때, 순현가 또는 내부수익률이 어느 정도 민감하게 변화하는지를 분석하기도 함 • 민감도가 큰 변수를 집중관리대상으로 관리하며, 민감도가 클수록 위험한 투자안으로 판단
포트폴리오	위험을 감소시키는 방법

19 답 ⑤

부동산학 각론 > 부동산투자론

포트폴리오의 기대수익률을 계산하기 위해서는 각각의 자산 기대수익률을 먼저 계산한 후 그들의 가중평균을 계산한다.

- 상가의 기대수익률
  $= 20\% \times 0.4 + 10\% \times 0.6 = 14\%$
- 오피스텔의 기대수익률
  $= 25\% \times 0.4 + 10\% \times 0.6 = 16\%$
- 아파트의 기대수익률
  $= 10\% \times 0.4 + 8\% \times 0.6 = 8.8\%$
∴ 포트폴리오의 기대수익률
  $= 14\% \times 0.3 + 16\% \times 0.5 + 8.8\% \times 0.2 = \underline{13.96\%}$

빈출개념 체크 포트폴리오 기대수익률 계산

1. 각각의 개별자산의 기대수익률을 가중평균으로 계산한다.
2. 자산 비중을 가중치로 하여 한 번 더 가중평균하여 계산한다.

20 답 ③

부동산학 각론 > 부동산투자론

③ 일정기간 후 일정액을 모으기 위해 매년 말 불입하는 금액을 계산하는 경우 감채기금계수를 사용한다.

미래가치계수	현재가치계수
일시불 미래가치계수: 1원을 이자율 r로 예금했을 경우 n년 후에 찾게 될 금액	일시불 현재가치계수: n년 후의 1원을 할인율 r로 할인할 경우의 현재가치
연금의 미래가치계수: 매 기간 말 1원씩 이자율 r로 적립할 때 n년 후에 받게 되는 원리금 합	연금의 현재가치계수: n년 동안 매 기간 말 1원씩 받게 될 금액을 이자율 r로 할인한 현재가치 합
감채기금계수: n년 후 1원을 만들기 위해 매 기간 말 적립해야 할 금액	저당상수: 1원을 이자율 r로 현재 빌린 후 n년 동안 매 기간 말 균등하게 갚아야 하는 원금과 이자의 합

21 답 ⑤

부동산학 각론 > 부동산투자론

1. 이 문제에서 재산세는 함정이다. 순운영소득은 유효총소득에서 영업경비를 차감하여 구하는데 영업경비 속에 이미 반영되어 계산된 자료이므로 추가로 고려할 필요가 없는 항목이다.
2. 세후현금수지
   = 순운영소득 − 부채서비스액 − 영업소득세
   = 세전현금수지 − 영업소득세
3. 순운영소득: 12,000만원
4. 세전현금수지
   = 순운영소득 − 부채서비스액(연간융자월부금)
   = 12,000만원 − 6,000만원
   = 6,000만원
5. 영업소득세 계산
   • 과세대상소득
     = 순운영소득 − 융자이자 − 감가상각비
     = 12,000만원 − 5,000만원 − 2,000만원
     = 5,000만원
   • 영업소득세: 5,000만원 × 0.3 = 1,500만원
6. 세후현금수지: 6,000만원 − 1,500만원 = <u>4,500만원</u>

22 답 ④

부동산학 각론 > 부동산투자론

④ 현금흐름의 재투자율로 투자자의 요구수익률을 가정하는 것은 순현가법과 수익성지수법이고, 내부수익률법에서 재투자율은 내부수익률이다.

23 답 ⑤

부동산학 각론 > 부동산투자론

ㄴ. 순소득승수를 자본회수기간이라고도 한다.
ㄷ. 종합환원율은 총투자액에 대한 순영업소득의 비율이다. 'A에 대한 B의 비율'이라는 표현을 익혀 두어야 한다. 이때 A가 분모, B가 분자이다.
ㄹ. 세전현금흐름이 일반적으로 세후현금흐름보다 크다. 따라서 세전현금흐름으로 지분투자액을 회수하는 데 시간이 더 짧게 걸리므로, 세전현금흐름승수가 세후현금흐름승수보다 더 작은 것이 일반적이다.

24 답 ⑤　　　　　　　　　　　　　　고난도

부동산학 각론 > 부동산투자론

1. 부채감당률 = 순영업소득 ÷ 부채서비스액
   = 6,000만원 ÷ 부채서비스액 = 1.5이므로,
   부채서비스액 = 6,000만원 ÷ 1.5 = 4,000만원이다.
   '대부액 × 저당상수 = 부채서비스액(원리금균등액)'이고,
   '대부액 × 0.08 = 4,000만원'에서
   대부액 = 4,000만원 ÷ 0.08 = 50,000만원이다.
   결국, '대부액 = 순영업소득 ÷ 부채감당률 ÷ 저당상수'이다.
※ 간편식

> 대부액
> = 순영업소득 ÷ 부채감당률 ÷ 저당상수
> = 6,000만원 ÷ 1.5 ÷ 0.08
> = 50,000만원

2. 대부비율 $= \dfrac{\text{대부액}}{\text{부동산가격}} = \dfrac{5억원}{10억원} = 0.5(50\%)$

빈출개념 체크   **비율분석법**

대부비율	$\dfrac{\text{부채잔금(저당)}}{\text{부동산가치(전체)}}$
부채비율	$\dfrac{\text{부채잔금(저당)}}{\text{자기자본(지분)}}$
부채감당률	$\dfrac{\text{순영업소득}}{\text{부채서비스액}}$
채무불이행률	$\dfrac{\text{영업경비 + 부채서비스액}}{\text{유효총소득}}$
영업경비비율	$\dfrac{\text{영업경비}}{\text{총소득}}$

25 답 ①

부동산학 각론 > 부동산금융론(부동산금융·증권론)

① 차입 및 사채발행은 부채금융(타인자본)을 조달하는 방법이다.

③ 청산 시 청산자산에 대한 우선권을 갖는 것은 타인자본이다.

⑤ 부채금융은 소구금융이 원칙이고, 지분금융은 비소구금융이 원칙이다.

빈출개념 체크   지분금융과 부채금융

지분금융	부채금융
• 자기자본을 조달하기 위한 금융으로 주식이 대표적이다. • 부동산 분야에서는 리츠, 신디케이트, 조인트벤처, 부동산 펀드 등이 있다. • 지분금융은 수익의 성과에 따라 이를 배당하는 특징이 있다.	• 타인자본을 조달하기 위한 금융으로 채권이 대표적이다. • 부동산 분야에서는 MBS, ABS, 사채, 프로젝트 파이낸싱 등이 있다. • 부채금융은 수익의 성과와는 관계없이 사전에 약정된 이자를 지급하는 특징이 있다.

26 답 ①   고난도

부동산학 각론 > 부동산금융론(부동산금융·증권론)

먼저 원금균등액을 계산하고 1회차 이자를 계산한 후 매 기간 이자감소액을 계산한다. 주의할 것은 5회차 이자를 계산할 때 1회차 이자에서 매 기간 이자감소액 4회분을 첫 이자에서 차감해야 한다는 것이다.

1. 원금균등액 $= \dfrac{4억원}{20년} = 0.2억원(2,000만원)$

2. 첫 회 이자 $= 4억원 \times 0.05 = 0.2억원(2,000만원)$

3. 매 기간 이자 감소액 $= \dfrac{2,000만원}{20년} = 100만원$

4. 5회차 이자 = 2,000만원 - 100만원 × 4 = 1,600만원

5. 5회차 원리금지불액 = 원금상환액 + 이자

= 2,000만원 + 1,600만원

= 3,600만원

6. 9회차 이자 = 2,000만원 - 100만원 × 8 = 1,200만원

따라서 5회차 원리금지불액은 3,600만원이며, 9회차 이자는 1,200만원이다.

빈출개념 체크   저당상환방법

1. 고정금리, 변동금리

고정이자율	• 금리상승기에 대출자의 수익성 악화 위험 발생 • 금리하락기에 차입자의 조기상환 위험에 노출 • 금리변동 위험을 대출자가부담
변동이자율	• 이자율변동 위험을 차입자에게 전가 • 대출시점에 고정이자율 금리가 변동이자율 금리보다 높은 것이 일반적 • 금리상승 시 차입자의 채무불이행 위험이 증가 • 금리변동 주기가 짧을수록 금리변동 위험을 차입자에게 더욱 크게 전가

2. 원금균등, 원리금균등, 체증식 상환

원리금 균등상환	• 저당지불액(= 원금 + 이자 = 대부액 × 저당상수) 일정 • 원금상환액은 점점 증가 • 이자지불액은 점점 감소 • 저당기간의 약 3분의 2가 경과해야 원금의 절반을 상환
원금 균등상환	• 원금상환액(= 대부액/저당기간) 일정 • 저당지불액(원금 + 이자)이 점점 감소 • 저당기간의 절반이 지나면 원금의 절반을 상환
체증식 상환	• 저당지불액이 초기에 낮은 수준이나 시간이 지남에 따라 점점 커짐[초기에 부(−)의 상환이 발생할 수 있음] • 젊은 저소득층에 유리

27 답 ⑤

부동산학 각론 > 부동산금융론(부동산금융·증권론)

⑤ 부동산투자회사에 투자하는 투자자는 주식에 투자하는 것이므로 실적에 따른 배당수익도 얻을 수 있으며 시세차익에 따른 이익도 얻을 수 있다.

28 답 ③

부동산학 각론 > 부동산금융론(부동산금융·증권론)

③ 부동산투자회사는 영업인가를 받거나 등록을 하고 최저자본금 이상을 갖추기 전에는 현물출자를 받는 방식으로 신주를 발행할 수 없다. 따라서 현물출자에 의한 설립을 할 수 없다.

29 답 ②   고난도

부동산학 각론 > 부동산금융론(부동산금융·증권론)

② 발행자의 재무상태표에 MBS 발행액만큼 저당(채권)이 감소하며 이에 대응하는 현금 증가가 나타나는 것은 MPTS(이체증권)이다. MPTS는 2차 금융기관이 저당채권 집합을 매각하는 방식으로 자금을 조달하는 것이므로 MPTS 발행액만큼 저당채권이 감소하고 그에 대응하는 현금 증가가 나타난다.

MBB (저당채권) 채권형	• 저당채권집합에 대한 소유권을 발행자가 보유함 • 투자자에게 이전되거나 이체되는 권리 없이 발행기관 자신이 발행한 채권으로서의 증권 • 주택저당채권 총액보다 MBB 발행액이 적음(초과담보액이 많음) • 모저당의 차입자와 증권의 투자자 간에 현금흐름이 연결되지 않음
MPTS (이체증권) 지분형	• 저당채권집합에 대한 소유권을 투자자가 보유함 • 원리금 수취권과 저당권에 대한 지분권 모두 투자자에게 매각하는 방식 • 주택저당채권 총액과 MPTS 발행액이 같음(초과담보액이 없음) • 차입자가 지불하는 저당지불액이 투자자에게 바로 이체되는 증권이므로 모저당의 차입자와 증권의 투자자 간에 현금흐름이 연결됨

30 답 ③

부동산학 각론 > 부동산개발 및 관리론

ㄱ. 자기자금과 관리능력이 충분하고 사업성이 양호하다면 자체사업이 적합하다.

ㅁ. 개발신탁(또는 토지신탁)에서는 신탁회사에 소유권을 넘기고 신탁회사가 자금을 조달하여 사업을 시행한다.

자체사업	• 토지소유자가 기획과 자금조달 모두를 부담하여 건설하는 방식 • 자금은 보유자금 또는 차입으로 조달하고, 건설은 직접 하거나 도급하여 건설
사업위탁형	• 토지소유자가 개발업자에게 사업시행을 의뢰하는 형태 • 자금은 토지소유자가 직접 조달하거나 개발업자의 주선에 의하여 조달함 • 토지소유자 명의로 사업 진행
신탁방식	• 사업위탁방식과 유사하나 신탁회사에 소유권이 형식적으로 이전된다는 점이 가장 큰 차이점 • 신탁회사 명의로 사업 진행
등가교환방식	토지소유자는 토지를, 개발업자는 자금을 부담하여 개발하고 완성된 건축물의 면적을 토지가격과 공사비의 비율에 따라 공동으로 소유하는 형태의 방식
컨소시엄 구성 방식	대규모 개발사업에 있어서 사업자금의 조달 혹은 상호 기술보완 등의 필요에 의해 법인 간에 컨소시엄을 구성하여 사업을 수행하는 방식

신차지방식	1. 토지를 임차하여 개발하는 방식 2. 구차지방식과의 차이점 　• 차지계약을 체결할 때 권리금은 주고받지 않음 　• 차지계약기간 중에는 고액의 지대가 지불됨 　• 차지계약 종료 시에는 토지는 무상으로 반환되며 건물은 시가로 양도됨

31 답 ③

부동산학 각론 > 부동산개발 및 관리론

③ 환지개발방식은 사업 후 개발 토지 중 사업에 소요된 비용과 공공용지를 제외한 토지를 당초의 토지소유자에게 재분배하는 것이다.

32 답 ④

부동산학 각론 > 부동산개발 및 관리론

① 관리업무의 타성(惰性)을 방지할 수 있는 방식은 위탁관리방식이다.
② 부동산자산의 포트폴리오 관점에서 자산−부채의 재무적 효율성을 최적화하는 것은 경제적 관리에 해당한다.
③ 시설 등이 본래의 기능을 발휘하는 데 장애가 없도록 유지계획에 따라 시설을 교환하고 수리하는 사전적 유지활동은 예방적 유지활동을 의미한다.
⑤ 건물과 부지의 부적응을 개선시키는 활동은 기술적 관리에 해당한다.

구분	장점	단점
자가 관리	• 소유자의 지시 통제 강함 • 입주자에 대한 최대한의 서비스 • 기밀유지와 보안관리 양호 • 부동산설비에 대한 애호정신이 높음	• 전문성 결여 ⇨ 비효율적 관리, 관리비 상승 • 관리업무 안일화(타성화, 매너리즘) • 변화에 대한 적응력 부족
위탁 관리	• 전문적인 관리 ⇨ 합리적인 관리를 통한 관리비 저렴화 • 부동산 소유자는 본업에 전념할 수 있음 • 타성화 방지	• 기밀유지 및 보안 불완전 • 애호정신이 낮음 • 전문관리회사 신뢰문제 • 관리요원의 인사이동이 심할 수 있음
혼합 관리	• 자가관리에서 위탁관리로 이행하는 과도기에 유리 • 자가관리와 위탁관리의 장점 도모	• 자가관리, 위탁관리의 단점만 노출될 수 있음 • 자가관리요원과 위탁관리요원 사이에 원만한 관계 유지 곤란 • 책임소재 불분명

33 답 ②

부동산학 각론 > 부동산개발 및 관리론

① 시장세분화(market segmentation)란 소비자를 인구경제학적 특성에 따라 여러 개의 다른 군집으로 나누는 것이다. 특정 군집을 표적시장으로 선정하는 것은 표적시장설정(targeting)에 해당한다.
③ 마케팅전략 중 표적시장설정(targeting)이란 세분화된 시장 중 가장 좋은 시장기회를 제공해 줄 수 있는 특화된 시장을 설정하는 것이다.
④ 공급자 중심의 마케팅전략으로 표적시장을 선정하거나 틈새시장을 점유하는 전략은 시장점유마케팅전략이다.
⑤ 소비자와의 심리적 접점을 마련하여 마케팅효과를 극대화하는 전략은 고객점유마케팅전략이다.

34 답 ②

부동산 감정평가론 > 부동산가격이론

② 가격이 가치의 장기적인 균형치가 아니라, 가치가 가격의 장기적인 균형치라 할 수 있다.

| 빈출개념 체크 | 가치와 가격 |

가치(value)	가격(price)
• 장래 기대되는 편익을 현재가치로 환원한 값(현재의 값) • 가치는 추상적·주관적 성격을 갖는다. • 현재의 값이므로 보는 관점에 따라 다원적 개념이다. • 가치 = 가격 ± 오차 • 가치가 상승하면 가격도 상승하고, 가치가 하락하면 가격도 하락한다.	• 특정 부동산에 대한 교환의 대가로 시장에서 매수자와 매도자 간에 실제 지불된 금액으로서 과거의 값이다. • 가격은 구체적·객관적 성격을 갖는다. • 특정 시장의 주어진 시점에서 하나밖에 없다. • 가치와 가격은 일시적으로 괴리될 수 있으나, 장기적으로 일치한다. • 가격은 가치의 화폐적 표현이다.

35 답 ④

부동산 감정평가론 > 감정평가의 방식

④ 임대료를 평가할 때는 임대사례비교법을 주된 평가방법으로 적용한다.

36 답 ②

부동산 감정평가론 > 감정평가의 방식

② 실제 감가와 유사한 특징을 갖는 것은 정률법이다. 정액법의 경우 실제 감가와 유사하지는 않으나 건물이나 구축물은 정액법을 적용하더라도 오차가 크지 않으므로 정액법을 적용한다.

| 빈출개념 체크 | 감가수정방법 | |

	정액법	• 대상 부동산의 가치가 매년 일정하게 감소한다는 가정 • 매년감가액 = 감가총액/전체 내용연수
내용 연수법	정률법	• 대상 부동산의 가치가 매년 일정률로 감소한다는 가정 • 매년 감가액 = 전년 말 잔가 × 정률
	상환 기금법 (감채 기금법)	• 내용연수 만료 시의 감가누계액과 그에 대한 복리 계산의 이자 상당액 합계를 해당 내용연수로 상환하여 산정 • 매년 감가액 = 감가총액 × 감채기금계수

37 답 ③

부동산 감정평가론 > 감정평가의 방식

적산가액 = 재조달원가 − 감가수정액

1. 재조달원가 $16,000만원 \times \dfrac{120}{100} = 19,200만원$

2. 감가수정액(감가누계액) 계산
   내용연수 만료 시 잔존가치가 10%이므로
   • 총감가액 = $19,200만원 \times (1 - 0.1) = 17,280만원$
   • 매년 감가액 = $\dfrac{17,280만원}{40} = 432만원$
   • 감가수정액(감가누계액) = 매년 감가액 × 경과연수
   $= 432만원 \times 6년 = 2,592만원$

3. 적산가액 = $19,200만원 - 2,592만원 = 16,608만원/m^2$

※ 간편 풀이법

> 적산가액
> = {1 − (총감가율/전체 내용연수) × 경과연수}
>   × 재조달원가
> = {1 − (0.9/40) × 6} × (16,000만원 × 1.2)
> = 16,608만원

1. 원가법 계산은 먼저 감가수정방법이 정액법인지 정률법인
   지를 먼저 확인한다. ⇨ 대부분은 정액법으로 출제
2. 정액법의 경우 간편식

   적산가액 = {1 − (총감가율/전체 내용연수) × 경과연수}
   × 재조달원가

3. 정률법 간편식

   적산가액 = 재조달원가 × (전년 대비 잔가율)^{경과연수}

38 답 ②

부동산 감정평가론 > 감정평가의 방식

- 표준지는 대상부동산과 동일한 제2종 일반주거지역 주거용 200만원으로 한다. 주거지역 지가상승률이 5%이므로 시점수정치는 1.05이며, 표준지는 인근지역에 존재하므로 지역요인비교치는 1이다.
- 대상토지가 가로조건이 5% 열세이므로 가로조건비교치는 0.95이고, 접근조건이 10% 우세이므로 접근조건비교치는 1.1이다. 대상토지가 환경조건이 5% 우세이므로 환경조건비교치는 1.05이다.

따라서 공시지가 기준가액은 다음과 같다.

$$2,000,000 \times 1.05 \times 1 \times 0.95 \times 1.1 \times 1.05 = \underline{2,304,225원}$$
　(표)　　　　(시) (지) (가로) (접근) (환경)

39 답 ④

부동산 감정평가론 > 감정평가의 방식

④ 감정평가법인등은 법령에 다른 규정이 있는 경우 감정평가조건을 붙여 감정평가할 수 있으며 이때 <u>감정평가조건의 합리성, 적법성 및 실현가능성을 검토해야 한다.</u>

40 답 ①

부동산 감정평가론 > 부동산가격공시제도

① 표준주택은 <u>단독주택</u> 중에서 대표성 있는 주택을 말하는 것이다. 공동주택은 전수조사를 통해 가격을 산정하여 공시하므로 표준주택을 선정할 필요가 없다.

제2과목 | 민법 및 민사특별법 중 부동산 중개에 관련되는 규정　pp.79~89

41	③	42	①	43	②	44	①	45	②
46	⑤	47	②	48	①	49	②	50	②
51	③	52	②	53	⑤	54	⑤	55	③
56	③	57	④	58	④	59	⑤	60	④
61	①	62	③	63	④	64	②	65	②
66	①	67	④	68	②	69	①	70	①
71	⑤	72	⑤	73	①	74	⑤	75	③
76	②	77	③	78	②	79	②	80	①

점수: _____ 점

41 답 ③

민법총칙 > 법률행위

ㄱ. 공유지분의 포기는 법률행위로서 상대방 있는 단독행위에 해당하므로, 부동산 공유자의 공유지분 포기의 의사표시가 다른 공유자에게 도달하더라도 이로써 곧바로 공유지분 포기에 따른 물권변동의 효력이 발생하는 것은 아니고, 다른 공유자는 자신에게 귀속될 공유지분에 관하여 소유권이전등기청구권을 취득하며, 이후 민법 제186조에 의하여 등기를 하여야 공유지분 포기에 따른 물권변동의 효력이 발생한다(대판 2016.10.27, 2015다52978).

ㄹ. 법률행위의 취소는 상대방 있는 단독행위에 해당한다.

ㄴ. 합의해제 또는 해제계약이라 함은 해제권의 유무에 불구하고 계약 당사자 쌍방이 합의에 의하여 기존의 계약의 효력을 소멸시켜 당초부터 계약이 체결되지 않았던 것과 같은 상태로 복귀시킬 것을 내용으로 하는 새로운 계약으로서, 그 효력은 그 합의의 내용에 의하여 결정되고 여기에는 해제에 관한 민법 제548조 제2항의 규정은 적용되지 아니하므로, 당사자 사이에 약정이 없는 이상 합의해제로 인하여 반환할 금전에 그 받은 날로부터의 이자를 가하여야 할 의무가 있는 것은 아니다(대판 1996.7.30, 95다16011).

ㄷ. 유언은 <u>상대방 없는 단독행위</u>에 해당한다.

1. 법정해제 ⇨ 상대방 있는 단독행위
2. 약정해제 ⇨ 상대방 있는 단독행위
3. 합의해제 ⇨ 계약

42 답 ①

민법총칙 > 법률행위

① 법률행위의 성립과정에 강박이라는 불법적 방법이 사용된 데에 불과한 때에는 강박에 의한 의사표시의 하자나 의사의 흠결을 이유로 효력을 논의할 수는 있을지언정 반사회질서의 법률행위로서 무효라고 할 수는 없다(대판 2002.12.27, 2000다47361).
② 보험계약자가 다수의 보험계약을 통하여 보험금을 부정취득할 목적으로 보험계약을 체결한 경우, … 이와 같은 보험계약은 민법 제103조 소정의 선량한 풍속 기타 사회질서에 반하여 무효이다(대판 2005.7.28, 2005다23858).
③ 도박채무의 변제를 위하여 채무자로부터 부동산의 처분을 위임받은 채권자가 그 부동산을 제3자에게 매도한 경우, 도박채무 부담행위 및 그 변제약정이 민법 제103조의 선량한 풍속 기타 사회질서에 위반되어 무효라 하더라도, … 위 변제약정의 이행행위에 직접 해당하지 아니하는 부동산 처분에 관한 대리권을 도박 채권자에게 수여한 행위 부분까지 무효라고 볼 수는 없으므로, 위와 같은 사정을 알지 못하는 거래 상대방인 제3자가 도박 채무자부터 그 대리인인 도박 채권자를 통하여 위 부동산을 매수한 행위까지 무효가 된다고 할 수는 없다(대판 1995.7.14, 94다40147).
④ 반사회적 행위에 의하여 조성된 재산인 이른바 비자금을 소극적으로 은닉하기 위하여 임치한 것이 사회질서에 반하는 법률행위로 볼 수 없다(대판 2001.4.10, 2000다49343).
⑤ 절대적 무효에 해당하는 반사회적 법률행위에는 무효행위 추인이 허용되지 않는다.

43 답 ②

민법총칙 > 법률행위

ㄱ. 매매계약이 약정된 매매대금의 과다로 말미암아 민법 제104조에서 정하는 '불공정한 법률행위'에 해당하여 무효인 경우에도 무효행위의 전환에 관한 민법 제138조가 적용될 수 있다(대판 2010.7.15, 2009다50308).
ㄷ. 증여와 같은 무상행위는 불공정행위라는 이유로 무효가 될 수 없다(대판 2000.2.11, 99다56833).
ㄴ. 어떠한 법률행위가 불공정한 법률행위에 해당하는지는 법률행위 시를 기준으로 판단하여야 한다. 따라서 계약 체결 당시를 기준으로 전체적인 계약 내용에 따른 권리의무관계를 종합적으로 고려한 결과 불공정한 것이 아니라면, 사후에 외부적 환경의 급격한 변화에 따라 계약당사자 일방에게 큰 손실이 발생하고 상대방에게는 그에 상응하는 큰 이익이 발생할 수 있는 구조라고 하여 그 계약이 당연히 불공정한 계약에 해당한다고 말할 수 없다(대판 2013.9.26, 2012다13637).

ㄹ. 법률행위가 현저하게 공정을 잃었다고 하여 곧 그것이 궁박, 경솔하게 이루어진 것으로 추정되지 아니하므로 본조의 불공정한 법률행위의 법리가 적용되려면 그 주장하는 측에서 궁박, 경솔 또는 무경험으로 인하였음을 증명하여야 한다(대판 1969.7.8, 69다594).

44 답 ①

민법총칙 > 의사표시

① 의사표시의 상대방이 아닌 자로서 기망행위를 하였으나 민법 제110조 제2항에서 정한 제3자에 해당되지 아니한다고 볼 수 있는 자란 그 의사표시에 관한 상대방의 대리인 등 상대방과 동일시할 수 있는 자를 의미한다(대판 1998.1.23, 96다41496). 따라서 대리인에 의한 사기나 강박은 제3자에 의한 사기·강박이 아니라 상대방에 의한 사기나 강박과 동일하게 평가되어 상대방이 알았는지 여부에 관계없이 취소권 행사가 가능하다.
② 피해자가 손해배상청구를 하기 위하여 반드시 그 계약을 취소할 필요는 없다(대판 1998.3.10, 97다55829 참고).
③ 취소권자가 취소할 수 있는 행위로 취득한 권리를 제3자에게 양도하는 행위는 법정추인사유에 해당한다(제145조).
④ 제146조 참고
⑤ 취소한 법률행위는 처음부터 무효인 것으로 간주되므로 취소할 수 있는 법률행위가 일단 취소된 이상 그 후에는 취소할 수 있는 법률행위의 추인에 의하여 이미 취소되어 무효인 것으로 간주된 당초의 의사표시를 다시 확정적으로 유효하게 할 수는 없고, 다만 무효인 법률행위의 추인의 요건과 효력으로서 추인할 수는 있으나, 무효행위의 추인은 그 무효 원인이 소멸한 후에 하여야 그 효력이 있고, 따라서 강박에 의한 의사표시임을 이유로 일단 유효하게 취소되어 당초의 의사표시가 무효로 된 후에 추인한 경우 그 추인이 효력을 가지기 위하여는 그 무효 원인이 소멸한 후일 것을 요한다고 할 것인데, 그 무효 원인이란 바로 위 의사표시의 취소사유라 할 것이므로 결국 무효 원인이 소멸한 후란 것은 당초의 의사표시의 성립 과정에 존재하였던 취소의 원인이 종료된 후, 즉 강박 상태에서 벗어난 후라고 보아야 한다(대판 1997.12.12, 95다38240).

45 답 ②

민법총칙 > 법률행위의 대리

② 계약이 적법한 대리인에 의하여 체결된 경우에 대리인은 다른 특별한 사정이 없는 한 본인을 위하여 계약상 급부를 변제로서 수령할 권한도 가진다. 그리고 대리인이 그 권한에 기하여 계약상 급부를 수령한 경우에, 그 법률효과는 계약 자체에서와 마찬가지로 직접 본인에게 귀속되고 대리인에게 돌아가지 아니한다(대판 2011.8.18, 2011다30871).

① 대리인이 수인인 때에는 각자가 본인을 대리한다(제119조 전단).

③ 대리인은 본인의 허락이 없으면 본인을 위하여 자기와 법률행위를 하거나 동일한 법률행위에 관하여 당사자 쌍방을 대리하지 못한다(제124조 전단).

④ 표현대리가 성립된다고 하여 무권대리의 성질이 유권대리로 전환되는 것은 아니므로, 양자의 구성요건 해당사실, 즉 주요사실은 다르다고 볼 수 밖에 없으니 유권대리에 관한 주장 속에 무권대리에 속하는 표현대리의 주장이 포함되어 있다고 볼 수 없다(대판 전합체 1983.12.13, 83다카1489).

⑤ 일상가사대리권도 권한을 넘은 표현대리의 기본대리권이 될 수 있다(대판 1981.6.23, 80다609).

46 답 ⑤

민법총칙 > 법률행위의 대리

⑤ 대리인의 파산은 대리권 소멸사유에 해당하지만, 본인의 파산은 대리권 소멸사유가 아니다(제127조 참고). 지문에서 乙은 본인이므로 乙의 파산은 대리권 소멸사유가 아니다.

① 제114조
② 제116조
③ 상대방이 그 행위자를 대리권을 가진 대리인으로 믿었고 또한 그렇게 믿는 데에 정당한 이유가 있는 때에는, 복대리인 선임권이 없는 대리인에 의하여 선임된 복대리인의 권한도 기본대리권이 될 수 있다(대판 1998.3.27, 97다48982).
④ 제121조

47 답 ②

민법총칙 > 무효와 취소

② 민법 제109조 제1항 단서에서 규정하는 착오한 표의자의 중대한 과실 유무에 관한 주장과 입증책임은 착오자가 아니라 의사표시를 취소하게 하지 않으려는 상대방에게 있다(대판 2005.5.12, 2005다6228).

① 착오로 인하여 표의자가 경제적 불이익을 입은 것이 아니라면, 이를 법률행위 내용의 중요부분의 착오라고 할 수 없다(대판 1999.2.23, 98다47924).

③ 제109조 제1항

④ 불법행위로 인한 손해배상책임이 성립하기 위하여는 가해자의 고의 또는 과실 이외에 행위의 위법성이 요구되므로, … 과실로 인하여 착오에 빠져 계약보증서를 발급한 것이나 그 착오를 이유로 보증계약을 취소한 것이 위법하다고 할 수는 없다(대판 1997.8.22, 97다13023).

⑤ 부동산중개업자가 매수인에게 다른 점포를 매매 목적물로 잘못 소개하여 매수인이 매매 목적물에 관하여 착오를 일으킨 경우, 매수인에게 중대한 과실이 없다(대판 1997.11.28, 97다32772·32789).

48 답 ①

민법총칙 > 법률행위의 대리

① 추인은 다른 의사표시가 없는 때에는 계약 시에 소급하여 그 효력이 생긴다. 그러나 제3자의 권리를 해하지 못한다(제133조).

② 상대방이 대리인에게 대리권이 없음을 알았다는 점에 대한 주장·입증책임은 철회의 효과를 다투는 본인에게 있다(대판 2017.6.29, 2017다213838).

③ 대리권한 없이 타인의 부동산을 매도한 자가 그 부동산을 상속한 후 소유자의 지위에서 자신의 대리행위가 무권대리로서 무효임을 주장하여 등기말소 등을 구하는 것은 금반언 원칙이나 신의성실의 원칙에 반하여 허용될 수 없다(대판 1994.9.27, 94다20617).

④ 무권대리 상대방의 최고권은 상대방의 선의·악의에 관계없이 허용된다(제131조 참고).

⑤ 무권대리인의 상대방에 대한 책임은 무과실책임으로서 대리권의 흠결에 관하여 대리인에게 과실 등의 귀책사유가 있어야만 인정되는 것이 아니고, 무권대리행위가 제3자의 기망이나 문서위조 등 위법행위로 야기되었다고 하더라도 책임은 부정되지 아니한다(대판 2014.2.27, 2013다213038).

49 답 ②

민법총칙 > 무효와 취소

② 무효인 법률행위는 추인하여도 그 효력이 생기지 아니한다. 그러나 당사자가 그 무효임을 알고 추인한 때에는 새로운 법률행위로 본다(제139조). 따라서 무효행위를 추인하면 원칙적으로 추인한 때로부터 효력이 발생된다.

① 불공정한 법률행위로서 무효인 경우에는 추인에 의하여 그 무효인 법률행위가 유효로 될 수 없다고 할 것이므로, 법정 추인도 인정될 수 없다(대판 1994.6.24, 94다10900).

③ 토지거래허가구역 내의 토지에 관한 토지 매매계약에 있어 양 당사자는 허가신청절차에 협력하여야 할 의무를 부담하며, 일방 당사자는 상대방에게 이러한 협력의무의 이행을 소구할 수 있다(대판 전합체 1999.6.17, 98다40459).

④ 취소된 법률행위는 처음부터 무효인 것으로 본다. 다만, 제한능력자는 그 행위로 인하여 받은 이익이 현존하는 한도에서 상환할 책임이 있다(제141조).

⑤ 제144조

50 답 ②

ㄴ. 상대방이 하도급받은 부분에 대한 공사를 완공하여 준공 필증을 제출하는 것을 정지조건으로 하여 공사대금채무를 부담하거나 위 채무를 보증한 사람은 위 조건의 성취로 인하여 불이익을 받을 당사자의 지위에 있다고 할 것이므로, 이들이 위 공사에 필요한 시설을 해주지 않았을 뿐만 아니라 공사장에의 출입을 통제함으로써 위 상대방으로 하여금 나머지 공사를 수행할 수 없게 하였다면, 그것이 고의에 의한 경우만이 아니라 과실에 의한 경우에도 신의성실에 반하여 조건의 성취를 방해한 때에 해당한다고 할 것이므로, 그 상대방은 민법 제150조 제1항의 규정에 의하여 위 공사대금채무자 및 보증인에 대하여 그 조건이 성취된 것으로 주장할 수 있다(대판 1998.12.22, 98다42356).

ㄱ. 조건이 법률행위의 당시에 이미 성취할 수 없는 것인 경우에는 그 조건이 해제조건이면 조건 없는 법률행위로 하고 정지조건이면 그 법률행위는 무효로 한다(제151조 제3항).

ㄷ. 기한이익 상실 특약은 정지조건부 기한이익 상실의 특약이라고 볼 만한 특별한 사정이 없는 한 형성권적 기한이익 상실특약으로 추정된다(대판 2002.9.4, 2002다28340).

빈출개념 체크 가장조건이 붙은 행위의 효력

1. 불법조건: 법률행위 무효
2. 기성조건 + 정지조건: 조건 없는 행위
3. 기성조건 + 해제조건: 법률행위 무효
4. 불능조건 + 정지조건: 법률행위 무효
5. 불능조건 + 해제조건: 조건 없는 행위

51 답 ③ 고난도

ㄱ, ㄴ, ㄷ. 건물소유자가 건물의 소유를 통하여 타인 소유의 토지를 점유하고 있다고 하더라도 토지소유자로서는 건물의 철거와 대지 부분의 인도를 청구할 수 있을 뿐, 자기 소유의 건물을 점유하고 있는 사람에 대하여 건물에서 퇴거할 것을 청구할 수 없다. 이러한 법리는 건물이 공유관계에 있는 경우에 건물의 공유자에 대해서도 마찬가지로 적용된다. … 토지소유자로서는 건물 전체에 대하여 철거에 관한 집행권원을 확보하여 곧바로 집행에 들어가거나 철거집행 전까지 토지 점유에 관한 부당이득반환 등을 청구하는 방법으로 권리구제를 받을 수 있다(대판 2022.6.30, 2021다276256).

52 답 ②

② 부동산의 매수인이 그 부동산을 인도받은 이상 이를 사용·수익하다가 그 부동산에 대한 보다 적극적인 권리 행사의 일환으로 다른 사람에게 그 부동산을 처분하고 그 점유를 승계하여 준 경우에도 그 이전등기청구권의 행사 여부에 관하여 그가 그 부동산을 스스로 계속 사용·수익만 하고 있는 경우와 특별히 다를 바 없으므로 위 두 어느 경우에나 이전등기청구권의 소멸시효는 진행되지 않는다고 보아야 한다(대판 전합체 1999.3.18, 98다32175).

① 토지의 매수인이 아직 소유권이전등기를 경료받지 아니하였다 하여도 매매계약의 이행으로 그 토지를 인도받은 때에는 매매계약의 효력으로서 이를 점유·사용할 권리가 생기게 된 것으로 보아야 하고, 또 매수인으로부터 위 토지를 다시 매수한 자는 위와 같은 토지의 점유·사용권을 취득한 것으로 봄이 상당하므로 매도인은 매수인으로부터 다시 위 토지를 매수한 자에 대하여 토지소유권에 기한 물권적 청구권을 행사할 수 없다(대판 1998.6.26, 97다42823).

③ 대판 2005.3.10, 2004다67653·67660

④ 대판 2005.4.29, 2003다66431

⑤ 처음부터 토지거래허가를 배제하거나 잠탈하는 내용의 계약은 토지거래허가 여부에 관계없이 확정적으로 무효이다. … 따라서 토지거래허가구역 내에서의 중간생략등기는 당사자 전원의 합의가 있는 경우에도 허용되지 않는다(대판 1996.6.28, 96다3982).

53 답 ⑤

⑤ 부동산 공유자의 공유지분 포기의 의사표시가 다른 공유자에게 도달하더라도 이로써 곧바로 공유지분 포기에 따른 물권변동의 효력이 발생하는 것은 아니고, 다른 공유자는 자신에게 귀속될 공유지분에 관하여 소유권이전등기청구권을 취득하며, 이후 민법 제186조에 의하여 등기를 하여야 공유지분 포기에 따른 물권변동의 효력이 발생한다(대판 2016.10.27, 2015다52978).

① 구분건물이 물리적으로 완성되기 전에도 건축허가신청이나 분양계약 등을 통하여 장래 신축되는 건물을 구분건물로 하겠다는 구분의사가 객관적으로 표시되면 구분행위의 존재를 인정할 수 있고, 이후 1동의 건물 및 그 구분행위에 상응하는 구분건물이 객관적·물리적으로 완성되면 아직 그 건물이 집합건축물대장에 등록되거나 구분건물로서 등기부에 등기되지 않았더라도 그 시점에서 구분소유가 성립한다(대판 전합체 2013.1.17, 2010다71578).

② 제187조

③ 제187조

④ 전세권의 법정갱신(민법 제312조 제4항)은 법률의 규정에 의한 부동산에 관한 물권의 변동이므로 전세권갱신에 관한 등기를 필요로 하지 아니하고 전세권자는 그 등기 없이도 전세권설정자나 그 목적물을 취득한 제3자에 대하여 그 권리를 주장할 수 있다(대판 1989.7.11, 88다카21029).

54 답 ⑤

물권법 > 점유권

⑤ 점유의 시초에 자신의 토지에 인접한 타인 소유의 토지를 자신 소유의 토지의 일부로 알고서 이를 점유하게 된 자는 나중에 그 토지가 자신 소유의 토지가 아니라는 점을 알게 되었다고 하더라도 그러한 사정만으로 그 점유가 타주점유로 전환되는 것은 아니다(대판 2001.5.29, 2001다5913).

① 점유자의 무과실은 추정되지 않는다(제197조 제1항 참고).

② 선의의 점유자라도 본권에 관한 소에 패소한 때에는 그 소가 제기된 때부터 악의의 점유자로 본다(제197조 제2항). 또한, 악의의 점유자는 수취한 과실을 반환하여야 하며 소비하였거나 과실로 인하여 훼손 또는 수취하지 못한 경우에는 그 과실의 대가를 보상하여야 한다(제201조 제2항). 따라서 점유자가 본권의 소에서 패소하면 소제기 이후의 과실은 취득할 수 없다.

③ 계약명의신탁에서 명의신탁자는 부동산의 소유자가 명의신탁약정을 알았는지 여부와 관계없이 부동산의 소유권을 갖지 못할 뿐만 아니라 매매계약의 당사자도 아니어서 소유자를 상대로 소유권이전등기청구를 할 수 없고, 이는 명의신탁자도 잘 알고 있다고 보아야 한다. 명의신탁자가 명의신탁약정에 따라 부동산을 점유한다면 명의신탁자에게 점유할 다른 권원이 인정되는 등의 특별한 사정이 없는 한 명의신탁자는 소유권 취득의 원인이 되는 법률요건이 없이 그와 같은 사실을 잘 알면서 타인의 부동산을 점유한 것이다. 이러한 명의신탁자는 타인의 소유권을 배척하고 점유할 의사를 가지지 않았다고 할 것이므로 소유의 의사로 점유한다는 추정은 깨어진다(대판 2022.5.12, 2019다249428).

④ 상속인의 점유는 피상속인의 점유와 분리하여 주장할 수 없고, 타주점유자를 상속한 자의 점유는 매매 등과 같은 새로운 권원에 의하여 점유를 개시하였다는 등의 사정이 없는 한 타주점유에 해당한다.

55 답 ③

물권법 > 점유권

ㄱ. 건물을 사용함으로써 얻는 이득은 그 건물의 과실에 준하는 것이므로, 선의의 점유자는 비록 법률상 원인 없이 타인의 건물을 점유·사용하고 이로 말미암아 그에게 손해를 입혔다고 하더라도 그 점유·사용으로 인한 이득을 반환할 의무는 없다(대판 1996.1.26, 95다44290).

ㄴ. 제203조

ㄷ. 유익비에 대하여 법원의 상환기간 허여가 있으면 이는 변제기를 유예하는 결과가 되므로, 채권의 변제기 도래를 성립요건으로 하는 유치권이 성립되지 않는다.

빈출개념 체크	점유자와 회복자의 관계

1. 과실귀속
   (1) 선의점유자 ⇨ 취득
   (2) 악의점유자 ⇨ 반환
2. 멸실·훼손에 대한 책임
   (1) 선의 + 자주 ⇨ 현존이익 한도 배상
   (2) 선의 + 타주 ⇨ 모든 손해배상
   (3) 악의 ⇨ 모든 손해배상
3. 비용상환청구권: 선의·악의의 점유자 모두 청구 가능

56 답 ③

물권법 > 소유권

③ 부동산에 대한 점유취득시효가 완성된 후 이를 등기하지 않고 있는 사이에 그 부동산에 관하여 제3자 명의의 소유권이전등기가 경료되어 점유자가 그 제3자에게 시효취득으로 대항할 수 없게 된 경우에도 점유자가 취득시효 당시의 소유자에 대한 시효취득으로 인한 소유권이전등기청구권을 상실하게 되는 것이 아니라 단지 그 소유자의 점유자에 대한 소유권이전등기의무가 이행불능으로 된 것에 불과하므로, 그 후 어떠한 사유로 취득시효 완성 당시의 소유자에게로 소유권이 회복되면 그 소유자에게 시효취득의 효과를 주장할 수 있다(대판 1999.2.12, 98다40688).

① 토지의 소유자는 그 토지에 대하여 점유취득시효를 완성하였으나 등기를 경료하지 않은 점유자에 대하여 토지 사용에 따른 부당이득의 반환을 청구하거나 지상건물의 철거 및 대지의 인도를 청구하는 것은 불가능하다(대판 1988.5.10, 87다카1979).

② 취득시효 완성에 의한 등기를 하기 전에 먼저 부동산의 소유권을 취득한 제3자에 대하여는 그 제3자의 소유권 취득이 당연무효가 아닌 한 시효취득을 주장할 수 없다(대판 1995.2.24, 94다18195).

④ 점유자가 취득시효를 주장하면서 소유권이전등기청구소송을 제기하여 그에 관한 입증까지 마쳤다면 부동산 소유자로서는 시효취득사실을 알 수 있다 할 것이고 이러한 경우에 부동산 소유자가 부동산을 제3자에게 처분하여 소유권이전등기를 넘겨줌으로써 취득시효 완성을 원인으로 한 소유권이전등기의무가 이행불능에 빠짐으로써 시효취득을 주장하는 자가 손해를 입었다면 불법행위를 구성한다(대판 1993.2.9, 92다47892).

⑤ 제247조

57 답 ④

물권법 > 소유권

④ 공유물의 소수지분권자가 다른 공유자와 협의 없이 공유물의 전부 또는 일부를 독점적으로 점유·사용하고 있는 경우 다른 소수지분권자는 공유물의 보존행위로서 그 인도를 청구할 수는 없고, 다만 자신의 지분권에 기초하여 공유물에 대한 방해 상태를 제거하거나 공동 점유를 방해하는 행위의 금지 등을 청구할 수 있다고 보아야 한다(대판 전합체 2020.5.21, 2018다287522).

① 공유자 중 1인은 자신의 지분을 자유롭게 처분하거나 지분에 저당권을 설정할 수 있다(제263조 참고).

② 공유물의 관리에 관한 사항은 공유자 지분의 과반수로 결정한다(제265조 참고). 따라서 과반수에 미달한 지분의 공유자는 다른 공유자의 동의 없이 공유물을 임대하지 못한다.

③ 부동산의 공유자의 1인은 당해 부동산에 관하여 제3자 명의로 원인무효의 소유권이전등기가 경료되어 있는 경우 공유물에 관한 보존행위로서 제3자에 대하여 그 등기 전부의 말소를 구할 수 있다(대판 1993.5.11, 92다52870).

⑤ 공유물의 불법점유자에 대해 공유자의 1인은 자기 지분의 범위 내에서만 손해배상이나 부당이득반환을 청구할 수 있다(대판 1979.1.30, 78다2088; 대판 1970.4.14, 70다171).

빈출개념 체크 **공유물에 대한 인도청구**

1. 과반수 지분공유자가 과반수 미달 지분공유자에게 인도청구 가능
2. 과반수 미달 지분공유자가 과반수 지분공유자에게 인도청구 불가능
3. 과반수 미달 지분공유자가 과반수 미달 지분공유자에게 인도청구 불가능
4. 공유자 중 1인이 공유물을 불법점유하는 제3자에게 인도청구 가능

58 답 ④

물권법 > 용익물권

④ 구분지상권은 제3자가 토지를 사용·수익할 권리를 가진 때에도 그 권리자 및 그 권리를 목적으로 하는 권리를 가진 자 전원의 승낙이 있으면 이를 설정할 수 있다(제289조의2 제2항 전단).

① 지상권자는 지상권을 유보한 채 지상물 소유권만을 양도할 수도 있고 지상물 소유권을 유보한 채 지상권만을 양도할 수도 있는 것이어서 지상권자와 그 지상물의 소유권자가 반드시 일치하여야 하는 것은 아니며, 또한 지상권설정 시에 그 지상권이 미치는 토지의 범위와 그 설정 당시 매매되는 지상물의 범위를 다르게 하는 것도 가능하다(대판 2006.6.15, 2006다6126·6133).

② 제280조

③ 지상권에 있어서 유상인 지료에 관하여 지료액 또는 그 지급시기 등의 약정은 이를 등기하여야만 그 뒤에 토지소유권 또는 지상권을 양수한 사람 등 제3자에게 대항할 수 있고, 지료에 관하여 등기되지 않은 경우에는 무상의 지상권으로서 지료증액청구권도 발생할 수 없다(대판 1999.9.3, 99다24874).

⑤ 제290조

59 답 ⑤

물권법 > 용익물권

⑤ 요역지가 수인의 공유인 경우에 그 1인에 의한 지역권 소멸시효의 중단 또는 정지는 다른 공유자를 위하여 효력이 있다(제296조).

① 요역지는 1필 토지 전부이어야 하지만, 승역지는 1필 토지의 일부라도 무방하다.

② 제295조 제1항

③ 제294조

④ 제292조 제2항

60 답 ④

물권법 > 용익물권

ㄴ. 용익물권인 전세권에는 필요비상환청구권은 인정되지 않고 유익비상환청구권만 인정된다(제310조 참고).

ㄷ. 전세권의 목적물을 전전세 또는 임대한 경우에는 전세권자는 전전세 또는 임대하지 아니하였으면 면할 수 있는 불가항력으로 인한 손해에 대하여 그 책임을 부담한다(제308조).

ㄱ. 토지에 관한 전세권에는 최단기간 제한이나 법정갱신에 관한 규정의 적용이 없다. 따라서 토지에 관한 전세권은 1년 미만으로도 정할 수 있다(제312조 참고).

61 답 ①

물권법 > 용익물권

ㄱ. 가설건축물은 특별한 사정이 없는 한 독립된 부동산으로서 건물의 요건을 갖추지 못하여 법정지상권이 성립하지 않는다(대판 2021.10.28, 2020다224821).

ㄴ. 관습에 의한 법정지상권이 있는 건물의 경락인은 경매 시에 경락 후 건물을 철거하는 등의 매각조건 아래 경매되었다는 등 특별한 사정이 없는 한 건물의 경락취득과 함께 그 지상권도 당연히 취득하였다고 할 것이므로 그 지상권으로써 토지소유권을 전득한 자에게 대항할 수 있다(대판 1991.6.28, 90다16214).

ㄷ. 법정지상권이 있는 건물의 양수인으로서 장차 법정지상권을 취득할 지위에 있어 대지 소유자의 건물 철거나 대지 인도 청구를 거부할 수 있다 하더라도 그 대지를 점유·사용함으로 인하여 얻은 이득은 부당이득으로서 대지 소유자에게 반환할 의무가 있다(대판 1997.12.26, 96다34665).

62 답 ③

물권법 > 담보물권

③ 유치권자가 유치물의 보존에 필요한 사용을 한 경우에도 특별한 사정이 없는 한 차임에 상당한 이득을 소유자에게 반환할 의무가 있다(대판 2009.9.24, 2009다40684).
① 다세대주택의 창호 등의 공사를 완성한 하수급인이 공사대금채권 잔액을 변제받기 위하여 위 다세대주택 중 한 세대를 점유하여 유치권을 행사하는 경우, 그 유치권은 위 한 세대에 대하여 시행한 공사대금만이 아니라 다세대주택 전체에 대하여 시행한 공사대금채권의 잔액 전부를 피담보채권으로 하여 성립한다(대판 2007.9.7, 2005다16942).
② 제326조
④ 유치권자는 경락인에 대하여 그 피담보채권의 변제가 있을 때까지 유치목적물인 부동산의 인도를 거절할 수 있을 뿐이고 그 피담보채권의 변제를 청구할 수는 없다(대판 1996.8.23, 95다8713).
⑤ 유치권 배제특약이 있는 경우 다른 법정요건이 모두 충족되더라도 유치권은 발생하지 않는데, 특약에 따른 효력은 특약의 상대방뿐 아니라 그 밖의 사람도 주장할 수 있다(대판 2018.1.24, 2016다234043).

63 답 ④

물권법 > 담보물권

④ 저당권이 설정된 부동산이 경매되는 경우 저당권은 경매로 소멸하며, 저당권보다 늦게 성립한 용익적 권리는 경매로 인하여 저당권과 함께 소멸한다.
① 저당부동산에 대한 압류가 있으면 압류 이후의 저당권설정자의 저당부동산에 관한 차임채권 등에도 저당권의 효력이 미친다(대판 2016.7.27, 2015다230020).
② 토지에 대한 저당권설정자가 신축한 건물이라도 경매실행 당시에 토지와 건물의 소유자가 다른 경우에는 일괄경매청구가 인정되지 않는다(대결 1999.4.20, 99마146).
③ 저당부동산에 대하여 소유권, 지상권 또는 전세권을 취득한 제3자는 저당권자에게 그 부동산으로 담보된 채권을 변제하고 저당권의 소멸을 청구할 수 있다(제364조).
⑤ 공동저당권의 목적인 채무자 소유 부동산과 물상보증인 소유의 부동산을 동시에 경매하여 배당하는 경우, 채무자 소유 부동산의 경매대가에서 공동저당권자에게 우선적으로 배당을 하고, 부족분이 있는 경우에 한하여 물상보증인

소유 부동산의 경매대가에서 추가로 배당을 하여야 한다(대판 2010.4.15, 2008다41475).

빈출개념 체크	제3취득자의 권리

1. 경매인(경락인)이 될 수 있다.
2. 선순위저당권의 피담보채무를 대위변제할 수 있다.
3. 경매절차에서 비용상환청구권을 우선변제받을 수 있다.

64 답 ②

물권법 > 담보물권

ㄴ. 근저당권에 있어서 채권의 총액이 그 채권최고액을 초과하는 경우, 적어도 근저당권자와 채무자 겸 근저당권설정자와의 관계에 있어서는 위 채권 전액의 변제가 있을 때까지 근저당권의 효력은 채권최고액과는 관계없이 잔존채무에 여전히 미친다(대판 2001.10.12, 2000다59081).
ㄱ. 근저당권은 채권최고액 범위 내에서 우선변제권이 인정되며, 우선변제받을 수 있는 지연배상금은 이행기 후 1년분에 한하지 않는다.
ㄷ. 근저당권자가 피담보채무의 불이행을 이유로 경매신청을 한 경우에는 경매신청 시에 근저당 채무액이 확정되고, 그 이후부터 근저당권은 부종성을 가지게 되어 보통의 저당권과 같은 취급을 받게 되는바, 위와 같이 경매신청을 하여 경매개시결정이 있은 후에 경매신청이 취하되었다고 하더라도 채무확정의 효과가 번복되는 것은 아니다(대판 2002.11.26, 2001다73022)

빈출개념 체크	경매와 근저당권의 피담보채권 확정시기

1. 근저당권자가 스스로 경매신청한 경우: 경매신청 시 확정
2. 후순위권리자가 경매신청한 경우: 선순위근저당권은 경락대금 완납 시 확정

빈출개념 체크	확정채권이 채권최고액을 초과하는 경우 근저당권 말소를 위하여 변제해야 할 금액

1. 채무자: 전액
2. 물상보증인: 채권최고액
3. 제3채무자: 채권최고액

65 답 ②

계약법 > 계약법 총론

② 승낙기간 내에 도달이 가능하도록 승낙을 발송하였으나 승낙이 연착된 경우, 청약자가 지연의 통지나 연착의 통지를 하지 않았다면 승낙이 연착되지 않은 것으로 본다(제528조 제2항 및 제3항 참고). 따라서 연착에도 불구하고 乙이 승낙을 발송한 10월 12일에 계약이 성립된다.

66 답 ①

계약법 > 계약법 총론

① 쌍무계약의 당사자 일방의 채무가 당사자 쌍방의 책임 없는 사유로 이행할 수 없게 된 때에는 채무자는 상대방의 이행을 청구하지 못한다(제537조).
② 채무자의 책임 있는 사유로 이행이 불능하게 된 때에는 채권자는 계약을 해제할 수 있다(제546조).
③ 이행불능을 이유로 계약을 해제하기 위해서는 그 이행불능이 채무자의 귀책사유에 의한 경우여야만 한다 할 것이므로, 매도인의 매매목적물에 관한 소유권이전의무가 이행불능이 되었다고 할지라도, 그 이행불능이 매수인의 귀책사유에 의한 경우에는 매수인은 그 이행불능을 이유로 계약을 해제할 수 없다(대판 2002.4.26, 2000다50497).
④⑤ 쌍무계약의 당사자 일방의 채무가 채권자의 책임 있는 사유로 이행할 수 없게 된 때에는 채무자는 상대방의 이행을 청구할 수 있다. 채권자의 수령지체 중에 당사자 쌍방의 책임 없는 사유로 이행할 수 없게 된 때에도 같다(제538조 제1항).

빈출개념 체크 | 후발적 불능의 법률관계

1. 매도인 귀책 ○ ⇨ 매수인이 해제, 손해배상청구
2. 매도인·매수인 모두 귀책 × ⇨ 채무자 위험부담
3. 매수인 귀책 ○ ⇨ 채권자 위험부담
4. 매수인 수령지체 중 ⇨ 채권자 위험부담

67 답 ④

계약법 > 계약법 총론

ㄱ. 소비대차계약에 있어서 채무의 담보목적으로 저당권설정등기를 경료한 경우에 채무자의 채무변제는 저당권설정등기에 앞서는 선행의무이며 채무의 변제와 동시이행관계에 있는 것이 아니다(대판 1969.9.30, 69다1173).
ㄷ. 임차인의 임차목적물 반환의무는 임대차계약의 종료에 의하여 발생하나, 임대인의 권리금 회수 방해로 인한 손해배상의무는 「상가건물 임대차보호법」에서 정한 권리금 회수기회 보호의무 위반을 원인으로 하고 있으므로 양 채무는 동일한 법률요건이 아닌 별개의 원인에 기하여 발생한 것일 뿐 아니라 공평의 관점에서 보더라도 그 사이에 이행상 견련관계를 인정하기 어렵다(대판 2019.7.10, 2018다242727).
ㄴ. 「국토이용관리법」상의 토지거래규제구역 내의 토지에 관하여 관할관청의 토지거래허가 없이 매매계약이 체결됨에 따라, 그 매수인이 위 계약을 효력이 있는 것으로 완성시키기 위하여 매도인에 대하여 위 매매계약에 관한 토지거래허가신청절차에 협력할 의무의 이행을 청구하는 경우에 있어, 매수인이 위 계약내용에 따른 매매대금 지급채무를 이행제공하여야 하거나 매도인이 그 대금지급채무의 변제

시까지 위 협력의무의 이행을 거절할 수 있는 것은 아니다(대판 1993.8.27, 93다15366).

68 답 ②

계약법 > 계약법 총론

①②③ 제3자를 위한 계약의 체결 원인이 된 요약자와 제3자(수익자) 사이의 법률관계의 효력은 제3자를 위한 계약 자체는 물론 그에 기한 요약자와 낙약자 사이의 법률관계의 성립이나 효력에 영향을 미치지 아니하므로 낙약자는 요약자와 수익자 사이의 법률관계에 기한 항변으로 수익자에게 대항하지 못하고, 요약자도 대가관계의 부존재나 효력의 상실을 이유로 자신이 기본관계에 기하여 낙약자에게 부담하는 채무의 이행을 거부할 수 없다(대판 2003.12.11, 2003다49771).
④ 제3자를 위한 계약에 있어서 수익의 의사표시를 한 수익자는 낙약자에게 직접 그 이행을 청구할 수 있을 뿐만 아니라 요약자가 계약을 해제한 경우에는 낙약자에게 자기가 입은 손해의 배상을 청구할 수 있다(대판 1994.8.12, 92다41559).
⑤ 제3자를 위한 계약관계에서 낙약자와 요약자 사이의 법률관계(이른바 기본관계)를 이루는 계약이 해제된 경우 그 계약관계의 청산은 계약의 당사자인 낙약자와 요약자 사이에 이루어져야 하므로, 특별한 사정이 없는 한 낙약자가 이미 제3자에게 급부한 것이 있더라도 낙약자는 계약해제에 기한 원상회복 또는 부당이득을 원인으로 제3자를 상대로 그 반환을 구할 수 없다(대판 2005.7.22, 2005다7566·7573).

69 답 ①

계약법 > 매매

ㄱ. 소유권을 취득하였다가 계약해제로 인하여 소유권을 상실하게 된 임대인으로부터 그 계약이 해제되기 전에 주택을 임차받아 주택의 인도와 주민등록을 마침으로써 같은 법 소정의 대항요건을 갖춘 임차인은 등기된 임차권과 마찬가지로 제548조 제1항 단서 소정의 제3자에 해당한다(대판 1996.8.20, 96다17653).
ㄴ. 민법 제548조 제1항 단서에서 말하는 제3자란 일반적으로 그 해제된 계약으로부터 생긴 법률효과를 기초로 하여 해제 전에 새로운 이해관계를 가졌을 뿐 아니라 등기, 인도 등으로 완전한 권리를 취득한 자를 말하므로 계약상의 채권을 양수한 자나 그 채권 자체를 압류 또는 전부한 채권자는 여기서 말하는 제3자에 해당하지 아니한다(대판 2000.4.11, 99다51685).
ㄷ. 토지를 매도하였다가 대금지급을 받지 못하여 그 매매계약을 해제한 경우에 있어 그 토지 위에 신축된 건물의 매수인은 위 계약해제로 권리를 침해당하지 않을 제3자에 해당하지 아니한다(대판 1991.5.28, 90다카16761).

70 답 ①

ㄱ, ㄷ. 당사자 일방이 그 채무를 이행하지 아니하는 때에는 상대방은 <u>상당한 기간을 정하여 그 이행을 최고하고 그 기간 내에 이행하지 아니한 때에는 계약을 해제할 수 있다. 그러나 채무자가 미리 이행하지 아니할 의사를 표시한 경우에는 최고를 요하지 아니한다</u>(제544조).

ㄴ. 계약의 성질 또는 당사자의 의사표시에 의하여 일정한 시일 또는 일정한 기간 내에 이행하지 아니하면 계약의 목적을 달성할 수 없을 경우에 당사자 일방이 그 시기에 이행하지 아니한 때에는 상대방은 최고를 하지 아니하고 계약을 해제할 수 있다(제545조).

ㄹ. 불완전이행의 경우 완전이행이 가능하다면 최고를 한 이후에, 완전이행이 불가능하다면 최고 없이 해제권이 발생될 수 있다.

71 답 ⑤

⑤ 비록 상대방인 매도인이 매매계약의 이행에는 전혀 착수한 바가 없다 하더라도 매수인이 중도금을 지급하여 이미 이행에 착수한 이상 매수인은 민법 제565조에 의하여 <u>계약금을 포기하고 매매계약을 해제할 수 없다</u>(대판 2000.2.11, 99다62074).

① 계약금계약은 금전 기타 유가물의 교부를 요건으로 하므로 단지 계약금을 지급하기로 약정만 한 단계에서는 아직 계약금으로서의 효력, 즉 위 민법 규정에 의해 계약해제를 할 수 있는 권리는 발생하지 않는다고 할 것이다(대판 2008. 3.13, 2007다73611).

② '실제 교부받은 계약금'의 배액만을 상환하여 매매계약을 해제할 수 있다면 이는 당사자가 일정한 금액을 계약금으로 정한 의사에 반하게 될 뿐 아니라, 교부받은 금원이 소액일 경우에는 사실상 계약을 자유로이 해제할 수 있어 계약의 구속력이 약화되는 결과가 되어 부당하기 때문에, 계약금 일부만 지급된 경우 수령자가 매매계약을 해제할 수 있다고 하더라도 해약금의 기준이 되는 금원은 '실제 교부받은 계약금'이 아니라 '약정 계약금'이라고 봄이 타당하다(대판 2015.4.23, 2014다231378).

③ 매매계약에 있어서 계약금은 당사자 일방이 이행에 착수할 때까지 매수인은 이를 포기하고 매도인은 그 배액을 상환하여 계약을 해제할 수 있는 해약금의 성질을 가지고 있고 다만 당사자의 일방이 위약한 경우 그 계약금을 위약금으로 하기로 하는 특약이 있는 경우에만 손해배상액의 예정으로서의 성질을 갖는 것이다(대판 1987.2.24, 86누438).

④ 제565조

72 답 ⑤

⑤ 건축을 목적으로 매매된 토지에 대하여 건축허가를 받을 수 없어 건축이 불가능한 경우, 위와 같은 법률적 제한 내지 장애 역시 매매 목적물의 하자에 해당한다 할 것이나, 다만 위와 같은 하자의 존부는 매매계약 성립 시를 기준으로 판단하여야 할 것이다(대판 2000.1.18, 98다18506).

① 제570조

② 매도인의 하자담보책임은 법이 특별히 인정한 무과실책임으로서 여기에 민법 제396조의 과실상계 규정이 준용될 수는 없다 하더라도, 담보책임이 민법의 지도이념인 공평의 원칙에 입각한 것인 이상 하자 발생 및 그 확대에 가공한 매수인의 잘못을 참작하여 손해배상의 범위를 정함이 상당하다(대판 1995.6.30, 94다23920).

③ 제567조

④ 제580조 제2항

73 답 ①

① 임차인은 필요비는 지출 즉시, 유익비는 <u>계약이 종료한 때에 상환을 청구할 수 있다</u>(제626조).

② 제623조

③ 임대차보증금이 임대인에게 교부되어 있더라도 임대인은 임대차관계가 계속되고 있는 동안에는 임대차보증금에서 연체차임을 충당할 것인지를 자유로이 선택할 수 있으므로, 임대차계약 종료 전에는 연체차임이 공제 등 별도의 의사표시 없이 임대차보증금에서 당연히 공제되는 것은 아니다(대판 2013.2.28, 2011다49608·49615).

④⑤ 대판 1991.4.23, 90다19695

74 답 ⑤

⑤ 민법 제640조에 터 잡아 임차인의 차임연체액이 2기의 차임액에 달함에 따라 임대인이 임대차계약을 해지하는 경우에는 전차인에 대하여 <u>그 사유를 통지하지 않더라도</u> 해지로써 전차인에게 대항할 수 있고, 해지의 의사표시가 임차인에게 도달하는 즉시 임대차관계는 해지로 종료된다(대판 2012.10.11, 2012다55860).

①② 제630조

③ 제644조

④ 제631조

75 답 ③

민사특별법 > 부동산 실권리자명의 등기에 관한 법률

③ 계약형 명의신탁의 경우, 상대방이 선의라면 수탁자는 유효한 소유권을 취득하게 된다. 따라서 더 이상 소유자가 아닌 매도인은 수탁자를 상대로 진정명의회복을 원인으로 하는 소유권이전등기를 청구할 수 없다.

① 「부동산 실권리자명의 등기에 관한 법률」 제4조 제1항

②⑤ 명의신탁자와 명의수탁자가 이른바 계약명의신탁약정을 맺고 명의수탁자가 당사자가 되어 명의신탁약정이 있다는 사실을 알지 못하는 소유자와의 사이에 부동산에 관한 매매계약을 체결한 후 그 매매계약에 따라 당해 부동산의 소유권이전등기를 수탁자 명의로 마친 경우 … 명의수탁자는 명의신탁자에 대하여 부당이득반환의무를 부담하게 될 뿐이라 할 것인데, 그 계약명의신탁약정이 「부동산 실권리자명의 등기에 관한 법률」 시행 후인 경우에는 명의신탁자는 애초부터 당해 부동산의 소유권을 취득할 수 없었으므로 위 명의신탁약정의 무효로 인하여 명의신탁자가 입은 손해는 당해 부동산 자체가 아니라 명의수탁자에게 제공한 매수자금이라 할 것이고, 따라서 명의수탁자는 당해 부동산 자체가 아니라 명의신탁자로부터 제공받은 매수자금을 부당이득하였다고 할 것이다(대판 2005.1.28, 2002다66922).

④ 「부동산 실권리자명의 등기에 관한 법률」 제4조 제3항

76 답 ②

민사특별법 > 상가건물 임대차보호법

ㄷ. 「상가건물 임대차보호법」 제10조 제2항에 따라 최초의 임대차기간을 포함한 전체 임대차기간이 10년을 초과하여 임차인이 계약갱신요구권을 행사할 수 없는 경우에도 임대인은 같은 법 제10조의4 제1항에 따른 권리금 회수기회 보호의무를 부담한다고 보아야 한다(대판 2019.5.16, 2017다225312·225329).

ㄱ. 「상가건물 임대차보호법」(이하 '상가임대차법'이라 한다)에서 기간을 정하지 않은 임대차는 그 기간을 1년으로 간주하지만(제9조 제1항), 대통령령으로 정한 보증금액을 초과하는 임대차는 위 규정이 적용되지 않으므로(제2조 제1항 단서), 원래의 상태 그대로 기간을 정하지 않은 것이 되어 민법의 적용을 받는다. 민법 제635조 제1항, 제2항 제1호에 따라 이러한 임대차는 임대인이 언제든지 해지를 통고할 수 있고 임차인이 통고를 받은 날로부터 6개월이 지남으로써 효력이 생기므로, 임대차기간이 정해져 있음을 전제로 기간 만료 6개월 전부터 1개월 전까지 사이에 행사하도록 규정된 임차인의 계약갱신요구권(상가임대차법 제10조 제1항)은 발생할 여지가 없다(대판 2021. 12.30, 2021다233730).

ㄴ. 「상가건물 임대차보호법」 제13조 참고

77 답 ③ 〔고난도〕

민사특별법 > 주택임대차보호법

③ 임차인이 「주택임대차보호법」 제6조의3 제1항에 따라 임대차계약의 갱신을 요구하면 임대인에게 갱신거절 사유가 존재하지 않는 한 임대인에게 갱신요구가 도달한 때 갱신의 효력이 발생한다. 갱신요구에 따라 임대차계약에 갱신의 효력이 발생한 경우 임차인은 제6조의2 제1항에 따라 언제든지 계약의 해지통지를 할 수 있고, 해지통지 후 3개월이 지나면 그 효력이 발생하며, 이는 계약해지의 통지가 갱신된 임대차계약 기간이 개시되기 전에 임대인에게 도달하였더라도 마찬가지이다(대판 2024.1.11. 선고 2023다258672).

78 답 ②

민사특별법 > 가등기담보 등에 관한 법률

② 후순위권리자는 청산기간에 한정하여 그 피담보채권의 변제기 도래 전이라도 담보목적부동산의 경매를 청구할 수 있다(가등기담보 등에 관한 법률 제12조 제2항).

① 「가등기담보 등에 관한 법률」 제9조

③ 「가등기담보 등에 관한 법률」 제14조

④ 「가등기담보 등에 관한 법률」 제7조

⑤ 「가등기담보 등에 관한 법률」 제3조, 제4조에 의하면 가등기담보권자가 담보계약에 따른 담보권을 실행하여 담보목적부동산의 소유권을 취득하기 위해서는 채권의 변제기 후에 청산금의 평가액을 채무자 등에게 통지하여야 한다. 여기서 말하는 청산금의 평가액은 통지 당시의 담보목적부동산의 가액에서 그 당시의 피담보채권액(원본, 이자, 위약금, 지연배상금, 실행비용)을 뺀 금액을 의미하므로, 가등기담보권자가 담보권 실행을 통하여 우선변제받게 되는 이자나 지연배상금 등 피담보채권의 범위는 통지 당시를 기준으로 확정된다(대판 2016.6.23, 2015다13171).

79 답 ②

민사특별법 > 집합건물의 소유 및 관리에 관한 법률

② 공용부분의 변경에 관한 사항은 관리단집회에서 <u>구분소유자의 3분의 2 이상</u> 및 <u>의결권의 3분의 2 이상의 결의</u>로써 결정한다(집합건물의 소유 및 관리에 관한 법률 제15조 제1항 전단). 제15조에도 불구하고 건물의 노후화 억제 또는 기능 향상 등을 위한 것으로 구분소유권 및 대지사용권의 범위나 내용에 변동을 일으키는 공용부분의 변경에 관한 사항은 관리단집회에서 구분소유자의 5분의 4 이상 및 의결권의 5분의 4 이상의 결의로써 결정한다(집합건물의 소유 및 관리에 관한 법률 제15조의2 제1항).

① 「집합건물의 소유 및 관리에 관한 법률」 제12조 제1항
③ 대판 전합체 2020.5.21, 2017다220744
④ 「집합건물의 소유 및 관리에 관한 법률」 제16조 제2항
⑤ 「집합건물의 소유 및 관리에 관한 법률」 제8조

80 답 ①

민사특별법 > 주택임대차보호법

ㄷ. 임차인이 임차한 주택의 전부 또는 일부를 <u>고의나 중대한 과실로 파손</u>한 경우 갱신을 거절할 수 있다.

ㄹ. <u>임대인(임대인의 직계존속·직계비속을 포함한다)</u>이 목적 주택에 실제 거주하려는 경우에 갱신을 거부할 수 있다.

• **집필진** [부동산학개론] 이영방 교수, [민법 및 민사특별법] 심정욱 교수

제1과목 | 부동산학개론 · pp.92~101

01	①	02	④	03	⑤	04	①	05	②
06	③	07	②	08	⑤	09	③	10	①
11	⑤	12	⑤	13	⑤	14	②	15	③
16	④	17	⑤	18	①	19	③	20	④
21	③	22	④	23	②	24	③	25	②
26	③	27	⑤	28	①	29	③	30	④
31	④	32	①	33	③	34	④	35	④
36	⑤	37	③	38	①	39	④	40	②

점수: _____ 점

1 답 ①

부동산학 총론 > 부동산의 개념과 분류

① 입목등기가 되지 않은 수목이라도 명인방법을 갖춘 때에는 독립한 물건으로 거래의 객체가 될 수 있다.

2 답 ④

부동산학 총론 > 부동산의 개념과 분류

④ 우리나라에서는 광업권의 객체가 되는 광물에 대해서는 토지소유자의 소유권이 미치지 못한다고 본다.

3 답 ⑤

부동산학 총론 > 부동산의 특성

⑤ 부증성으로 인하여 토지의 물리적 공급은 불가능하다. 그러나 용도의 다양성으로 인하여 용도전환을 통해 토지의 경제적 공급을 가능하게 하며, 적지론의 근거가 된다. 입지론의 근거가 되는 것은 부동성이다.

4 답 ①

부동산학 각론 > 부동산경제론

② 유량(flow)은 일정한 기간을 정해야 측정이 가능한 개념이며, 저량(stock)은 일정 시점에서만 측정이 가능한 개념이다.

③ 현재 우리나라에 총 1,000만 채의 주택이 존재하고 그중 미분양된 주택이 100만 채라면 주택저량의 공급량은 1,000만 채이고 주택저량의 수요량은 900만 채이다. 주어진 문장으로는 유량(flow)을 파악할 수 없다.

④ 주택시장분석에서 유량(flow)의 개념뿐만 아니라 저량(stock)의 개념을 파악하는 것은 주택공급이 단기적으로 제한되어 있기 때문이다. 따라서 단기적으로는 주택공급이 제한되므로 저량(stock)의 개념으로 파악하고 장기적으로는 주택공급이 가능하므로 저량(stock)과 유량(flow)개념을 함께 사용하여 파악한다.

⑤ 단기적으로 생산공급은 증가가 어렵기 때문에 저량(stock)의 개념으로 공급량을 분석하고, 장기적으로 저량(stock)과 유량(flow)을 함께 사용하여 특정지역의 주택시장에 대한 공급량을 분석한다.

5 답 ②

부동산학 각론 > 부동산경제론

개별수요함수 $P = 30 - 6Q_D$를 수요량(Q_D)에 대해 정리하면, $Q_D = 5 - \frac{1}{6}P$이다. 부동산시장에 개별수요자가 30명이 존재한다면 소비자 수를 곱하여, $Q_M = 150 - 5P$이다.
이것을 다시 가격(P)에 대해 정리하면
$5P = 150 - Q_M$, $P = 30 - \frac{1}{5}Q_M$이 된다.

6 답 ③

부동산학 각론 > 부동산경제론

③ 수요 측면의 대체주택 가격의 상승은 수요를 증가시켜 해당 주택의 가격을 상승시킨다.

①⑤ 공급 증가요인에 해당하여 해당 주택의 가격을 하락시킨다.

②④ 수요 감소요인에 해당하여 해당 주택의 가격을 하락시킨다.

1. 정상재의 경우 소득의 증가
2. 열등재의 경우 소득의 감소
3. 대체재(대체주택) 가격의 상승
4. 대체재(대체주택) 수요의 감소
5. 보완재 가격의 하락
6. 보완재 수요의 증가
7. 수요자의 가격 상승 예상
8. 해당 주택에 대한 선호도 증가
9. 대출금리의 하락

7 답 ②

부동산학 각론 > 부동산경제론

② LTV와 DTI 규제를 완화하는 결정을 하면 대출이 증가하게 되며, 그로 인해 구매력이 증가하게 되므로 <u>부동산의 수요도 증가한다.</u> 또한, 금리의 인하는 부동산의 수요와 공급을 모두 증가시키는 효과가 있다. 그러므로 아파트의 수요가 증가하여 수요곡선은 우상향으로 이동하며, 아파트의 공급이 증가하여 공급곡선은 우하향으로 이동한다. 따라서 이전에 비해 아파트의 <u>균형거래량은 반드시 증가</u>하나, <u>가격은 수요의 증가 크기와 공급의 증가 크기의 정도에 따라 달라지므로 정확히 알 수는 없다.</u>

①③④⑤ 부동산의 수요와 공급이 모두 증가하므로 <u>균형거래량은 반드시 증가</u>하나, 수요의 증가 크기와 공급의 증가 크기의 정도에 따라 달라지므로 <u>가격은 상승할 수도 있고 하락할 수도 있다.</u>

8 답 ⑤

부동산학 각론 > 부동산경제론

균형점에서는 수요량(Q_D)과 공급량(Q_S)이 일치한다.
따라서 $1,000 - 2Q = 200 + 2Q$이며, $4Q = 800$이다. 그러므로 균형거래량(Q)은 $200m^2$이며, 이를 수요함수나 공급함수에 대입하면 균형임대료(P)는 600원이다.
따라서 <u>임대료 총수입은 임대료 × 수요량</u>이므로,
600원 $× 200m^2 = \underline{120,000원}$이다.

9 답 ③ 고난도

부동산학 각론 > 부동산경제론

- 아파트 수요의 가격탄력성

$$= \left| \frac{수요량변화율}{가격변화율} \right| = \left| \frac{x}{10\%} \right| = 1.2$$

아파트 가격이 10% 상승할 경우 수요량(x)은 12% 감소한다.

- 소득탄력성 $= \dfrac{수요량변화율}{소득변화율} = \dfrac{x}{5\%} = 0.6$

소득이 5% 증가할 경우 수요량(x)은 3% 증가한다.

- 가격탄력성과 관련하여 수요량은 12% 감소, 소득탄력성과 관련하여 수요량은 3% 증가, 전체적으로 수요량이 1% 감소하려면 교차탄력성과 관련하여 <u>수요량이 8% 증가</u>해야 한다.

- 아파트 수요의 다세대주택 가격에 대한 교차탄력성

$$= \frac{아파트 수요량변화율}{다세대주택 가격변화율} = \frac{8\%}{x\%} = 0.8$$이므로

다세대주택의 가격은 10% 상승해야 한다.

10 답 ①

부동산학 각론 > 부동산경제론

② 수요가 증가할 때 공급의 가격탄력성이 완전탄력적이면 가격은 변하지 않고 균형거래량은 증가한다.
③ 수요가 감소할 때 공급의 가격탄력성이 비탄력적일수록 가격은 더 많이 하락한다.
④ 공급이 증가할 때 수요의 가격탄력성이 비탄력적일수록 가격은 더 많이 하락한다.
⑤ 공급이 감소할 때 수요의 가격탄력성이 탄력적일수록 가격은 더 적게 상승한다.

11 답 ⑤

부동산학 각론 > 부동산시장론

⑤ 하향여과는 고소득층 주거지역에서 주택의 개량을 통한 가치상승분이 주택개량비용보다 작은 경우에 발생한다. 고소득층 주거지역에서 주택의 개량을 통한 가치상승분이 주택개량비용보다 큰 경우에는 주거분리가 나타난다.

12 답 ⑤

부동산학 각론 > 부동산시장론

⑤ 부동산시장은 주식시장이나 일반상품시장보다 더 불완전하고 비효율적이지만, 정보가치와 정보비용이 같다면 할당 효율적일 수 있다.

13 답 ⑤

⑤ 마샬(A. Marshall)의 준지대설에 대한 설명이다. 마샬은 일시적으로 토지와 유사한 성격을 가지는 생산요소에 귀속되는 소득을 준지대(quasi-rent)로 설명하고, 단기적으로 공급량이 일정한 생산요소에 지급되는 소득으로 보았다. 준지대는 생산을 위하여 사람이 만든 기계나 기구들로부터 얻는 소득으로 토지 이외의 고정 생산요소에 귀속되는 소득으로서, 다른 조건이 동일하다면 단기간·일시적으로 지대의 성격을 가지는 소득이다. 또한 토지에 대한 개량공사로 인해 추가적으로 발생하는 일시적인 소득도 이에 해당한다. 준지대는 고정생산요소의 공급량은 단기적으로 변동하지 않으므로 다른 조건이 동일하다면 고정 생산요소에 대한 수요에 의해 결정된다.

14 답 ②

부동산학 각론 > 부동산시장론

② 선형이론에 따르면 주택구입능력이 높은 고소득층의 주거지는 주요 간선도로 인근에 입지하는 경향이 있다.

15 답 ③

부동산학 각론 > 부동산시장론

- 할인점 A의 유인력 = $\dfrac{1,000}{5^2}$ = 40,

  B의 유인력 = $\dfrac{700}{10^2}$ = 7, C의 유인력 = $\dfrac{675}{15^2}$ = 3

- 할인점 A의 시장점유율(%) = $\dfrac{40}{40 + 7 + 3}$ = 0.8(80%)
- 할인점 A의 이용객 수 = 5,000명 × 0.8 = 4,000명
- 할인점 A의 월 추정매출액 = 20만원 × 4,000명 = 8억원

16 답 ④

부동산학 각론 > 부동산정책론

④ 부(−)의 외부효과가 존재하면 사적 비용이 사회적 비용보다 작아서 적정생산량보다 과다생산되는 결과를 초래한다. 따라서 부(−)의 외부효과를 야기하는 주체에게 세금을 부과하여 사회적 비용과 사적 비용을 일치시켜야 한다.
① 정(+)의 외부효과가 나타나는 경우 정부가 보조금을 지급하면 사적 비용을 감소시켜 사적 비용이 사회적 비용보다 커서 적정생산량보다 과소생산되는 문제를 해결하게 된다. 즉, 정부의 보조금 지급은 결과적으로 공급곡선을 우측으로 이동시키게 되므로 정(+)의 외부효과로 인한 시장실패 문제가 해결된다.

② 부(−)의 외부효과를 야기하는 주체에게 세금을 부과하는 것은 부(−)의 외부효과를 야기하는 기업의 사적 비용을 증가시켜 사적 비용이 사회적 비용보다 작아서 적정생산량보다 과다생산되는 문제를 해결하게 된다.
③ 사적 시장에서 부(−)의 외부효과가 나타나면 사적 비용이 사회적 비용보다 작아서 적정생산량보다 과다생산의 결과를 초래한다.
⑤ 부(−)의 외부효과가 나타날 경우 정부는 조세를 부과하거나 환경부담금 부과 등을 통해 사적 비용과 사회적 비용을 일치시키는 정책을 사용할 수는 있으나, 생산을 중단시키는 것은 바람직한 정책이 아니다.

17 답 ⑤

부동산학 각론 > 부동산정책론

ㄱ, ㄴ, ㄷ, ㄹ. 모두 옳은 내용이다.

18 답 ①

부동산학 각론 > 부동산정책론

② 임대료를 보조하면 임대주택에 대한 수요가 증가하고 시장임대료는 상승하나 임대료보조로 인해 임차인이 실제 부담하는 지불임대료는 원래보다 낮아진다.
③ 다른 조건이 같을 경우 임대주택의 수요를 증가시킨다.
④ 다른 조건이 같을 경우 임대주택의 공급을 증가시킨다.
⑤ 임대료보조 대신 동일한 금액을 현금으로 제공하면 저소득층의 효용은 임대료보조보다 더 증가한다.

19 답 ③ 　　　　　　　　　　　 고난도

부동산학 각론 > 부동산정책론

③ 공급함수는 Q_S = 3,000이므로 공급곡선은 수직이며, 수요함수는 Q_D = 5,000 − 20P이므로 수요곡선은 우하향하는 직선이다. 이때 정부가 매도인에게 양도소득세를 부과하면 가격은 불변이고, 균형거래량은 불변이다. 따라서 매도인이 전액을 부담한다.

20 답 ④

부동산학 각론 > 부동산투자론

ㄱ. 타인자본을 활용하지 않는 경우
   1년간 순영업소득은 5,000만원이고, 1년간 부동산가격 상승률이 1%이므로 자본이득은 1,000만원이 존재하고 순수익은 6,000만원이 된다.

타인자본을 활용하지 않는 경우는 부동산가격 10억원을 전액 자기자본으로 충당해야 한다.
따라서 자기자본수익률

$$= \frac{6,000만원(= 5,000만원 + 1,000만원)}{10억원} \times 100(\%)$$

$= 6\%$이다.

ㄴ. 타인자본을 60% 활용하는 경우
타인자본을 60% 활용하는 경우는 부동산가격 10억원 중 자기자본이 4억원이고 타인자본이 6억원이다.
따라서 자기자본수익률

$$= \frac{6,000만원 - (6억원 \times 0.05)}{4억원} \times 100(\%)$$

$= 7.5\%$이다.

21 답 ③

부동산학 각론 > 부동산투자론

③ 위험회피형 투자자 중에서 공격적인 투자자는 보수적인 투자자에 비해 위험이 높더라도 기대수익률이 높은 투자안을 선호한다.

22 답 ④

부동산학 각론 > 부동산투자론

④ 기대수익률(8%)이 요구수익률(10%)보다 작으므로 투자는 감소하여 대상토지의 수요는 줄게 되고 대상토지의 시장가치는 점차 하락하게 된다. 그 결과 토지에 대한 기대수익률은 점차 상승하게 된다.

① 시장가치가 30억원이므로 투자비용은 30억원이다.

② 대상토지의 투자가치는 대상토지의 연간 예상순수익(2억 4천만원)을 요구수익률(10%)로 나눈 24억원이다.

③ 투자가치(24억원)가 시장가치(30억원)보다 작으므로 투자안을 기각한다.

⑤ 투자금액(30억원)에 대한 수익(2억 4천만원)의 비율인 투자안의 기대수익률은 8%이다.

23 답 ②

부동산학 각론 > 부동산투자론

① 포트폴리오에 편입되는 투자안의 수를 늘리면 늘릴수록 비체계적인 위험이 감소되는 것을 포트폴리오 효과라고 한다.

③ 포트폴리오의 투자자산의 수익률이 같은 방향으로 움직이면 상관계수는 양(+)의 값을 가지며, 위험분산효과는 작아진다.

④ 포트폴리오 구성을 통해 위험을 분산할 때 투자안 간의 상관계수가 -1인 완전 음(-)의 상관관계가 존재한다면 구성자산 수를 늘려 비체계적 위험을 '0'으로 만들 수도 있다. 완전 무상관성은 상관계수가 '0'이다.

⑤ 효율적 프론티어상의 투자안들은 평균-분산지배원리에 의해서도 서로 우열을 가릴 수 없다.

24 답 ③

부동산학 각론 > 부동산투자론

ㄴ, ㄷ, ㄹ. 옳은 내용이다.

ㄱ. 일시불의 미래가치계수는 이자율이 상승할수록 커진다.

ㅁ. 3년 후에 주택자금 5억원을 만들기 위해 매 기간 납입해야 할 금액을 계산하는 경우, 감채기금계수를 곱하거나 연금의 미래가치계수로 나누어 구한다.

25 답 ②

부동산학 각론 > 부동산투자론

• 순영업소득 = 세전현금수지(세전현금흐름) + 부채서비스액
= 6,000만원 + 4,000만원 = 1억원

• 종합자본환원율 $= \dfrac{순영업소득}{총투자액} = \dfrac{1억원}{10억원} \times 100(\%)$
$= \underline{10\%}$

• 부채감당률 $= \dfrac{순영업소득}{부채서비스액} = \dfrac{1억원}{4,000만원} = \underline{2.5}$

26 답 ③

부동산학 각론 > 부동산금융론(부동산금융 · 증권론)

③ 원리금균등분할상환방식의 원리금은 대출금에 저당상수를 곱하여 산출한다.

27 답 ⑤

부동산학 각론 > 부동산금융론(부동산금융 · 증권론)

고정금리부 원리금균등분할상환조건의 주택저당대출을 받은 경우 매월 상환해야 하는 원리금을 구하는 식은 저당상수이다. 그런데 '매년' 상환이 아닌 '매월' 상환하는 조건이므로 월로 환산하여야 한다. 따라서 이자율(5%)은 12개월로 나누어야 하고 10년은 12개월을 곱하여 월로 환산하여야 한다. 즉, 이자율 r%이고, 융자기간이 n년인 매년 연말 상환하는 원리금을 계산하기 위한 저당상수는

$$\frac{r}{1 - (1 + r)^{-n}} = \frac{0.05}{1 - (1 + 0.05)^{-10}} 이며,$$

이를 매월 말 상환하는 원리금을 계산하기 위한 저당상수로

바꾸면 $\left\{ \dfrac{\dfrac{0.05}{12}}{1-\left(1+\dfrac{0.05}{12}\right)^{-10\times12}} \right\}$ 이다.

따라서 고정금리부 원리금균등분할상환조건의 주택저당대출을 받은 경우 매월 상환해야 하는 원리금을 계산하기 위한 식은

$1억원 \times \left\{ \dfrac{\dfrac{0.05}{12}}{1-\left(1+\dfrac{0.05}{12}\right)^{-10\times12}} \right\}$ 이다.

28 답 ①

부동산학 각론 > 부동산금융론(부동산금융·증권론)

② MPTS는 지분형 MBS로 초과담보가 없으므로, 주택저당 총액과 MPTS의 발행액이 같아진다.

③ MBB(mortgage backed bond)는 발행자가 투자의 안정성을 높이기 위해 초과담보를 확보하므로 MBB 발행액 이 주택저당총액보다 적다.

④ MPTB(mortgage pay-through bond)는 채권·지분 혼합형의 MBS로 발행자가 MPTS를 담보로 하여 채권을 발행하며, 다른 조건이 같을 경우 MBB보다 작은 규모의 초과담보가 필요하다.

⑤ CMO(collateralized mortgage obligation)는 MBS 의 파생상품으로 MPTB와 동일한 발행기초를 가지지만, 만기구조는 다양하고 만기구조별로 수익률이 다르며, 계층 선택에 따라 조기상환위험도 달라진다.

빈출개념 체크	주택저당증권의 비교			
구분	MPTS	MBB	MPTB	CMO
유형	증권	채권	채권	채권
트랜치 수	1	1	1	여러 개
주택저당채권 집합물에 대한 소유권자	투자자	발행자	발행자	발행자
원리금 수취권자	투자자	발행자	투자자	투자자
조기상환 위험부담자	투자자	발행자	투자자	투자자
콜방어	불가	가능	-	가능 (장기트랜치에 투자 시 가능)
초과담보	없음	큼	작음	작음

29 답 ③

부동산학 각론 > 부동산금융론(부동산금융·증권론)

① 자기관리 부동산투자회사는 그 설립등기일부터 10일 이내에 대통령령으로 정하는 바에 따라 설립보고서를 작성하여 국토교통부장관에게 제출하여야 한다.

② 부동산투자회사는 부동산을 취득한 후 5년의 범위에서 대통령령으로 정하는 기간 이내에는 부동산을 처분하여서는 아니 된다.

④ 위탁관리 부동산투자회사 및 기업구조조정 부동산투자회사의 설립 자본금은 3억원 이상으로 한다.

⑤ 부동산투자회사는 영업인가를 받거나 등록을 한 날부터 2년 이내에 발행하는 주식 총수의 100분의 30 이상을 일반의 청약에 제공하여야 한다.

30 답 ②

부동산학 각론 > 부동산개발 및 관리론

② 도심의 지가 상승, 도심의 환경 악화, 공적 규제, 교통의 발달 등은 직·주분리의 원인에 해당한다.

31 답 ④

부동산학 각론 > 부동산개발 및 관리론

④ 도시개발사업의 시행방식 중 '대지로서의 효용증진과 공공시설의 정비를 위하여 토지의 교환·분할·합병, 그 밖의 구획변경, 지목 또는 형질의 변경이나 공공시설의 설치·변경이 필요한 경우', '도시개발사업을 시행하는 지역의 지가가 인근의 다른 지역에 비하여 현저히 높아 수용 또는 사용방식으로 시행하는 것이 어려운 경우'는 환지방식으로 할 수 있다(도시개발법 시행령 제43조 제1항 제1호).

32 답 ①

부동산학 각론 > 부동산개발 및 관리론

① 지주공동사업에 대한 내용이다. 자체사업은 토지소유자가 사업기획을 하고 직접 자금조달을 하여 건설을 시행하는 방식이다.

33 답 ③

부동산학 각론 > 부동산개발 및 관리론

③ 대상부동산의 물리적·기능적 하자의 유무를 판단하여 필요한 조치를 취하는 것은 기술적 측면의 부동산관리에 해당한다.

구분	장점	단점
자가 관리	• 입주자에 대한 최대한의 서비스 제공 • 소유자의 강한 지시통제력 발휘 • 관리 각 부문을 종합적으로 운영 • 기밀유지와 보안관리 양호 • 설비에 대한 애호정신이 높고 유사시 협동이 신속 • 양호한 환경보전이 가능	• 업무의 적극적 의욕 결여(안일화, 개혁 곤란, 매너리즘화) • 관리의 전문성 결여 • 인력관리가 비효율적(참모체제 방대) • 인건비가 불합리하게 지불될 우려 • 임대료의 결정·수납이 불합리적
위탁 관리	• 전문적 관리와 서비스가 가능 • 소유자는 본업에 전념할 수 있음 • 부동산관리비용의 저렴 및 안정 • 관리를 위탁함으로써 자사의 참모체계의 단순화 가능 • 급여체제나 노무의 단순화 • 관리의 전문성으로 인하여 전문업자의 활용이 합리적	• 전문관리회사의 선정이 어려움 • 관리요원의 인사이동이 심해 관리하자 우려 • 종업원의 소질과 기술이 저하 • 종업원의 신뢰도 저하 • 부동산관리요원들의 부동산설비에 대한 애호정신의 저하 • 기밀유지 및 보안의 불안전
혼합 관리	• 강한 지도력을 계속 확보하고 위탁관리의 편리를 이용 • 부득이한 업무부분(기술)만을 위탁 • 과도기(자가관리 ⇨ 위탁관리)적 방식으로 이용이 편리	• 책임소재가 불명확하며 전문업자를 충분히 활용할 수 없음 • 관리요원 사이의 원만한 협조 곤란 • 운영이 악화되면 양 방식의 결점만 노출

34 답 ④

부동산 감정평가론 > 감정평가의 기초이론

④ 감정평가법인등은 감정평가조건을 붙일 때에는 감정평가조건의 합리성, 적법성 및 실현 가능성을 검토하여야 한다. 다만, 법령에 다른 규정이 있는 경우에는 그러하지 아니하다(감정평가에 관한 규칙 제6조 제3항).

35 답 ④

부동산 감정평가론 > 감정평가의 기초이론

④ 대상부동산과 사례부동산이 반드시 인접해야 하는 것은 아니다. 따라서 인접성은 관련이 없다.

36 답 ⑤

부동산 감정평가론 > 부동산가격이론

⑤ 부동산의 가치는 그것을 특정용도로 사용함으로써 희생된 대안적 이용에 지불하려는 대가에 의해 결정된다는 평가원칙은 기회비용의 원칙이다. 대체의 원칙이란 부동산의 가치는 대체관계에 있는 유사부동산의 영향을 받아서 결정된다는 평가원칙이다.

37 답 ③

부동산 감정평가론 > 감정평가의 방식

③ 원가법에서 감가수정의 방법 중 내용연수에 의하는 경우 경과연수보다 잔존내용연수에 중점을 두고 있다.

38 답 ①

부동산 감정평가론 > 감정평가의 방식

① 시점수정은 거래사례자료의 거래시점 가액을 기준시점의 가액으로 정상화하는 작업을 말한다.

39 답 ④

부동산 감정평가론 > 감정평가의 방식

거래사례가격은 5억원에 거래되었으며, 사례토지의 면적이 100m²이고, 대상토지의 면적이 130m²이므로 $\frac{130}{100}$ 이다. 사정보정 요인은 없으므로 사정보정은 하지 않아도 되며, 연간 지가상승률은 4%이므로 시점수정치는 $\frac{104}{100}$ 이다. 대상토지는 거래사례의 인근지역에 위치하므로 지역요인은 비교하지 않아도 되며, 대상토지는 거래사례에 비해 6% 우세하므로 개별요인 비교치는 $\frac{106}{100}$ 이다. 따라서

$$5억원 \times \frac{130}{100} \times \frac{104}{100} \times \frac{106}{100}$$
$$= 5억원 \times 1.3 \times 1.04 \times 1.06 = 716,560,000원이다.$$

40 답 ②

부동산 감정평가론 > 감정평가의 방식

② 「집합건물의 소유 및 관리에 관한 법률」에 따른 구분소유권의 대상이 되는 건물부분과 그 대지사용권을 일괄하여 감정평가하는 경우 등 토지와 건물을 일괄하여 감정평가할 때에는 거래사례비교법을 적용하여야 한다.

41	①	42	①	43	③	44	③	45	①
46	④	47	③	48	①	49	⑤	50	⑤
51	④	52	④	53	⑤	54	①	55	④
56	⑤	57	③	58	④	59	②	60	④
61	③	62	②	63	⑤	64	⑤	65	④
66	②	67	②	68	④	69	③	70	④
71	①	72	⑤	73	④	74	⑤	75	③
76	③	77	⑤	78	④	79	③	80	②

점수: _____ 점

41 답 ①

민법총칙 > 법률행위

① 합의해제(해제계약)는 계약에 해당한다.
②③④⑤ 단독행위에 해당한다.

42 답 ①

민법총칙 > 법률행위

① 「부동산등기 특별조치법」상 조세포탈과 부동산투기 등을 방지하기 위하여 위 법률 제2조 제2항 및 제8조 제1호에서 등기하지 아니하고 제3자에게 전매하는 행위를 일정 목적범위 내에서 형사처벌하도록 되어 있으나 이로써 순차 매도한 당사자 사이의 중간생략등기합의에 관한 사법상 효력까지 무효로 한다는 취지는 아니다(대판 1993.1.26, 92다39112).

43 답 ③

민법총칙 > 법률행위

ㄱ. 피해당사자가 궁박, 경솔 또는 무경험의 상태에 있었다고 하더라도 그 상대방 당사자에게 그와 같은 피해당사자 측의 사정을 알면서 이를 이용하려는 의사, 즉 폭리행위의 악의가 없었다면 불공정 법률행위는 성립하지 않는다(대판 2002.10.22, 2002다38927).
ㄷ. 매도인의 대리인이 매매한 경우에 있어서 그 매매가 불공정한 법률행위인가를 판단함에는 매도인의 경솔, 무경험은 그 대리인을 기준으로 하여 판단하여야 하고, 궁박상태에 있었는지의 여부는 매도인 본인의 입장에서 판단되어야 한다(대판 1972.4.25, 71다2255).

44 답 ③

민법총칙 > 법률행위

③ 乙 명의의 등기는 실체관계에 부합하므로 유효하다(대판 1980.7.22, 80다791). 따라서 乙은 확정적으로 소유권을 취득하므로 甲은 乙에게 등기말소를 청구할 수 없다.
①② 허위표시에 기한 법률행위를 가장행위라고 하고, 가장행위 속에 감추어진 행위를 은닉행위라고 한다. 이 사안처럼 증여세를 면탈할 목적으로 매매를 가장한 증여의 경우 매매는 가장행위로서 무효지만, 증여는 은닉행위로서 증여의 요건을 갖추는 한 유효하다.
④ 乙은 확정적으로 소유권을 취득하므로 丙도 선의·악의를 불문하고 유효하게 소유권을 취득한다. 따라서 甲과 乙은 丙이 악의이더라도 등기말소를 청구할 수 없다.
⑤ 매매는 가장행위로서 무효이지만 증여는 은닉행위로서 유효하고, 乙 앞으로 경료된 소유권이전등기도 실체적 권리관계에 부합하므로 乙은 위 토지에 대해 소유권을 취득한다. 따라서 丙은 가장매매사실에 대해 선의·악의를 불문하고 소유권을 취득한다.

빈출개념 체크	가장행위와 은닉행위
개념 구별	통정허위표시에 기한 법률행위를 가장행위라 하고, 가장행위 속에 감추어진 행위를 은닉행위라 한다.
효력 여부	• 가장행위는 무효이지만 은닉행위는 은닉행위로서의 요건을 갖추는 한 유효하다. • 증여세를 면탈할 목적으로 매매를 가장한 경우 매매는 가장행위로서 무효이지만, 증여는 은닉행위로서 증여의 요건을 갖추는 한 유효하다.

45 답 ①

민법총칙 > 의사표시

① 「민사소송법」상의 소송행위에는 특별한 사정이 없는 한 민법상의 법률행위에 관한 규정이 적용될 수 없는 것이므로 사기·강박 또는 착오 등 의사표시의 하자를 이유로 그 무효나 취소를 주장할 수 없다(대판 1980.8.26, 80다76).
② 대리인의 기망행위로 계약을 체결한 상대방은 본인의 선의·악의 및 과실 유무를 불문하고 계약을 취소할 수 있다.
③ 의사결정의 자유가 박탈된 의사표시이므로 취소할 수 있는 것이 아니라 바로 무효가 된다(대판 1997.3.11, 96다49353).
④ 일방 당사자가 자기가 소유하는 목적물의 시가를 묵비하여 상대방에게 고지하지 아니하거나 혹은 허위로 시가보다 높은 가액을 시가라고 고지하였다 하더라도 이는 상대방의 의사결정에 불법적인 간섭을 한 것이라고 볼 수 없다(대판 2002.9.4, 2000다54406).
⑤ 제3자의 사기로 계약을 체결한 경우, 피해자는 그 계약을 취소하지 않고 곧바로 그 제3자에게 불법행위를 이유로 손해배상을 청구할 수 있다.

46 답 ④

④ 교환계약의 당사자가 목적물의 시가를 묵비하거나 허위로 시가보다 높은 가액을 시가라고 고지하였다 하더라도 기망행위에 해당하지 않는다(대판 2002.9.4, 2000다54406·54413).

① 상대방 있는 단독행위에 대해서는 제107조 제1항 본문·단서 모두 적용된다.

② 제107조 제1항 단서

③ 제110조 제2항

⑤ 대판 2002.12.27, 2000다47361

47 답 ③   고난도

③ 상대방이 대리인으로서 한 것임을 알았거나 알 수 있었을 때에는 대리행위의 효과는 본인에게 귀속한다(제115조 단서).

① 대리인은 행위능력자임을 요하지 아니한다(제117조). 따라서 乙이 피성년후견인이더라도 대리행위는 유효하다.

② 대리인이 본인을 위한 것임을 표시하지 아니한 때에는 그 의사표시는 자기를 위한 것으로 본다(제115조 본문). 따라서 대리인이 법률관계의 당사자로 간주되므로, 상대방이 대리인에게 계약의 이행을 청구한 경우 대리인은 착오를 이유로 대리행위를 취소하지 못한다.

④ 대리인이 사기를 당한 경우 본인은 기망행위를 당하지 않았더라도 매매계약을 취소할 수 있다(제116조, 제110조).

⑤ 본인은 의사표시규정(제107조 내지 제110조)에서 말하는 제3자에 해당하지 않는다. 따라서 대리인이 상대방에 대해 사기·강박을 한 경우 본인의 선의·악의를 불문하고 상대방은 취소할 수 있고, 취소로써 선의의 甲에게 대항할 수 있다(제110조).

48 답 ①

① 대리인이 파산선고를 받으면 대리권은 소멸한다(제127조 제2호).

② 제119조

③ 제124조

④ 대판 1987.11.10, 86다카371 등

⑤ 대판 1994.2.8, 93다39379

49 답 ⑤

선의의 제3자에게 대항할 수 없는 무효를 상대적 무효, 선의의 제3자에게 대항할 수 없는 취소를 상대적 취소라고 한다.

ㄴ. 상대적 무효

ㄷ, ㄹ. 상대적 취소

ㄱ, ㅁ. 절대적 무효

50 답 ⑤

⑤ 불법원인급여의 경우 급여자는 부당이득반환을 청구할 수 없음은 물론 소유권에 기한 반환청구도 할 수 없다(대판 전합체 1979.11.13, 79다483).

①② 제138조

③ 제139조는 임의규정이므로 당사자의 특약으로 소급효를 인정하는 것은 가능하다.

④ 제137조, 대판 1999.3.26, 98다56607

51 답 ④

④ 불능조건이 정지조건인 경우 그 법률행위는 무효이다(제151조 제3항).

① 불법조건부 법률행위는 조건뿐만 아니라 법률행위 전체가 무효로 된다.

② 제147조 제2항 참조

③ 조건의사가 있더라도 그것이 외부에 표시되지 않으면 법률행위의 동기에 불과할 뿐이고 그것만으로는 법률행위의 부관으로서의 조건이 되는 것은 아니다(대판 2003.5.13, 2003다10797).

⑤ 제150조 제1항

52 답 ④

ㄴ. 甲은 乙에게 건물의 철거를 청구할 수 있으므로 甲은 丙을 상대로 Y건물에서의 퇴거를 청구할 수 있다.

ㄷ. 丁이 건물을 인도받은 경우에는 건물에 대한 처분권한을 취득하므로 甲은 丁을 상대로 Y건물의 철거를 청구할 수 있다.

ㄱ. 무단으로 건물을 신축하더라도 乙이 건물의 소유자이므로 甲은 乙을 상대로 Y건물에서의 퇴거를 청구할 수 없다.

53 답 ⑤

고난도

물권법 > 물권의 변동

⑤ 가등기 이후에 부동산을 취득한 제3자는 가등기에 기한 소유권이전등기청구권이 시효 완성으로 소멸되었다면, <u>가등기권리자에 대하여 본등기청구권의 소멸시효를 주장하여 그 가등기의 말소를 청구할 수 있다</u>(대판 1991.3.12, 90다카27570).
① 대판 1982.11.23, 81다카1110
② 대판 1976.10.26, 76다2079
③ 대결 전합체 1962.12.24, 4294민재항675
④ 가등기는 그 성질상 본등기의 순위보전의 효력만이 있고 후일 본등기가 경료된 때에는 본등기의 순위가 가등기한 때로 소급함으로써 가등기 후 본등기 전에 이루어진 중간처분이 본등기보다 후순위로 되어 실효될 뿐이고 본등기에 의한 물권변동의 효력이 가등기한 때로 소급하여 발생하는 것은 아니다(대판 1982.6.22, 81다1298·1299).

54 답 ①

물권법 > 점유권

① 부동산에 관하여 소유권이전등기가 마쳐져 있는 경우 그 등기명의자는 제3자에 대하여서뿐만 아니라, 그 전 소유자에 대하여서도 적법한 등기원인에 의하여 소유권을 취득한 것으로 추정된다(대판 2000.3.10, 99다65462).
② 제198조
③ 근저당권설정등기의 경우에도 피담보채권을 성립시키는 기본계약의 존재는 추정되지 않는다. 따라서 근저당권의 피담보채권을 성립시키는 법률행위가 있었는지 여부에 대한 증명책임은 그 존재를 주장하는 측에 있다(대판 2011.4.28, 2010다107408).
④ 대판 1982.4.13, 81다780
⑤ 대판 1982.9.14, 82다카707

55 답 ④

물권법 > 물권의 변동

④ 중간생략등기의 합의는 순차적으로도 할 수 있으나, <u>최초양도인과 중간자의 합의 및 중간자와 최종양수인의 합의 외에 최초양도인과 최종양수인 사이의 합의까지 있어야 한다. 따라서 甲의 동의가 없는 한 丙은 甲을 상대로 중간생략등기청구를 할 수 없다.</u>

56 답 ⑤

물권법 > 물권의 변동

⑤ 甲의 토지에 乙이 지상권을 취득한 후, 그 토지에 저당권을 취득한 丙이 그 토지의 소유권을 취득한 경우 丙의 저당권은 소멸한다.

57 답 ③

물권법 > 점유권

③ 적법하게 과실을 취득한 선의의 점유자는 회복자에게 '통상의 필요비'의 상환을 청구하지 못한다(제203조 제1항 단서). 따라서 특별필요비는 청구할 수 있다.
① 건물소유자가 현실적으로 건물이나 그 부지를 점거하지 않더라도 특별한 사정이 없는 한 건물의 부지에 대한 점유가 인정된다(대판 2003.11.13, 2002다57935).
② 제198조 소정의 점유계속 추정은 동일인이 전후 양 시점에 점유한 것이 증명된 때에만 적용되는 것이 아니고 전후 양 시점의 점유자가 다른 경우에도 점유의 승계가 입증되는 한 점유계속은 추정된다(대판 1996.9.20, 96다24279·24286).
④ 사기의 의사표시에 의해 건물을 명도해 준 것은 건물의 점유를 침탈당한 것이 아니므로 피해자는 점유물반환청구권이 없다(대판 1992.2.28, 91다17443).
⑤ 제197조 제2항

58 답 ④

물권법 > 소유권

④ 원칙적으로 <u>점유개시 시를 기준으로 한다. 따라서 점유자는 기산점을 임의로 선택할 수 없고, 현재 점유하고 있는 시점을 기준으로 역산할 수 없다.</u>

59 답 ②

고난도

물권법 > 소유권

② 수인의 공유로 된 부동산에 관하여 그 공유자 중의 1인이 부정한 방법으로 공유물 전부에 관한 소유권이전등기를 그 단독명의로 경료한 경우 공유자 중의 1인은 공유물의 보존행위로서 단독명의로 등기를 경료하고 있는 공유자에 대하여 그 공유자의 공유지분을 제외한 나머지 공유지분 전부에 관하여 소유권이전등기 말소등기절차의 이행을 구할 수 있다(대판 1988.2.23, 87다카961).
① 제265조 단서
③ 대판 2016.10.27, 2015다52978
④⑤ 대판 2002.5.14, 2002다9738

60 답 ④

④ 장사법 시행 이전에 타인의 토지에 분묘를 설치한 다음 20년간 평온·공연하게 분묘의 기지를 점유함으로써 분묘기지권을 시효로 취득한 자는 토지소유자가 지료지급청구를 한 날부터 지료를 지급하여야 한다(대판 전합체 2021.4.29, 2017다228007).

① 타인 소유의 토지에 소유자의 승낙 없이 분묘를 설치한 경우에는 20년간 평온, 공연하게 그 분묘의 기지를 점유하면 지상권 유사의 관습상의 물권인 분묘기지권을 시효로 취득한다(대판 1996.6.14, 96다14036). 즉, 분묘기지권을 시효취득하는 것이지 분묘기지의 소유권을 시효취득하는 것이 아니다.

② 타인의 토지 위에 분묘를 설치·소유하는 경우 그 토지를 소유의 의사로 점유하는 것으로 추정되지 않는다(대판 1994. 11.8, 94다31549).

③ 분묘기지권은 봉분 등 외부에서 분묘의 존재를 인식할 수 있는 형태를 갖추고 있는 경우에 한하여 인정되므로 이러한 특성상 분묘기지권은 등기 없이 취득한다(대판 1996. 6.14, 96다14036).

⑤ 분묘기지권의 존속기간에 관하여는 민법의 지상권에 관한 규정에 따를 것이 아니라, 당사자 사이에 약정이 있으면 그에 의하고, 약정이 없는 경우에는 권리자가 분묘의 수호와 봉사를 계속하는 한 그 분묘가 존속하고 있는 동안은 분묘기지권은 존속하는 것으로 보아야 한다(대판 1982.1. 26, 81다1220).

61 답 ③

③ 존속기간의 약정이 없으면 언제든지 전세권의 소멸을 통고할 수 있고, 전세권설정자가 소멸통고한 경우이든 전세권자가 소멸통고한 경우이든 각각 6월을 경과함으로써 전세권이 소멸한다(제313조).

① 전세권자는 수선의무를 부담한다(제309조).

② 멸실된 부분의 전세권은 소멸한다(제314조 제1항).

④ 전세권 처분 시 전세권설정자의 동의는 필요 없다(제306조).

⑤ 전세권에도 담보물권의 통유성이 인정된다. 따라서 부종성, 수반성, 물상대위성, 불가분성 모두 인정된다. 판례도 전세권의 물상대위성을 긍정한다(대판 2014.10.27, 2013다91672).

62 답 ②

② 피담보채권의 범위는 원본, 이자, 위약금, 저당권 실행비용, 채무불이행으로 인한 손해배상청구권이다(제360조).

63 답 ⑤

⑤ 법정지상권의 내용인 존속기간·토지사용권의 범위 등은 구건물을 기준으로 하여 그 이용에 일반적으로 필요한 범위 내로 제한된다는 것이 판례의 태도이다.

64 답 ⑤

⑤ 동일한 채권의 담보를 위하여 부동산과 선박에 저당권이 설정된 경우에는 일반부동산에 대한 경매절차와 선박에 대한 경매절차가 전혀 별개이므로 후순위저당권자의 대위에 관한 제368조 제2항 제2문 규정이 적용 내지 유추적용되지 않는다는 것이 판례의 태도이다.

65 답 ④

④ 근저당권자가 피담보채무의 불이행을 이유로 경매신청을 한 경우, 근저당권의 피담보채무액은 경매신청 시에 확정된다(대판 2002.11.26, 2001다73022).

① 근저당권 실행비용(경매비용)은 채권최고액에 포함되지 않는다(대결 1971.5.15, 71마251).

② 채권최고액이란 담보목적물로부터 우선변제를 받을 수 있는 한도액을 말하는 것이지 책임의 한도액을 말하는 것이 아니다(대판 1992.5.26, 92다1896).

③ 확정된 피담보채권액이 채권최고액을 초과하는 경우에 물상보증인은 채권최고액까지만 변제하고 근저당권의 소멸을 청구할 수 있다(대판 1974.12.10, 74다998).

⑤ 피담보채권과 분리하여 근저당만의 양도는 허용되지 않으며, 피담보채권이 없는 근저당권의 양도는 무효이다(대판 1968.2.20, 67다2543).

66 답 ②

② 청약과 동시에 승낙기간을 정할 필요는 없다.
① 청약은 그에 대응하는 승낙만 있으면 곧바로 계약이 성립하므로 구체적·확정적 의사표시이어야 한다(대판 2003. 4.11, 2001다53059).
③ 청약은 상대방 있는 의사표시이지만, 그 상대방은 특정인뿐만 아니라 불특정 다수인이라도 무방하다. 그러나 승낙은 특정의 청약자에 대하여 하여야 한다. 불특정 다수인에 대한 청약은 있을 수 없다.
④ 승낙자가 청약에 대하여 조건을 붙이거나 변경을 가하여 승낙한 때에는 그 청약의 거절과 동시에 새로 청약한 것으로 본다(제534조).
⑤ 당사자 간에 '동일한 내용'의 청약이 상호 교차된 경우에는 양 청약이 상대방에게 도달한 때에 계약이 성립한다(제533조).

67 답 ②

② 목적이 불능한 계약을 체결할 때에 그 불능을 알았거나 알 수 있었을 자는 그 계약의 유효를 믿었음으로 인하여 받은 손해를 배상하여야 한다(제535조 제1항).

68 답 ③

③ 쌍무계약의 채권자는 자기 채무의 이행 없이 먼저 채무자에게 이행을 청구할 수 있다.
④ 동시이행의 항변권을 원용하여야 법원이 이를 고려한다.

69 답 ③

③ 쌍무계약에 있어서 채무자의 책임 없는 사유로 후발적 불능이 된 경우이므로 위험부담의 문제로 처리된다. 소유권이전채무의 불이행에 대하여 채무자인 甲에게 귀책사유가 없으므로 甲은 토지소유권이전채무를 면하고 乙의 대금지급의무도 같이 소멸한다(제537조). 따라서 乙은 甲에게 매매대금을 지급할 의무가 없다.
① 토지수용은 국가의 적법한 행위이므로 불법행위가 성립하지 않는다.
② 후발적 불능의 경우에는 계약체결상의 과실책임이 성립하지 않는다.

④⑤ 채무자 甲에게 귀책사유가 없으므로 채무불이행이 성립하지 않는다. 따라서 乙은 甲과의 계약을 해제하거나 채무불이행을 이유로 손해배상을 청구할 수 없다.

70 답 ③

③ 낙약자는 요약자와의 계약에 기한 항변(보상관계에 기초한 항변)으로 수익자에게 대항할 수 있다. 따라서 甲이 乙에게 매매계약에 따른 이행을 하지 않은 경우 乙은 특별한 사정이 없는 한 丙에게 대금지급을 거절할 수 있다.

71 답 ①

① 계약의 합의해제로 인하여 반환할 금전에는 그 받은 날로부터 이자를 가하여야 할 의무가 없다(대판 1996.7.30, 95다16011; 대판 2003.1.24, 2000다5336).
② 계약자유의 원칙상 당사자 쌍방은 자기 채무의 이행제공 없이 합의에 의하여 계약을 해제할 수 있다(대판 1991.7.12, 90다8343).
③ 계약의 합의해제에 있어서도 제3자의 권리를 해하지 못한다(대판 2005.6.9, 2005다6341).
④ 계약이 합의해제된 경우에는 그 해제 시에 당사자 일방이 상대방에게 손해배상을 하기로 특약하거나 손해배상청구를 유보하는 의사표시를 하는 등 다른 사정이 없는 한 채무불이행으로 인한 손해배상을 청구할 수 없다(대판 1989. 4.25, 86다카1147).
⑤ 계약의 합의해제는 명시적으로뿐만 아니라 당사자 쌍방의 묵시적인 합의에 의하여도 할 수 있다. 따라서 매도인이 잔금기일 경과 후 해제를 주장하며 수령한 대금을 공탁하고 매수인이 이의 없이 수령한 경우, 특별한 사정이 없는 한 매매계약은 합의해제된 것으로 본다(대판 1979.10.30, 79다1455).

빈출개념 체크	제548조 제1항 단서의 제3자에 해당하지 않는 자

1. 해제에 의하여 소멸하는 채권 그 자체의 양수인(아파트 분양신청권이 전전 매매된 후 최초의 매매 당사자가 계약을 합의해제한 경우 그 분양신청권을 전전 매수한 자)
2. 해제에 의하여 소멸하는 채권에 대하여 압류명령이나 전부명령을 받은 압류채권자 또는 전부채권자
3. 제3자를 위한 계약에 있어서의 수익자
4. 매도인의 매매대금 수령 이전에 해제조건부로 임대권한을 부여받은 매수인으로부터 그 계약이 해제되기 전에 주택을 임차하여 「주택임대차보호법」상의 대항요건을 갖춘 임차인

5. 토지를 매도하였다가 대금지급을 받지 못하여 그 매매계약을 해제한 경우에 있어 그 토지 위에 신축된 건물의 매수인
6. 계약이 해제되기 전에 계약상의 채권을 양수하여 이를 피보전권리로 하여 처분금지가처분결정을 받은 자

72 답 ⑤

계약법 > 매매

⑤ 매도인이 계약금의 배액을 상환하고 계약을 해제하려면 계약해제 의사표시 이외에 계약금 배액의 이행의 제공이 있으면 족하고, 상대방이 이를 수령하지 않더라도 이를 공탁하여야 유효한 것은 아니다(대판 1992.5.12, 91다2151).
① 제565조 제1항
② 대판 1987.2.24, 86누438
③ 제565조 제2항
④ 대판 1993.1.19, 92다31323

73 답 ④

계약법 > 매매

④ 수량부족·일부멸실의 경우에는 선의의 매수인만 대금감액청구권을 갖는다(제574조).
① 전부 타인의 권리의 경우에는 매수인은 선의·악의를 불문하고 계약해제권을 행사할 수 있다(제570조).
② 일부 타인의 권리의 경우에는 매수인은 선의·악의를 불문하고 대금감액청구권을 행사할 수 있다(제572조 제1항).
③ 용익권에 의한 제한의 경우에는 선의의 매수인만 계약해제권, 손해배상청구권을 행사할 수 있다(제575조 제1항).
⑤ 저당권이 실행되어 매수인이 자신의 권리를 잃은 때에 담보책임의 문제가 생긴다(제576조 제1항).

74 답 ⑤   고난도

계약법 > 임대차

⑤ 기간의 약정이 없는 토지임대차를 임대인이 해지한 경우에는 토지임차인은 갱신청구권을 행사할 필요 없이 곧바로 지상물매수청구권을 행사할 수 있다(대판 전합체 1995.7.11, 94다34265).
① 제635조
②③ 대판 2002.5.31, 2001다42080
④ 매수청구권은 형성권이므로 甲은 乙의 매수청구를 거절할 수 없다.

75 답 ③

민사특별법 > 주택임대차보호법

③ 「주택임대차보호법」상의 대항력과 우선변제권을 모두 가지고 있는 임차인이 보증금을 반환받기 위하여 보증금반환청구소송의 확정판결 등 집행권원을 얻어 임차주택에 대하여 스스로 강제경매를 신청하였다면 특별한 사정이 없는 한 대항력과 우선변제권 중 우선변제권을 선택하여 행사한 것으로 보아야 하고, 이 경우 우선변제권을 인정받기 위하여 배당요구의 종기까지 별도로 배당요구를 하여야 하는 것은 아니다(대판 2013.11.14, 2013다27831).
① 대판 1999.3.23, 98다46938
② 「주택임대차보호법」 제3조의2 제2항
④ 대결 2000.3.15, 99마4499
⑤ 대판 2001.3.27, 98다4552

빈출개념 체크	「주택임대차보호법」상의 우선변제권
우선변제권의 행사	• 임차인이 임차주택에 대하여 보증금반환청구소송의 확정판결 기타 이에 준하는 집행권원에 기한 경매를 신청하는 경우에는 반대의무의 이행 또는 이행의 제공을 집행개시의 요건으로 하지 아니한다. • 임차인은 임차주택을 양수인에게 인도하지 아니하면 보증금을 수령할 수 없다(이는 임차인이 보증금을 수령하기 위해서는 임차주택을 명도한 증명을 하여야 한다는 의미이지, 주택인도의무가 보증금반환의무보다 선이행되어야 한다는 의미가 아님).
우선변제권의 승계	• 일정한 금융기관이 우선변제권을 취득한 임차인의 보증금반환채권을 계약으로 양수한 경우에는 양수한 금액의 범위에서 우선변제권을 승계한다. • 우선변제권을 승계한 금융기관은 임차인이 대항요건을 상실한 경우와 임차권등기명령에 따른 임차권등기가 말소된 경우 및 민법상 임대차등기가 말소된 경우에는 우선변제권을 행사할 수 없다. • 우선변제권을 승계한 금융기관이더라도 우선변제권을 행사하기 위하여 임차인을 대리하거나 대위하여 임대차를 해지할 수는 없다.

76 답 ③

민사특별법 > 주택임대차보호법

③ 주택임차인이 제3자에 대한 대항력을 갖춘 후 임차주택의 소유권이 양도되어 그 양수인이 임대인의 지위를 승계하는 경우에는, 보증금반환채무도 부동산소유권과 결합하여 일체로서 이전하는 것(면책적 채무인수에 해당함)이므로 양도인의 임대인으로서의 지위나 보증금반환채무는 소멸한다(대판 1996.2.27, 95다35616).
① 주택임차인에게 대항력이 발생하는 시점은 주택의 인도와 주민등록을 모두 갖춘 다음 날의 오전 0시부터이다(대판 1999.5.25, 99다9981).

② 「주택임대차보호법」상의 임차보증금반환채권은 배당요구가 필요한 배당요구채권에 해당한다(대판 1998.10.13, 98다12379). 따라서 배당요구를 하지 않으면 甲은 보증금을 우선변제 받을 수 없다.

④ 주택임차인이 2기의 차임액에 달하도록 차임을 연체하거나 그 밖에 임차인으로서의 의무를 현저히 위반한 경우에는 법정갱신이 인정되지 않는다(주택임대차보호법 제6조 제3항).

⑤ 주택임대차가 법정갱신된 경우 임대차의 존속기간은 2년으로 본다(주택임대자보호법 제6조 제2항).

77 답 ⑤

민사특별법 > 상가건물 임대차보호법

⑤ 경매신청 전까지가 아니라 경매신청의 등기 전까지이다.

78 답 ④

민사특별법 > 집합건물의 소유 및 관리에 관한 법률

④ 공유자의 특별승계인에게 그 승계의사의 유무에 관계없이 청구할 수 있도록 「집합건물의 소유 및 관리에 관한 법률」 제18조에서 특별규정을 두고 있는바, 위 관리규약 중 공용부분 관리비에 관한 부분은 위 규정에 터잡은 것으로서 유효하다고 할 것이므로 아파트의 특별승계인은 전 입주자의 체납관리비 중 공용부분에 관하여는 이를 승계하여야 한다고 봄이 타당하다(대판 전합체 2001.9.20, 2001다8677).

① 대판 2002.11.8, 99다58136

⑤ 대판 2003.11.14, 2002다2485

79 답 ③

민사특별법 > 가등기담보 등에 관한 법률

ㄴ. 매매대금채권을 담보하기 위하여 가등기한 경우는 「가등기담보 등에 관한 법률」이 적용되지 않는다.

ㄷ. 판례는 동산의 양도담보에 대해서는 「가등기담보 등에 관한 법률」을 적용하지 않는다.

80 답 ②

민사특별법 > 부동산 실권리자명의 등기에 관한 법률

②③ 명의신탁과 등기에 의한 물권변동이 무효이므로 소유권은 당연히 丙에게 복귀한다(부동산 실권리자명의 등기에 관한 법률 제4조 제1항·제2항). 따라서 丙은 乙에게 소유권에 기한 물권적 청구권을 행사하여 등기말소를 청구할 수 있다.

①④ 등기명의신탁의 경우 매도인과 신탁자 사이의 매매계약은 유효하다. 따라서 丙은 여전히 甲에 대하여 소유권이전등기의무를 부담한다.

⑤ 신탁자 甲은 매도인 丙을 대위하여 수탁자 乙을 상대로 등기말소를 구하고 다시 丙을 상대로 매매계약에 기한 소유권이전등기를 청구하여야 한다(대판 2002.3.15, 2001다61654).

빈출개념 체크	등기명의신탁(중간생략형 명의신탁)
사례	
쟁점 정리	• 甲·乙 간의 명의신탁약정도 무효이고, A에게서 乙에게로 이전된 등기에 의한 물권변동도 무효이다. • 소유권은 여전히 A가 보유한다. 따라서 A는 乙을 상대로 소유권에 기한 방해제거청구권을 행사하여 등기말소를 청구할 수 있다. • A와 甲 사이의 매매는 유효하므로 甲은 A를 상대로 매매대금의 반환을 청구할 수 없고, 甲은 자신에게 소유권이전등기를 하기 위해서는 A를 대위하여 乙을 상대로 등기말소를 구하고 다시 A를 상대로 매매계약에 기한 소유권이전등기를 청구하여야 한다. • 丙은 선의·악의를 불문하고 소유권을 취득한다.

제6회 정답 및 해설

→ **집필진** [부동산학개론] 장혁 교수, [민법 및 민사특별법] 민석기 교수

제1과목 | 부동산학개론
pp.114~122

01	②	02	③	03	⑤	04	②	05	④
06	③	07	④	08	①	09	⑤	10	②
11	④	12	①	13	③	14	③	15	④
16	②	17	④	18	①	19	⑤	20	③
21	④	22	④	23	⑤	24	⑤	25	②
26	①	27	③	28	④	29	①	30	⑤
31	②	32	②	33	③	34	②	35	③
36	①	37	④	38	④	39	①	40	②

점수: _____ 점

1 답 ②

부동산학 총론 > 부동산의 개념과 분류

② 공간은 물리적 개념에 해당된다.
①③④⑤ 소비재, 상품, 자산, 자본은 경제적 개념에 해당된다.

2 답 ③

부동산학 총론 > 부동산의 개념과 분류

ㄱ. 건부지 가격은 건부감가에 의해 나지가격보다 낮게 평가된다.
ㄴ. 획지의 내용이다.
ㄹ. 일단지의 내용이다.

3 답 ⑤

부동산학 각론 > 부동산경제론

⑤ 보완관계에 있는 재화의 가격상승은 수요의 감소요인으로 아파트의 수요도 함께 감소가 된다. 결국 가격하락요인이 된다.
①②③④ 수요증가 ⇨ 가격상승요인

4 답 ②

부동산학 총론 > 부동산의 특성

ㄴ. 부동성의 내용이다.
ㄷ. 개별성의 내용이다.
ㄹ. 부증성의 내용이다.

5 답 ④

부동산학 총론 > 부동산경제론

① 공급의 감소로 균형거래량은 감소하고 균형가격은 상승한다.
② 수요량의 변화가 아니라 수요의 변화이다.
③ 토지가격의 상승은 생산비의 상승으로 주택공급을 감소시키는 요인이 된다.
⑤ 실제 매수한 수량을 말하는 것이 아니라 의도된 수량이다.

6 답 ③   고난도

부동산학 각론 > 부동산경제론

장단기 수요함수가 $Q_D = 200 - P$일 때, P값에 임대료 80만원을 대입하면
- 단기: $Q_D = 200 - 80$, Q_D은 120이고 Q_S는 100이므로 초과수요는 20호이다.
- 장기: $Q_D = 200 - 80$, Q_D은 120이고, $Q_S = (3 \times 80) - 150$, Q_S는 90이므로 초과수요는 30호이다.

7 답 ④

부동산학 각론 > 부동산경제론

- 유량변수: ㄱ, ㄹ, ㅁ
- 저량변수: ㄴ, ㄷ, ㅂ

8 답 ①

부동산학 각론 > 부동산경제론

가격탄력성 $0.8 = \left| \dfrac{x}{5\%} \right|$, $x = 4\%$ 감소, 시장에서 전체 수요량이 2%가 감소했다면 소득으로 인한 수요량의 증가는 2%가 되어야 한다. 그러므로 소득탄력성 $0.4 = \dfrac{2\%}{x}$, $x = \underline{5\%}$ 증가한다.

9 답 ⑤

부동산학 각론 > 부동산경제론

⑤ 공급이 증가할 때 수요의 가격탄력성이 비탄력적일수록 가격은 더 하락하게 된다.

10 답 ②

부동산학 각론 > 부동산정책론

• 직접개입: ㄱ, ㄴ, ㅂ
• 간접개입: ㄷ, ㄹ, ㅁ

11 답 ④

부동산학 각론 > 부동산경제론

• A부동산시장

  수요함수가 $P = 300 - \dfrac{1}{2}Q_d$ 이고,

  공급함수가 $P = 200 + \dfrac{5}{4}Q_s$ 이다.

  따라서 수요곡선의 기울기의 절댓값$\left(\dfrac{1}{2}\right)$보다 공급곡선의

  기울기의 절댓값$\left(\dfrac{5}{4}\right)$이 더 크므로 수렴형이다.

• B부동산시장

  수요함수가 $P = 400 - Q_d$ 이고,

  공급함수가 $P = 50 + Q_s$ 이다.

  따라서 수요곡선의 기울기의 절댓값(1)과 공급곡선의 기울기의 절댓값(1)이 같으므로 순환형이다.

12 답 ①

부동산학 각론 > 부동산시장론

① 준강성 효율적시장 ⇨ 강성 효율적 시장

13 답 ③

부동산학 각론 > 부동산시장론

③ 고소득층 주거지역의 경계와 인접한 저소득층 주택은 대부분 할증되어 거래된다.

14 답 ③

부동산학 각론 > 부동산정책론

③ 선분양제도는 분양권 전매를 통하여 가수요를 창출하여 부동산시장의 불안을 야기할 수 있다.

15 답 ④

부동산학 각론 > 부동산정책론

① 수요와 공급의 상대적 탄력성에 따라 다르다.
② 공급의 임대료탄력성이 완전비탄력적이면 조세의 전가는 발생하지 않는다.
③ 임차인이 상대적으로 많이 부담하게 된다.
⑤ 수요, 공급 모두 감소하는 요인으로 작용한다.

16 답 ②

부동산학 각론 > 부동산시장론

② 크리스탈러(W. Christaller)는 중심지의 기능이 유지되기 위해서는 재화의 도달범위가 최소요구치보다 커야 한다고 하였다.

17 답 ④

부동산학 각론 > 부동산시장론

① 중심업무지역과 저소득층 주거지대 사이에 점이지대가 위치한다.
② 호이트의 선형이론에 대한 설명이다.
③ 다핵심이론에서 동종업종은 집적입지를 하는 것이 유리하다.
⑤ 도시공간구조의 변화요인은 교통뿐만 아니라 소득과도 밀접한 관련이 있다.

82 • 1차 실전모의고사

18 답 ①

순 운 영 소 득	120,000,000
− 부 채 서 비 스 액	− 70,000,000
세 전 현 금 흐 름	50,000,000
− 영 업 소 득 세	− 12,500,000
세 후 현 금 흐 름	37,500,000

• 영업소득세 계산

순 운 영 소 득	120,000,000
− 이 자 지 급 분	− 50,000,000
− 감 가 상 각	− 20,000,000
과 세 소 득	50,000,000
× 세 율	× 0.25
영 업 소 득 세	12,500,000

19 답 ⑤

부동산학 각론 > 부동산투자론

⑤ 무위험률의 상승은 요구수익률을 상승시키는 요인이다.

20 답 ③

부동산학 각론 > 부동산투자론

4,000만원 × 연금의 미래가치계수

$$4,000만원 × \frac{(1 + 0.1)^4 - 1}{0.1} = 4,000만원 × 4.641$$
$$= 185,640,000원$$

21 답 ④

부동산학 각론 > 부동산투자론

① 세후현금흐름승수(ATM)는 지분투자액을 세후현금흐름으로 나눈 값이다.
② 순소득승수(NOI)는 총투자액을 순영업소득으로 나눈 비율이다.
③ 부채감당률(DCR)이 '1'보다 작으면 차입자의 원리금 지불능력이 부족하다.
⑤ 채무불이행률은 유효총소득이 영업경비와 부채서비스액을 얼마나 감당하는지를 측정하는 지표이다.

22 답 ④

부동산학 각론 > 부동산투자론

④ 현금유입의 현재가치를 현금유출의 현재가치로 나눈 것이 수익성지수이며, 수익성지수는 가치가산의 원칙이 적용되지 않는다.

23 답 ⑤　　　고난도

부동산학 각론 > 부동산투자론

• 1년차 유입의 현재가치: 2,000만원 × 0.96 = 1,920만원
• 2년차 유입의 현재가치: 2,400만원 × 0.90 = 2,160만원
총유입의 현재가치는 1,920만원 + 2,160만원 = 4,080만원이고, 총유출의 현재가치는 4,080 × 80% = 3,264만원이다. 따라서 수익성지수(PI)는 4,080만원 ÷ 3,264만원 = 1.25이다.

24 답 ⑤

부동산학 각론 > 부동산금융론(부동산금융·증권론)

• 매회의 원리금상환액: 2억원 × 0.094393 = 18,878,600원
• 1회차 지급해야 할 이자: 2억원 × 7% = 14,000,000원
• 1회차 상환해야 할 원금: 18,878,600원 − 14,000,000원
　　　　　　　　　　　　= 4,878,600원
• 1회 대출잔액: 2억원 − 4,878,600원 = 195,121,400원
• 2회차 지급해야 할 이자: 195,121,400원 × 7%
　　　　　　　　　　　　= 13,658,498원
• 2회차 상환해야 할 원금: 18,878,600원 − 13,658,498원
　　　　　　　　　　　　= 5,220,102원

25 답 ②

부동산학 각론 > 부동산금융론(부동산금융·증권론)

ㄷ, ㅂ. 주택상환사채, 신탁금융은 부채금융이다.
ㅁ. 보통주는 지분금융에 해당한다.

26 답 ①

부동산학 각론 > 부동산금융론(부동산금융·증권론)

① 부동산투자회사는 주주총회의 의결을 거치면 그 합계가 자기자본의 10배가 넘지 않는 범위 내에서 차입이 가능하다.

27 답 ③

부동산학 각론 > 부동산금융론(부동산금융·증권론)

① 고정금리에 대한 내용이다.
② 고정금리에서 대출자는 금리인상을 못하기 때문에 수익이 낮아진다.
④ 차입자의 채무불이행의 위험이 상대적으로 후기가 크다.
⑤ 원리금균등상환방식에서는 이자감소액만큼 원금상환액이 증가해서 원금상환액이 매기 동일하다.

28 답 ④ `고난도`

부동산학 각론 > 부동산개발 및 관리론

- 전년도 매출액 = 120만원/m^2 × 500m^2 = 6억원
- 손익분기점 매출액 = 70만원/m^2 × 500m^2 = 3억 5천만원
- 기본임대료 = 20만원/m^2 × 500m^2 = 1억원
- 연 임대료 12,500만원은 기본임대료 1억원과 추가임대료를 합한 금액이므로 추가임대료는 2,500만원이다.
- 손익분기점 매출액 초과 매출액은
  2억 5천만원(= 6억원 − 3억 5천만원)이므로
  2억 5천만원 × 추가임대료율(x) = 2,500만원이다.
- 따라서 추가임대료율(x)은 $\dfrac{2,500만원}{2억\ 5천만원}$ = 0.1(10%)이다.

29 답 ①

부동산학 각론 > 부동산금융론(부동산금융·증권론)

① 다계층저당증권(CMO)에 관한 내용이다.

30 답 ⑤

부동산학 각론 > 부동산금융론(부동산금융·증권론)

⑤ 부외금융효과란 대출기관이 누릴 수 있는 것이 아니라 개발업자(사업주)가 누릴 수 있는 장점이다.

31 답 ②

부동산학 각론 > 부동산개발 및 관리론

② 상품의 광고 및 홍보 활동은 판매촉진(promotion) 전략이다.

32 답 ②

부동산학 각론 > 부동산개발 및 관리론

ㄴ. 지역경제분석 시 경제기반분석을 입지계수로 파악하며 '1'보다 클 때 그 지역의 기반산업이라 할 수 있다.
ㄷ. 부동산개발사업의 진행과정에서 행정의 변화에 의한 사업인·허가 지연위험은 시행사 또는 시공사가 스스로 관리할 수 없고 정부의 정책과 규제에 달려 있다.

33 답 ③

부동산학 각론 > 부동산개발 및 관리론

③ 개량재개발방식의 내용이다.

34 답 ②

부동산 감정평가론 > 감정평가의 방식

- 재조달원가 = 12,000만원 × $\dfrac{125}{100}$ = 15,000만원
- 적산가액 = 재조달원가 × (전년 대비 잔가율)^n (n: 경과연수)
  = 15,000만원 × $(0.8)^2$ = 9,600만원

35 답 ③

부동산 감정평가론 > 부동산가격이론

③ 지역분석은 가격수준을 구하기 위한 분석이며, 개별분석은 구체적인 가격을 구하기 위한 분석이다.

36 답 ①

부동산 감정평가론 > 감정평가의 방식

① 표준주택가격을 평가하는 경우에 표준주택에 전세권 그 밖의 주택의 사용·수익을 제한하는 권리가 설정되어 있는 경우에는 그 권리가 존재하지 아니하는 것으로 보고 적정가격을 산정하여야 한다.

37 답 ④

부동산 감정평가론 > 감정평가의 방식

① '가치발생요인' ⇨ '가치형성요인'
② '적산법' ⇨ '원가법'
③ '수익분석법' ⇨ '수익환원법'
⑤ '임대사례비교법' ⇨ '거래사례비교법'

38 답 ④ 고난도

부동산 감정평가론 > 감정평가의 방식

$200,000,000원 \times \dfrac{105}{100}(시점수정) \times \dfrac{90}{100}(가로)$

$\times \dfrac{105}{100}(환경) \times \dfrac{98}{100}(행정) \times \dfrac{105}{100}(기타)$

$= 200,000,000원 \times 1.05 \times 0.9 \times 1.05 \times 0.98 \times 1.05$

$= \underline{204,205,050원}$

39 답 ①

부동산 감정평가론 > 감정평가의 방식

1. 순영업소득

가 능 총 소 득	5,000만원
− 공실손실상당액	− 500만원
유 효 총 소 득	4,500만원
− 영 업 경 비	− 500만원
순 영 업 소 득	4,000만원

(영업경비는 유지수선비 250만원, 화재보험료 250만원을 합하여 500만원이다)

2. 환원이율
= (토지환원율 × 토지비율) + (건물환원율 × 건물비율)
= (5% × 0.4) + (10% × 0.6) = 8%

3. 수익가액

$= \dfrac{순영업소득}{환원이율} = \dfrac{4,000만원}{8\%} = \underline{5억원}$

40 답 ②

부동산 감정평가론 > 감정평가의 방식

「감정평가에 관한 규칙」상 대상물건별로 정한 감정평가방법 (주된 방법)이 거래사례비교법인 대상물건은 '동산' 1개이다.
- 건설기계, 선박, 항공기 ⇨ 원가법
- 임대료 ⇨ 임대사례비교법
- 특허권, 기업가치, 광업재단, 상표권 ⇨ 수익환원법

41	③	42	②	43	⑤	44	⑤	45	②
46	④	47	①	48	①	49	①	50	③
51	④	52	④	53	②	54	④	55	⑤
56	④	57	⑤	58	①	59	①	60	⑤
61	②	62	④	63	①	64	③	65	⑤
66	③	67	②	68	③	69	④	70	⑤
71	④	72	⑤	73	③	74	④	75	②
76	⑤	77	③	78	③	79	②	80	⑤

점수: _____ 점

41 답 ③

민법총칙 > 법률행위

③ 「부동산등기 특별조치법」상 조세포탈과 부동산투기 등을 방지하기 위하여 위 법률 제2조 제2항 및 제8조 제1호에서 등기하지 아니하고 제3자에게 전매하는 행위를 일정 목적범위 내에서 형사 처벌하도록 되어 있으나 이로써 순차 매도한 당사자 사이의 <u>중간생략등기합의에 관한 사법상 효력까지 무효로 한다는 취지는 아니다</u>(대판 1993.1.26, 92다39112).

① 제5조
② 대판 2017.8.29, 2016다212524
④ 제147조 제1항
⑤ 대판 1998.2.27, 97다49251

42 답 ②

민법총칙 > 법률행위

ㄴ. 단지 법률행위의 성립 과정에 강박이라는 불법적 방법이 사용된 데에 불과한 때에는 강박에 의한 의사표시의 하자나 의사의 흠결을 이유로 효력을 논의할 수는 있을지언정 <u>반사회질서의 법률행위로서 무효라고 할 수는 없다</u>(대판 2002.12.27, 2000다47361).

ㄱ. 강제집행을 면할 목적으로 부동산에 허위의 근저당권설정등기를 경료하는 행위는 민법 제103조의 선량한 풍속 기타 사회질서에 위반한 사항을 내용으로 하는 법률행위로 <u>볼 수 없다</u>(대판 2004.5.28, 2003다70041).

ㄷ. 반사회적 행위에 의하여 조성된 재산인 이른바 비자금을 소극적으로 은닉하기 위하여 임치한 것이 <u>사회질서에 반하는 법률행위로 볼 수 없다</u>(대판 2001.4.10, 2000다49343).

43 답 ⑤

민법총칙 > 의사표시

⑤ 丙이 선의인 경우에 甲은 선의의 제3자인 丙의 전세권 등기를 말소할 수 없지만, 乙 명의의 소유권이전등기는 여전히 무효이므로 甲이 乙에게 진정명의회복을 원인으로 하는 소유권이전등기를 청구할 수는 있다.

① 가장매매는 통정허위표시에 해당하여 무효가 된다.

② 무효행위 추인에 의하여 추인한 때로부터 유효한 행위로 된다.

③ 통정허위표시에서 제3자는 특별한 사정이 없는 한 선의로 추정할 것이므로, 제3자가 악의라는 사실에 관한 주장·입증책임은 그 허위표시의 무효를 주장하는 자에게 있다(대판 2006.3.10, 2002다1321).

④ 민법 제108조 제2항의 제3자는 선의이면 족하고 무과실은 요건이 아니다(대판 2004.5.28, 2003다70041).

44 답 ⑤

민법총칙 > 법률행위의 대리

⑤ 대리권이 소멸한 후에도 소멸한 대리권을 기본대리권으로 하는 민법 제126조의 표현대리가 성립할 수 있다(대판 1970.2.10, 69다2149).

① 제119조

② 제124조

③ 대판 1996.8. 23, 94다38199

④ 법정대리인 甲이 미성년자 乙, 丙을 대리하여 乙, 丙 소유의 토지를 丁에게 매각한 사안에서, 이는 오로지 법정대리인 甲과 제3자의 이익을 위하여서만 행하여진 대리권 남용 행위로서 계약상대방 丁으로서는 매매계약 당시 甲이 임의로 乙, 丙의 이익이나 의사에 반하여 토지를 매각하려 한다는 배임적인 사정을 알고 있었거나 알 수 있었다고 보아 본인인 乙, 丙에게 매매계약의 효력이 미치지 않는다(대판 2011.12.22, 2011다64669).

45 답 ②

민법총칙 > 의사표시

ㄴ. 대판 2016.4.15, 2013다97694

ㄱ. 동기의 착오가 법률행위의 내용의 중요부분의 착오에 해당함을 이유로 표의자가 법률행위를 취소하려면 그 동기를 당해 의사표시의 내용으로 삼을 것을 상대방에게 표시하고 의사표시의 해석상 법률행위의 내용으로 되어 있다고 인정되면 충분하고 당사자들 사이에 별도로 그 동기를 의사표시의 내용으로 삼기로 하는 합의까지 이루어질 필요는 없지만, 그 법률행위의 내용의 착오는 보통 일반인이 표의자의 입장에 섰더라면 그와 같은 의사표시를 하지 아니하였으리라고 여겨질 정도로 그 착오가 중요한 부분에 관한 것이어야 한다(대판 2000.5.12, 2000다12259).

ㄷ. 착오로 인한 취소는 불법행위라고 할 수 없으므로 손해배상청구권이 발생하지 않는다(대판 1997.8.22, 97다13023 참고).

ㄹ. 착오로 인한 취소 제도와 매도인의 하자담보책임 제도는 취지가 서로 다르고, 요건과 효과도 구별된다. 따라서 매매계약 내용의 중요 부분에 착오가 있는 경우 매수인은 매도인의 하자담보책임이 성립하는지와 상관없이 착오를 이유로 매매계약을 취소할 수 있다(대판 2018.9.13, 2015다78703).

46 답 ④

민법총칙 > 법률행위의 대리

④ 무권대리인의 상대방에 대한 책임은 무권대리인에게 행위능력이 있는 경우에만 인정된다(제135조 참고).

① 대판 1981.4.14, 80다2314

② 민법 제131조

③ 대판 1990.3.27, 88다카181

⑤ 대판 1994.9.27, 94다20617

빈출개념 체크 **무권대리인의 상대방에 대한 책임 요건**

1. 추인 없고 대리권 증명 없을 것
2. 철회 없을 것
3. 무권대리인에게 행위능력이 있을 것
4. 상대방이 선의 무과실일 것

47 답 ①

민법총칙 > 무효와 취소

① 일부무효에 관한 민법 제137조는 성질상 임의규정이므로 당사자의 합의로 그 적용을 배제할 수 있다.

② 강행규정에 위반하여 무효인 법률행위는 절대적 무효에 해당하므로 강행규정이 존재하는 이상 추인에 의하여 유효로 될 수 없다.

③ 무효인 법률행위는 당사자가 무효임을 알고 추인할 경우 새로운 법률행위를 한 것으로 간주할 뿐이고 소급효가 없는 것이므로 무효인 가등기를 유효한 등기로 전용키로 한 약정은 그때부터 유효하고 이로써 위 가등기가 소급하여 유효한 등기로 전환될 수 없다(대판 1992.5.12, 91다26546).

④ 취소권자의 법정대리인은 취소원인이 소멸하기 전에도 추인할 수 있다(제144조 참고).

⑤ 제한능력을 이유로 법률행위가 취소되는 경우, 제한능력자는 선의·악의에 관계없이 현존이익을 한도로만 반환의무를 부담한다(제141조 참고).

48 답 ①

① 조건이 법률행위의 당시에 이미 성취할 수 없는 것인 경우에는 그 조건이 해제조건이면 조건 없는 법률행위로 하고 정지조건이면 그 법률행위는 무효로 한다(제151조 제3항).
② 대결 2005.11.8, 2005마541
③ 제152조
④ 제153조 제1항
⑤ 대판 2002.9.4, 2002다2834

49 답 ①

① 공무원이 사직의 의사표시를 하여 의원면직처분을 하는 경우 그 사직의 의사표시는 그 법률관계의 특수성에 비추어 외부적·객관적으로 표시된 바를 존중하여야 할 것이므로, 비록 사직원 제출자의 내심의 의사가 사직할 뜻이 아니었다고 하더라도 진의 아닌 의사표시에 관한 민법 제107조는 그 성질상 사직의 의사표시와 같은 사인의 공법행위에는 준용되지 아니하므로 그 의사가 외부에 표시된 이상 그 의사는 표시된 대로 효력을 발한다(대판 1997.12.1, 97누13962).
② 대판 2011.12.22, 2011다64669
③ 대판 2003.5.13, 2002다73708·73715
④ 제111조 제2항
⑤ 의사표시는 상대방이 요지할 수 있는 가능성만 있으면 객관적으로 수령하지 않더라도 도달의 효과가 발생된다(대판 1983.8.23, 82다카439).

50 답 ③

③ 대리행위로 체결된 매매계약이 해제된 경우 원상회복의 의무는 본인과 상대방이 부담하는 것으로 대리인이 부담하는 것은 아니다(대판 2011.8.18, 2011다30871).
① 임의대리인의 대리권 범위는 1차적으로 본인의 수권행위의 내용에 의하여 결정된다(대판 1994.2.8, 93다39379).
② 대리인은 본인과 동일시할 수 있는 자이므로 제3자 사기의 제3자에 해당하지 않는다. 따라서 대리인에 의한 기망의 경우 본인이 상대방을 기망한 경우와 동일하게 취급된다(대판 1998.1.23, 96다41496 참고).
④ 대판 2002.6.28, 2001다49814
⑤ 제127조 참고

51 답 ④

ㄴ. 저당권 설정계약에 의하여 저당권을 취득하는 것은 법률행위에 의한 물권의 취득이므로 등기를 필요로 한다.
ㄷ. 소유권이전등기를 명하는 판결은 성질상 이행판결이므로 판결로 인한 물권변동의 효과가 발생하려면 등기를 필요로 한다.
ㄱ. 집합건물 공용부분에 관한 물권변동의 효과는 등기를 필요로 하지 않는다.

52 답 ④

④ 토지에 대한 취득시효 완성으로 인한 소유권이전등기청구권은 그 토지에 대한 점유가 계속되는 한 시효로 소멸하지 아니하고, 그 후 점유를 상실하였다고 하더라도 이를 시효이익의 포기로 볼 수 있는 경우가 아닌 한 이미 취득한 소유권이전등기청구권은 바로 소멸되는 것은 아니나, 취득시효가 완성된 점유자가 점유를 상실한 경우 취득시효 완성으로 인한 소유권이전등기청구권의 소멸시효는 이와 별개의 문제로서, 그 점유자가 점유를 상실한 때로부터 10년간 등기청구권을 행사하지 아니하면 소멸시효가 완성한다(대판 1996.3.8, 95다34866).
① 대판 2005.3.10, 2004다67653·67660
② 대판 1991.3.22, 90다9797
③ 대판 1995.12.26, 95다29888
⑤ 대판 1982.7.27, 80다2968

53 답 ②

② 소유권보존등기는 이전등기와 달리 해당 토지의 양도를 전제로 하는 것이 아니어서, 보존등기를 마쳤다고 하여 일반적으로 등기명의자가 그 무렵 다른 사람으로부터 점유를 이전받는다고 볼 수는 없기 때문이다(대판 2013.7.11, 2012다201410).
① 제198조
③ 대판 2022.5.12, 2019다249428
④ 제199조
⑤ 대판 1997.8.21, 95다28625

54 답 ④

ㄱ. 토지의 매수인이 아직 소유권이전등기를 경료받지 아니하였다 하여도 매매계약의 이행으로 그 토지를 인도받은 때에는 매매계약의 효력으로서 이를 점유·사용할 권리가 생기게 된 것으로 보아야 하고, 또 매수인으로부터 위 토지를 다시 매수한 자는 위와 같은 토지의 점유·사용권을 취득한 것으로 봄이 상당하므로 매도인은 매수인으로부터 다시 위 토지를 매수한 자에 대하여 토지 소유권에 기한 물권적 청구권을 행사할 수 없다(대판 1998.6.26, 97다42823).

ㄷ. 유치권자가 점유를 침탈당한 경우 유치권 자체에 기한 반환청구권은 인정되지 않고, 점유권에 기한 반환청구만이 가능하다.

ㄴ. 양자 간 등기명의신탁에서 명의수탁자가 신탁부동산을 처분하여 제3취득자가 유효하게 소유권을 취득하고 이로써 명의신탁자가 신탁부동산에 대한 소유권을 상실하였다면, 명의신탁자의 소유권에 기한 물권적 청구권, 즉 말소등기청구권이나 진정명의회복을 원인으로 한 이전등기청구권도 더 이상 그 존재 자체가 인정되지 않는다. 그 후 명의수탁자가 우연히 신탁부동산의 소유권을 다시 취득하였다고 하더라도 명의신탁자가 신탁부동산의 소유권을 상실한 사실에는 변함이 없으므로, 여전히 물권적 청구권은 그 존재 자체가 인정되지 않는다(대판 2013.2.28, 2010다89814).

55 답 ②

ㄷ. 전전세권이 용익물권적인 성격과 담보물권적인 성격을 모두 갖추고 있는 점에 비추어 전세권 존속기간이 시작되기 전에 마친 전세권설정등기도 특별한 사정이 없는 한 유효한 것으로 추정된다(대결 2018.1.25, 2017마1093).

ㄱ. 임대차계약에 따른 임대차보증금반환채권을 담보할 목적으로 임대인과 임차인 사이의 합의에 따라 임차인 명의로 전세권설정등기를 마친 경우, … 그 전세권설정계약은 외관상으로는 그 내용에 차임지급 약정이 존재하지 않고 이에 따라 전세금이 연체차임으로 공제되지 않는 등 임대인과 임차인의 진의와 일치하지 않는 부분이 존재한다. 따라서 그러한 전세권설정계약은 위와 같이 임대차계약과 양립할 수 없는 범위에서 통정허위표시에 해당하여 무효라고 봄이 타당하다(대판 2021.12.30, 2018다268538).

ㄴ. 전세권의 목적물이 아닌 나머지 건물부분에 대하여는 우선변제권은 별론으로 하고 경매신청권은 없으므로, 위와 같은 경우 전세권자는 전세권의 목적이 된 부분을 초과하여 건물 전부의 경매를 청구할 수 없다고 할 것이고, 그 전세권의 목적이 된 부분이 구조상 또는 이용상 독립성이 없어 독립한 소유권의 객체로 분할할 수 없고 따라서 그 부분만의 경매신청이 불가능하다고 하여 달리 볼 것은 아니다(대결 2001.7.2, 2001마212).

56 답 ④

④ 토지공유자의 1인은 지분에 관하여 그 토지를 위한 지역권 또는 그 토지가 부담한 지역권을 소멸하게 하지 못한다(제293조 제1항).

① 지역권은 상린관계와 달리 요역지와 승역지의 인접성을 필요로 하지 않는다.

② 사용의 대상이 되는 승역지는 토지의 일부가 될 수 있지만, 요역지는 한 필 토지 전부라야 한다.

③ 제292조 제1항

⑤ 민법 제294조는 "지역권은 계속되고 표현된 것에 한하여 제245조의 규정을 준용한다"고 규정하고 있으므로 점유로 인한 지역권취득기간의 만료로 통행지역권을 취득하기 위해서는 요역지의 소유자가 타인의 소유인 승역지 위에 통로를 개설하였을 것을 요건으로 한다(대판 1993.5.11, 91다46861).

57 답 ⑤

ㄴ. 동일인의 소유에 속하는 토지 및 그 지상 건물에 관하여 공동저당권이 설정된 후 그 지상 건물이 철거되고 새로 건물이 신축된 경우에는 그 신축건물의 소유자가 토지의 소유자와 동일하고 토지의 저당권자에게 신축건물에 관하여 토지의 저당권과 동일한 순위의 공동저당권을 설정해 주는 등 특별한 사정이 없는 한 저당물의 경매로 인하여 토지와 그 신축건물이 다른 소유자에 속하게 되더라도 그 신축건물을 위한 법정지상권은 성립하지 않는다고 해석하여야 한다(대판 전합체 2003.12.18, 98다43601).

ㄷ. 민법 제366조의 법정지상권은 저당권 설정 당시부터 저당권의 목적되는 토지 위에 건물이 존재할 경우에 한하여 인정되며, 토지에 관하여 저당권이 설정될 당시 그 지상에 토지소유자에 의한 건물의 건축이 개시되기 이전이었다면, 건물이 없는 토지에 관하여 저당권이 설정될 당시 근저당권자가 토지소유자에 의한 건물의 건축에 동의하였다고 하더라도 그러한 사정은 주관적 사항이고 공시할 수도 없는 것이어서 토지를 낙찰받는 제3자로서는 알 수 없는 것이므로 그와 같은 사정을 들어 법정지상권의 성립을 인정한다면 토지 소유권을 취득하려는 제3자의 법적 안정성을 해하는 등 법률관계가 매우 불명확하게 되므로 법정지상권이 성립되지 않는다(대판 2003.9.5, 2003다26051).

ㄱ. 관습법상 법정지상권이 성립하려면 토지와 그 지상 건물이 애초부터 원시적으로 동일인의 소유에 속하였을 필요는 없고, 그 소유권이 유효하게 변동될 당시에 동일인이 토지와 그 지상 건물을 소유하였던 것으로 족하다(대판 1995.7.28, 95다9075).

58 답 ①

물권법 > 소유권

① 공유 대지에 건물을 신축하는 행위는 공유자 전원의 동의를 필요로 하는 공유물 처분행위에 해당한다.

② 공유물에 대한 임대 행위는 관리행위이므로 지분 과반수로 결정한다.

③ 공유자 중의 일부가 특정 부분을 배타적으로 점유·사용하고 있다면, 그들은 비록 그 특정 부분의 면적이 자신들의 지분 비율에 상당하는 면적 범위 내라고 할지라도, 다른 공유자들 중 지분은 있으나 사용·수익은 전혀 하지 않고 있는 자에 대하여는 그 자의 지분에 상응하는 부당이득을 하고 있다고 보아야 할 것인바, 이는 모든 공유자는 공유물 전부를 지분의 비율로 사용·수익할 권리가 있기 때문이다(대판 2001.12.11, 2000다13948).

④⑤ 공유물의 소수지분권자가 다른 공유자와 협의 없이 공유물의 전부 또는 일부를 독점적으로 점유·사용하고 있는 경우 다른 소수지분권자는 공유물의 보존행위로서 그 인도를 청구할 수는 없고, 다만 자신의 지분권에 기초하여 공유물에 대한 방해 상태를 제거하거나 공동 점유를 방해하는 행위의 금지 등을 청구할 수 있다고 보아야 한다(대판 전합체 2020.5.21, 2018다287522).

59 답 ①

물권법 > 담보물권

① 유치권자의 점유는 직접점유이든 간접점유이든 관계가 없으나, 다만 유치권은 목적물을 유치함으로써 채무자의 변제를 간접적으로 강제하는 것을 본체적 효력으로 하는 권리인 점 등에 비추어, 그 직접점유자가 채무자인 경우에는 유치권의 요건으로서의 점유에 해당하지 않는다고 할 것이다(대판 2008.4.11, 2007다27236).

② 대판 2018.1.24, 2016다234043

③ 대판 2005.8.19, 2005다22688

④ 유치권자는 유치물이 경매되는 경우, 경락인에게 목적물의 인도를 거절할 수 있지만 피담보채무의 변제를 청구할 수 없다(대판 1996.8.23, 95다8713).

⑤ 대판 2009.9.24, 2009다40684

60 답 ⑤

물권법 > 소유권

⑤ 집합건물의 공용부분에 대하여 취득시효의 완성을 인정하여 그 부분에 대한 소유권취득을 인정한다면 전유부분과 분리하여 공용부분의 처분을 허용하고 일정 기간의 점유로 인하여 공용부분이 전유부분으로 변경되는 결과가 되어 집합건물법의 취지에 어긋나게 된다. 따라서 집합건물의 공용부분은 취득시효에 의한 소유권 취득의 대상이 될 수 없다(대판 2013.12.12, 2011다78200).

① 대판 2001.7.13, 2001다17572

② 대판 1989.4.25, 88다카9494

③ 대판 1997.11.14, 96다10782

④ 대판 1975.6.24, 74다1877

61 답 ②

물권법 > 점유권

② 과실수취권이 없는 악의의 점유자에 대해서는 단서 규정(통상 필요비 청구 제한하는 규정)이 적용되지 않는다(대판 2021.4.29, 2018다261889).

① 비용상환청구권은 점유자의 선의·악의에 관계없이 인정된다.

③ 점유자가 본권의 소에서 패소하면 소제기 시부터 악의점유자가 되므로, 소제기 이후의 과실은 반환하여야 하지만 소제기 이전의 과실은 반환의무가 없다(대판 2016.12.29, 2016다242273).

④ 제202조

⑤ 제203조

62 답 ④

물권법 > 용익물권

ㄱ. 지상권은 토지소유자의 동의 없이 타인에게 처분하거나 담보로 제공할 수 있고, 지상권 처분의 자유는 강행규정으로 보장되는 것이므로 설정행위로 금지하지 못한다.

ㄷ. 다른 권리의 목적이 된 제한물권은 제한물권자가 소유권을 취득하더라도 소멸하지 않는다(제191조 제2항 참고). 따라서 지상권이 저당권의 목적이 된 경우, 지상권자가 토지의 소유권을 취득하면 혼동의 예외에 해당하여 지상권은 소멸하지 않는다.

ㄴ. 지상권자의 지료지급 연체가 토지소유권의 양도 전후에 걸쳐 이루어진 경우 토지양수인에 대한 연체기간이 2년이 되지 않는다면 양수인은 지상권소멸청구를 할 수 없다(대판 2001.3.13, 99다17142).

63 답 ①

물권법 > 담보물권

① 근저당권자의 경매신청 등의 사유로 인하여 근저당권의 피담보채권이 확정되었을 경우, 확정 이후에 새로운 거래관계에서 발생한 원본채권은 그 근저당권에 의하여 담보되지 아니하지만, 확정 전에 발생한 원본채권에 관하여 확정 후에 발생하는 이자나 지연손해금 채권은 채권최고액의 범위 내에서 근저당권에 의하여 여전히 담보되는 것이다(대판 2007.4.26, 2005다38300).

② 근저당권은 채권액이 증감변동하므로 후순위권리자의 보호를 위하여 우선변제의 한도라는 의미로 채권최고액을 반드시 등기하여야 한다(부동산등기법 제75조 참고).

③ 대판 1999.9.21, 99다26085

④ 대판 2002.5.24, 2002다7176

⑤ 대판 2002.11.26, 2001다73022

빈출개념 체크   근저당권 피담보채권 확정의 효과

1. 채권확정 후 발생한 원본: 담보되지 않는다.
2. 채권확정 후 발생한 이자나 위약금: 채권최고액 범위 내에서 담보된다.

64 답 ③

물권법 > 담보물권

③ 근저당부동산에 대하여 후순위근저당권을 취득한 자는 민법 제364조에서 정한 권리를 행사할 수 있는 제3취득자에 해당하지 아니하므로 이러한 후순위근저당권자가 선순위근저당권의 피담보채무가 확정된 이후에 그 확정된 피담보채무를 변제한 것은 민법 제469조의 규정에 의한 이해관계 있는 제3자의 변제로서 유효한 것인지 따져볼 수는 있을지 언정 민법 제364조의 규정에 따라 선순위근저당권의 소멸을 청구할 수 있는 사유로는 삼을 수 없다(대판 2006.1.26, 2005다17341).

① 건물에 설정된 저당권의 효력은 종된 권리인 그 건물을 위한 지상권에도 미친다.

② 경매 대상 부동산에 최선순위저당권보다 늦게 성립한 용익적 권리는 경매로 인하여 소멸한다.

④ 저당권설정등기가 불법말소되면 회복등기를 하여야 하지만, 경매절차가 완료되었다면 말소된 저당권설정등기의 회복을 청구하지 못한다.

⑤ 저당부동산에 전세권을 취득한 자는 제3취득자에 해당하므로 경매절차에서 저당권자에 우선하여 목적물에 지출한 비용을 상환받을 수 있다.

빈출개념 체크   제3취득자의 지위

1. 제3취득자의 개념: 저당권 설정 이후에 소유권, 지상권, 전세권을 취득한 자
2. 제3취득자는 경락인이 될 수 있다.
3. 제3취득자는 채무자가 반대하는 경우에도 선순위저당권의 피담보채무를 대위변제할 수 있다.
4. 제3취득자는 목적물에 지출한 필요비나 유익비를 경매절차에서 우선상환받을 수 있다.

65 답 ⑤

계약법 > 계약법 총론

ㄴ. 「국토이용관리법」상의 토지거래규제구역 내의 토지에 관하여 관할관청의 토지거래허가 없이 매매계약이 체결됨에 따라, 그 매수인이 위 계약을 효력이 있는 것으로 완성시키기 위하여 매도인에 대하여 위 매매계약에 관한 토지거래허가신청절차에 협력할 의무의 이행을 청구하는 경우에 있어, 매수인이 위 계약내용에 따른 매매대금 지급채무를 이행제공하여야 하거나 매도인이 그 대금지급채무의 변제 시까지 위 협력의무의 이행을 거절할 수 있는 것은 아니다(대판 1993.8.27, 93다15366).

ㄷ. 소비대차계약에 의한 채권자는 그 채무변제를 받기 전 또는 받음과 교환으로 그 담보로 된 근저당권설정등기 또는 소유권이전등기를 말소하여야 할 의무는 없다(대판 1966.2.15, 65다2431).

ㄱ. 임대차계약의 기간이 만료된 경우에 임차인이 임차목적물을 명도할 의무와 임대인이 보증금 중 연체차임 등 당해 임대차에 관하여 명도 시까지 생긴 모든 채무를 청산한 나머지를 반환할 의무는 동시이행의 관계가 있다(대판 전합체 1977.9.28, 77다1241·1242).

66 답 ③

계약법 > 계약법 총론

③ 계약의 당사자가 아닌 수익자는 계약을 해제하거나 취소할 수 있는 권한이 없다(대판 1994.8.12, 92다41559).

①④ 수익자가 수익의 의사표시를 한 후에도 요약자는 보상관계의 하자를 이유로 계약을 해제하거나 손해배상을 청구할 수 있고, 동시이행항변권을 행사할 수도 있다.

② 대판 1970.2.24, 69다1410·1411

⑤ 제3자를 위한 계약에 있어서 수익의 의사표시를 한 수익자는 낙약자에게 직접 그 이행을 청구할 수 있을 뿐만 아니라 요약자가 계약을 해제한 경우에는 낙약자에게 자기가 입은 손해의 배상을 청구할 수 있다(대판 1994.8.12, 92다41559).

67 답 ②

계약법 > 매매

② 특별한 사정이 없는 한 매매계약이 있은 후에도 인도하지 아니한 목적물로부터 생긴 과실은 매도인에게 속하나, 매매목적물의 인도 전이라도 매수인이 매매대금을 완납한 때에는 그 이후의 과실수취권은 매수인에게 귀속된다(대판 1993.11.9, 93다28928).

① 매매목적물과 대금은 반드시 그 계약 체결 당시에 구체적으로 확정하여야 하는 것은 아니고 이를 사후에라도 구체적으로 확정할 수 있는 방법과 기준이 정하여져 있으면 족하다(대판 1996.4.26, 94다34432).

③ 매도인이 매수인의 중도금 지급채무불이행을 이유로 매매계약을 적법하게 해제한 후라도 매수인으로서는 상대방이 한 계약해제의 효과로서 발생하는 손해배상책임을 지거나 매매계약에 따른 계약금의 반환을 받을 수 없는 불이익을 면하기 위하여 착오를 이유로 한 취소권을 행사하여 위 매매계약 전체를 무효로 돌리게 할 수 있다(대판 1991.8.27, 91다11308).

④ 매도인이 부동산을 점유하고 있고 소유권을 이전받은 매수인에게서 매매대금 일부를 지급받지 못하고 있다고 하여 매매대금채권을 피담보채권으로 매수인이나 그에게서 부동산 소유권을 취득한 제3자를 상대로 유치권을 주장할 수 없다(대판 2012.1.12, 2011마2380).

⑤ 민법 제582조의 제척기간 규정으로 인하여 소멸시효 규정의 적용이 배제된다고 볼 수 없으며, 이때 다른 특별한 사정이 없는 한 무엇보다도 매수인이 매매목적물을 인도받은 때부터 소멸시효가 진행한다고 해석함이 타당하다(대판 2011.10.13, 2011다10266).

68 답 ③

계약법 > 계약법 총론

ㄷ. 해제의 의사표시가 있은 후 그 해제에 기한 말소등기가 있기 이전에 이해관계를 맺은 자는 선의인 경우에 한하여 해제로부터 보호되는 제3자에 해당된다(대판 1996.11.15, 94다35343).

ㄱ. 민법 제548조 제1항 단서에서 말하는 제3자란 일반적으로 그 해제된 계약으로부터 생긴 법률효과를 기초로 하여 해제 전에 새로운 이해관계를 가졌을 뿐 아니라 등기, 인도 등으로 완전한 권리를 취득한 자를 말하므로 계약상의 채권을 양수한 자나 그 채권 자체를 압류 또는 전부한 채권자는 여기서 말하는 제3자에 해당하지 아니한다(대판 2000.4.11, 99다51685).

ㄴ. 토지를 매도하였다가 대금지급을 받지 못하여 그 매매계약을 해제한 경우에 있어 그 토지 위에 신축된 건물의 매수인은 위 계약해제로 권리를 침해당하지 않을 제3자에 해당하지 아니한다(대판 1991.5.28, 90다카16761).

69 답 ④

계약법 > 계약법 총론

④ 당사자 간에 동일한 내용의 청약이 상호교차된 경우에는 양 청약이 상대방에게 도달한 때에 계약이 성립한다(제533조).

70 답 ⑤

계약법 > 매매

ㄴ. 토지거래계약에 관한 허가구역으로 지정된 구역 안의 토지에 관하여 매매계약이 체결된 후 계약금만 수수한 상태에서 당사자가 토지거래허가신청을 하고 이에 따라 관할관청으로부터 그 허가를 받았다 하더라도, 그러한 사정만으로는 아직 이행의 착수가 있다고 볼 수 없어 매도인으로서는 민법 제565조에 의하여 계약금의 배액을 상환하여 매매계약을 해제할 수 있다(대판 2009.4.23, 2008다62427).

ㄷ. 비록 상대방인 매도인이 매매계약의 이행에는 전혀 착수한바가 없다 하더라도 매수인이 중도금을 지급하여 이미 이행에 착수한 이상 매수인은 민법 제565조에 의하여 계약금을 포기하고 매매계약을 해제할 수 없다(대판 2000.2.11, 99다62074).

ㄱ. 계약서에 명문으로 위약 시의 법정해제권의 포기 또는 배제를 규정하지 않은 이상 계약당사자 중 어느 일방에 대한 약정해제권의 유보 또는 위약벌에 관한 특약의 유무 등은 채무불이행으로 인한 법정해제권의 성립에 아무런 영향을 미칠 수 없다(대판 1990.3.27, 89다카14110).

1. 중도금 지급: 이행의 착수 O
2. 매매대금 이행청구 소송 제기: 이행의 착수 ×
3. 토지거래허가 신청 및 허가: 이행의 착수 ×

71 답 ④

계약법 > 계약법 총론

④ 부동산 매매계약이 해제된 경우 매도인의 매매대금 반환
　의무와 매수인의 소유권이전등기 말소등기절차 이행의무
　가 동시이행의 관계에 있는지 여부와는 관계없이 매도인이
　반환하여야 할 매매대금에 대하여는 그 받은 날로부터 민법
　이 정한 법정이율인 연 5푼의 비율에 의한 법정이자를 부
　가하여 지급하여야 한다(대판 1996.4.12, 95다28892).

① 매수인은 매매목적물에 대하여 가압류집행이 되었다고 하
　여 매매에 따른 소유권이전등기가 불가능한 것도 아니므
　로, 이러한 경우 매수인으로서는 신의칙 등에 의해 대금지
　급채무의 이행을 거절할 수 있음은 별론으로 하고, 매매목
　적물이 가압류되었다는 사유만으로 매도인의 계약 위반을
　이유로 매매계약을 해제할 수는 없다(대판 1999.6.11, 99
　다11045).

② 매도인의 매매목적물에 관한 소유권이전의무가 이행불능
　이 되었다고 할지라도, 그 이행불능이 매수인의 귀책사유
　에 의한 경우에는 매수인은 그 이행불능을 이유로 계약을
　해제할 수 없다(대판 2002.4.6, 2000다50497).

③ 제551조
⑤ 제543조 제2항

72 답 ⑤

계약법 > 임대차

⑤ 임차인이 임대인의 동의를 받지 않고 제3자에게 임차권을
　양도하거나 전대하는 등의 방법으로 임차물을 사용·수익
　하게 하더라도, 임대인이 이를 이유로 임대차계약을 해지
　하거나 그 밖의 다른 사유로 임대차계약이 적법하게 종료
　되지 않는 한 임대인은 임차인에 대하여 여전히 차임청구
　권을 가지므로, 임대차계약이 존속하는 한도 내에서는 제
　3자에게 불법점유를 이유로 한 차임 상당 손해배상청구나
　부당이득반환청구를 할 수 없다(대판 2008.2.28, 2006
　다10323).

① 제623조
② 제626조
③ 대판 1991.4.23, 90다19695

④ 임대인 동의 없이 임대 목적물을 전대한 경우에도 당사자
　사이에 전대차계약은 유효하므로 전대인은 전차인이 목적
　물을 사용·수익할 수 있도록 임대인의 동의를 받아 줄 의
　무가 있다(대판 1986.2.25, 85다카1812).

73 답 ③

계약법 > 매매

③ 제569조, 제570조 참고
① 하자의 존부는 매매계약 성립 시를 기준으로 판단하여야
　할 것이다(대판 2000.1.18, 98다18506).

② 일부타인권리 매매를 원인으로 하는 매도인의 담보책임에
　서 매수인의 권리는 매수인이 선의인 경우에는 사실을 안
　날로부터, 악의인 경우에는 계약한 날로부터 1년 내에 행
　사하여야 한다(제573조 참고).

④ 건축을 목적으로 매매된 토지에 대하여 건축허가를 받을
　수 없어 건축이 불가능한 경우, 위와 같은 법률적 제한 내
　지 장애 역시 매매목적물의 하자에 해당한다 할 것이나,
　다만 위와 같은 하자의 존부는 매매계약 성립 시를 기준으
　로 판단하여야 할 것이다(대판 2000.1.18, 98다18506).

⑤ 물건의 하자로 인한 담보책임은 경매에는 적용되지 않는다
　(제580조 제2항 참고).

74 답 ④

계약법 > 임대차

④ 토지 임차인이 그 지상에 소유하는 건물의 등기를 한 경우
　에는 토지 임대차에 대항력이 인정된다(제622조 참고). 대
　항력 있는 임대차의 경우에는 토지 양수인을 상대로도 지
　상물매수청구권을 행사할 수 있다(대판 2017.4.26, 2014
　다72449·72456 참고).

① 제644조 참고
② 채무불이행으로 인하여 임대차계약이 해지된 경우에는 지
　상물매수청구권이나 부속물매수청구권이 인정되지 않는
　다(대판 1994.2.22, 93다44104).

③ 대판 2008.5.29, 2007다4356
⑤ 대판 2001.6.1, 99다60535

75 답 ②

민사특별법 > 상가건물 임대차보호법

② 「상가건물 임대차보호법」(이하 '상가임대차법'이라 한다) 제10조 제1항은 "임대인은 임차인이 임대차기간이 만료되기 6개월 전부터 1개월 전까지 사이에 계약갱신을 요구할 경우 정당한 사유 없이 거절하지 못한다."라고 정하여 임차인의 계약갱신 요구권을 인정할 뿐이고, 임차인이 갱신거절의 통지를 할 수 있는 기간은 제한하지 않았다. 상가임대차법 제10조 제4항은 "임대인이 제1항의 기간 이내에 임차인에게 갱신거절의 통지 또는 조건변경의 통지를 하지 아니한 경우에는 <u>그 기간이 만료된 때에 전 임대차와 동일한 조건으로 다시 임대차한 것으로 본다.</u>"라고 정하여 묵시적 갱신을 규정하면서 임대인의 갱신거절 또는 조건변경의 통지기간을 제한하였을 뿐, 「주택임대차보호법」 제6조 제1항 후문과 달리 상가의 임차인에 대하여는 기간의 제한을 두지 않았다. 상가임대차법에 임차인의 갱신거절 통지기간에 대하여 명시적인 규정이 없는 이상 원칙으로 돌아가 임차인의 갱신거절 통지기간은 제한이 없다고 보아야 한다(대판 2024.6.27, 2023다307024).

76 답 ⑤

민사특별법 > 집합건물의 소유 및 관리에 관한 법률

⑤ 공용부분의 변경에 관한 사항은 관리단집회에서 <u>구분소유자의 3분의 2 이상 및 의결권의 3분의 2 이상</u>의 결의로써 결정한다(집합건물의 소유 및 관리에 관한 법률 제15조).
① 「집합건물의 소유 및 관리에 관한 법률」 제11조
② 「집합건물의 소유 및 관리에 관한 법률」 제20조 제2항
③ 공유물의 소수지분권자가 다른 공유자와 협의 없이 공유물의 전부 또는 일부를 독점적으로 점유·사용하고 있는 경우 다른 소수지분권자는 공유물의 보존행위로서 그 인도를 청구할 수는 없고, 다만 자신의 지분권에 기초하여 공유물에 대한 방해 상태를 제거하거나 공동 점유를 방해하는 행위의 금지 등을 청구할 수 있다(대판 2020.10.15, 2019다245822).
④ 「집합건물의 소유 및 관리에 관한 법률」 제6조

77 답 ③

민사특별법 > 상가건물 임대차보호법

ㄴ. 상가건물이 「유통산업발전법」에 따른 대규모 점포인 경우에는 원칙적으로 권리금에 관한 규정을 적용하지 않는다. 다만, 예외적으로 「전통시장 및 상점가 육성을 위한 특별법」에 의한 전통시장인 경우에는 권리금에 관한 규정이 적용될 수 있다(상가건물 임대차보호법 제10조의5).
ㄹ. 권리금에 관한 규정은 환산보증금의 액수에 관계없이 적용이 가능한 규정이다(상가건물 임대차보호법 제2조 제3항).
ㄱ. 상가건물이 「국유재산법」에 의한 국유재산인 경우에는 권리금에 관한 규정을 적용하지 않는다(상가건물 임대차보호법 제10조의5).
ㄷ. 상가건물에 대한 전대차 계약에는 권리금에 관한 규정을 적용하지 않는다(상가건물 임대차보호법 제13조).

78 답 ③

민사특별법 > 주택임대차보호법

③ 「주택임대차보호법」에 위반한 약정으로서 임차인에게 불리한 것은 효력이 없으므로(주택임대차보호법 제10조) 주택임대차의 존속기간을 2년 미만으로 약정한 경우 <u>임대인은 그 기간의 유효를 주장하지 못한다.</u> 다만, 임차인은 2년 미만으로 정한 기간이 유효함을 주장할 수 있다(주택임대차보호법 제4조 제1항).
① 대판 1995.3.10, 94다52522
② 대판 1994.11.22, 94다13176
④ 「주택임대차보호법」 제6조의3 제1항
⑤ 「주택임대차보호법」 제6조의3 제1항 제1호

79 답 ②

민사특별법 > 가등기담보 등에 관한 법률

ㄴ. 채권자와 채무자가 가등기담보권설정계약을 체결하면서 가등기 이후에 발생할 채권도 후순위권리자에 대하여 우선변제권을 가지는 가등기담보권의 피담보채권에 포함시키기로 약정할 수 있고, 가등기담보권을 설정한 후에 채권자와 채무자의 약정으로 새로 발생한 채권을 기존 가등기담보권의 피담보채권에 추가할 수도 있으나, 가등기담보권 설정 후에 후순위권리자나 제3취득자 등 이해관계 있는 제3자가 생긴 상태에서 새로운 약정으로 기존 가등기담보권에 피담보채권을 추가하거나 피담보채권의 내용을 변경, 확장하는 경우에는 이해관계 있는 제3자의 이익을 침해하게 되므로, 이러한 경우에는 피담보채권으로 추가, 확장한 부분은 이해관계 있는 제3자에 대한 관계에서는 우선변제권 있는 피담보채권에 포함되지 않는다고 보아야 한다(대판 2011.7.14, 2011다28090).

ㄱ. 채권자가 채무자와 담보계약은 체결하였지만 담보목적 부동산에 관하여 가등기나 소유권이전등기를 경료하지 않았다면, 채권자가 청산절차 없이 목적물을 타에 처분하더라도 가등기담보법을 위반한 것이라고 할 수 없다(대판 2013.9.27, 2011다106778).

ㄷ. 동산 양도담보권자는 양도담보 목적물이 소실되어 양도담보 설정자가 보험회사에 대하여 화재보험계약에 따른 보험금청구권을 취득한 경우 담보물 가치의 변형물인 화재보험금청구권에 대하여 양도담보권에 기한 물상대위권을 행사할 수 있다(대판 2014.9.25, 2012다58609).

80 답 ⑤

민사특별법 > 부동산 실권리자명의 등기에 관한 법률

⑤ 명의신탁자와 부동산에 관한 물권을 취득하기 위한 계약을 맺고 단지 등기명의만을 명의수탁자로부터 경료받은 것 같은 외관을 갖춘 자는 위 조항의 제3자에 해당하지 아니하므로, 위 조항에 근거하여 무효인 명의신탁등기에 터 잡아 경료된 자신의 등기의 유효를 주장할 수는 없다. 그러나 이러한 자도 자신의 등기가 실체관계에 부합하는 등기로서 유효하다는 주장은 할 수 있다(대판 2022.9.29, 2022다228933).

①② 「부동산 실권리자명의 등기에 관한 법률」에 의하면, 이른바 3자 간 등기명의신탁의 경우 같은 법에서 정한 유예기간 경과에 의하여 기존 명의신탁약정과 그에 의한 등기가 무효로 되고 그 결과 명의신탁된 부동산은 매도인 소유로 복귀하므로, 매도인은 명의수탁자에게 무효인 그 명의 등기의 말소를 구할 수 있게 되고, 한편 같은 법은 매도인과 명의신탁자 사이의 매매계약의 효력을 부정하는 규정을 두고 있지 아니하여 유예기간 경과 후로도 매도인과 명의신탁자 사이의 매매계약은 여전히 유효하므로, 명의신탁자는 매도인에 대하여 매매계약에 기한 소유권이전등기를 청구할 수 있고, 그 소유권이전등기청구권을 보전하기 위하여 매도인을 대위하여 명의수탁자에게 무효인 그 명의 등기의 말소를 구할 수도 있다(대판 2002.3.15, 2001다61654).

③ 부동산의 매수인이 목적물을 인도받아 계속 점유하는 경우에는 매도인에 대한 소유권이전등기청구권은 소멸시효가 진행되지 않고, 이러한 법리는 3자 간 등기명의신탁에 의한 등기가 유효기간의 경과로 무효로 된 경우에도 마찬가지로 적용된다(대판 2013.12.12, 2013다26647).

④ 「부동산실권리자 명의 등기에 관한 법률」 제4조 제3항

제1과목 | 부동산학개론
부록 pp.3~9

01	⑤	02	①	03	⑤	04	④	05	②
06	⑤	07	①	08	①	09	④	10	④
11	④	12	④	13	④	14	②	15	③
16	①	17	②	18	④	19	②	20	⑤
21	③	22	⑤	23	④	24	④	25	②
26	①	27	③	28	⑤	29	①	30	④
31	②	32	③	33	⑤	34	①	35	④
36	③	37	③	38	②	39	④	40	②

점수: _____ 점

1 답 ⑤

부동산학 총론 > 부동산의 개념과 분류

⑤ 주거용 건물 건설업은 한국표준산업분류(KSIC; Korean standard industrial classification) 중 부동산업에 해당하지 않는다.

빈출개념 체크　한국표준산업분류(제11차)상의 부동산업

대분류	중분류	소분류	세분류	세세분류
부동산업	부동산업	부동산 임대 및 공급업	부동산 임대업	• 주거용 건물임대업 • 비주거용 건물임대업 • 기타 부동산임대업
			부동산 개발 및 공급업	• 주거용 건물개발 및 공급업 • 비주거용 건물개발 및 공급업 • 기타 부동산개발 및 공급업
		부동산 관련 서비스업	부동산 관리업	• 주거용 부동산관리업 • 비주거용 부동산관리업
			부동산 중개, 자문 및 감정 평가업	• 부동산중개 및 대리업 • 부동산투자 자문업 • 부동산 감정평가업 • 부동산 분양대행업

2 답 ①

부동산학 총론 > 부동산의 개념과 분류

① 부지(敷地)에 대한 설명이다. 대지(垈地)는 「건축법」에서 건축할 수 있는 모든 토지로 규정하고 있다. 「공간정보의 구축 및 관리 등에 관한 법률」에서 '대(垈)'는 토지의 주된 사용목적에 따라 정한 지목 중의 하나로서 지목이 전답이라면 건축이 불가능하나, 전답이라도 형질변경허가를 얻는 경우에는 건축이 가능하며, 바로 대지가 된다.

3 답 ⑤

부동산학 총론 > 부동산의 특성

① 토지에 생산비를 투입하여 생산할 수 없기 때문에 생산비의 법칙이 적용되지 않게 하는 것은 부증성으로부터 파생되는 특징이다.
② 소유이익과 이용이익의 분리 및 임대차시장의 발달 근거가 되는 것은 영속성으로부터 파생되는 특징이다.
③ 소유와 관련하여 경계문제를 불러일으키며, 개발이익의 사회적 환수 논리의 근거가 되는 것은 인접성으로부터 파생되는 특징이다.
④ 대상부동산과 다른 부동산의 비교를 어렵게 하고 시장에서 상품 간 대체관계를 제약할 수 있게 하는 것은 개별성으로부터 파생되는 특징이다.

4 답 ④

부동산학 각론 > 부동산경제론

ㄷ. 해당 가격 이외의 요인 변화에 따른 수요량의 변화는 곡선 자체의 이동을 의미한다.
ㅁ. 아파트와 보완재의 가격이 상승하면 아파트의 수요는 감소한다.

5 답 ②

부동산학 각론 > 부동산경제론

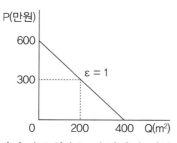

문제에서 주어진 수요함수는 우하향의 선분인 수요곡선 ($Q_d = 400 - \frac{2}{3}$P)이다. 그런데 우하향의 선분인 수요곡선인 경우 임대사업자의 임대료총수입은 수요의 가격탄력성이 1일 때 극대가 된다. 따라서 임대료총수입을 극대화하기 위해서는 우하향의 선분인 수요곡선상의 한가운데 점, 즉 수요의 가격탄력성이 1인 점에서 임대료를 설정해야 한다. 문제에서 주어진 수요함수를 P에 대해 정리하면 $P = 600 - \frac{3}{2}Q_d$이다. 따라서 임대사업자가 임대료총수입을 극대화하려면 임대료를 300만원으로 설정해야 한다.

6 답 ⑤

부동산학 각론 > 부동산경제론

① 부동산의 수요는 부동산을 구입하고자 하는 의사와 능력이 뒷받침된 유효수요를 의미한다.
② 수요자의 소득이 변하여 수요곡선 자체가 이동하는 경우는 수요의 변화에 해당한다.
③ 인구의 증가로 부동산 수요가 증가하는 경우 균형가격은 상승하고, 균형량은 증가한다.
④ 건축비의 하락 등 생산요소가격의 하락은 주택공급곡선을 우측으로 이동시킨다.

7 답 ①

부동산학 각론 > 부동산경제론

ㄴ. 우하향하는 직선의 수요곡선상의 측정지점에 따라 가격탄력성은 다르다.
ㄷ. 가격탄력성이 1보다 크면 수요든 공급이든 탄력적이다.
ㄹ. 수요의 소득탄력성이 0보다 작으면 해당 재화는 열등재이다.
ㅁ. 수요의 교차탄력성이 0보다 작으면 두 상품은 보완재 관계이다.

8 답 ①

고난도

부동산학 각론 > 부동산경제론

아파트 수요의 가격탄력성 $= \left| \dfrac{\text{수요량변화율}}{\text{가격변화율}} \right| = \left| \dfrac{-6\%}{5\%} \right|$ $= 1.2$이므로 가격이 5% 상승하면 수요량변화율은 6% 감소한다.
그런데 소득도 5% 증가한다고 했으므로
수요의 소득탄력성 $= \dfrac{\text{수요량변화율}}{\text{소득변화율}} = \dfrac{3\%}{5\%} = 0.6$이므로 수요량은 3% 증가한다.
그러므로 수요의 가격탄력성과 관련하여 가격이 5% 상승하므로 아파트의 수요량변화율은 6% 감소하고 수요의 소득탄력성과 관련하여 소득이 5% 상승하여 수요량변화율은 3% 증가하므로 수요량은 3%가 감소한다.
따라서 전체 아파트의 수요량이 1% 감소하려면 단독주택 가격에 대한 교차탄력성에서 수요량변화율은 2%가 증가해야 한다.
그런데 단독주택 가격에 대한 교차탄력성이 0.8이므로 아파트 수요량이 2% 증가하기 위해서는
아파트수요의 단독주택 가격에 대한 교차탄력성
$= \dfrac{\text{아파트 수요량변화율}}{\text{단독주택 가격변화율}} = \dfrac{2\%}{x\%} = 0.8$이다.
따라서 단독주택 가격이 2.5% 상승해야 한다.
즉, 아파트 수요의 가격탄력성에서 수요량변화율은 -6%, 수요의 소득탄력성에서 수요량변화율은 $+3\%$, 단독주택 가격에 대한 교차탄력성에서 수요량변화율은 $+2\%$이므로 전체 아파트의 수요량변화율은 $-6\% + 3\% + 2\% = -1\%$가 되어 1% 감소하게 된다. 따라서 아파트 수요의 단독주택 가격에 대한 교차탄력성에서 단독주택 가격은 $2.5\%(= 2\% \div 0.8)$ 상승해야 된다.

9 답 ④

부동산학 각론 > 부동산경제론

상향시장에서는 가격 상승이 점차 높아지므로 매도인은 거래를 미루려는 반면, 매수인은 구매를 앞당기려 하므로 부동산 중개활동에 있어서 매도인 중시 현상이 나타난다.

10 답 ④

부동산학 각론 > 부동산시장론

① 약성 효율적 시장에서는 과거의 역사적 정보를 통해 정상 이윤을 초과하는 이윤을 획득할 수 없다. 그러나 약성 효율적 시장에서 현재나 미래의 정보를 통해 정상 이윤을 초과하는 이윤을 획득할 수 있다.

② 강성 효율적 시장에 대한 설명이다. 준강성 효율적 시장은 과거의 추세적 정보뿐만 아니라 현재 새로 공표되는 정보가 지체 없이 시장가치에 반영된다.
③ 완전경쟁시장에서는 초과이윤이 발생할 수 없다.
⑤ 할당 효율적 시장은 완전경쟁시장을 의미하는 것은 아니며 불완전경쟁시장도 할당 효율적 시장이 될 수 있다.

11 답 ④

부동산학 각론 > 부동산시장론

④ 위치지대설에서 생산물의 가격과 생산비가 일정하다면 지대는 수송비에 의해서 결정되며, 수송비와 생산비가 일정하다면 지대는 생산물의 가격에 의해서 좌우된다.

12 답 ④

부동산학 각론 > 부동산시장론

④ 다핵심이론에서 다핵의 발생요인으로 동종활동은 집적이익이 발생하므로 특정지역에 모여서 입지한다. 반면, 이종활동은 상호간의 이해가 상반되므로 떨어져서 입지한다.

13 답 ④

부동산학 각론 > 부동산시장론

레일리의 B시에 대한 A시의 구매지향비율$\left(\dfrac{B_A}{B_B}\right)$은

$$\frac{B_A}{B_B} = \frac{P_A}{P_B} \times \left(\frac{D_B}{D_A}\right)^2 = \frac{\text{A시의 인구}}{\text{B시의 인구}} \times \left(\frac{\text{B시까지의 거리}}{\text{A시까지의 거리}}\right)^2$$

이므로 $\dfrac{10,000}{30,000} \times \left(\dfrac{6}{2}\right)^2 = \dfrac{1}{3} \times 9 = 3$이다.

따라서 A시로의 인구유인비율 : B시로의 인구유인비율은 3 : 1이다.

그런데 마을 C의 인구가 1,000명이므로 A시 750명, B시 250명이 된다.

14 답 ②

부동산학 각론 > 부동산정책론

② 공공재의 경우 과소생산의 문제가 발생될 수 있기 때문에 시장실패가 초래되어 정부가 시장에 개입할 수 있다.

15 답 ③

부동산학 각론 > 부동산정책론

③ 주택공급 부족으로 주택가격이 급등하는 것은 시장에서 수요에 비해 공급이 부족하여 가격이 상승하는 현상으로 시장적 현상이다. 따라서 외부효과에 의한 시장실패라고 볼 수 없다.

16 답 ①

부동산학 각론 > 부동산정책론

① 주택임대료보조는 장기적으로 임차인이 임대주택에 실제 지불하는 임대료를 낮추는 효과가 있다.

17 답 ②

부동산학 각론 > 부동산정책론

ㄴ. 임대주택시장에서 재산세가 부과되면 공급은 감소하여 주택임대료는 상승하고 거래량은 감소한다.
ㄷ. 수요의 가격탄력성이 공급의 가격탄력성보다 큰 경우 수요자의 조세부담은 공급자에 비해 작다.

18 답 ④

부동산학 각론 > 부동산투자론

ㄱ. 타인자본을 활용하지 않는 경우
1년간 순영업소득은 600만원이고, 1년간 부동산가격 상승률이 5%이므로 자본이득은 1,000만원이 존재하고 총자본수익은 1,600만원이 된다. 타인자본을 활용하지 않는 경우는 부동산가격 2억원을 전액 자기자본으로 충당해야 한다. 따라서
자기자본수익률
$$= \frac{1,600\text{만원}(= 600\text{만원} + 1,000\text{만원})}{2\text{억원}} \times 100(\%)$$
$= 8$%이다.

ㄴ. 타인자본을 60% 활용하는 경우
타인자본을 60% 활용하는 경우는 부동산가격 2억원 중 자기자본이 8,000만원이고 타인자본이 1억 2,000만원이다. 따라서
자기자본수익률
$$= \frac{1,600\text{만원} - (1\text{억 } 2,000\text{만원} \times 0.04)}{8,000\text{만원}} \times 100(\%)$$
$= 14$%이다.

19 답 ②

부동산학 각론 > 부동산투자론

ㄱ. 지분수익률에서 총자본수익률을 차감하여 정(+)의 수익률이 나오는 경우에는 정(+)의 레버리지가 발생한다.

ㄹ. 총자본수익률은 총투자액에 대한 총자본수익의 비율로 차입이자율과 부채비율의 변화 모두 총자본수익률에 영향을 미치지 않는다.

20 답 ⑤

부동산학 각론 > 부동산투자론

- 기대수익률 = Σ(각 경제상황별 추정수익률 × 발생확률)
$$= (20\% \times 0.3) + (30\% \times 0.4)$$
$$+ (40\% \times 0.3)$$
$$= 6\% + 12\% + 12\% = \underline{30\%(0.3)}$$

- 분산 = Σ[(각 경제상황별 추정수익률 − 기대수익률)^2
$$\times \text{발생확률}]$$
$$= (0.2 - 0.3)^2 \times 0.3 + (0.3 - 0.3)^2 \times 0.4$$
$$+ (0.4 - 0.3)^2 \times 0.3$$
$$= 0.003 + 0.003 = \underline{0.006}$$

21 답 ③

부동산학 각론 > 부동산투자론

③ 평균−분산지배원리로 투자 선택을 할 수 없을 때 변동계수(변이계수)를 활용하여 투자안의 우위를 판단할 수 있다.

22 답 ⑤

부동산학 각론 > 부동산투자론

⑤ 취득세, 공실 및 대손충당금, 부채서비스액, 소득세, 법인세, 감가상각비 등은 영업경비에 포함되지 않는다. 그러나 건물 유지수선비, 수익자 부담금, 건물분 재산세 등 보유와 관련된 각종 제세공과금, 화재보험료 등 건물유지·보수와 관련된 손해보험료 등은 영업경비에 포함된다.

23 답 ④

부동산학 각론 > 부동산투자론

④ 순현가법을 이용하여 투자안의 경제성을 평가하는 것이 기업의 부(富)의 극대화에 부합되는 의사결정방법이 된다.

24 답 ④

부동산학 각론 > 부동산투자론

① 부채서비스액은 원금과 이자를 합한 것으로 매년 일정하다.

② 융자기간의 3분의 2가 지나면 원금의 50% 정도가 상환된다.

③ 상환기간이 지남에 따라 원금상환분이 커지기 때문에 원금상환곡선의 기울기는 커진다.

⑤ 부채서비스액 중 이자지급액은 상환기간이 경과함에 따라 그 액수가 작아진다.

25 답 ②

부동산학 각론 > 부동산금융론(부동산금융·증권론)

ㄱ. 원리금균등상환에서 원리금은 저당대부액에 저당상수를 곱하여 구한다.
즉, 원리금(저당지불액) = 저당대부액 × 저당상수이다.
따라서 매회의 원리금(저당지불액)은
3억원 × 0.09 = 2,700만원이다.
또한, 1회차 상환해야 할 원금은 900만원이므로
2,700만원 − 이자지급액 = 900만원이며, 이자지급액은 1,800만원이다. 따라서 1회차 지급해야 할 이자지급액은 3억원 × 대출금리(x) = 1,800만원이며, 대출금리(x)는 1,800만원 ÷ 3억원 = 0.06(6%)이다.

ㄴ. 1회차 대출잔액(저당잔금)은 3억원 − 900만원 = 2억 9,100만원이며, 2회차 지급해야 할 이자지급액은
2억 9,100만원 × 0.06 = 1,746만원이다.
따라서 2회차 상환해야 할 원금은
2,700만원 − 1,746만원 = 954만원이다.

26 답 ①

부동산학 각론 > 부동산금융론(부동산금융·증권론)

ㄱ. 사업 자체의 현금흐름을 근거로 자금을 조달하고, 원리금상환도 해당 사업에서 발생하는 미래의 현금흐름에 근거한다.

ㄴ. 프로젝트 사업주는 기업 또는 개인일 수 있으며, 법인도 될 수 있다.

ㄷ. 프로젝트 금융은 프로젝트 사업주의 재무상태표에 해당 부채가 표시되지 않는다.

ㄹ. 프로젝트 회사가 파산 또는 청산할 경우, 채권자들은 프로젝트 회사에 대해 원리금상환을 청구할 수 있다.

27 답 ③

부동산학 각론 > 부동산금융론(부동산금융·증권론)

③ MBB(mortgage backed bond)는 주택저당채권집합물(mortgage pool)에서 발생하는 현금흐름을 발행자가 가지고 관련된 위험도 발행자가 부담하는 채권이다.

28 답 ⑤

부동산학 각론 > 부동산금융론(부동산금융·증권론)

⑤ 자금차입 및 사채발행은 자기자본의 2배를 초과할 수 없다. 다만, 주주총회의 특별결의를 한 경우에는 그 합계가 자기자본의 10배를 넘지 아니하는 범위에서 자금차입 및 사채발행을 할 수 있다.

29 답 ①

고난도

부동산학 각론 > 부동산금융론(부동산금융·증권론)

1. • LTV조건에 의한 대출가능액
  = 부동산가치 × LTV = 5억원 × 0.5 = 2억 5,000만원
  • 대출비율(LTV) 50%일 경우의 월 불입액(원리금상환액)
  = 저당대부액 × 월 저당상수
  = 2억 5,000만원 × 0.007265 = 1,816,250원
2. • DTI조건에 의한 대출가능액
  = (연간소득액 × DTI ÷ 12개월) ÷ 월 저당상수
  = (6,000만원 × 0.4 ÷ 12개월) ÷ 0.007265
  ≒ 275,292,498원
  • 총부채상환비율(DTI) 40%일 경우 월 불입액(원리금상환액)
  = 연간소득액 × DTI ÷ 12개월
  = 6,000만원 × 0.4 ÷ 12개월 = 2,000,000원
3. 적은 금액을 한도로 주택담보대출을 제공하므로 대출가능액은 2억 5,000만원이 되며, 월 불입액(원리금상환액)은 1,816,250원이 된다.

30 답 ③

부동산학 각론 > 부동산개발 및 관리론

③ 시장분석은 특정 개발사업에 대한 채택 가능성을 평가하기 위한 것이지만, 경제성 분석은 시장분석에서 수집한 자료를 활용하여 개발사업에 대한 수익성을 평가하고 최종적인 투자결정을 하는 것이다.

31 답 ②

부동산학 각론 > 부동산개발 및 관리론

② 시설의 준공과 함께 시설의 소유권이 정부 등에 귀속되지만, 사업시행자가 정해진 기간 동안 시설에 대한 운영권을 가지고 수익을 내는 방식은 BTO(build-transfer-operate) 방식이다. 이는 도로, 터널 등 시설이용자로부터 이용료를 징수할 수 있는 사회기반시설 건설의 사업방식으로 활용되고 있다.

32 답 ③

부동산학 각론 > 부동산개발 및 관리론

ㄴ. 부동산신탁의 수익자란 신탁행위에 따라 신탁이익을 받는 자를 말하며, 위탁자가 지정한 제3자가 될 수도 있다.
ㄷ. 부동산신탁계약에서의 소유권 이전은 실질적 이전이 아니라 등기부상의 형식적 소유권 이전이다.
ㅁ. 부동산담보신탁은 저당권 설정보다 소요되는 경비가 적고, 채무불이행 시 부동산 처분 절차가 단순하다.

33 답 ⑤

부동산학 각론 > 부동산개발 및 관리론

① 목표시장에서 고객의 욕구를 파악하여 경쟁 제품과 차별성을 가지도록 제품 개념을 정하고 소비자의 지각 속에 적절히 위치시키는 것은 포지셔닝(positioning)이다.
② 세분화된 시장 중 가장 좋은 시장기회를 제공해 줄 수 있는 특화된 시장은 표적시장(target market)이다.
③ 4P에 의한 마케팅 믹스 전략의 구성요소는 제품(product), 유통경로(place), 판매촉진(promotion), 가격(price)이다.
④ STP란 시장세분화(segmentation), 표적화(targeting), 포지셔닝(positioning)을 표상하는 약자이다.

34 답 ①

부동산 감정평가론 > 부동산가격이론

① 「감정평가에 관한 규칙」상 선박의 주된 감정평가방법은 원가법이다.

35 답 ④

부동산 감정평가론 > 부동산가격이론

ㄴ. 대체의 원칙이란 부동산의 가격이 대체관계의 유사 부동산으로부터 영향을 받는다는 것을 말한다. 경쟁의 원칙이란 초과이윤은 경쟁을 야기하며, 경쟁은 결국 초과이윤을 감소 또는 소멸시킨다는 원칙이다.

ㄷ. 균형의 원칙이란 부동산의 유용성(수익성 또는 쾌적성)이 최고도로 발휘되기 위해서는 그 내부구성요소의 결합상태가 균형을 이루고 있어야 한다는 원칙이다.

36 답 ③

부동산 감정평가론 > 부동산가격이론

③ 인근지역이란 대상부동산이 속한 지역으로서 부동산의 이용이 동질적이고 가치형성요인 중 지역요인을 공유하는 지역을 말한다.

37 답 ③

부동산 감정평가론 > 감정평가의 방식

경과연수가 5년이고 사용승인일의 신축공사비는 1,000,000원/m²이므로 250,000,000원(= 1,000,000원 × 250m²)이고, 건축비지수에 의한 시점수정치가 1.2(= 120/100)이므로
- 재조달원가 = 250,000,000원 × 1.2 = 300,000,000원
- 내용연수 만료 시 잔존가치는 없으므로

  매년의 감가액 = $\dfrac{300,000,000원}{50년}$ = 6,000,000원
- 감가누계액 = 6,000,000원 × 5년(경과연수)
  = 30,000,000원

따라서 적산가액 = 300,000,000원 − 30,000,000원
= 270,000,000원이다.

38 답 ②

부동산 감정평가론 > 감정평가의 방식

② 거래사례는 위치에 있어서 동일성 내지 유사성이 있어야 하며, 인근지역에 소재하는 경우에는 대상부동산과 지역요인이 동일하므로 지역요인비교를 하지 않아도 되며, 개별요인만 비교하면 된다.

39 답 ④

부동산 감정평가론 > 감정평가의 방식

1. 순영업소득

유효총소득	100,000,000원
− 영업경비	− 10,000,000원
순영업소득	90,000,000원

(영업경비는 재산세 300만원, 화재보험료 200만원, 재산관리 수수료 100만원, 수선유지비 100만원, 관리직원 인건비 300만원을 합하여 1,000만원이다)

2. 환원(이)율
물리적 투자결합법으로 환원(이)율을 구하면
환원(이)율 = (토지환원율 × 토지가격구성비)
   + (건물환원율 × 건물가격구성비)
= (5% × 0.5) + (7% × 0.5)
= 2.5% + 3.5% = 6%(0.06)

3. 수익가액 = $\dfrac{순영업소득}{환원이율}$ = $\dfrac{90,000,000원}{0.06}$
= 1,500,000,000원

40 답 ②

부동산 감정평가론 > 부동산가격공시제도

② 표준지의 평가에 있어서 그 토지에 건물 또는 그 밖의 정착물이 있거나 지상권 또는 그 밖의 토지의 사용·수익을 제한하는 사법상의 권리가 설정되어 있을 때에는 그 정착물 등이 없는 토지의 나지상태를 상정하여 평가한다.

41	③	42	④	43	⑤	44	④	45	③
46	⑤	47	③	48	⑤	49	②	50	⑤
51	②	52	④	53	⑤	54	③	55	②
56	④	57	①	58	③	59	④	60	①
61	①	62	②	63	②	64	①	65	②
66	④	67	①	68	④	69	③	70	⑤
71	⑤	72	④	73	③	74	①	75	③
76	①	77	④	78	⑤	79	①	80	①

점수: _____ 점

41 답 ③

민법총칙 > 권리변동 일반

③ 취득시효로 인한 소유권의 취득은 원시취득에 해당한다.
① 전세권과 저당권의 설정은 각각 설정적 승계에 해당한다.
② 유언(유증), 재단법인설립행위, 소유권과 점유권의 포기는 상대방 없는 단독행위에 해당한다.
④ 청약자가 하는 승낙연착의 통지는 관념의 통지에 해당한다.
⑤ 무권대리에서 추인 여부에 대한 확답의 최고는 의사의 통지에 해당한다.

42 답 ④

민법총칙 > 권리변동 일반

④ 전주(前主)의 하자나 부담이 소멸하는 것은 원시취득이다. 원시취득이란 종전에 없던 권리가 처음으로 생기는 것을 말한다. 혼화는 원시취득에 해당한다.
① 설정적 승계로서 승계취득에 해당한다.
②⑤ 특정승계로서 이전적 승계이므로 승계취득에 해당한다.
③ 포괄승계로서 이전적 승계이므로 승계취득에 해당한다.

43 답 ⑤

민법총칙 > 법률행위

⑤ 이 경우 제2매매는 무효가 아니어서 丙이 확정적으로 소유권을 취득한다. 따라서 乙은 직접 丙을 상대로 소유권이전등기의무의 이행을 청구할 수 없을 뿐만 아니라, 甲을 대위하여 소유권이전등기절차의 이행을 청구할 수도 없다.

44 답 ④

민법총칙 > 의사표시

④ 통정허위표시는 무효이지만 불법원인급여(제746조)의 '불법'은 아니므로 甲은 乙에 대하여 부당이득반환을 청구할 수 있다.
① 제108조 제2항
② 乙과 丙 사이의 매매계약은 유효하고 丙이 선의이므로 丙은 확정적으로 소유권을 취득한다. 따라서 乙은 선의의 丙에게 무효를 주장하여 등기말소를 청구할 수 없다.
③ 선의의 제3자에 대하여는 허위표시의 당사자뿐만 아니라 그 누구도 허위표시의 무효를 대항하지 못하고, 따라서 선의의 제3자에 대한 관계에 있어서는 허위표시도 그 표시된 대로 효력이 있다(대판 1996.4.26, 94다12074). 따라서 甲의 채권자 A도 선의의 丙에 대해서는 무효를 주장할 수 없다.
⑤ 통정허위표시의 무효를 대항할 수 없는 제3자란 허위표시의 당사자 및 포괄승계인 이외의 자로서 허위표시에 의하여 외형상 형성된 법률관계를 토대로 새로운 법률원인으로써 이해관계를 갖게 된 자를 말한다. 따라서 甲·乙 사이의 허위표시에 앞선 甲 소유 아파트의 가등기권리자는 형식상은 가장양수인으로부터 가등기를 경료받은 것으로 되어 있으나 실질적인 새로운 법률원인에 의한 것이 아니므로 통정허위표시에서의 제3자로 볼 수 없다(대판 1982.5.25, 80다1403).

45 답 ③

민법총칙 > 법률행위의 대리

③ 매매계약의 체결과 이행에 관하여 포괄적으로 대리권을 수여받은 대리인은 약정된 대금지급기일을 연기하여 줄 권한을 가진다(대판 1992.4.14, 91다43107).
① 대판 1994.2.8, 93다39379
② 대판 1959.7.2, 4291민상329
④ 대여금의 영수권한만을 위임받은 대리인이 그 대여금채무의 일부를 면제할 권한이 없으므로 본인으로부터 채무면제에 관한 특별수권이 있어야만 채무면제가 가능하다(대판 1981.6.23, 80다3221).
⑤ 대판 1997.9.30, 97다23372

46 답 ⑤

민법총칙 > 법률행위의 대리

⑤ 제135조 제2항
① 임의대리인은 본인의 승낙이 있거나 부득이한 사유가 있는 때에 한하여 복대리인을 선임할 수 있다(제120조).

② 본인의 지명에 의하여 복대리인을 선임한 경우에는 임의대리인은 복대리인의 부적임 또는 불성실함을 알고 본인에 대한 통지나 해임을 태만히 한 경우에만 책임을 진다(제121조 제2항).

③ 무권대리인의 상대방이 본인에게 추인 여부의 확답을 최고한 경우 본인이 상당한 기간 내에 확답을 발하지 아니한 때에는 추인을 거절한 것으로 본다(제131조).

④ 타인의 대리인으로 계약을 한 자가 그 대리권을 증명하지 못하고 또 본인의 추인을 얻지 못한 때에는 상대방의 선택에 좇아 계약의 이행 또는 손해배상의 책임이 있다(제135조 제1항).

47 답 ③ 고난도

민법총칙 > 무효와 취소

③ 토지거래허가신청 전에 甲이 乙에게 계약해제통지를 하자 乙이 계약금 상당액을 청구금액으로 하여 통지를 가압류한 경우, 그 매매계약은 확정적 무효로 될 수 있다(대판 2000. 6.9, 99다72460).

48 답 ⑤

민법총칙 > 무효와 취소

⑤ 처음부터 허가를 배제하거나 잠탈을 기도한 경우에는 확정적 무효이다(대판 2010.6.10, 2009다96328).
① 제138조
② 제139조
③ 제139조는 임의규정이므로 당사자의 특약으로 소급효를 인정하는 것은 가능하다.
④ 제137조

49 답 ②

민법총칙 > 무효와 취소

② 법정추인사유는 전부나 일부의 이행, 이행청구, 경개, 담보제공, 취소할 수 있는 행위로 취득한 권리의 전부나 일부의 양도, 강제집행의 6가지이다(제145조). 다만, 이 6가지의 사유 중에서 이행청구와 양도는 취소권자가 한 경우에만 해당한다. 따라서 취소권자의 상대방이 권리를 양도한 경우는 법정추인사유에 해당하지 않는다.

50 답 ⑤

민법총칙 > 무효와 취소

ㄴ. 경과실로 인해 착오에 빠진 표의자가 착오를 이유로 의사표시를 취소하더라도, 상대방에 대하여 불법행위로 인한 손해배상책임을 지지 않는다(대판 1997.8.22, 97다13023).

ㄹ. 매도인이 매매계약을 적법하게 해제한 후라도 매수인은 손해배상책임을 지거나 매매계약에 따른 계약금의 반환을 받을 수 없는 불이익을 면하기 위하여 착오를 이유로 매매계약을 취소할 수 있다(대판 1996.12.6, 95다24982·24999).

ㄱ. 매매목적물에 하자가 있는 줄 모르고 매매계약을 체결한 매수인은 담보책임과 착오로 인한 취소권을 선택적으로 행사할 수 있다(대판 2018.9.13, 2015다78703).

ㄷ. 표의자의 착오가 중대한 과실로 인한 때에는 취소하지 못하나, 상대방이 표의자의 착오를 알고 이용한 경우, 표의자는 의사표시를 취소할 수 있다(대판 2014.11.27, 2013다49794).

51 답 ②

민법총칙 > 조건과 기한

② 기한은 채무자의 이익을 위한 것으로 추정된다(제153조 제1항).
① 법률행위의 부관이 조건인가 아니면 불확정기한인가 하는 것은 결국 법률행위의 해석문제이다.
③ 채무자가 담보제공의무를 이행하지 아니한 때에는 기한의 이익을 상실한다(제388조 제2호). 기한이익을 상실하는 경우 채무자는 기한의 이익을 주장하지 못한다.
④ 단독행위에는 원칙적으로 조건을 붙일 수 없다.
⑤ 조건과 달리 기한은 당사자의 약정에 의한 소급효가 인정되지 않는다. 당사자의 약정에 의해 소급효를 인정하면 기한제도 자체가 무의미해지기 때문이다.

52 답 ④

물권법 > 물권법 일반

④ 물권변동에 있어서 형식주의를 채택하고 있는 현행 민법하에서는 소유권을 이전한다는 의사 외에 부동산에 있어서는 등기를, 동산에 있어서는 인도를 필요로 함과 마찬가지로 쪽파와 같은 수확되지 아니한 농작물에 있어서는 명인방법을 실시함으로써 그 소유권을 취득한다(대판 1996. 2.23, 95도2754).
① 「입목에 관한 법률」 제3조
② 현존하는 물건에 대해서만 물권이 성립할 수 있다.

③ 1동의 건물 중 구분된 각 부분이 구조상·이용상 독립성을 가지고 있는 경우에 그 각 부분을 1개의 구분건물로 하는 것도 가능하고, 그 1동 전체를 1개의 건물로 하는 것도 가능하기 때문에, 구분건물이 되기 위하여는 객관적·물리적인 측면에서 구분건물이 구조상·이용상의 독립성을 갖추어야 하고, 그 건물을 구분소유권의 객체로 하려는 의사표시, 즉 구분행위가 있어야 한다(대판 1999.7.27, 98다35020). 따라서 구분등기를 하지 않는 경우에는 전체가 1개의 건물이 되는 것이고, 하나의 부동산 중 일부분에 관하여 소유권보존등기를 경료하는 것은 허용되지 않는다(대판 2000.10.27, 2000다39582).

⑤ 제371조

53 답 ⑤

물권법 > 물권법 일반

⑤ 물권적 청구권의 상대방은 현재 방해상태를 지배(점유)하는 자이다. 따라서 乙이 丙에게 노트북을 빌려준 경우 乙은 간접점유자, 丙은 직접점유자이므로 甲은 乙과 丙 모두를 상대로 반환청구를 할 수 있다.

① 유치권은 점유권에 기한 물권적 청구권만 인정되고, 유치권 자체에 기한 물권적 청구권은 인정되지 않는다.

② 매매대금을 완납하더라도 성립요건주의의 원칙상 등기를 하지 않으면 소유권을 취득할 수 없으므로 건물의 불법점유자에 대하여 소유권에 기한 반환청구를 할 수는 없다(제186조, 제213조).

③ 제301조, 제370조

④ 침해자의 고의·과실은 물권적 청구권의 요건이 아니다.

54 답 ③

물권법 > 물권의 변동

ㄴ, ㄹ. 법률행위에 의한 부동산물권변동에 해당하므로 등기하여야 한다(제186조). 또한, 제187조의 판결은 형성판결만 의미하므로 이행판결의 경우에는 등기하여야 물권변동의 효력이 발생한다.

ㄱ, ㄷ. 법률규정에 의한 부동산물권변동에 해당하므로 등기할 필요가 없다(제187조).

ㅁ. 공용부분에 대한 물권의 득실변경은 등기를 요하지 아니한다(집합건물의 소유 및 관리에 관한 법률 제13조 제3항).

55 답 ②

물권법 > 물권의 변동

② 혼동한 권리가 제3자의 권리의 목적이 된 때 제3자의 이익 보호를 위한 경우에는 소멸하지 않는다(제191조 제2항). 甲의 지상권이 乙의 저당권의 목적으로 되어 있으므로 甲이 소유권을 취득하더라도 甲의 지상권은 소멸하지 않는다.

① 부동산에 대한 소유권과 임차권이 동일인에게 귀속하게 되는 경우 임차권은 혼동에 의하여 소멸하는 것이 원칙이지만, 그 임차권이 대항요건을 갖추고 있고 또한 그 대항요건을 갖춘 후에 저당권이 설정된 때에는 혼동으로 인한 물권소멸원칙의 예외 규정인 제191조 제1항 단서를 준용하여 임차권은 소멸하지 않는다(대판 2001.5.15, 2000다12693).

③ 甲 소유의 부동산에 乙, 丙이 지상권을 취득한 후 乙, 丙이 甲에 대한 채권담보목적의 소유권이전등기를 공동명의로 받은 경우 甲, 乙, 丙 사이에는 甲이 여전히 소유권을 가지므로 乙, 丙의 지상권지분은 혼동으로 소멸하지 않는다(대판 1980.12.23, 80다2176).

④ 소유권과 제한물권이 동일인에게 귀속하는 경우 제한물권이 소멸하는 것이 원칙이다(제191조 제1항). 따라서 甲 소유의 토지에 저당권을 취득한 乙이 소유권을 취득한 경우 乙의 저당권은 소멸한다.

⑤ 점유권은 성질상 혼동으로 소멸하지 않는다(제191조 제3항). 따라서 乙의 점유권은 소멸하지 않는다.

56 답 ④

물권법 > 점유권

④ 제204조 제2항

① 지상권, 전세권, 질권, 사용대차, 임대차, 임치 기타의 관계로 타인으로 하여금 물건을 점유하게 한 자는 간접으로 점유권이 있다(제194조). 지역권은 점유매개관계에 해당하지 않는다.

② 가사상, 영업상 기타 유사한 관계에 의하여 타인의 지시를 받아 물건에 대한 사실상의 지배를 하는 때에는 그 타인만을 점유자로 한다(제195조). 점유보조자에게는 점유권이 인정되지 않는다.

③ 점유자는 소유의 의사로, 평온·공연 및 선의로 점유한 것으로 추정한다(제197조 제1항). 무과실은 추정되지 않는다.

⑤ 점유자가 점유의 방해를 받을 염려가 있는 때에는 그 방해의 예방 또는 손해배상의 담보를 청구할 수 있다(제206조 제1항).

57 답 ①

① 선의의 점유자가 과실을 취득한 경우 통상의 필요비는 청구하지 못한다(제203조 제1항 단서).
② 선의의 점유자인 경우 과실수취권이 인정되지만 악의인 경우에는 인정되지 않는다(제201조).
③ 점유자는 목적물에 유익비를 지출한 경우 반드시 가액의 증가가 현존하는 경우에 한하여 회복자에게 지출금액이나 그 증가액의 상환을 청구할 수 있다(제203조).
④ 점유·사용은 과실수취에 해당하므로 선의의 乙은 이익을 반환할 의무가 없다.
⑤ 점유자가 회복자로부터 점유물의 반환을 청구받거나 회복자에게 점유물을 반환한 때에 비로소 회복자에 대하여 유익비상환청구권이 발생한다(대판 1976.3.23, 76다172)

58 답 ③

고난도

③ 취득시효가 완성된 점유자가 점유를 상실한 경우 시효 완성으로 인한 소유권이전등기청구권이 바로 소멸하는 것은 아니나 점유를 상실한 때로부터 소멸시효가 진행한다(대판 1996.3.8, 95다34866).

59 답 ④

④ 제366조의 법정지상권이 성립하기 위해서는 저당권설정 당시에 토지와 건물이 동일인의 소유이어야 한다. 따라서 乙이 甲으로부터 甲 소유 토지와 지상의 미등기 건물을 매수하여 토지에 대해서만 소유권이전등기를 받은 후, 토지에 乙이 설정해준 저당권이 실행되어 토지와 건물의 소유자가 다르게 된 경우, 저당권설정 당시에 토지와 건물이 동일인의 소유가 아니므로 법정지상권이 성립하지 않는다(대판 전합체 2002.6.20, 2002다9660).

60 답 ①

① 수목의 소유를 목적으로 하는 구분지상권은 불가하다(제289조의2).

61 답 ①

① 물권은 배타성이 있으므로 하나의 물건 위에 양립할 수 없는 물권이 동시에 성립할 수 없다. 따라서 법정지상권이 성립한 후 대지소유자는 그 대지 전부를 목적으로 하는 전세권을 설정할 수 없다.
② 전세금의 지급은 전세권의 성립요소이지만 그렇다고 하여 전세금의 지급이 반드시 현실적으로 수수되어야만 하는 것은 아니고 기존의 채권으로 전세금의 지급에 갈음할 수도 있다(대판 1995.2.10, 94다18508).
③ 전세권의 법정갱신은 법률규정에 의한 부동산물권변동에 해당하므로 전세권 갱신에 관한 등기를 필요로 하지 아니하고 전세권자는 그 등기 없이도 전세권설정자나 그 목적물을 취득한 제3자에 대하여 그 권리를 주장할 수 있다(대판 1989.7.11, 88다카21029).
④ 건물의 일부에 대하여 전세권이 설정되어 있는 경우 그 전세권자는 전세권의 목적물이 아닌 나머지 건물부분에 대하여는 우선변제권은 별론으로 하고 경매신청권은 없다(대결 1992.3.10, 91마256).
⑤ 전세권의 존속 중에는 장래에 그 전세권이 소멸하는 경우에 전세금반환청구권이 발생하는 것을 조건으로 그 장래의 조건부채권을 양도할 수 있다(대판 2002.8.23, 2001다69122).

62 답 ②

ㄹ. 유치권자가 유치물을 점유하기 전에 발생된 채권이라도 그 후 그 물건의 점유를 취득한 경우에는 유치권이 성립한다(대판 1965.3.30, 64다1977).
ㄱ. 대판 1966.6.7, 66다600·601
ㄴ. 대결 2002.11.27, 2002마3516
ㄷ. 대판 1994.10.14, 93다62119

63 답 ②

② 피담보채권의 범위는 원본, 이자, 위약금, 저당권 실행비용, 채무불이행으로 인한 손해배상청구권이다(제360조).

64 답 ①

① 근저당권설정등기가 불법말소된 후 목적 부동산이 경매절차에서 경락된 경우 근저당권은 당연히 소멸한다. 이 경우 근저당권자는 경매절차에서 실제로 배당받은 자에 대하여 부당이득반환청구로서 그 배당금의 한도 내에서 그 근저당권설정등기가 말소되지 아니하였더라면 배당받았을 금액의 지급을 구할 수 있을 뿐이고, 현 소유자를 상대로 말소회복등기를 청구할 수는 없다(대판 1998.10.2, 98다27197).

② 적법한 권원 없이 타인의 토지를 경작하였더라도 그 농작물이 성숙하여 독립한 물건으로서의 존재를 갖추었으면 농작물의 소유권은 경작자에게 있다(대판 1979.8.28, 79다784). 따라서 토지저당권의 효력은 제3자가 무단으로 경작한 수확기의 농작물에는 미치지 않는다.

③ 명인방법을 갖춘 수목의 집단은 토지와 독립한 별개의 부동산으로서 수목소유자의 소유이므로 토지저당권의 효력은 이에 미치지 않는다.

④ 토지에 관한 저당권설정 당시에 존재하는 건물이 미등기이더라도 법정지상권이 성립한다(대판 2004.6.11, 2004다13533).

⑤ 근저당권이전의 부기등기가 경료된 경우, 피담보채무의 소멸 또는 근저당권설정등기의 원인무효를 이유로 근저당권설정등기 말소청구의 상대방은 양수인이다(대판 2000.4.11, 2000다5640).

65 답 ②

ㄹ. 건물임차인이 권원에 기하여 증축한 부분이 구조상·이용상 독립성이 없는 경우에는 기존 건물에 부합하므로 임대인이 증축한 부분의 소유권을 취득한다(제256조; 대판 1985.4.23, 84도1549 참조).

ㄱ. 제256조
ㄴ. 대판 1963.2.21, 62다913
ㄷ. 대판 1970.11.30, 68다1995

66 답 ④

계약법 > 계약법 총론

④ 현상광고, 대물변제, 계약금계약, 보증금계약은 요물계약에 해당한다는 것이 다수설의 태도이다.

67 답 ①

계약법 > 계약법 총론

ㄱ. 청약자가 청약의 의사표시를 발신한 후 사망하거나 제한능력자가 되어도 청약의 효력에 영향을 미치지 않는다(제111조 제2항).

ㄴ. 청약자가 미리 정한 기간 내에 이의를 하지 아니하면 승낙한 것으로 간주한다는 뜻을 청약 시에 표시하였다고 하더라도 이는 상대방을 구속하지 않는다(대판 1999.1.29, 98다48903).

ㄷ. 연착된 승낙은 청약자가 이를 새 청약으로 볼 수 있다(제530조). 따라서 甲은 이에 대해 승낙함으로써 계약을 성립시킬 수 있다.

68 답 ④

계약법 > 계약법 총론

ㄴ, ㄹ. 동시이행의 항변권은 쌍무계약에서 인정된다. 무상소비대차와 현상광고는 편무계약이므로 동시이행의 항변권이 인정되지 않는다.

69 답 ③

계약법 > 계약법 총론

③ 계약해제의 효과로서의 원상회복의무를 규정한 제548조 제1항 본문은 부당이득에 관한 특별규정의 성격을 가진 것이라 할 것이어서, 그 이익반환의 범위는 이익의 현존 여부나 선의·악의에 불문하고 특단의 사유가 없는 한 받은 이익의 전부라고 할 것이다(대판 1998.12.23, 98다43175).

① 대판 1983.5.24, 82다카1667
② 대판 1983.1.18, 81다89
⑤ 해제계약(합의해제)은 기존 계약을 해소하기로 하는 당사자 사이의 계약이므로 해제계약의 요건과 효력은 합의의 내용에 따라 결정되므로 단독행위를 전제로 하는 민법의 해제권에 관한 규정은 적용되지 않는다(대판 1997.11.14, 97다6193).

70 답 ⑤

계약법 > 계약법 총론

⑤ 계약해제로 인한 원상회복등기 등이 이루어지기 이전에 해약당사자와 양립되지 아니하는 법률관계를 가지게 되었고 계약해제 사실을 몰랐던 제3자에 대하여는 계약해제를 주장할 수 없다(대판 2005.6.9, 2005다6341). 따라서 丁이 선의인 경우에는 보호되나, 악의인 경우에는 보호되지 않는다.

① 제544조 본문
② 매매계약체결 후 9년이 지났고 시가가 올랐다는 사정만으로 계약을 해제할 만한 사정변경이 있다고 볼 수 없고, 매도인은 사정변경의 원칙을 내세워 그 매매계약을 해제할 수는 없다(대판 1991.2.26, 90다19664).
③ 해제권은 재산상의 법률행위에 해당하므로 대리가 가능하다. 따라서 甲은 乙로부터 대리권을 수여받아 乙을 대리하여 해제의 의사표시를 할 수 있다.
④ 계약해제의 효과로서의 원상회복의무를 규정한 제548조 제1항 본문은 부당이득에 관한 특별규정의 성격을 가진 것이라 할 것이어서, 그 이익반환의 범위는 이익의 현존 여부나 선·악의에 불문하고 특단의 사유가 없는 한 받은 이익의 전부라고 할 것이다(대판 1998.12.23., 98다43175).

71 답 ⑤

계약법 > 계약법 총론

ㄷ. 제3자는 계약의 당사자가 아니므로 의사와 표시의 불일치나 사기·강박의 유무는 요약자와 낙약자를 표준으로 결정하여야 한다. 따라서 乙의 기망에 의한 착오 여부는 甲을 기준으로 판단하여야 한다.
ㄹ. 제3자의 권리가 확정된 후에는 당사자는 이를 변경 또는 소멸시키지 못하지만(제541조), 당사자가 하자 있는 의사표시를 이유로 계약 자체를 취소한 경우에는 제3자의 권리가 확정된 후라도 예외적으로 변경 또는 소멸시킬 수 있다. 한편, 제3자는 민법의 의사표시규정(제107조 내지 제110조)에서 말하는 제3자에 해당되지 않는다. 따라서 甲이 착오를 이유로 乙과의 매매계약을 취소한 경우 丙이 그 사실을 몰랐더라도 甲은 취소로써 丙에게 대항할 수 있다.
ㄱ. 제3자를 위한 계약에 있어서, 제3자가 수익의 의사표시를 함으로써 제3자에게 권리가 확정적으로 귀속된 경우에는, 요약자와 낙약자의 합의에 의하여 제3자의 권리를 변경·소멸시킬 수 있음을 미리 유보하였거나, 제3자의 동의가 있는 경우가 아니면 계약의 당사자인 요약자와 낙약자는 제3자의 권리를 변경·소멸시키지 못하고, 만일 계약의 당사자가 제3자의 권리를 임의로 변경·소멸시키는 행위를 한 경우 이는 제3자에 대하여 효력이 없다(대판 2002.1.25, 2001다30285).
ㄴ. 제3자는 계약의 당사자가 아니므로 계약의 해제권을 행사할 수 없다(대판 1994.8.12, 92다41559).

72 답 ④

계약법 > 계약법 총론

④ 계약을 해제한 경우 각 당사자에게는 원상회복의무가 생긴다(제548조 제1항 본문). 따라서 이미 지급받은 매매대금을 계약해제로 인하여 甲이 반환해야 하는 경우에 그 받은 날로부터 이자를 가산하여야 한다.

73 답 ③

계약법 > 매매

③ 쌍방 중 어느 일방이 이행에 착수한 경우에는 더 이상 해약금에 의한 계약해제는 불가능하다. 따라서 매도인이 이행에 전혀 착수하지 않았더라도 중도금을 지급한 매수인은 계약금을 포기하고 계약을 해제할 수 없다.
① 제565조
② 대판 2008.10.23, 2007다72274
④ 대판 2010.4.29, 2007다24930
⑤ 대판 2009.4.23, 2008다50615

74 답 ①

계약법 > 매매

① 매매목적물의 일부가 계약 당시에 이미 멸실된 경우에 선의의 매수인은 대금감액청구권, 계약해제권, 손해배상청구권을 가진다(제574조에서 제572조를 준용함).
② 매매의 목적물을 종류로 지정한 경우에도 그 후 특정된 목적물에 하자가 있는 때에는 선의·무과실의 매수인은 계약의 해제 또는 손해배상의 청구를 하지 아니하고 하자 없는 물건을 청구할 수 있다(제581조 제2항).
③ 매매의 목적물이 지상권, 지역권, 전세권, 질권 또는 유치권의 목적이 된 경우에 매수인이 이를 알지 못한 때에는 이로 인하여 계약의 목적을 달성할 수 없는 경우에 한하여 매수인은 계약을 해제할 수 있다(제575조 제1항).
④ 매매의 목적부동산에 설정된 저당권 또는 전세권의 실행에 의한 소유권 상실을 피하기 위하여 매수인이 자신의 출재(出財)로 저당권·전세권을 소멸시켜 그 소유권을 보존한 경우 매수인은 매도인에 대하여 그 상환을 청구할 수 있다(제576조 제2항).
⑤ 매매의 목적이 된 권리의 일부가 타인에게 속함으로 인하여 매도인이 그 권리를 취득하여 매수인에게 이전할 수 없는 때에는 선의의 매수인은 감액청구 또는 계약해제 외에 손해배상을 청구할 수 있다(제572조 제3항).

75 답 ③

계약법 > 임대차

③ 임차인이 임대차종료 후 임차건물을 계속 점유하였으나 본래 임대차계약상의 목적에 따라 사용·수익하지 아니한 경우에는 이로 인하여 임대인에게 손해가 발생하였다 하더라도 임차인의 부당이득반환의무는 성립하지 않는다(대판 2003.4.11, 2002다59481).

① 대판 1999.7.27, 99다24881
② 대판 2005.1.13, 2004다19647
④ 대판 1999.12.7, 99다50729
⑤ 대판 2005.9.28, 2005다8323

76 답 ①

민사특별법 > 주택임대차보호법

① 임차인이 사망한 때에 사망 당시 상속인이 그 주택에서 가정공동생활을 하고 있지 아니한 경우에는 그 주택에서 가정공동생활을 하던 사실상의 혼인관계에 있는 자와 2촌 이내의 친족이 공동으로 임차인의 권리와 의무를 승계한다(주택임대차보호법 제9조 제2항).

② 주택임대차가 묵시적 갱신이 된 경우 존속기간은 정하지 않은 것으로 보고(주택임대차보호법 제6조 제1항), 존속기간의 정함이 없는 경우에는 다시 「주택임대차보호법」 제4조 제1항에 의하여 2년으로 간주된다. 따라서 임차인은 2년의 기간을 주장할 수 있다.

③ 임대인의 임대차보증금반환의무와 임차인의 「주택임대차보호법」 제3조의3에 의한 임차권등기말소의무는 동시이행관계가 아니라, 임대인의 임대차보증금반환의무가 임차인의 임차권등기말소의무보다 먼저 이행되어야 할 의무이다(대판 2005.6.9, 2005다4529).

④ 대판 1999.5.25, 99다9981
⑤ 대판 1996.2.27, 95다35616

77 답 ④

민사특별법 > 집합건물의 소유 및 관리에 관한 법률

④ 공유자가 공용부분에 관하여 다른 공유자에 대하여 가지는 채권은 그 특별승계인에 대하여도 행사할 수 있다. 이 경우 아파트의 특별승계인은 전 입주자의 체납관리비 중 공용부분에 관하여는 이를 승계하여야 한다(대판 전합체 2001.9.20, 2001다8677).

78 답 ⑤

민사특별법 > 가등기담보 등에 관한 법률

ㄱ, ㄴ, ㄷ, ㄹ, ㅁ. 모두 「가등기담보 등에 관한 법률」이 적용되지 않는 경우이다.

79 답 ①

민사특별법 > 주택임대차보호법

① 주민등록 직권말소 후 「주민등록법」상 소정의 이의절차에 의하여 재등록이 이루어진 경우, 그 재등록이 이루어지기 전에 임차주택에 새로운 이해관계를 맺은 선의의 제3자에 대해서도 기존의 주택임차권의 대항력은 유지된다(대판 2002.10.11, 2002다20957).

② 대판 1987.11.10, 87다카1573
⑤ 대판 2008.4.10., 2007다38908

80 답 ①

민사특별법 > 부동산 실권리자명의 등기에 관한 법률

① 부동산경매절차에서 부동산을 매수하려는 사람이 매수대금을 자신이 부담하면서 다른 사람의 명의로 매각허가결정을 받기로 약정하여 그에 따라 매각허가가 이루어진 경우, 경매목적 부동산의 소유권을 취득하는 자는 명의인이고, 매수대금의 실질적 부담자와 명의인 간에는 명의신탁관계가 성립한다(대판 2005.4.29, 2005다664). 또한, 이 경우에는 경매목적물의 소유자가 명의신탁약정 사실을 알았더라도 명의인의 소유권취득은 무효로 되지 않는다(대판 2012.11.15, 2012다69197).

② 위 사안의 경우 乙이 소유권을 취득하므로 甲은 乙에 대하여 X건물에 관한 소유권이전등기말소를 청구할 수 없다.

③ 甲은 乙에 대하여 매매대금에 대한 부당이득반환청구는 할 수 있으나, X건물에 대한 반환청구는 할 수 없다.

④ 위 사안의 경우에는 매매대금에 대한 부당이득반환청구권과 X건물 사이에 견련성이 없으므로 甲은 유치권을 행사할 수 없다.

⑤ 타인 소유 물건도 매매계약의 목적물이 될 수 있으므로, X건물을 점유하는 甲이 丁에게 X건물을 매도하는 계약을 체결하더라도 그 계약은 유효하다.

MEMO

MEMO

MEMO

MEMO

MEMO